Werner Lips

Algarve mit Lissabon

204al wl

„Ehe man auf den anrollenden Zug aufspringt,
sollte man sich fragen, wohin er überhaupt fährt.“

Dom Renreõ do Spilho zur portugiesischen Europapolitik

Impressum

Werner Lips
Reise Know-How Algarve mit Lissabon

erschienen im
Reise Know-How Verlag Peter Rump GmbH
Osnabrücker Str. 79, 33649 Bielefeld

5., neu bearbeitete und komplett aktualisierte Auflage 2013

Gestaltung
Umschlag: G. Pawlak, P. Rump (Layout);
Nadja Gebhardt (Realisierung)
Inhalt: G. Pawlak (Layout),
Nadja Gebhardt (Realisierung)
Karten: Catherine Raisin, der Verlag, Thomas Buri
Fotonachweis: Werner Lips (wl)
Titelfoto: Werner Lips (wl)

Lektorat: Andrea Hesse
Lektorat (Aktualisierung): Nadja Gebhardt

Druck und Bindung: Media-Print, Paderborn

ISBN 978-3-8317-2284-6
Printed in Germany

Dieses Buch ist erhältlich in jeder Buchhandlung Deutschlands, der Schweiz, Österreichs, Belgiens und der Niederlande.
Bitte informieren Sie Ihren Buchhändler über folgende Bezugsadressen:
Deutschland
Prolit GmbH, Postfach 9, D-35461 Fernwald (Annerod) sowie alle Barsortimente
Schweiz
AVA Verlagsauslieferung AG
Postfach 27, CH-8910 Affoltern
Österreich
Mohr Morawa Buchvertrieb GmbH
Sulzengasse 2, A-1230 Wien
Niederlande, Belgien
Willems Adventure, www.willemsadventure.nl

Wer im Buchhandel trotzdem kein Glück hat, bekommt unsere Bücher auch über unseren
Büchershop im Internet: www.reise-know-how.de

205al wl

Wir freuen uns über Kritik, Kommentare und Verbesserungsvorschläge, gern auch per E-Mail an info@reise-know-how.de.

Alle Informationen in diesem Buch sind vom Autor mit größter Sorgfalt gesammelt und vom Lektorat des Verlages gewissenhaft bearbeitet und überprüft worden.

Da inhaltliche und sachliche Fehler nicht ausgeschlossen werden können, erklärt der Verlag, dass alle Angaben im Sinne der Produkthaftung ohne Garantie erfolgen und dass Verlag wie Autor keinerlei Verantwortung und Haftung für inhaltliche und sachliche Fehler übernehmen.

Die Nennung von Firmen und ihren Produkten und ihre Reihenfolge sind als Beispiel ohne Wertung gegenüber anderen anzusehen. Qualitäts- und Quantitätsangaben sind rein subjektive Einschätzungen des Autors und dienen keinesfalls der Bewerbung von Firmen oder Produkten.

Werner Lips

ALGARVE MIT LISSABON

Vorwort

Seit Jahrzehnten gehört die portugiesische Algarve zu den beliebtesten Ferienzielen Europas. Die besondere Faszination der auch wirtschaftlich bedeutendsten Region Portugals erklärt sich sowohl aus der attraktiven Lage im äußersten Südwesten Europas wie auch aus der (im Vergleich mit anderen südlichen Regionen) vergleichsweise zurückhaltenden touristischen Entwicklung des Landes. Hinzu kommt eine Landschaft, die von kilometerlangen Sandstränden über schattige Korkeichenwälder bis zu schroffen Felsklippen praktisch alles zu bieten hat, was sich der Erholung Su-

062al wl

chende wünscht. Und nicht zuletzt sind es die freundlichen Bewohner des Landes selbst, die einen Urlaub in Portugal so angenehm machen.

Nicht wenige Reisende – vorrangig Engländer und Deutsche – entschließen sich irgendwann sogar, an der Algarve ein Ferien- oder Altersdomizil zu errichten. Infrastruktur, Versorgung und Klima sind als besondere Vorteile für einen dauerhaften, und natürlich auch für einen touristischen Aufenthalt an Portugals schönster Küste hervorzuheben.

Das eigentliche politische und kulturelle Leben spielt sich jedoch in der Hauptstadt Lissabon ab, wo noch auf Schritt und Tritt die Jahrhunderte währende Kolonialepoche zu spüren ist.

Ein Kurzbesuch einer der bedeutendsten europäischen Städte der frühen Neuzeit kann von der Algarve aus leicht arrangiert werden und empfiehlt sich unbedingt.

Allerdings haben die aktuellen Probleme unserer Zeit auch Portugal längst erreicht: Finanzhilfen aus Brüssel halten die schwächste Volkswirtschaft Westeuropas am Leben, Ende 2012 verwüstet ein Unwetter weite Teile der Zentralalgarve.

Dieser Reiseführer soll all denjenigen eine Anregung und Hilfe sein, die individuell – sei es per PKW oder mit öffentlichen Verkehrsmitteln – die portugiesische Algarve (als Ausflug auch die Hauptstadt Lissabon) bereisen.

Werner Lips

Inhalt

5 Praktische Reisetipps von A bis Z 246

Steckbrief Portugal

- **Ländername:** República Portuguêsa
- **Staatsform:** Parlamentarische Demokratie
- **Fläche:** 92.345 km^2 (Algarve 4.991 km^2), davon Azoren 2.352 km^2, Madeira 795 km^2
- **Bevölkerung:** 10,65 Millionen (Algarve: 395.000)
- **Hauptstadt:** Lissabon (Algarve: Faro)
- **Sprache:** Portugiesisch
- **Klima:** mediterran mit milden Wintern und langen, heißen Sommern
- **Bruttoinlandsprodukt:** 192 Milliarden Euro
- **BIP/Einwohner:** 18.500 € (im Vergleich: Deutschland 34.000 €)
- **Inflation:** 2 %
- **Arbeitslosigkeit:** 17 %
- **Durchschnittseinkommen:** 1200 €

Nicht verpassen!

Diese Tipps erkennt man an der **gelben Hinterlegung** im Text.

Preiskategorien für Unterkünfte pro Person im Doppelzimmer mit Frühstück:

① ca. 20–30 €
② ca. 30–40 €
③ ca. 40–50 €
④ ca. 50–60 €
⑤ über 60 €

6 Land und Leute 306

7 Anhang 344

Karten

Regionenkarten

Stadt- und Lagepläne

Wanderkarten

Exkurse

206al wl

Die Regionen im Überblick

1 Faro und der Osten | S. 12

Mit der Grenzregion bei Vila Real beginnt die portugiesische Algarve und zeigt sich in abwechslungsreicher Landschaft in zahlreichen Facetten. Die Flussregion bis Alcoutim ist deutlich ruhiger und ländlich geprägt, die Strandregionen zwischen Vila Real (S. 23) und Faro (S. 55) immer wieder unterbrochen von kleineren, sehenswerten Städtchen mit idyllischem Charme wie Tavira (S. 32) oder Fuzeta (S. 42). Ein unbedingtes Muss ist sicherlich der Naturpark Ria Formosa bei Olhão (S. 43), aber auch der Hauptort der Algarve, Faro, ist nicht nur aus logistischen Gründen eine Reise wert.

2 Die Zentrale Algarve | S. 68

Die zentrale Algarve könnte unterschiedlicher kaum sein. Die Jugend zieht es zur Partymeile nach Albufeira-Montechoro (S. 101), dabei hat gerade die Altstadt von Albufeira jedermann etwas zu bieten. Der aufstrebende Strandbereich von Armação (S. 112) ist deutlich ruhiger, im benachbarten Carvoeiro (S. 117) spricht man beinahe mehr Deutsch als Portugiesisch. Sardinen genießt man am besten in der Hafenstadt Portimão (S. 146), dessen Strandbereich Praia da Rocha als El Dorado für Pauschalreisende gilt. Abwechslung zum üppigen Strandleben bieten die geschichtsträchtige Kleinstadt Silves (S. 131) im Hinterland sowie die Wanderwege der Serra de Monchique (S. 137). Und schließlich hat der besser betuchte Reisende die Qual der Wahl zwischen den noblen Resortanlagen von Vilamoura (S. 89) und Vale de Lobo (S. 70).

3 Lagos und der Westen | S. 158

Das kleine Städtchen Alvor (S. 160) erfreut sich einer zunehmenden Beliebtheit als Urlaubsstandort, aber auch bei Tagesbesuchern ob seiner kulinarischen Vielfalt. Mit der vielleicht attraktivsten Stadt der Algarve, Lagos (S. 169), beginnt die Westküste mit zahlreichen kleinen Örtchen wie Luz oder Burgau (S. 181), die bei deutschen Reisenden seit Jahrzehnten sehr beliebt sind. Beinahe historischen Boden betritt man in Sagres (S. 188) mit der berühmten Seefahrerschule und dem nahe gelegenen pittoresk-idyllischen Cabo de São Vicente. Nördlich erstrecken sich zwischen Vila do Bispo (S. 196) und Odeceixe (S. 205) über ein halbes Dutzend traumhafter Atlantikstrände, die deutlich weniger besucht werden als jene der Zentral- und Ostalgarve.

4 Lissabon | S. 206

Kein Besuch Portugals wäre vollkommen ohne einen Abstecher in das politische, wirtschaftliche und kulturelle Herz des Landes. Die unmittelbare Altstadt von Baixa (S. 224) und Chiado (S. 225) zeugen von einer Jahrhunderte alten Tradition und Beschaulichkeit, wohingegen moderne Trabantenstädte Neuschöpfungen wie den Park der Nationen (S. 237) mit dem weltberühmten Ozeanarium ermöglichten. Und im Vorort Belém (S. 229) schließlich wandelt der Besucher wieder auf den Spuren der berühmten historischen Persönlichkeiten Portugals, die dereinst ein wenngleich verblasstes, aber immer noch in den Köpfen der Portugiesen präsentes Weltreich schufen.

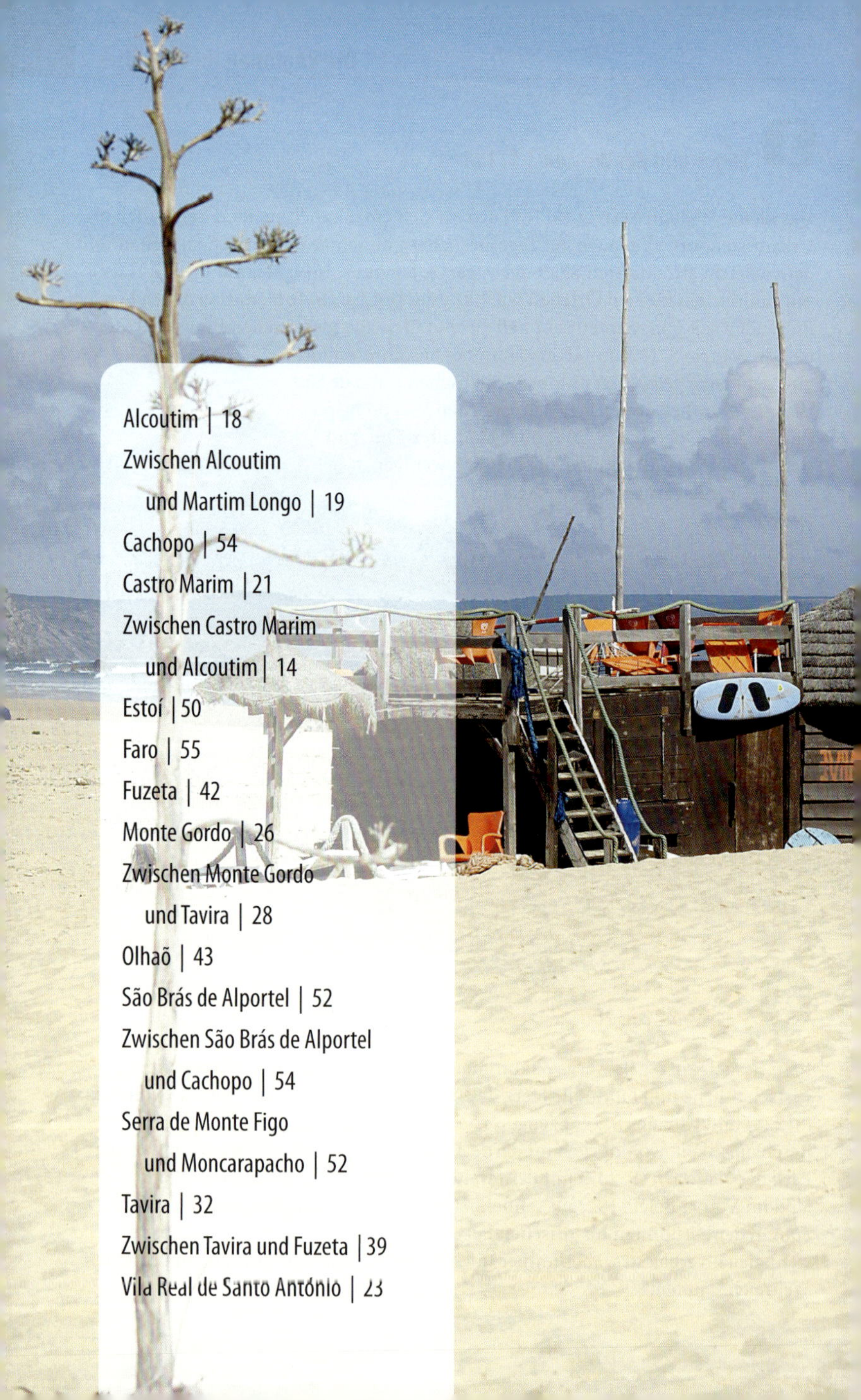

208al wl

1 Faro und die östliche Küste

Mit Faro, dem Verwaltungszentrum der Algarve, werden die meisten Reisenden in Berührung kommen. Nicht weit entfernt bieten sich vorgelagerte Inselstrände, idyllische Kleinstädte, historische Stätten und ein sehenswerter Naturpark für einen Tagesausflug an.

‹ Rustikal am Strand

FARO UND DIE ÖSTLICHE KÜSTE

035al wl

Die Ostalgarve von Vila Real bis Faro birgt wahre „Perlen", die man unbedingt in seine Urlaubsplanung einbeziehen sollte. Abgesehen von Faro selbst sind es das Lustschlösschen von Estói, die „Schachbrettstadt" Vila Real oder die alten Templerburgen von Castro Marim, die den historisch Interessierten anziehen. Naturliebhaber zieht es in den Naturpark Ria Formosa oder an die malerischen Routen entlang des bedeutendsten Flusses Rio Guadiana. Und auch die Badefreunde kommen mit Traumstränden rund um die Ilha de Tavira voll auf ihre Kosten.

Zwischen Castro Marim und Alcoutim

Ein gänzlich anderes Landschaftsbild als Meer oder hügeliges Hinterland bietet die Algarve nördlich von Castro Marim bis in das 32 km entfernte Alcoutim, das den nordöstlichsten Punkt der Provinz bildet. Eine Hauptrolle spielt dabei der wasserreichste Fluss der Algarve, der **Rio Guadiana,** der hier auch gleichzeitig die Grenze zum benachbarten Spanien bildet.

Ab Castro Marim der teils vierspurig ausgebauten N-122 nach Norden (Richtung Beja) folgend, erreicht man nach wenigen Kilometern den Stausee **Barragem de Beliche** (hinter Junqueira links beschildert); dieser Abstecher führt direkt über den Damm bis Azinhal. Rund um den Abfluss gedeihen Zitrusfrüchte und Oliven, ansonsten wirkt die gesamte Region eher karg. Hinter dem Dörfchen **Azinhal** (hier sorgen die Snackbar Tepiscos und das Casa de Pasto Central an der Hauptstraße fürs leibliche Wohl) kann man entweder der schnellen Inlandstrecke (IC 27) über Odeleite oder der (empfehlenswerteren) Route am Fluss entlang folgen. Erstere führt über den kleinen Ort **Odeleite** mit dem

gleichnamigen Stausee, die schönere Strecke, die malerische Panoramablicke bietet, zweigt rechts (Beschilderung „Foz de Odeleite/Alcaria“ beachten) zum Rio Guadiana ab. Als erste Ansiedlung folgt **Foz de Odeleite,** ein Anlegepunkt für Ausflugsboote von Monte Gordo/Vila Real. Hier sind auch sehr gut beschilderte **Wanderungen** am Bachbett des Ribeira de Odeleite entlang und um den Stausee bis nach Odeleite möglich (am Ortseingang links findet sich eine Wandertafel). Im fünf Kilometer entfernten Guerreiros liegt am Ortsausgang linker Hand das kleine **Museu do Rio** (Flussmuseum, Tel. 281 547 380, im Sommer tgl. 9.30–13

Alcoutim – nordöstlicher Vorposten der Algarve

NICHT VERPASSEN!

Diese Tipps erkennt man an der gelben Hinterlegung.

Algarve, der Osten

0
5 km
© Reise Know-How 2013
Alga05
Marroquil
Beliche
Barragem de Beliche
Azinhal,
18
Alcoutim
Cintados
Cortelha
340
Umbrias de Camacho
Tampeiro
Cerro do Enho
Moita
Castelhanos
Vale de Ebros
Campeiros
Cabeço
Junqueira
Nora
Soalheiras
Pomar
122
A-49
Lagoa
Ribeiro
21
A22
IP1
E1
Sevilla 129 km
Rio Guadiana
Sesmaria
Esteiro da Lezíria
Castro Marim
Estorninhos
Reserva Natural do Sapal do Castro Marim e Vila Real de Santo António
23
Champana
Rodeio
Vila Real de Santo António
Fuseta
Ribeira da Gafa
Montinho
125-6
Castelos
Aroeira
São Bartolomeu
Barriada de Canela
Arrife
125
26
Eira da Palma
Casas Novas
Altura
Aldeia Nova
Monte Gordo
Vila Nova de Cacela
Solteiras
Buraca
Praia de Monte Gordo
Praia de Vila Real
125
Quinta de Cima
Praia Verde
Cacela Velha
Praia de Cabeço (Praia de Retur)
São Marcos
Benamor
Cabeço
Conceição
Praia de Cacela
Praia de Fabrica
Forte de São João Barra
Morgado
Praia de Cabanas
Praia de Manta Rota
Happy Farm
32
Praia de Lota
Tavira
Praia de Tavira
Forte do Rato
Praia de Alagôa (Praia de Altura)
Hafen
Praia de Cascas
GOLFO DE CÁDIZ
0
40 km
Castro Verde
São Teotónio
Almodôvar
Alcoutim
Aljezur
Monchique
Castro Marim
São Brás de Alportel
Silves
Lagos
Portimão
Albufeira
Tavira
Faro
Olhão
Sagres

und 14.30–18 Uhr, im Winter 9–13 und 14–17 Uhr geöffnet, Eintritt 2,50 €) mit alten Bildern und Alltagsutensilien der Flussbewohner früherer Jahrzehnte. Am Ortsausgang von Laranjeria rechter Hand finden archäologisch Interessierte eine jüngst freigelegte Ausgrabungsstätte aus römischer Zeit.

Schon von weitem erspäht man bald die majestätisch oberhalb des Flusses thronende spanische Festung **Sanlucar de Guadiana,** die dem nordöstlichsten Reiseziel der Algarve, Alcoutim, unmittelbar gegenüberliegt.

Alcoutim

Die seit über 5000 Jahren besiedelte Region um Alcoutim (heute insgesamt ca. 3.500, im Ort selbst knapp 1.000 Einwohner) entwickelte sich mit seinen reichen Eisen- und Kupfervorkommen schon im Altertum zu einem bedeutenden **Bergbaugebiet,** dessen Rohstoffe bis über die Zeit der Mauren hinaus auf dem Rio Guadiana abtransportiert wurden. Im Zuge dieses regen Handelsverkehrs entstand zunächst der Ort selbst; nach der Reconquista beauftragte *König Dinis* im Jahre 1304 den Ordem de Sant'Iago (Jakobus-Orden) mit dem Bau der **Burg,** die während der kastilisch-portugiesischen Kämpfe des 14. Jh. eine wichtige strategische Rolle spielte und im 17. Jh. letztmals ausgebaut wurde. Die Mauern sind nur auf der Flussseite begehbar, von hier hat man einen schönen Ausblick über den Ort, den Fluss und das spanische „Gegenüber" Sanlucar de Guadiana. Das kleine **Archäologische Museum** im Inneren (Eintritt für Burgbesuch und Museum 3.50 €, geöffnet Mo–Sa 9.30–18 Uhr) zeigt einige Waffen und andere metallene Funde aus dem Umland. Interessierte können sich anhand einer Fundkarte über die so genannten *nucleos muséologicos* informieren, archäologische Fundstätten im Umland, die tagsüber gesondert besucht werden können (⇗Zwischen Alcoutim und Martim Longo). Unten am Ufer ist noch die mehrfach restaurierte und umgebaute dreischiffige **Pfarrkirche** sehenswert, die ursprünglich ein Bauwerk der Frührenaissance aus der Mitte des 16. Jh ist.

Praktische Tipps

Orientierung

Aus Richtung Castro Marim oder Martim Longo kommend, erreicht man eine Brücke über das Nebenflüsschen Ribeira de Cadavais; lässt man diese im wahrsten Wortsinn „links liegen" (sonnengeschützte Parkplätze hinter der Brücke), gelangt man rechts auf den **Praça da República,** den kleinen zentralen Ortsplatz. Geht man zum Flussufer, liegen die Burg rechter, die Hauptkirche linker Hand.

Wer auf ein erfrischendes Bad nicht verzichten möchte – hinter der Brücke wird mehrfach beschildert auf einige **Bademöglichkeiten** am Fluss *(praia fluvial)* hingewiesen.

An- und Weiterreise

Alcoutim ist mit öffentlichen Verkehrsmitteln nicht gut zu erreichen; so mancher Reisende mietet darum etwa in Monte Gordo ein Rad und legt die knapp 40 km in Eigenregie als Tagesausflug zurück. **Busse** von/nach Vila Real verkehren nur zweimal täglich; **Ausflugsboote** pendeln im Sommer wesentlich häufiger zwischen Monte Gordo und Alcoutim (z.B. Alcatiã Domus, an der Anlegestelle, Tel. 966 831 001). Fähren pendeln 4x täglich ins spanische Sanlucar (9 Uhr und 3x nachmittags, 2 € einfach).

Unterkunft

- **Pousada de Juventude de Alcoutim**①, Tel. 281 546 004; alcoutim@movijovem.pt, http://microsites.juventude.gov.pt/Portal/pt/PAlcoutim.htm; man überquert die Brücke und hält sich dann am Ortsende rechts (ausgeschildert) Richtung Guadiana bis zum Beginn des Feldweges – hier rechter Hand. Bett 10–13€, DZ mit Bad 24–40 €.
- **Estalagem Guadiana**③, Tel. 281 540 120, www.grupofbarata.com/pt, liegt hinter der Brücke rechts (noch vor der Jugendherberge) und wurde von der portugiesischen Zeitschrift Espresso als „Traumhotel der Algarve" tituliert. Gutshofähnliche Anlage mit 32 Zimmern.

Essen und Trinken

- Einfach und günstig isst man in der Snackbar **O Caçador** (Tel. 281 546 212), die **Casa de Pasto Rogerio** (Tel. 281 545 181) bietet unter anderem preiswerte Nudelgerichte, und das **Restaurante Afonso** (Tel. 281 546 169) darf sich traditionell das beste Haus am Platz nennen – alle drei liegen am Praça da República. Direkt oberhalb des Ufers findet man einen kleinen Park mit Kiosk für Erfrischungen.

Nützliches

- **Touristeninformation:** in der kleinen Gasse zwischen Praça da Republica und Ufer; geöffnet Mo–Fr 9–12.30 und 14–17.30 Uhr, Juli–Sept. täglich, Tel. 281 546 179.
- **Internetzugang:** *Casa dos Condes* (kl. Bibliothek) schräg gegenüber der TI und im Snacklokal *Vila Velha* (vom Praça da Republica die Misericordia 50 m hinein).
- **Bank:** *Caixa Geral* am Praça da Republica mit ATM.
- **Polizei:** Rua 25 de Abril 12, Tel. 281 546 208.
- **Räder** und **Kanus** verleihen die Jugendherberge sowie Alcatiã Domus unterhalb der Kirche am Ufer (falls hier geschlossen ist, geht man ab Praça da Republica die Rua Misericordia entlang bis zur Kreuzung; dann geradeaus die Treppe hinauf; nach 50 m erreicht man die Zentrale).
- Die kleine **Marina** liegt unterhalb der Kirche; auch Segler können den Rio Guadiana weit hinauffahren, da es keine Brücken gibt (außer der hohen über die IP-1).
- **Bus:** direkt an der Hauptstraße unmittelbar vor dem Praça da Republica (morgens 3x und nachmittags 2x von/nach Vila Real), nebenan ist eine öffentliche Telefonzelle.

Zwischen Alcoutim und Martim Longo

Die Landschaft zwischen Alcoutim und Martim Longo ist vorwiegend von weiten, für die Gegend eigentlich untypischen Getreidefeldern geprägt. An der kaum befahrenen, alleeartigen N-124 weisen Schilder mit der Aufschrift „*nucleo muséologico*" auf **archäologische Fundstätten** hin, etwa Clarines (westgotisch), Farelos, Pereiro und Santa Justa (Jungsteinzeit). Entlang der gesamten Strecke sieht man immer wieder seltsam anmutende, kreisrunde Mauerformatio-

036al wl

nen – es handelt sich um Pferche für kleine Schaf- und Ziegenherden. Im vollkommen untouristischen, ausschließlich landwirtschaftlich geprägten Dorf **Martim Longo** bieten das Café Gonçalves oder die Casa Pasta Lopes Erfrischungen und warme Mahlzeiten.

Freilichtmuseum Cava dos Mouros

Im Landkreis Alcoutim gibt es viele alte (längst verlassene) **Bergwerke,** etwa Cortes Perreiras, Alcaria Queimada oder Laborato. Eines wurde zu einem 250 Hektar großen **Freilichtmuseum** umgestaltet, das über steinzeitliche Besiedlung, Metallabbau und Fördermethoden informiert; auch an Kindervergnügungen wie Eselsritte usw. wurde gedacht. Die Cava dos Mouros („Maurische Mine") genannte Anlage bei Ferreira liegt fünf Kilometer südlich von Martim Longo Richtung Vaqueiros (man überquert eine Brücke, gleich dahinter folgen links noch 1,5 km Piste) und ist von März bis Oktober täglich von 10.30 bis 18 Uhr geöffnet, sonst bis 16.30 Uhr. Der Eintritt beträgt 12 €, für Kinder und Senioren nur 8 € (der Eselsritt kostet extra); Tel. 289 999 229, http://minacovamouros.sitepac.pt. Karten und Transportmöglichkeiten arrangiert auch die *Agencija de Viagens Algaserra,* Tel. 281 48 176 in Martim Longo.

Von Martim Longo aus bietet sich dann je nach Wohnort an der Algarve entweder die Inlandsroute via Cachopo Richtung São Brás bzw. nach Tavira oder aber die **landschaftlich sehr reizvolle Strecke** (karg und menschenleer) Vaqueiros – Bentos (über Brücke, dahinter links) – Casas – Monte da Estrada (Castro Marim) – Alta Mora – Corujos – Alcarias Grande – Corte de Gago – Cortelha – Vila Nova de Cacelha bis Cacela Velha an.

Cavas dos Mouros

Castro Marim

Wer an der Ostalgarve wohnt, sollte unbedingt einen Abstecher nach Castro Marim einplanen, das einen der kulturellen Höhepunkte der Region darstellt. Ein kleines Dorf in beeindruckender Landschaft, unmittelbar umrahmt von zwei trutzigen Festungen – das hat etwas ganz Besonderes.

Aufgrund seiner damaligen Insellage geschützt (noch heute ist der Ort großflächig von Salinen, Sumpf und Marschland umgeben), war Castro Marim bereits in der Jungsteinzeit (ab 5000 v. Chr.) besiedelt und von phönizischen Händlern zum **Handelsstützpunkt** erweitert worden. Unter den Römern und Mauren entwickelte sich Castro Marim zu einem wichtigen Zentrum der Metallverschiffung (⇗Alcoutim).

Die Mauren bauten im 8. Jh. die heute noch hervorragend erhaltene **Feste** auf dem Burgberg: eine kleine quadratische Burg mit vier runden Wachtürmen an den Ecken. Rund um diese Festung siedelte die Bevölkerung, zu deren zusätzlichem Schutz nach der Reconquista im 13. Jh. die heute weitgehend begehbare Außenmauer errichtet wurde. Auf dem Areal sind u.a. Reste der Stallungen, Wohnbauten und der Burgkirche Sant' Iago zu sehen. Zur damaligen Zeit wurde, ausgehend von Frankreich, der **Templerorden** aufgelöst (⇗Geschichte); in Portugal kam man diesem Gebot nach und umging es zugleich, indem der alte Orden einfach umbenannt wurde. Die frisch gebackenen „Christusritter" wurden 1319 hierher verlegt. Sie befestigten die Anlage erneut bis zur Uneinnehmbarkeit, und bis ins 17. Jh. blieb die Burg Vorposten gegen die Spanier. Während der **Inquisition** diente die Anlage als Kerker für die gesamte östliche Algarve. Nach dem Erdbeben von 1755 und dem Aufbau der modernen Stadt Vila Real verlor Castro Marim, ähnlich wie ⇗Silves, rasch an Bedeutung.

Von der Burganlage aus hat man einen fantastischen Ausblick auf die umliegende Landschaft und den Rio Guadiana bis zum Meer. Die Burg, am ersten Septemberwochenende stilvolle Kulisse der so genannten „Mittelalter-Tage" *(Dias do idade média)*, ist für Besichtigungen nur von April bis Oktober täglich von 9 bis 17 Uhr geöffnet, Eintritt 3 €; Information hinter dem Eingang links.

Fortaleza São Sebastião

Dieser älteren und gut erhaltenen Anlage gegenüber auf dem Nachbarhügel des Ortes liegt die Fortaleza São Sebastião, die im 17. Jh. als zusätzliche Bastion der längst über die Burgmauern der alten Festung hinweg angewachsenen Stadt errichtet worden war; sie wurde während des Erdbebens von 1755 jedoch in einem solchen Maße beschädigt, dass sie aufgegeben werden musste.

Nossa Senhora dos Mártires

An der Hauptstraße (innerorts; die neue Umgehungsstrasse führt rechts um den Ort herum) zwischen beiden Burgen steht die im 18. Jh. errichtete Kirche Nossa Senhora dos Mártires, **eine der prunkvollsten Ortskirchen der Algarve.** Sie wurde von den Christusrittern finanziert und reich mit Holzböden und Marmor ausgekleidet; in einer Seitenkapelle wurde die Titularfigur aus dem 16. Jh. untergebracht.

Naturreservat Sapal

Während das Gebiet östlich von Castro Marim von weitläufigen Salinenfeldern geprägt ist, wurde das gesamte Areal im Südwesten, begrenzt von der N-125, zum Naturreservat erklärt. Die Fläche von über 2000 Hektar wird vorwiegend von Sumpf, Fluss- und Meeresarmen sowie Schiefer- und Sandsteinformationen eingenommen – ein ideales Terrain für über **400 Pflanzen-** und über **150 Wasservogelarten** vom Storch über die Königsente bis hin zum Flamingo. Ein Besuch dieses Gebietes ist nur in Begleitung eines kundigen Führers möglich; Informationen und Anmeldungen direkt bei der Parkverwaltung zwei Kilometer nördlich Richtung Beja in Monte Francisco (gleich hinter der Autobahnbrücke rechts), Tel. 281 510 689 und 281 510 680; erste Hintergrundinfos unter www.algarvewildlife.com/reserves-marim.php.

Nützliches

- **Touristeninformation:** Rua Moreira, geöffnet Mo–Fr 9.30–12.30 und 14–17.30 Uhr, im Sommer täglich, Tel. 281 531 232.
- **Polizei:** Rua São Sebastião 53, Tel. 281 531 004.
- **Kulinarisches** bieten die Pastelaria Europa (Tel. 281 495 654), Rua Sebastião, und das Restaurante Dois Irmãos (Tel. 281 531 418) ein Stück weiter.
- **Busanbindung** (vor der Markthalle) nach Vila Real alle 1 bis 2 Stunden.
- **Golf:** www.castromarimresort.com und www.castromarimgolfe.com.

037al wl

Vila Real de Santo António

Stadtgeschichte

Bei der durch Fähre und Autobahnbrücke mit Spanien verbundenen „Kunststadt" Vila Real (knapp 15.000 Einwohner) handelt es sich nicht, wie der Begriff vielleicht vermuten ließe, um eine Hochburg der schönen Künste, sondern um einen künstlich auf ebenem Boden mit schnurgeraden, rechtwinklig angelegten Sträßchen errichteten politischen Kraftakt des einstigen königlichen Ministers *Marquês de Pombal* (⇗Lissabon). Mehrere Gründe sprachen für die Errichtung der Stadt: Zum einen existierte hier oder in unmittelbarer Nähe schon im 16. Jh. ein Fischerdorf namens Vila de Santo António (dieses wurde jedoch während des Erdbebens von 1755 nahezu vollständig zerstört). Zum zweiten wollte man unter *König José I.* (1714–1777) den Spaniern jenseits des Grenzflusses mit einer mächtigen Stadt signalisieren, dass man für Übergriffe – bis 1763 herrschte quasi Kriegszustand – bestens gewappnet war. Und schließlich sollte der Warenhandel über den Grenzfluss Rio Guadiana gelenkt und staatlich kontrolliert werden. Zu diesem Zweck wurde im März 1774 mit dem Bau von Vila Real begonnen, wobei Funktionalität nach klassischen Vorbildern (etwa Griechenland, Valletta und auch die Baixa in Lissabon) im Vordergrund standen.

☐ Die Burgen von Castro Marim wachen am Rio Guardiana

Gerade die optische Andersartigkeit der Stadt im Vergleich zu den anderen Orten der Algarve macht Vila Real de Santo António zu einem lohnenswerten Ausflugsziel (etwa auf dem Weg nach Monte Gordo oder Castro Marim). Seit Jahren herrscht rege Bautätigkeit im Zentrum, nach und nach sollen alle Gebäude modernisiert werden.

Sehenswertes

Praça Marquês de Pombal

Sehenswert sind in Vila Real die gitterartig angelegten Sträßchen rund um den Praça Marquês de Pombal, benannt nach dem Initiatoren des seinerzeitigen Stadtneubaus. Seinen zentralen, zu Ehren des Gründungsregenten *José I.* aufgestellten **Obelisken** ziert die königliche Krone. Von hier aus laufen Bodenmosaiken strahlenförmig in alle Richtungen auseinander; Orangenbäume und Sitzbänke umrahmen den quadratischen Platz. An der Nordseite wurde die **Hauptkirche Igreja Paroquial** ab September 1774 als eines der ersten Bauwerke errichtet. Der Zentralaltar der einschiffigen Kirche birgt kein Kreuz, sondern einen Marienschrein mit Gralsmotiv (⇗Religion). Ebenfalls am Praça de Pombal kann man das **Museu Manuel Cabanas** besuchen (Di–So 10–18 Uhr, Eintritt 3 €), welches hauptsächlich Holzschnitte des Regionalkünstlers *Cabanas* (1879–1969) zeigt, aber auch interessante Druckvorlagen für Konservendosen sowie Fotos und Gemälde von Persönlichkeiten aus Kunst und Politik beherbergt. Die Rua Dr. Teófilo Braga mit ihren Seitensträßchen bildet die **Haupteinkaufszone** mit zahlreichen Boutiquen, Andenkenhändlern und Cafés; sehenswert ist hier noch das große **Kulturzentrum** (Centro Cultural de Antonio Aleixo) im neomaurischen Stil. Spazieren gehen und das Treiben am Fluss beobachten kann man sehr hübsch an der neu angelegten Promenade entlang der Avenida da República.

Praia de Vila Real

Den Praia de Vila Real (auch Santo António genannt) erreicht man über die hoppelige Dammstraße zum Ponta da Areira, wo der Rio Guadiana in den Atlantik mündet. Er ist zwar nicht unbedingt der schönste Strand, bietet aber dafür das wärmste Wasser weit und breit. Vom südöstlichsten Punkt der Algarve, dem Ponta da Areira, beeindruckt der Blick über Monte Gordo und das spanische Ayamonte bis zur Autobahnbrücke.

Praktische Tipps

An- und Weiterreise

- **Bus (Busplatz vor dem Fährpier):** Anbindung mehrfach täglich (Express) zu den Hauptorten der Algarve (z.B. Faro 4–5x tgl.) bis Lagos; Regionalbus (ca. alle 2 Stunden) nach Castro Marim; morgens 3x, spätnachmittags (17.10 und 17.35 Uhr) von/nach Alcoutim; 11–25-mal tgl. nach Monte Gordo; Außerdem 4x tgl. Expressbus von/nach Lissabon.
- **Zug:** 10–12 Züge täglich bis Lagos sowie nach Lissabon (5x tgl., 16,20–17,10 €) und Sevilla (2x täglich morgens und abends) bzw. Lissabon.
- **Fähre** (nach Ayamonte/Spanien): 8.30–20 Uhr alle 30–40 Min., 2 € p. P. einfach, auch Räder (1 €) und Mopeds (3 €, jeweils einfach) werden transportiert.

Unterkunft

- **Hospedaria Vila Marquez**①, Rua José Barão, 61, Tel. 281 530 420. DZ € 30–40, im Hochsommer 50 €, einfache Pension, wenig Englisch.
- **Residencial Baixa Mar**②, Rua T. Braga/Ecke Av. da República, Tel. 281 543 51. Ordentliche Zimmer schon ab 35 €.
- **Arenilha Guesthouse,** Rua D. Pedro V 55, ebenfalls sehr zentral, modern, helle Zimmer mit Klimaanlage und TV inkl. Frühstück; DZ schon ab 28 €, Hauptsaison bis 85 €. Buchbar auch über www.tourist-online.de.
- In Nr. 17 Rua Dr. Sousa Martins liegt die derselben Betreibergruppe wie das Arenilha gehörende, sehr hübsche **Pension Alojamento o Curaçao da Cidade**①-② mit schlichten, sauberen Zimmern ab 25 €. Nach Schließung der Jugendherberge erste Wahl für preisbewusste Reisende. Beide Objekte sind unter www.coracaodacidade.com aufgeführt. Ab 2013 bietet diese Gruppe auch eine Low Cost Unterkunft ab 15 € p. P. an.
- **Hotel Guadiana**③, Av. da República 94, Tel. 281 511 482, Fax 281 511 478, www.hotelguadiana.com.pt, sehr empfehlenswert im „gutbürgerlichen" Preissegment.

Essen und Trinken

- Für Frühaufsteher hat hauptsächlich das Café-Snacklokal **Tasca da Vila** in der Rua Cândido dos Reis geöffnet. Dort gibt es Baguettes, Pizzastücke, Burger etc.
- Am Praça de Pombal liegt das **Café Cantinho do Marquês,** Tel. 281 543 303, in toller Umgebung, es öffnet aber erst später am Vormittag.
- Ebenfalls am Platz liegt das **O Coraçao do Marquês,** Tel. 281 511 876, mit hausgemachten Tagessuppen, großen Salaten (je nach Art zwischen 4.50 € und 9 €), Pizzas (ab 9 €), Hühnchen *Piri-Piri* (9 € das Ganze) oder *Bacalhau* (Kabeljau) auf unterschiedliche Arten zubereitet.

Alga16
Vila Real de Santo António
0 100 m
©Reise Know-How 2013
Essen und Trinken
2 Snackbars Entre Amigos u. O Capito
5 Cervejaria Pombalina
7 Rest. Caves de Guadiana
9 Snackbar Mira
11 Cantinho do Marquês
12 Café/Restaurant Tasca da Vila, O Coração do Marquês
15 Pastelaria Ponto Final
Übernachtung
3 Hospedaria Vila Marquez
6 Hotel Guadiana
8 Residencial Baixa Mar
14 Arenilha Guesthouse
17 Pension Alojamento o Curação da Cidade
Einkaufen
1 Intermarché
4 Bäckerei
10 Apotheke
13 Bäckerei und Minimarkt
16 Metzgerei
Bahnhof
Rua Barão do Rio Zêzere
Rua de Angola
Rua do Exército
Avenida da República
Rua da Princesa
Rua José Barão
Rua António Capa
Rua de Ayamonte
Rua Egas Moniz
Rua D. Francisco Gomes
Rua Eça de Queirós
Rua Camilo Castelo Branco
Rua Dr. Oliveira Martins
Polizei
Fährpier (Spanien)
Rua Dr. Manuel Arriaga
Neuer Markt
Rua do Barão
R. Conselheiro Frederico Ramirez
Igreja Paroquial
Kulturzentrum
Rua Dr. Teófilo Braga
Praça Marquês de Pombal
Castro Marim, Lissabon
Marina
Museu Manuel Cabanas
Rua 5 de Outubro
Avenida Ministro Duarte Pacheco
Rua General Humberto Delgado
R. 1° de Maio
Rua D. Pedro V
Rua Almirante Cândido dos Reis
Rua Dr. Sousa Martins
Rua do Brasil
Rio Guadiana
Rua Combatentes da Grande Guerra
Rua Jacinto José de Andrade
Rua 25 de Abril
Castro Marim, Lissabon
R. de Santo António de Arenilha
R. de São Gonçalo de Lagos
Sportzentrum
Praia de Vila Real

■ Für Mittags- und Abendgerichte empfiehlt sich das kleine **Caves de Guadiana** (neben dem Hotel in der Avenida da República, Tel. 281 544 498) mit seinen Fleisch- und Fischspezialitäten.

■ Günstige Kleinigkeiten sind in der **Snackbar Mira** (in der Rua da Princesa) zu erstehen oder gegenüber vom Busbahnhof bei **Entre Amigos** und **O Capito.**

■ Die **Cervejaria Pombalina** (Rua José Barão, Tel. 281 511 054) spricht mehr die mittlere und gehobene Klientel an, ist also keine „Bierhalle".

Nützliches

■ **Touristeninformation:** siehe Monte Gordo (keine eigene Filiale in Vila Real).

■ **Guadiana-Touren/Ausflüge:** Direkt am Ticketschalter im Fährhafen; gute Organisatoren vorab findet man u.a. unter www.transguadiana.com und www.guadianatour.com (s.a. Monte Gordo).

■ **Taxistand:** am Fährpier/Busbahnhof (Tel. 281 510 180).

■ **Zeitschriftenkiosk:** am Fährpier

■ **Kleine Geschäfte** und **Boutiquen aller Art** findet man in den Fußgängersträßchen T. Braga und 5 do Outobro.

■ **Lidl** am westlichen Ortsausgangskreisel

■ **Intermarché-Supermarkt:** in der Rua de Angola, beim Bahnhof. **Selbstversorger** finden ferner eine Metzgerei sowie eine Pastelaria in der Rua General Delgado gegenüberliegend. In der Candido dos Reis liegen eine weitere Bäckerei sowie ein gut sortierter Minimarkt (Mo–Sa 9–20 Uhr). Frisches Obst und Gemüse bietet der kleine Markt (T. Braga/Ecke E. Moniz).

■ **Apotheke** und **Geldautomaten:** am Praça Marquês de Pombal

■ **Polizei:** Rua Manuel Arriaga 19, Tel. 281 544 355, eine kleine Touristenpolizei befindet sich im Fährhafen-Gebäude.

■ **Post:** zentral in der Rua Dr. T. Braga (mit Postautomaten).

■ **EC-Automat** und **Billigtankstelle** im Intermarché.

■ **Bank:** Caixa geral, Ecke Rua 1° de Maio/Rua 5 de Outubro, ebenso mehrere Banken landseitig an der Uferstraße Av. da República (jeweils mit ATM)

■ **Öffentliches Telefon:** am Praça Marquês de Pombal sowie vor der Post

■ **Internet** im Kulturzentrum (Espaço Internet Mo–Fr 9–21, Sa bis 19 Uhr)

Monte Gordo

Während Vila Real das Verwaltungs- und Handelszentrum an der Mündung des Rio Guadiana darstellt, entwickelte sich der Nachbarort Monte Gordo zu einer mondänen **Touristenhochburg.** Doch angesichts mangelnder Sehenswürdigkeiten und einer Vielzahl von angenehmen Stränden in ruhigerer Umgebung gibt es eigentlich keinen Grund für einen Besuch in Monte Gordo, es sei denn, man hat hier sein Quartier aufgeschlagen.

Älteste und zentrale Anlagen sind das Hotel Vasco da Gama, das weithin sichtbare Aparthotel Praia Monte Gordo sowie das **Casino.** Zwischen den Hotels und dem Casino, wie auch Hunderte von Metern in beide Richtungen, erstreckt sich eine breite **Promenade** mit Geschäften, Cafés, Restaurants, Boutiquen und nützlichen Einrichtungen (Post, Bank, Alisuper). Sehenswürdigkeiten gibt es keine, hier will man flanieren und im Casino (Eintritt frei) spielen.

> Das Zentrum der Kunststadt: Praça de Pombal

Praia de Monte Gordo

Die Touristeninformation liegt zentral am sehr ordentlichen **Stadtstrand** (hier gibt es mehrere Snackbars), daneben locken Stände mit Tüchern und Bade-Utensilien; der Strand ist z.T. bewacht und beliebt bei spanischen Tagesausflüglern. **Spaziergänge** sind bis zur Ponta da Areira (⇗Vila Real) bzw. bis zur Halbinsel vor Cacela Velha möglich.

Praktische Tipps

An- und Weiterreise

- **Lokalbus** (11–25x tgl.) nach Vila Real, 2x bzw. 3x tgl. nach Tavira und Faro.
- **Guadiana-Boote:** entweder bis Foz de Odeleite (Rio Sul, Rua Teixeira, Tel. 281 510 200, ca. 50 €/Rückfahrkarte) oder bis Alcoutim (MS Peninsular, Tel. 965 543 953, ca. 55 €), jeweils inklusive Transport nach Vila Real, wo alle Boote ablegen, sowie teilweise inkl. Mittagessen.

038al wl

Unterkunft

- **Camping Monte Gordo**①, am Ortsausgang/Uferstraße Richtung Vila Real links gelegen, Tel. 281 510 970. Ganzjährig geöffnet, Dauermiete möglich.
- **Pensão-Restaurante Promar**②, Rua D. Francisco de Almeida 76, Tel. 281 542 250, pensaopro mar.pt, nur 1.6.–30.9. geöffnet.
- **Pensão Paiva/Residencial** (Hotelpension)③, Rua Onze, Tel. 281 511 187, Fax 281 511 668, www.hotelpaiva.com.
- **Hotel Vasco da Gama**③, Avenida Infante D. Henrique, Tel. 281 510 900, Fax 281 510 901, www.vascodagamaho tel.com.
- **Hotel Alcazar**③, Rua de Ceuta, Tel. 281 510 140, Fax 281 510 149, www.hotelalcazaralgarve.com.
- **Apartamentos Praia Monte Gordo**③, Infante D. Henrique, Tel. 281 513 881, Fax 281 513 890, www.iberotel.pt.
- **Aparthotel Guadiana**③ (mit eigenem Shopping-Center), Avenida Infante Dom Henrique, Tel. 281 008 900, www.mdgrouphotels.com.

Essen und Trinken

- Einfach, günstig und gut isst man auch tagsüber in der **Snack-Bar Branco e Preto** und direkt am Strand im **Restaurante Mota** (Tel. 281 512 340) mit Snacks und Kleinigkeiten. Angenehmer sitzt man in der **Pizzeria Dourado** (beim Guadiana-Aparthotel an der Ortsstraße), Tel. 281 512 202.
- Gute portugiesische und internationale Gerichte im mittleren bis gehobenen Preis-Leistungssegment bietet das **O Jaime** (Pr. L. de Camoes 1, Tel. 281 542 278); vom Casino aus 100 m landeinwärts geradeaus.

Nützliches

- **Touristeninformation:** zentral am Strand (nahe Casino, Av. Dom Inf. Henrique), Tel. 281 544 495; geöffnet tgl. 9.30–17.30 Uhr (Pause 13–14 Uhr).
- **Einkaufszentrum:** im *Aparthotel Guadiana;* hier auch **Fahrradverleih.** Ein weiterer Radverleih, **South Bike**, liegt in der Rua Fernando Pó; Tel. 281 591 396. **Alisuper** nahe *Guadiana*-Hotel, wie auch der **Supermarkt** *Ecomarche* in der Ortsmitte sind gut erreichbar.
- **Bootstouren** auf dem Rio Guadiana wie auch Jeep-Safaris ins Hinterland arrangiert *Riosul,* Rua Tristão Vaz Teixeira, Tel. 281 510 201, Fax 281 510 209, riosul@mail.telepac.pt. Vorabinformationen auch unter www.riosultravel.com. Weitere bewährte Anbieter findet man z.B. unter www.transguadiana.com und www.guadianatour.com.
- **Geld:** *Caixa Geral* (mit ATM) neben *Alisuper* (nahe *Guadiana Hotel*).
- **KFZ-Verleih:** *Budget* (neben den Apartamentos Praia Monte Gordo) an der Uferstraße sowie in den großen Hotels.

Zwischen Monte Gordo und Tavira

Fährt man von Monte Gordo aus die N-125 in westlicher Richtung entlang, finden sich gleich ein halbes Dutzend ruhiger und gut beschilderter **Strände** auf dem Weg nach Tavira (die alten Namen stehen in Klammern). Die Strandzone selbst erstreckt sich durchgehend von Ponta da Areia bis Praia de Cabanas bzw. Tavira, bei allen aufgeführten Praias handelt es sich lediglich um verschiedene Abschnitte (mit den jeweiligen Zugangsmöglichkeiten). Mit öffentlichen Verkehrsmitteln sind diese Strände nur schwer zu erreichen, es sei denn, man lässt sich vom Regionalbus nach Tavira absetzen.

Praia de Cabeço (Retur)

Gebiet um die seit vielen Jahren bestehende Apartmentanlage Retur; es gibt ein kleines Strandlokal, *Adão e Éva* – und tatsächlich herrscht hier (zumindest außerhalb der Sommermonate) noch relativ paradiesische Ruhe.

Praia Verde

Von Westen (Autobahnzubringer) kommend, ist der Strand gleich linker Hand ausgeschildert; man fährt vorbei am feinen Resort Praia Verde (überwiegend Privatwohnungen) und parkt oberhalb des Strandes am Restaurantbereich, der im maurischen Stil gehalten ist. Praia Verde gilt als einer der schönsten Strände der Ostalgarve – worüber man streiten darf. *Cesinhos Snackbar* bietet kühle Getränke und Kleinigkeiten.

Praia de Altura (Alagôa)

Der noch recht junge Ort Alagôa besteht überwiegend aus ein- bis zweigeschossigen Reihenhäuschen englischer Aussiedler, er wirkt aufgeräumt und mondän. Man orientiert sich am (allerdings etwas deplatziert wirkenden) Hotel *Eurotel* – hinter den Dünen liegt der angenehme Strand, der allerdings nicht mit Praia Verde oder Manta Rota konkurrieren kann.

Unterkunft/Einkaufen

- **Hotel-Residencial Azul Praia**②, Urbanizacão Rota, Lote 17, Alagôa – Altura, Tel. 281 956 770, Fax 281 956 887, www.hotelpraiaazul.com, kleines Familienhotel ohne Schnickschnack.
- **Aparthotel Eurotel**③, Praia da Altura, Tel. 281 956 450, Fax 281 956 371, www.eurotel-altura.com, große Anlage mit über 130 Apartments.
- **Apartamentos Turisticos Turcongel**③, Praia da Altura, Tel. 281 956 146, www.turcongel.eu, 34 Wohneinheiten für 2–6 Personen. Mit 50 €/Wohnung von Oktober bis März sehr preiswert; im Hochsommer 120 (4 Pers.) – 160 € (6 Pers.) am Tag.
- **Einkaufen:** *Ecomarché* Supermarkt, gleich an der N-125 Richtung Vila Real.

Praia de Lota

Der Strand ist schlecht ausgeschildert und nur über Praia de Manta Rota erreichbar. Dies hat aber den Vorteil, dass sich nicht allzu viele Besucher hierher verirren. Zwei Strandkioske bieten Erfrischungen an.

Praia de Manta Rota

Sowohl die Küstenstraße von Cacela Velha als auch die N-125 zweigt mehrfach nach Vila Nova de Cacelha ab. Von den großen Parkplätzen wird der äußere rechte oft von Wohnmobilen genutzt. Der Strand selbst ist wirklich top, ein halbes Dutzend Strandlokale sorgen für Erfrischungen und auch warme Mahlzeiten (sehr zu empfehlen ist hier das Restinga mit fairen Preisen).

Unterkunft/Einkaufen

- Oberhalb des Strandes wurden zwei neue Apartmentanlagen (*Real Lota*, Tel. 281 950 570, www.real-lota.com und *Mantasol,* Tel. 281 952 639, www.mantasol.pt) errichtet. Mit Ausflugsagenturen in der Rezeption, einem Minimarkt und einer Pizzeria.

■ Weiter oben im Ort (Richtung Praia Lota) bietet die **Residencial O Sito**② günstige Unterkunft (Tel. 281 951 039), zur oberen Kategorie gehört das **Estalagem Oásis**④, Praia da Lota, Tel. 281 951 644, Fax 281 951 660, www.mdgrouphotels.com, sehr schöne Alleinlage, nur 22 DZ, ab 65 €.

■ Nebenan **Einkaufsmöglichkeit** im *Alisuper* Minimarkt.

Praia de Fabrica

100 m vor Cacela Velha weist ein Schild in Richtung Fabrica; hier handelt es sich um eine **ehemalige Ziegelfabrik,** auf deren Gelände heute neue Apartmentsiedlungen gebaut werden sollen. Hier werden auch **Überfahrten zum Außenstrand** (Praia de Fabrica) angeboten – obgleich man das hüfthohe Wasser auch durchwaten kann.

Cacela Velha

Unmittelbar westlich des Praia Manta Rota beginnt bereits der **Naturpark Ria Formosa,** der sich bis hinter Faro erstreckt. Zudem sind Neubauten in Cacela Velha untersagt, das hübsch herausgeputzte **50-Seelen-Dörfchen** gleicht einem Freilichtmuseum. Es steht somit in einem reizvollen Kontrast zu den meisten anderen Orten der Südalgarve. Nur eine Hand voll Häuser liegen auf dem Hügel rund um die kleine Ortskirche; von hier aus hat man einen hübschen Rundumblick.

039al wl

Praia de Cacela Velha

Vor dem Friedhof führt rechts eine Treppe steil hinunter zum inneren Strand der Landzunge, der aber wenige Hundert Meter ostwärts mit dem Außenstrand verschmilzt. Erfrischungen bietet eine kleine Snackbar am Kirchplatz, eine Privatunterkunft① (Tel. 281 325 694) liegt an der Treppe zum Strand.

Conceiçao/ Praia de Cabanas

Im oberen Bereich an der N-125 (Conceição) reiht sich Neubau an Neubau – teils Ferienwohnungen, teils neues Wohnbaugebiet. Jeder Zweite scheint hier Makler zu sein, entsprechend steril wirkt das Ganze. Der untere Abschnitt Cabanas beherbergt an der Westseite die

große Ferienwohnanlage Golden Ria, an der Ostseite (Ende des Weges, Feldweg) erstreckt sich der mäßig attraktive Hausstrand. Dazwischen liegt der Altort Cabanas mit zahllosen Restaurants, Geschäften und – Maklerbüros. An der kleinen Promenade darf nicht geschwommen werden; ohnehin ist es ratsam, den eigentlichen Praia de Cabanas auf der äußeren Landzunge aufzusuchen, der bei Ebbe auch hier fast zu Fuß erreichbar ist – ansonsten per Boot ab Tavira oder (im Sommer) mit kleinen Fischerbooten an der Promenade. Sehenswert ist die **Fortaleza de São João Barra,** eine gut erhaltene kleine Festungsanlage aus dem 18. Jh., die man erreicht, wenn man dem Feldweg vor dem „Hausstrand" noch 350 m weiter folgt. Nördlich von Conceiçao liegt der **Golfplatz** Benamor (Tel. 281 320 880, www.benamorgolf.com).

Unterkunft

- **Golden Clube Resort Cabanas**②, Cabanas, Tel. 281 329 800, Fax 281 370 926, www.golden clube.pt.
- **Aldeamento Turístico Pedras da Rainha**③, Pedras da Rainha/Cabanas, Tel. 281 380 680, Fax 281 380 681, www.pedrasrainha.com, weitläufige Anlage mit 140 Wohneinheiten, Pools und gepflegten Außenanlagen. Nahe der Benamor-Golfanlage, daher werden neben Kinderbetreuung (Miniclub) auch Golfkurse angeboten.
- **Apartamentos Turísticos Club Golden Ria**③, Cabanas, Tel. 281 370 517, Fax 281 370 513, www.clubgoldenria.com, ca. 80 Apartments für 2–4 Pers.

Alle genannten Anlagen zielen auf Selbstversorger ab (PKW erforderlich), Einkäufe erledigt man im nahe gelegenen Tavira. In Pedras da Rainha/Cabanas gibt es nur vergleichsweise teure Minimärkte.

⌃ Einsame Landschaft vor Cacela Velha

040al wl

Tavira

Das für Salzgewinnung und Fischfang bekannte Städtchen Tavira (ca. 26.500 Einwohner) liegt beidseitig des Rio Gilão (auch Séqua genannt); es wird aufgrund seiner zwei Kilometer vom Atlantik entfernten **Binnenlage** eher selten als Urlaubs-Standort gewählt. Dennoch – vielleicht auch gerade deshalb – entpuppt sich der Ort als ein lohnenswertes Ziel, da Tavira eine besondere Gelassenheit und architektonische Harmonie ausstrahlt. Das Stadtbild erinnert mit seinen Brücken und der **„Hügelfestung"** optisch ein wenig an Städte wie Prag oder Würzburg. Bereits unter den Römern und Arabern ein wichtiger Hafen, wurde Tavira auch unter den portugiesischen Königen zum wichtigen Flottenstützpunkt, dessen Bedeutung jedoch seit dem Rückzug aus Marokko (1578) schwand, was von zunehmender Versandung und Schäden beim 1755er Erdbeben noch forciert wurde.

Sehenswertes

Igreja do Carmo

Die Ostseite von Tavira entwickelte sich hauptsächlich im 17. und 18. Jh. im Rahmen des städtischen Wiederaufbaus nach dem Erdbeben (s. Geschichte). Dass hierbei die kirchlichen Orden eine Vorreiterrolle spielten, zeigt die **Karmeliterkirche** Igreja do Carmo am gleichnamigen Platz mit dem nebenstehenden einstigen Kloster.

Largo de São Brás

Nur wenige Meter entfernt liegt der hübsche Platz São Brás, benannt nach der kleinen Kapelle am oberen Ende; eine echte Oase der Stille.

^ Tavira – ein außergewöhnliches Stadtbild

Praça Padinha

Am unteren Ende des Largo de São Brás führt eine Treppe zur Statue des einstigen Bischofs *Marcelino Franco Padinha* (Ende 19./Anfang 20. Jh.) auf dem Praça Padinha. An der Nordseite lohnt ein Blick in die reich mit Malereien verzierte **Renaissancekirche São Paolo** (17. Jh.).

Zentrumsbrücken/ Praça da República

Über eine der beiden **Innenstadtbrücken** kommt man zum Praça da República (mit Open-air Theater), dem eigentlichen **Stadtzentrum.** Beide Brükken haben eine höchst unterschiedliche Geschichte: Die pontonähnliche Behelfsbrücke wurde nach Überschwemmungen 1990 zur Entlastung der älteren, auf sieben Bögen ruhenden römischen Brücke (eine Rekonstruktion aus dem 17. Jh.) ergänzt. Im Park oder den umliegenden Cafés kann man dem wenig hektischen Treiben in der Stadt zusehen; auch in den hübsch restaurierten Markthallen finden sich heute hauptsächlich Cafés und Souvenirgeschäfte.

Altstadt

Besonders sehenswert ist die Altstadt westlich der Rua da Liberdade mit ihren zahllosen steilen, verwinkelten Gassen. Durch eine schmale Treppengasse und das maurische **Stadttor Arco da Misericórdia** gelangt man zur gleichnamigen dreischiffigen Kirche der Barmherzigkeit, an deren Fassade Stadtwappen und Apostelfiguren, in deren Inneren die Holzdecken und aufwendigen Azulejo-Verkleidungen hervorzuheben sind.

Castro dos Mouros

Den – im wahrsten Sinne des Wortes – Höhepunkt eines Besuches in Tavira bildet das Castro dos Mouros, die **alte maurische Festung** auf der höchsten Erhebung der Stadt. Hier hatten bereits die Römer eine Befestigung errichtet, die von den Mauren erweitert und nach der Reconquista unter *Dinis I.* erweitert worden war. Heute kann man von den Beobachtungstürmen der Außenmauern (Vorsicht: ungesicherte Treppen!) die schöne Aussicht über Stadt und Fluss geniessen. Daher wohnt man in der Pousada neben dem Kastell auch ganz besonders schön. Geöffnet ist die Anlage Mo–Fr 8–17, sonst bis 17.30 Uhr (Eintritt frei). Unmittelbar vor der Burganlage hatten die Mauren eine **Moschee** gebaut, die von den Portugiesen geschleift und durch die **Kirche Santa Maria do Castelo** ersetzt wurde. Der ursprünglich gotische Bau aus dem 13. Jh., von dem lediglich noch das Portal und einige Bögen im Altarbereich erhalten sind, wurde mehrfach umgebaut und nach dem Erdbeben von 1755 rekonstruiert. Unmittelbar darunter steht die mit ihren verspielten Seitenbauten an maurische Architektur erinnernde **Kirche Sant'Iago** (Jakob) aus dem 17. Jh.

Torre de Tavira/Camera Obscura

Oberhalb der Kirche, im alten Wasserturm von 1931, wurde die jüngste Attraktion der Stadt eröffnet, der **Torre de**

Einkaufen/Sonstiges
4 Bäckerei
6 Ex Libris Gourmetshop
7 Zeitschriften
8 Fotogeschäft
10 Sportnautica Fahrradhandel/-verleih
13 Rent a Bike
18 Apotheke
20 Loris Fahrzeugverleih

Übernachtung
- **1** Apartamentos Turisticos Nora Velha
- **2** Quinta da Fortuna
- **3** Hotel Porta Nova
- **9** Pensão Lagoa
- **15** Pensão Princesa do Gilão
- **16** Pousada do Convento de Tavira
- **17** Jugendherberge
- **18** Pensão Mirante
- **19** Pensão Castelo
- **24** Pensão Imperial
- **28** Mares Pension
- **30** Hotel Por do Sol
- **31** Residencial Horizonte
- **33** Hotel Galé Albacora
- **35** Apartamento Eurotel

Essen und Trinken
- **5** Rest. O Manel und Kohinoor Tandoori Rest.
- **11** Mad Hatters British Pub
- **12** Restaurant Bica
- **14** Pizzeria Fenicia
- **23** Rest. América
- **28** O Canecão, Cad'Oro & Mares Fischrestaurant

Wassersport
- **33** Tauchbasis U-Diving

Nachtleben
- **32** Disco UBI

- **21** Pastelaria Tavira Romana
- **22** Kino
- **25** Markthallen
- **26** Autoverleih Tavivila
- **27** Fischauktion
- **29** Pingo Doce Supermarkt
- **34** Gran Plaza

Tavira/Camera Obscura: Mit Hilfe von Spiegeln und zwei Linsen ähnlich dem Prinzip eines umgedrehten U-Boot-Periskops wird das Rundumpanorama live auf einen Großbildschirm im Turm projeziert. Dabei werden das Panorama und die bedeutenden Punkte der Stadt bei einer Drehung der Spiegel um 360° erläutert. Die optische Technik der „camera obscura" soll übrigens auf den chinesischen Universalgelehrten *Mo Zi* zurückgehen (etwa 480–390 v. Chr.) und über die portugiesischen Kontakte mit dem Reich der Mitte (Kolonie Macau) im 16. Jh. nach Portugal gekommen sein.

■ **Geöffnet:** Okt.–Mai 10–18 Uhr, Juni–Sept. 10–20 Uhr (25.12. und 1.1. geschl.); Eintritt 3,50 €, ermäßigt 2,80 €, Familie 10 €.

Strände

Praia de Tavira

Am Ortsausgang, Richtung Vila Real, führt ein beschildertes Sträßchen an Salinenfeldern entlang zum Hotel Galé Alvator und zum gut erhaltenen **Forte do Rato,** welches im 16. Jh. zur Überwachung der Hafenzufahrt errichtet wurde. Wenige Meter weiter steht man praktisch mitten zwischen den Dünen und Inseln am (weder bewachten noch bewirtschafteten) Strand, der hier allerdings nur selten besucht wird; die meisten Strandurlauber bevorzugen die Ilha.

Ilha de Tavira

Vom Largo Padinha wie auch vom Vorort Quatro Águas fahren Fährboote (nur Personen, ca. 80 ct.) zur elf Kilometer breiten Ilha de Tavira hinüber. Es gibt mehrere Anlaufpunkte mit eigenen Strandbezeichnungen, namentlich **Praia de Cascas, Praia da Ilha de Tavira** und **Praia do Barril;** das Westende der Insel (ohne eigene Bezeichnung) wurde zudem zum einzigen offiziellen **FKK-Gebiet** der Algarve ernannt. Kioske, Liegen- und Sonnenschirmverleihe sind an den bewachten Strandabschnitten reichlich vorhanden. Wer Ruhe auf weißem Sand und ausgedehnte Wanderungen durch Dünenlandschaften bevorzugt, ist hier goldrichtig.

Pego do Inferno

Etwas außerhalb liegt ein interessantes Ausflugsziel, das vor allem von Einheimischen empfohlen wird – ein Badesee mit Wasserfall, der von einem Flüsschen gespeist und durchflossen wird: Baden, Picknick und gewagtes Show-Springen. 5 km nordwestlich von Tavira (am linken Flussufer der M-514 folgen).

Praktische Tipps

Orientierung

Wer mit eigenem Fahrzeug anreist, orientiert sich am besten an der großen **Innenstadtbrücke,** an der auf der Südseite große Markthallen (sieht aus wie ein Messegelände), auf der Nordseite ein großer Pingo Doce-Supermarkt liegen. An diesem Supermarkt empfiehlt es sich zu parken (im Zentrum gibt es nur wenige Parkplätze, die mit Ausnahme der Parkflächen hinter dem Busbahnhof und links davon in der Rua Belafria kostenpflichtig sind) und von hier aus die Altstadt beidseitig des Flusses zu besuchen. Alternativ (aus Richtung Faro) an der Beschilderung „Ilha de Tavira" orientieren und unter der großen Brücke parken.

An- und Weiterreise

■ **Bus:** je 9–10 Anbindungen von 7–20.30 Uhr Richtung Vila Real und Faro; Lokalbusse nach Santa Luzia und Pedras del Rei (12–15x tgl.); Lissabon 4–8x tgl., 2x tgl. Lagos – Sevilla.

■ **Bahn:** täglich 8–11 Züge jeweils Richtung Faro und Vila Real, auch abends.

■ **Fähren:** ab Quatro Águas und Largo Padinha-Pier in Tavira zur Ilha de Tavira (⇗Strände); 9–18.30 Uhr stündlich, 2 € (Rückfahrkarte), Tel. 964 515 073. Nicht mit den Schnellbooten (rund 10 €/Pers. verwechseln!).

Unterkunft

Camping

■ An der Ostseite der Ilha de Tavira wurde ein Campingplatz für rund 300 Zelte (ab 7,50 €/Pers.) mit Kiosk und Snackbar angelegt. Eher für Traveller, weniger für Familien geeignet, Tel. 281 321709, www.campingtavira.com.

Jugendherberge

■ Tipp: Relativ neu wurde südlich vom historischen Viertel in der Rua M. Bombarda 36 die städtische Jugendherberge eröffnet. Sieben DZ und zwölf Mehrbettzimmer sowie Gemeinschaftsräume, Internet und Kantine stehen zur Verfügung. Tel. 969 779 545, www.pousadasjuventude.pt, Preise 11–17 €/Bett bzw. 28–47 €/DZ (je nach Saison und Ausstattung).

Pensionen

Für Bus- und Bahnreisende liegen mehrere Pensionen günstig an der Rua da Liberdade sowie unmittelbar am anderen Flussufer:

■ So darf sich die einfache **Residencial Princesa do Gilão**②, Rua Borda d'Água Aguiar 10–12, Tel./Fax 281 325 171, www.residencial-gilao.com, einer malerischen Aussicht auf die Altstadt rühmen.

■ Ähnlich hübsch, zwischen beiden Brücken, liegt die **Pensão Lagoa**②, Rua Almirande Cândido dos Reis 24, Tel. 281 322 252, http://residenciallagoa.pai.pt. Auch EZ.

■ Schräg gegenüber der Markthallen kommt man in der **Pensão Marés**②, Rua José Pires Padinha 134, Tel. 281 325 815, Fax 281 325 819, www.residencialmares.com, unter. Sauna, angeschlossenes Restaurant, alle Zimmer mit Minibar und Sat-TV.

■ Unterhalb des Kastells liegen nacheinander an der Avenida da Liberdade die **Pensão Castelo**② (Nr. 4), Tel. 281 320 790, Fax 281 320 799, und die sehr einfache **Mirante**② (Tel. 281 322 255, letztgenannte empfiehlt sich nur eingeschränkt und im Notfall).

■ Als günstige Unterkunft (zentral gelegen) empfiehlt sich die **Pensão Imperial**① (DZ ohne Bad) mit angeschlossenem Restaurant in der Rua José Pires Padinha 24 (Gasse Richtung Kino); Tel. 281 098

Hotels

■ Ähnlich preiswert ist das kleine Hotel **Por do Sol**② in der Rua Comandante Henrique Brito. DZ 35–80 €, Familienzimmer (3–4 Pers.) 50–85 € und Apartments (4 Pers.) 50–100 €.

■ Auch das **Residencial Horizonte**③, Rua A. Cândido dos Reis (neben der Kirche Nossa Senhora do Livramento) bietet günstige Zimmer. Tel. 281 325 035, Fax 281 325 037.

■ **Galé Albacora**④, ist eine hübsch außerhalb beim Fort gelegene restaurierte ehemalige Fischersiedlung; Tel. 281 380 800, www.vilagale.pt; mit eigener Ilha-Fähre.

■ Neueste und wahrscheinlich die stilvollste Unterkunft in Tavira bietet die **Pousada do Convento de Tavira**④, Rua D. Paio Peres Correia, Tel. 281 329 040, Fax 281 381 741, www.pousadas.pt, ein restauriertes Klosterkonvent der *Igreja da Graca* unmittelbar neben der Burganlage. Die 36 DZ bieten alle

Annehmlichkeiten von Minibar über Internetzugang bis zum Sat-TV, die Anlage zudem Pool und Kinderhallenbad.

■ Als noch junges 4-Sternehotel in Tavira empfiehlt sich das **Porta Nova**④, Rua A. Pinheiro, Tel. 281 329 700, Fax 281 324 215, www.hotelportanova.com. Alle Annehmlichkeiten, zentrale Lage.

Wohnungen

■ **Hotel Apartamento Eurotel**③, Quinta das Oliveiras, Tel. 281 324 324, Fax 281 325 571, www.eurotel-tavira.com, knapp 3 km außerhalb (kostenloser Hotel-Pendelbus), Sat- und Kabelfernsehen, Pools, Internetzugang usw.; Die Zimmer werden zwar für bis zu 2+2 angeboten (Kinder bis 12 Jahre frei), es stehen aber dafür nur unisono 35 m² Zimmer zur Verfügung. Für 2 Pers. sehr hübsch, je nach Saison 100–130 € pro Nacht inkl. Frühstück.

■ **Apartamentos Turísticos Nora Velha**③, Sítio da Nora Velha (Block A) bzw. die Neubauten Monte Eira, Quinta do Morgado, Tel. 281 325 131, Fax 281 325 163, www.quintadomorgado.com; sehr gute Lage und Ausstattung, 4 Personen zahlen je nach Saison 100–180 € in den neuen (Monte Eira), 60–125 € im älteren Bereich Nora Velha. 6-Personenvillen kosten 80–190 € (jeweils pro Tag). Beide Wohnungsanlagen sind auch über die Touristeninformation in der Stadtmitte kontaktierbar; die Angestellten vermitteln telefonisch Quartier dort, ohne eine Vermittlungsgebühr zu verlangen.

■ **Quinta da Fortuna** (Lesertipp), *Sabine Kranich,* Sitio da Fornalha, Ap. 95, Moncarapacho, Tel./Fax 00351 289 792 190, Mobil 00351 962 938 510, www.quintadafortuna-pt.info. Angeboten werden dort mitten in der eigenen Baumschule zwei Doppelzimmer mit gemeinsamem Bad, ein Wohnwagen und ein kleiner Campingplatz; zur gemeinsamen Nutzung steht eine große Küche zur Verfügung. Man wohnt dort einfach, aber sehr schön, ruhig und mitten im Grünen. 10–30 € pro Person, Frühstück 5 €.

Essen und Trinken

■ **Selbstverpfleger** finden große Discounter an der N-125 bzw. im Zentrum (u.a. *Lidl, Aldi, Pingo Doce*, sowie eine gute Bäckerei im Ort. Der große städtische Markt an der Brücke westlich vom Zentrum hat zwar kein besonderes Flair, bietet ein reichhaltiges Angebot an regionalen Erzeugnissen. Ein großer Continente-Supermarkt befindet sich im **Einkaufszentrum Gran Plaza** (s.u.); Spezialitäten (Oliven, Käse, Weine, frischen Kaffee usw.) findet man im **Gourmetshop Ex Libris** in der Rua 5 de Outobro unmittelbar nördlich der Pontonbrücke.

■ Die **Pastelaria-Eiscafé Tavira Romana** (Pr. da República) hat täglich schon sehr früh geöffnet und bietet u.a. sehr leckere Apfeltaschen.

■ Gut und günstig kann man in der **Pizzeria Fenicia** (Largo do Trem, Tel. 281 325 175) essen.

■ Suppen, Kleinigkeiten, Salate, aber auch gute Fischgerichte bietet recht preiswert das modernere **América** in der Rua A. Rodrigues/Ecke Padinha, Tel. 281 323 330.

■ Bekannt für sehr gute Fischgerichte sind die drei Restaurants **O Canecão** (Tel. 281 325 260), **Cad'Oro** (Tel. 281 325 746) und **Mares** (Tel. 281 325 819, vermietet auch Zimmer, s.o.); sie liegen nebeneinander am Largo Doutor José Pires Padinha, gegenüber vom restaurierten Markt.

■ Wer nur kurz in der Stadt ist, sollte unbedingt im **Bica** in der Rua Almirante Cândido dos Reis 22 einkehren; hier gibt es portugiesische Hausmannskost wie Eintopf oder Schaschlikvarianten ab 7,50 €, Tel. 281 323 843.

■ In der Gasse Rua Cabrena am Nordende der Pontonbrücke bietet die kleine **Churrasqueria O Manel** (Tel. 281 323 343) fast ausschließlich traditionelle Fisch- und Hähnchengerichte vom Grill, um die Ecke findet man mehrere indische Restaurants, u.a. das **Kohinoor Tandoori** (Rua Joao Vaz Corte Real 1, Tel. 281 326 814) mit leckeren Lammcurries, Dhal oder Chicken massalah.

■ Sehr nett sitzt man auf einen Drink im **Mad Hatters British Pub** (Rua Pessoa am Ufer, neben dem

Fahrradladen); geöffnet 9–2 Uhr, 8–21 Uhr Happy Hour, bietet auch Snacks und „English Breakfast".

Nützliches

■ **Touristeninformation:** Rua da Galeria (Treppe zur Altstadt), geöffnet Mo–Fr (im Sommer tgl.) 9.30–13 und 14–17 Uhr, sehr kompetente und hilfsbereite Mitarbeiter, Tel. 281 322 511.

■ **Post:** Automat am Praça da República, Amt an der Rua da Liberdade, geöffnet Mo–Fr 8.30–18 Uhr.

■ **Erste Hilfe:** Largo do Carmo (direkt neben der Karmeliterkirche); **Krankenhaus** am Ortsausgang Richtung Santa Luzia (Küstensträßchen); Tel. 281 329 000.

■ **Polizei:** Calçada de Santana 5, Tel. 281 325 704.

■ **Agentur:** *Alegria* (direkt neben der TI), Tel. 281 323 769, bietet neben Ausflügen und Themenpark-Tickets auch mehrsprachige geführte Stadtrundgänge an.

■ **Stadtrundfahrt:** alle halbe Stunde fährt eine Touristenbahn an den wichtigsten Sehenswürdigkeiten entlang (2 €).

■ **Fahrzeugverleih:** *Loris,* neben der Touristeninformation, Tel. 964 079 233 (PKW und Scooter) und *Tavivila Rent a Car,* Rua Parinha, Tel. 969 003 043

■ **Fahrradverleih:** *Sportnautica,* Rua Jaques Pessoa 26a (Nordseite zwischen den Brücken) oder *Rent a Bike,* Rua do Forno, Tel. 281 321 973; hier können auch geführte Radtouren gebucht werden.

■ **Abendunterhaltung:** *Disco UBI & Bubi Bar,* Rua Vale Carangueijo oder Jazzkneipe *Casa da Rio,* Estrada da Asséca.

■ **Tauchbasen:** U-Diving, Hotel *Vila Galé Albacora,* Tel. 936 260 247, www.udiving.pt

■ **Einkaufszentrum:** Tavira versucht dem Algarve-Shopping in Guia bei Albufeira nachzueifern und bietet mit dem **Gran Plaza** das jüngste Einkaufszentrum der Algarve. Neben Boutiquen, Fachgeschäften, Multikino, Bankautomaten und Gastronomie-Abteilung (Sushi-Bar, *Burger King* usw.) ist auch der Continente-Supermarkt täglich von 10–23 Uhr (Juli/August 9–24 Uhr) geöffnet. Man bekommt auch hier alles, allerdings wirkt die Gesamtanlage eher steril und längst nicht so attraktiv wie das Pendant in Guia.

Zwischen Tavira und Fuzeta

Zwei Kilometer westlich von Tavira liegt der Fischerort **Santa Luzia** mit einem eigenen (ausgeschilderten), jedoch nur mäßig attraktiven Strand auf dem Festland. Erfrischungen bieten hier die *Marisqueria Capelo* und die *Cervejaria O Chico* an.

Tipp: Es gibt noch eine Möglichkeit, auch ohne Fährboot zur Ilha de Tavira (↗Tavira) zu kommen: bei der Feriensiedlung **Pedras d'El Rei** (drei Kilometer westlich von Tavira) verbindet ein schmaler **Pontonsteg** das Festland mit der Insel. Auf der anderen Seite kann man dann entweder per Touristenbahn (1 €, Kinder bis 5 J. frei) oder zu Fuß den kurzen Weg zum ausgezeichneten **Praia do Barril** mit FKK-Abschnitt, Freizeitanlage und Bewirtschaftung zurücklegen. Für Einkäufe und Erledigungen muss man jedoch auf die Orte Santa Luzia oder **Luz** zurückgreifen. In Luz liegen Post, Minimarkt, die Pensão Palmeira Dourada sowie das beliebte *Restaurante O Forno* an der Hauptstraße. In Santa Luzia findet man Apotheke, Bank und eine Handvoll Restaurants sowie einen Pier für Bootstouren (Sommer).

Faro und Umgebung

0 5 km
© Reise Know-How 2013
Alga31
Quintã
Barranco Velho
Javali
Carneiros
Alcaria Fria
Varzea do Velho
Rib. de Fronteira
Corxo
Punchat
Malhada do Judeu
Boiça
Corgas Bravas
Monte Grande
Corte de Água
Cortalha
Tábuas 503
480
Cova da Muda
Ribeira del Aportel
Vale de Pereiro
Alportel
Curral da Pedra
Porto Carvalhoso
Ribeira del Aportel
Clareanes
Amendoeira
Carvalha
Almargens
Tareja
Garcia
366
Bengado
Santa Catarina do Fonte do Bispo
Vigia 240
Cerro de Apra
Farrobo
Igreja Matriz
Mealhas
52
São Romão
São Brás de Alportel
Igreja Matriz
Corotelo
Alcarias
32
Tavira
Gorgões de Baixo
Desbarato
Cerro do Leiria
Vale do Corralho
Machados
Barracha
Cerro do Manuel Viegas
Foupana
Palhagueira
Pereiro
Murta
Foupana
Canal
Charneca
Lago e Relva
Bemposta
Azinheiro
Serra de Monte Figo
52
Grutas de Moncarapacho
Cruz da Espragueira
Santa Bárbara de Nexe
Palácio de Estói
50
Estói
São Miguel 410
Serra de Monte Figo
Ruinas de Milreu (Vila Romana)
Moncarapacho
Falfosa
Guilhim
Arjona
Esteval
Mata Lobus
Fornalha
Chaveca
Alecrineira
Murteira
São João da Venda
Besouro
Boavista
Belo Romão
Vale da Venda
Conceição
Patacão
Pechão
Quelfes
Forte das Bias
Quatrim do Norte
Biogal
Campina
Arrunhado
Brancanes
Torre do Natal
Brejo
Piares
Quatrim do Sul
Monte Negro
55
43
Olhão
Faro
Ilha de Armona
Marchil
Museo Arqueológico
Praia da Armona
Aeroporto de Faro
Esteiro da Barra Grande
46
Reserva Natural da Ria Formosa
Praia da Culatra
Ilha de Faro
Ilha da Culatra
Ilha do Farol
Ilha do Farol
Praia do Farol
Ilha de Barreta
124
2
270
398
IP1
E1
A22
125
2-6

Fuzeta

Die steigende Beliebtheit dieses einzigen größeren Ortes (2500 Einwohner, auch *Fuseta* geschrieben) zwischen Tavira und Olhão erklärt sich weniger aus etwaigen Sehenswürdigkeiten als vielmehr aus seinem traditionell anmutenden Ortsbild. Der kleine Fischerhafen und der Ortskern scheinen nahezu **unberührt von touristischer Entwicklung.** So kann man etwa am Ufer oder auf den Booten Hunderte von Tonkrügen sehen, mit denen Tintenfisch gefangen wird.

Dennoch hat sich der Ort mittlerweile zur wichtigsten Fährstelle für die vorgelagerte Insel Ilha de Armona gemausert; im Zuge dieser Entwicklung wurde die hübsche Promenade neu und modern gestaltet und sogar ein Campingplatz zentral vor dem Stadtstrand angelegt. Die Pfarrkirche von Fuzeta erlangte am 19.6.1998 einige Bekanntheit, als der spanische König *Juan Carlos* hier an einer Messe teilnahm.

Strände

Der „Hausstrand" liegt unmittelbar hinter dem Campingplatz und erweist sich als durchaus annehmbar für einen Hafenort.

Praia de Fuzeta

Das eigentliche Ziel hiesiger Wasserratten liegt auf der vorgelagerten **Ilha de Armona** (an der Ostseite der Insel): der Strand Praia de Fuzeta. Auskunft und Tickets gibt es am Kartenkiosk neben der Snackbar *O Cubanito* an der Promenade; die Boote (nur Personen) fahren von Juni bis September täglich von 9.30 bis 12.30 und 14.30 bis 18 Uhr (Sa, So bis 19.15 Uhr), Kosten 1,80 €, Kinder 90 ct.; Telefonauskunft unter 289 794 210. Armona ist einsam und schattenlos, lediglich an der Westseite (Praia de Armona, ⇗Olhão) stehen ein paar Fincas und zwei kleine Schänken. Die dem Meer zugewandte Seite bietet fast menschenleere feine Sandstrände.

Praktische Tipps

Orientierung

Das Zentrum liegt im kleinen Viereck zwischen Flussarm (Hafen), der Uferstraße Av. 25 de Abril (hier Camping), der Av. da Liberdade (Geschäfte und Cafés) zum Praça da República und der Rua Barosso zurück zum Hafen (Markthalle/Fischmarkt).

Unterkunft

- **Camping:** zentral und günstig (ca. 9 €/Pers.), Tel. 289 793 459, camping@jf-fuseta.pt, ganzjährig geöffnet, an N-125 ausgeschildert.
- **Pensão Liberdade**①, 200 m vor dem Bahnhof rechter Hand an der Hauptstraße (10 Min. zu Fuß zum Ortsstrand), Tel. 289 793 297, Campingzubehör bietet ein kleines Fachgeschäft im Ort neben der Metzgerei in der Rua da Liberdade wenige Meter vom Campingplatz entfernt.
- **Privatunterkunft** im Ortszentrum bieten in der Rua Tenente Baroso (Fußgängerzone) das *Café Pandoco* (Tel. 912 275 023, Apartments von Juni–Sept.) oder auch das *Restaurant Molina e Machinho* beim Campingplatz in der Av. Marginal, Tel. 289 792 351, welches auch exzellente Fischgerichte zubereitet.

Essen und Trinken/Nachtleben

■ Snacks und Kleinigkeiten bieten die Snackbars **O Buda** und **Sport Lisboa e Fuzeta** an der Promenade sowie die Cafés am Praça da República (z.B. **Cervejaria Pescador).**

■ Leser empfehlen auch das **Molina e Machinho** beim Campingplatz (s. Unterkunft).

■ In der mittleren Preisklasse kann das **A Lota** beim Markt empfohlen werden.

■ Das **O Ponte Grande** (Rechtskurve der Av. 25 de Abril bis zur kleinen Brücke über die Schienen folgen, Tel. 289 794 948, So geschl.) wird für seine hervorragenden Grillplatten weithin und zu Recht gerühmt.

■ Abendunterhaltung bietet u.a. die **Bar O Abalo** in der Av. 25 de Abril sowie einige **Café-Bars** in der Tenente Baroso (Fußgängerstraße zwischen Praça da República und Fischmarkthalle). Als Disco-Club versucht sich die **Top-60 Bar** (an der Nebenstraße Richtung Olhao, ca. 1 km außerhalb ab Rest Ponte Grande) zu etablieren; Disco und Partybetrieb, Eintritt je nach Event.

Nützliches

■ **Bushaltestelle:** Av. 25 de Abril (bei Bar O Abalo); die meisten Busse halten jedoch nur in Alfandangha (= Alfâdega) an der N-125/Zufahrt Fuzeta (1,5 km zum Ufer). Dort fahren 10–12 Busse tgl. (alle 60–90 Min. von 8–21 Uhr) in beide Richtungen, in Fuzeta selbst (am Kreisel vor dem Campingplatz) nur 2–3x tgl.

■ **Fähre (zur Ilha de Fuzeta):** am Metallsteg flussseitig vom Campingplatz, ein Ticket kostet 1,40 €, Kinder 70 ct. inkl. Rückfahrt; das Tickethäuschen („bilheteira") liegt auf der landseitigen Straßenseite (das dem Steg nächstgelegene fährt andere Punkte an).

■ **Bahn:** Der Bahnhof liegt ca. einen Kilometer vor dem Zentrum an der Zufahrtsstraße; es fahren 10–14 Züge täglich in beide Richtungen.

■ **Bank** (mit ATM): Av. 25 de Abril (landseitig vom Campingplatz) sowie *Millenium Bank* am Praça da República.

■ **Post:** neben der Bank, mit Postautomat, geöffnet Mo–Fr 9.30–12.30 Uhr und 14–18 Uhr.

■ **Minimarkt:** *Alisuper,* Av. da Liberdade, nahe Praça da República, Fischmarkt (nur vormittags) am Flüsschen an der Zufahrtsstraße (250 m vor dem Campingplatz).

■ **Metzgerei:** hinter der Eisenbahnbrücke neben dem Restaurant *O Ponte Grande.*

■ **Öffentliche Telefone:** an der Uferstraße neben dem Campingplatz; Karten vertreibt z.B. das *Café Pandoco* in der Rua Tenente Baroso oder der Zeitschriftenhandel in der Liberdade/Praça da República.

■ **Apotheke:** am Praça da República.

■ **Internetanschluss:** in der Snackbar *Sport Lisboa e Fuzeta* landseitig vom Campingplatz.

Olhão

Fast könnte Olhão (ca. 31.000 Einwohner) eine Zwillingsschwester von ⇗Portimão sein: Beide Städte sind die einzigen nennenswerten verbliebenen **Fischereihäfen** der Algarve, beide erfreuen sich eines traditionellen, von touristischen Einflüssen weitgehend unberührten Lebens, und beide können sich vorzüglicher **Strände** in der näheren Umgebung rühmen. Während aber Portimãos unmittelbar benachbarter Praia da Rocha zu einer die Traditionen missachtenden touristischen Entwicklung führte, liegen die Strände von Olhão auf **vorgelagerten Inseln** ohne jegliche Infrastruktur. Somit erfreut sich die Stadt, und mit ihr der interessierte Besucher, eines nahezu unveränderten kleinstädtischen Lebens wie vor Jahrzehnten.

Die erst im 14. Jh. an damals frisch erschlossenen Quellen gegründete Stadt wird von den meisten Reisenden wegen der Fähranbindung zu den Inseln und wegen des nahen ⇗**Naturparks Ria Formosa** am Ortsrand besucht. Ansonsten locken ein netter Uferpark und eine verwinkelte Fußgängerzone in die Heimatstadt des Dichters *João Lucio,* dessen Büste in der kleinen Grünanlage vor den Kirchen zu sehen ist.

Sehenswertes

Am Südende der Avenida da República fällt unmittelbar die **Capela Nossa Senhora dos Aflitos** ins Auge, eine mit Azulejos ausgekleidete Gebetsstätte der Fischer, die hier um gute Fänge und ruhige Fahrt bitten. Unmittelbar an die Rückseite wurde die einschiffige, vorwiegend im barocken Stil gehaltene **Pfarrkirche Nossa Senhora do Rosário** ab 1699 angebaut. Bemerkenswert im prunkvollen Inneren ist der optische Tiefeneffekt, der hinter dem Hauptaltar mit kleiner werdenden Säulen erzielt wird. Vom Turm (tgl. außer So und während Messen 9–11 und 15–17 Uhr) hat man einen hervorragenden Überblick über Fischereihafen und Innenstadt.

Gegenüber, am Praça de Restauração, liegt das **Museu de Citade** (Städtisches Museum) mit Exponaten zur Stadtgeschichte; ein Schwerpunkt liegt auf der besonderen Bedeutung der Fischerei für Stadt und Region (Mo–Fr 10–12 und 14–17.30 Uhr, Sa 10–13 Uhr, So geschl., Tel. 289 700 103).

Südlich der beiden Gotteshäuser, rund um die Rua do Comércio, erstreckt sich eine verwinkelte **Fußgängerzone** mit kleinen Geschäften und Boutiquen bis hin zum **Uferpark Jardim Patrão Joaquim Lopez.** Hier bietet es sich an, zu bummeln oder auf den schattigen Parkbänken zu verweilen und die Azulejotafeln mit Motiven etwa vom Aufstand gegen die Franzosen oder vom Tunfischfang zu betrachten. Zentraler Anziehungspunkt der Uferpromenade sind die **Markthallen,** die mit ihren Ecktürmen und wehrhaften Mauern auf die Einflüsse nordafrikanischer Architektur an der Algarve verweisen. An Samstagen erlebt man rund um den Markt in den Vormittagsstunden eine volksfestähnliche Stimmung, wenn zahllose fliegende Händler ihre Textilwaren vom Ledergürtel bis zur Jeans feilbieten. Am Westende des Uferparks liegt neben der neuen **Marina** ein

☑ Maurische Einflüsse prägen die Markthalle

045al wl

modernes, kleines **Amphitheater** für Freilichtaufführungen aller Art. Am Ostende liegt der traditionelle **Fischerhafen** sowie der **Fährbootanleger,** von dem aus man zu den Stränden der vorgelagerten Inseln gelangt.

Naturpark Ria Formosa

Fährt man am Ortsausgang in Richtung Tavira (von der N-125 rechts ab, beschildert), bietet sich ein Besuch des Naturparks Ria Formosa *(Parque Natural da Ria Formosa,* PNRF) an, der sich von Faro bis Vila Real entlang der Küste und der vorgelagerten Inseln über insgesamt rund 18.000 Hektar erstreckt. Der außerordentliche Reichtum an Pflanzen, insbesondere in Verbindung mit Sumpf- und Dünenlandschaft, ließ ein ideales **Revier für Zug- und Wasservögel** entstehen. Über 200 Vogelarten wurden hier gezählt, eine Tatsache, die alljährlich internationale Kapazitäten auf dem Gebiet der Ornithologie anzieht. In Olhão wurden ein **Naturlehrpfad** sowie eine Parkverwaltung und ein Informations-

gebäude eingerichtet (geöffnet tgl. außer sonn- und feiertags durchgehend 9–17 Uhr, die Parkverwaltung *Sede de PNRF* hält von 12.30–14 Uhr Siesta); Eintritt muss wegen großer Erweiterungsarbeiten für das Informationszentrum gezahlt werden (2,50 €, Kinder bis 4 J. frei). In den Informationsabteilungen sind u.a. Fotoausstellungen und Parkmodelle untergebracht, aber auch die Zuchtstation des seltenen Wasserhundes *(cão de água português)* mit Schwimmhäuten, der mehrere Meter tief tauchen kann, ist hier zu sehen. Es lohnt auch ein Rundgang (45 Min.) auf dem Lehrpfad, wo man unter anderem eine ehemalige römische Pökelstation besichtigen kann; hinter Palisaden wurden Vogelbeobachtungswarten errichtet, auf denen man u.a. Störche, Reiher und Stelzen zu Gesicht bekommt. Sehr interessant ist ferner eine alte, voll funktionsfähige Gezeitenmühle, bei der das Flutwasser großflächig aufgefangen wird, sodass es bei Ebbe durch den Rückfluss die Turbinen in Bewegung setzt.

046al wl

■ **Lands,** Rua Bento de J. Caraça 22, Faro, Tel. 289 817 466, lands@post.com, bietet sehr interessante Ganztagestouren per Kajak inkl. Mittagspicknick durch das Naturparkgebiet für maximal 10 Teilnehmer. Die Tour findet nur Sa und So statt, kostet 50 €/ Person und muss 2 Tage vorher (am besten vorab per Mail) gebucht werden.

Strände

Vom Fährpier in Olhão fahren um 7, 11, 15 und 18.30 Uhr Personenfähren zur Ilha de Farol (3 €) und Ilha da Culatra (2,50 €, Kinder jeweils 50 %) sowie um 8.30, 12, 15 und 17 Uhr zum Praia de Armona (Ilha de Armona, ⇗Fuzeta). Im Sommer (Juni–Mitte Sept.) je 7x tgl. von 7–20 Uhr, Armona 9–13x tgl.

Ilha Culatra

Die fahrzeugfreie Ilha Culatra wird von gut 700 Muschelzüchtern bewohnt, das Dörfchen verfügt über eine eigene Schule und eine Pfarrkirche. Auf der Südseite

[<] Marschland im Naturpark Ria Formosa

lädt das offene Meer ein, auf der Nordseite der Inseln der saubere Bodden der naturgeschützten Ria Formosa.

Ilha de Farol

Die Ilha de Farol („Leuchtturminsel") ist unbewohnt und bietet zwei Strände, den **Praia de Farol** sowie den **Praia de Hangares.** Die unbewachten Strände bieten keine Gastronomie.

Praktische Tipps

Orientierung

Busreisende und Selbstfahrer erreichen die Innenstadt direkt an der N-125 an einem **Kreisverkehr** mit modernem Würfel-Monument. Gleich darauf unterquert man die Schienen (Bahnhof rechts) und wird über die Avenida da República (Parkautomaten, 20 ct. pro 1/2 Stunde) Richtung Ufer geleitet.

An- und Weiterreise

- **Bahn:** Der Bahnhof liegt zentral, je 10–14 Züge fahren von 6.30–22.40 Uhr in beide Richtungen.
- **Bus:** Der Busbahnhof ist nur werktags von 7–19.30 Uhr besetzt (im Hochsommer auch Sa/So/Fe 7–12 und 13.30–18.30 Uhr), Anbindung besteht von 7.35–19.50 Uhr bis zu je 8–12x tgl. in Richtung Vila Real und Faro sowie nach Cacela Velha. Expressanbindung besteht nach Lissabon und Porto. Es gibt in Olhão auch zwei Stadtbuslinien (gelb und grün), die kreisförmig in umgekehrter Richtung Zentrum und Außenbezirke verbinden, hauptsächlich für Pendler und Stadtbewohner. Diese starten und enden an der EVA-Busstation (Rua Delgado) und halten u.a. auch direkt am Fährhafen. Eine Touristenbimmelbahn verbindet Marina und Fährpier tagsüber von 8–22 Uhr.
- **Fähre:** Armona 3,20 €, Farol 3,80 €, Colatra 3,20 € (jeweils Rückfahrkarte/Erwachsene). Boote pendeln hauptsächlich vom 1.6.–20.9. mindestens je 7x tgl., Armona wird im Juli/Aug. 14x tgl. angefahren.

051al wl

Unterkunft

- **Camping:** Gleich vor der Zufahrt zum Naturpark Ria Formosa liegt ein angenehmer, ganzjährig geöffneter Campingplatz mit Schwimmbecken und Sportmöglichkeiten; Tel. 289 700 300, www.sbsi.pt; hier zu zelten kostet je nach Saison 3–5 € p. P.
- **Pensão Bicuar**①, Avenida Vasco da Gama 5, Tel. 289 714 816, www.pension-bicuar.com, zentral gelegen, schlicht. WiFi inkl., Radverleih und Fahrzeugvermietung als Service. DZ 40–50 €.
- **Pensão Bela Vista**①, Rua Teófilo de Braga 65–67, Tel. 289 702 538, sehr einfach 25–35€.
- **Pensão Boémia**②, Rua da Cêrca 20, Tel. 289 721 122, pensao-boemia@hotmail.com, nahe dem Busbahnhof, DZ 30–50 €.
- Während o.g. Unterkünfte mehr den Traveller-Ansprüchen genügen, nächtigt der besser betuchte Urlauber im hypermodernen **Real Marina**⑤ (Tel. 291 724 341, www.real-marina.com). In der Nebensaison kann man derzeit schon für 66 € – der absolute Preishammer – in der Hauptsaison dann knapp für 130 € (jeweils mit Landblick) ein Zimmer bekommen. Dafür warten ein beheizter Außenpool, Miniclub, Fitness, Wellness ...

Essen und Trinken

- Fast Food bieten **McDonald's** an der N-125 (Ortsausgang Richtung Faro) oder das preiswerte **Paraki** (Av. da República) mit leckeren Kebabs. Kaffee und Kuchen serviert die **Pastelaria Framboesa** bei der Aflitos-Kirche.
- Rund um den Markt sorgen zahllose Cafés, Bars und Restaurants für das leibliche Wohl. Gut und günstig isst man hier in der **Snackbar Piteu,** exotische Gerichte, beispielsweise Straußenfleisch aus Cabanas, kredenzt das **Ria Formosa** (Tel. 289 702 504) am Markt.
- Wer traditionelle Fisch- und Fleischgerichte bevorzugt, kommt im **Isidro,** Av. 5 de Outubro, voll auf seine Kosten.
- Die **Marisqueria Sabores da Ria** am Pr. Lopez 12, Tel. 963 479 472, gibt sich als Mischung aus Café, Snacklokal und Mittelklasserestaurant, hat sich dabei aber auf Fischgerichte spezialisiert; Preise und Angebot je nach Saison.

Nützliches

- **Touristeninformation:** am Largo da Lagoa, geöffnet Mo–Fr 9.30–13 und 14–17 Uhr.
- **Unterhaltung:** Abendliche Zerstreuung bieten beispielsweise das kleine **Kino Cinealgarve** in der Av. de República oder die Billard-Snackbar **Bola Preta** (neben der TI) am Largo da Lagoa.
- **Tauchen:** Centro de Act. Subaquáticas do Algarve, Rua 18 de Junho 118, Tel. 289 707 755, Fax 289 707 755.
- **Einkaufsmöglichkeiten** gibt es in der Fußgängerzone, am Markt (Lebensmittel) oder jeweils an der N-125 in den Supermärkten *Lidl* und *Modelo* am Ortsausgang Richtung Faro (am Kreisverkehr) bzw. *Aldi* und *Pingo Doce* Richtung Tavira. In der Ortsmitte liegt ebenfalls an der Hauptstraße das neue Einkaufszentrum *Ria-Shopping* (Parkhaus) mit Supermarkt und Boutiquen, Fachgeschäften usw. Ein *Intermarché* liegt etwas versteckt im Hafenviertel.
- **Post:** Ecke Av. da República/Rua 18 de Junho (Mo–Fr 8.30–18 Uhr); hier gibt es auch mehrere Banken mit Bankautomaten.
- **Taxis:** an der Verkehrsinsel bei der Post; Taxiruf 289 702 300.
- **Polizei:** Av. 5 de Outubro, Tel. 289 703 089.
- **Hospital:** Rua Gulbenkian (am „Würfelkreisel"), Tel. 289 700 260.

◁ Ein kleines Schwätzchen bei einer Runde Petanca

Estói

Das an sich verschlafene Straßendorf Estói (seit kurzem auch Estoi) bietet geschichtlich Interessierten gleich zwei bedeutende Monumente aus verschiedenen Epochen. Da die 600-Seelen-Gemeinde zentral zwischen Olhão, Faro und São Brás de Alportel sowie unmittelbar an der IP-1 liegt, lässt sich ein Abstecher mühelos jederzeit unternehmen.

An- und Weiterreise

Estói liegt gut beschildert an der N-2 zwischen Faro und São Brás de Alportel; man nimmt die Autobahnabfahrt Faro-Ost (nicht die zum Flughafen). Die Anlage Milréu liegt links vor der Ortseinfahrt, das Schloss erreicht man, wenn man vor der Dorfkirche Igreja Matriz links hineinfährt.

Nützliches

- Der **Bus** nach Faro fährt vom Kirchplatz aus. Hier liegen auch zwei **Dorfschänken** und die besten Parkmöglichkeiten für Besucher des Schlosses.

Ruínas de Milréu

Den Ergebnissen der bisherigen Ausgrabungen zufolge handelte es sich bei der Anlage von Milréu um einen mehrschichtigen, rund 2000 Jahre alten Wohn- und Erholungskomplex wohlhabender Römer. Im Laufe der letzten 130 Jahre wurden eine römische Villa, Thermen, Mosaiken und die Mauern einer frühchristlichen Basilika freigelegt. Darüber hinaus wurden Ziermosaiken entdeckt, welche auf die Existenz eines Nymphäums (Wasserheiligtums) hindeuten. Die Mehrzahl der beweglichen Funde wird heute im Archäologischen Museum von ⇗Faro ausgestellt. Zwar sind die einzelnen Abschnitte ordentlich beschildert, wer jedoch kein Fachmann ist, dem genügt vielleicht auch ein (kostenloser) Blick auf die Mosaiken von ⇗Abicada bei Portimão.

047al wl

[>] An der Algarve einmalig: Lustschlösschen Estói

■ Geöffnet täglich 9.30–12.30 und 14–18 Uhr (im Winter bis 17 Uhr), Mo und an Feiertagen geschlossen; Eintritt 4 €, Senioren und Kinder 2,50 €.

Palácio de Estói

Das Interessante an diesem 1793 vom *Visconde de Carvalhal* errichteten **Rokoko-Lustschlösschen** ist die Tatsache, dass der Palácio als einziger seiner Art an der Algarve erhalten blieb. Durch den auf mehreren Ebenen angelegten Palmengarten erreicht man eine mit Azulejos verkleidete Freitreppe zum Hauptpalast sowie den Goldfischteich, der von Büsten portugiesischer Berühmtheiten (*Luís de Camões, Marquês de Pombal,* ⇗Lissabon) umgeben ist.

Nach aufwendigen Renovierungsarbeiten dient das Schloss heute als „Pousada de Faro", eine Nobelunterkunft ab 200 €/DZ und Nacht. Information und Buchung unter www.pousadas.pt.

■ Geöffnet täglich 10–12.30 und 14–17.30 Uhr, So und an Feiertagen geschlossen; für Nicht-Gäste der Pousada Eintritt 5 €, Senioren und Kinder 2,50 €, Eintritt zum Park frei.

Serra de Monte Figo und Moncarapacho

Ein kleiner Abstecher mit toller Aussicht bietet sich zwischen Estói und Moncarapacho in Richtung São Brás d'Alportel/Azinhero an. Fährt man, von Estói kommend, in Azinhero rechts und sofort wieder links den schmalen Asphaltweg hinauf (der Straßenzustand wird zunehmend besser!), erreicht man den antennenbewehrten Gipfel des **São Miguel** (410 m), die höchste und ausschließlich von Zwergkaninchen bewohnte Erhebung der Serra de Monte Figo. Von oben (keine Bewirtschaftung) hat man einen großartigen Blick über Olhão und die vorgelagerten Inseln des Naturparks Ria Formosa. Wer nicht weit ins Hinterland fahren möchte, kann auch von hier aus einen spektakulären Panoramablick genießen.

Moncarapacho

Dieses vollkommen untouristische Örtchen am Fuß des Berges bietet sich als Raststation an. Im Zentrum, rund um die Markthalle, findet man eine Tankstelle, die Café-Snackbars Avenida und Mercado sowie das Internet-Café Mic. Hinter dem Markt (ausgeschildert) liegt ein kleines **Pfarrmuseum** (geöffnet Mo–Fr 11–17 Uhr, Eintritt 2,50 €, Kinder/Senioren 1,50 €), welches neben Sakralreliquien auch lokale archäologische Funde beherbergt. Gleich nebenan kann man in der bekannten Pizzeria Otto sehr günstige Pizzen und weitere Gerichte schmausen. 100 m weiter rechts stößt man auf die dreischiffige **Pfarrkirche** am Largo Isidouro. In die beiden Seitenschiffe wurden je zwei mit Azulejos ausgekleidete Kapellen integriert; besonders hübsch gelang die Capela do São Francisco Xavier links vom Eingang. Rund um die Kirche liegen Post und Minimarkt, ein Alisuper findet sich am Ortsausgang Richtung Luz de Tavira.

São Brás de Alportel

Nördlich der IP-1 bei Faro und Olhão erhebt sich nach Nordosten die **Serra da Alcaria** bis auf 541 m, nordwestlich die **Serra de Caldeirão** auf bis zu 590 m. Das hügelige Gebiet ist von kleinen zersiedelten Agrardörfchen (Zitrusfrüchte, Oliven, Wein und Getreide) geprägt. Einzige größere Siedlung dieses Landkreises ist die untouristische **Kreishauptstadt** São Brás de Alportel (245 m über NN, 8500 Einwohner), wo die N-2 aus Norden nach Faro/Olhão und die N-270 (Loulé – Tavira) am zentralen Ortsplatz Largo de São Sebastião zusammentreffen; die Parkmöglichkeiten sind begrenzt. Hier fährt auch ein Bus nach Faro (3–5x tgl.).

Stadtrundgang

Der Platz dient ideal als Ausgangspunkt für einen Rundgang, genauer: die dortige **Apotheke.** Vor dieser nämlich führt die enge Rua Teófilo Braga zum Largo da Igreja (Kirchplatz) mit der **Igreja Matriz.** Sie entstand vermutlich auf den Trümmern einer dem Ortspatron *São Brás* gewidmeten Kapelle, wurde im 18. Jh. mehrfach umgestaltet und nach der Zerstörung durch das Erdbeben von 1755 unter *Bischof Francisco Gomes do Avelar* neu aufgebaut. Das schlichte Innere ist mit Heiligenbildnissen und -schnitzereien verziert, u.a. sind der Erzengel Michael und die heilige *Eufemia* hier verewigt. Vom Kirchvorplatz hat man einen hübschen Ausblick bis aufs Meer hinunter.

Der baumgesäumten Rua Dr. Pinto folgend, liegt nach ca. 150 m ein hübscher Park rechter Hand, der **Jardim da Verdena** (tgl. 8.30–19.30 Uhr, Okt.–April 9–17 Uhr), Teil des benachbarten ehemaligen Bischofspalastes. Die seit Mitte des 16. Jh. in Faro residierenden Bischöfe der Algarve suchten einen nahe gelegenen, kühlen Sommersitz und ließen deshalb Anfang des 18. Jh. den **Palácio Episcopal** in São Brás errichten. Geht man am Largo do Mercado weiter bis zur Kreuzung und dort links die Rua Nova da Fonte entlang, erreicht man die Hauptstraße Dr. Sancho (= N-270) mit dem **Museu do Trajo (Trachten- und Ethnografisches Museum)** schräg rechts gegenüber (geöffnet Mo–Sa 10–13 und 14–17 Uhr, Sa/So/Fe nur nachmittags, Eintritt 3 €, Senioren und Kinder 2 €, bei Events/Konzerten unterschiedlich; Tel. 289 840 100, www.amigos-museus-bras.org). Informiert wird über Trachten und Brauchtümer der Algarve, aber auch über landwirtschaftliche Geräte und das interessante Thema Korkgewinnung.

Praktische Tipps

Unterkunft

- **Pousada de São Brás**④, Tel. 289 842 305, 1,5 Kilometer nördlich an der N-2 rechter Hand, zentral über die Pousadas-Verwaltung www.pousadas.pt.
- **Estalagem & Apartments Sequeira**③, Rua Sousa Gago 7 (gegenüber der Apotheke), Tel. 289 845 563, estalagem. sequeira@oninet.pt, preiswert und ordentlich.
- **Estalagem O Fernado**②, Rua Sousa Gago 9, Tel. 289 842 283; ebenfalls nett, beliebtes Speiselokal.
- **Pensão São Brás**①, Rua L. Bivar, Tel. 289 842 213, Fax 289 841 995, mariacarrusca@hotmail.com, einfach, aber angenehm, mit DZ ab 45 €.

Essen und Trinken

- Im **O Fernado** (Tel. 289 842 213) in der Rua Gago 9 speist man gutbürgerlich, die Snackbar **Atlantico** nebenan (sehr günstig) wird vorwiegend von Einheimischen besucht. Am Largo de São Sebastião bietet sich das **Café Ervilha** für Gebäck und Eis an.
- Pizza und Pasta von 11 Uhr bis Mitternacht zaubert die Pizzeria **La Bella** (Av. da Liberdade 18, Tel. 289 841 361); Mo. Ruhetag.

Nützliches

- **Touristeninformation:** am Largo Sebastião 23/ Ecke Rua Bivar, nur Mo–Fr 9.30–12.30 und 14–17.30 Uhr, Tel. 289 843 165, eine ordentliche Homepage findet man unter www.saobrasuncovered.com.
- Ein **größerer Minimarkt** liegt in der Av. da Liberdade (nahe der Apotheke), gegenüber gibt es **Zeitungen.** Ein Intermarché sowie Lidl liegen direkt an der Schnellstraßen-Zufahrt (Ortsausgang).
- **Post:** vom Supermarkt 50 m weiter links in der Rua Louro.

- **Fotoladen:** am Largo Sebastião
- **Schwimmbad:** unterhalb des Jardim da Verdenha; Juni bis September 10–20 Uhr, Tel. 289 841 243.
- **Polizei:** N-270, Sítio da Calçada, Tel. 289 842 210
- **Erste Hilfe:** Rua João de Deus, Tel. 289 840 440

Zwischen São Brás de Alportel und Cachopo

Fährt man von São Brás nach Norden, gelangt man, der N-2 folgend, über den 589 m hohen **Pelados-Pass** in die Nachbarprovinz Alentejo. Elf Kilometer vor dem Pass kreuzt die N-124, die von Portimão über Silves bis nach Alcoutim im Nordosten der Algarve führt. Westlich dieser Kreuzung liegen die schönen Wanderziele der **Naturparks ⇗Fonte Benémola** und **⇗Rocha da Pena.**

Nach Osten verläuft die Strecke über die **Serra de Alcaria** und den Aussichtspunkt **Fonte da Rata** (541 m). Drei Kilometer weiter östlich liegt das neue Wandergebiet von **Feiteira,** welches rund ein Dutzend vorzüglich ausgeschilderter Wanderwege zwischen fünf und 45 km bietet. Zwar hängt bei Feiteira ein guter Wanderplan aus, doch empfiehlt es sich, eine exakte Wanderkarte über die Junta Fregueisa de Cachopo (Rua P. Oliveira 40, Tel./Fax 289 844 112) oder die Camara Municipal de Tavira, zu dessen Bezirk Feireira gehört (Praça da República, Tel. 281 320 500, Fax 289 324 752) zu erwerben. Im Unterschied zum recht touristischen Monchique kann Feiteira noch als Geheimtipp für Wanderer bezeichnet werden, die fernab von überlaufenen Pfaden eine Tour im Mittelgebirge des Hinterlandes unternehmen möchten. Allerdings: Die 340 km lange **Wanderroute Via Algarviana** von Alcoutim bis zum Cabo de Sao Vicente, eine einstige Pilgerroute, führt hier entlang, sodass auf mittlere Sicht durchaus der eine oder andere Langstreckenwanderer hier zu sehen sein dürfte (www.via-algarviana.com). Für geführte Wanderungen, aber auch brauchbare Hintergrundinformationen siehe www.toursandtracksalgarve.com.

Cachopo

Cachopo (ca. 300 Einwohner), auf 493 Höhenmetern gelegen, wurde erst in den vergangenen Jahren als Heilquellenort etwas bekannter. Interessant sind hier die Fontes Férrea am Ortsausgang Richtung São Brás, ein kleines **Bergschwimmbad** mit Picknickplatz und einem nur an Wochenenden geöffneten Snacklokal. Im Ort selbst gibt es einen Minimarkt, das Café Tomé sowie das beliebte Restaurante A Charrua an der Hauptstraße.

Von hier aus verläuft eine attraktive, aber sehr kurvige Strecke weiter bis ⇗Martim Longo/Alcoutim, wobei die Szenerie allmählich vom dichten Grün (Eukalyptus) zum kargen Berg- bzw. goldgelben Getreidefeldpanorama übergeht.

Faro

Als Sitz der Kreis- und Provinzverwaltung wie auch durch den Dienstleistungssektor des Flughafens wurde Faro (rund 45.000 Einwohner) zum **administrativen und wirtschaftlichen Zentrum der Algarve.** Arbeitsplätze bieten einige wenige Industriebetriebe, der Hafen (Güterumschlag) sowie die einzige **Universität** der Algarve. Ein touristischer Boom auf Faro blieb bislang aus, die meisten Urlauber reisen nach der Ankunft unmittelbar an ihre eigentlichen Urlaubsziele der Algarve weiter.

Zwar bietet die Stadt auf der vorgelagerten ⇗Ilha de Faro einen an sich beachtlichen Strand, und auch die historische Altstadt ist mehr als sehenswert – Faro jedoch als den ultimativen Urlaubsort zu bezeichnen, ginge denn doch am Kern vorbei. So sind es überwiegend Individualreisende, deren Rückflug in den Abendstunden liegt, die ihren letzten Urlaubstag für einen Stadtbummel in Faro nutzen, um dann von der Innenstadt aus in wenigen Minuten per Bus zum 3 km entfernten Flughafen zu fahren.

Stadtgeschichte

Vermutlich war der Ort bereits Anlegestelle römischer Galeeren, zumindest weisen die im nahegelegenen ⇗Estói gefundenen Thermen auf eine frühe **römische Besiedlung** der Gegend um Faro hin. Nach der Eroberung durch die **Westgoten** (418) zum Bischofssitz ernannt, entwickelte sich die Stadt unter dem gotischen Namen **Santa Maria de Ossonoba** schon früh zu einem Zentrum der Algarve. Aufgrund seiner geographischen Lage war Faro nur schlecht zu verteidigen, und so spielte die Stadt der maurischen Epoche (714–1249) eine eher untergeordnete Rolle. Die **Mauren** bevorzugten Hügelorte für den Bau ihrer Burgen und machten Xelb (⇗Silves) zu ihrem Zentrum. Nach der Reconquista unter *König Afonso III.* (1249) dauerte es noch 500 Jahre, ehe im Zuge des Wiederaufbaus (nach dem Erdbeben 1755) Faro zur **Hauptstadt der Algarve** erkoren wurde. In dieser Funktion war es später zwangsläufig die Provinzhauptstadt, die den Zuschlag bei der Errichtung eines Algarve-Flughafens unter *Salazar* (Eröffnung 1965) erhielt. Beim Wiederaufbau von 1756 baute *Bischof Francisco Gomes do Avelar* auf die Fähigkeiten des italienischen Stararchitekten *Francisco Fabri,* der im Zentrum u. a. den Arco da Vila schuf, aber auch außerhalb Faros wirkte (so entwarf er z.B. die Pfarrkirche von ⇗Estói).

Sehenswertes

Innenstadt und Jardim M. Bivar

Alle Besucher der Innenstadt (PKW, Bus, Bahn, Boot) kommen rund um den **Yachthafen** an, um von hier aus das Zentrum zu erkunden; alle Sehenswürdigkeiten hier sind bequem zu Fuß erreichbar. Eine zentrale „Prachtstraße" gibt es zwar nicht, dafür beeindruckt aber das **Obelisken-Monument** am Praça Francisco Gomes zu Ehren des ehemaligen Marine-Ministers *Ferreira d'Al-*

» Die Kathedrale im Zentrum Faros

049al wl

Faro
0
100 m
34
Flughafen,
Autobahn,
N-25
Forum Algarve
Rua Aboim Ascenção
Rua Teófilo A. Trinidade
Rua Sebastião
Travessa do Alporte!
Igreja do Carmo
Rua Brito Cabreira
Polizei
Rua Infante D. Henrique
Rua Cons. Sebastião Teles
Rua Dr. Miguel Bombarda
Rua da Moagem Estação
Largo do Carmo
Rua do Alportel
1
4
5
Rua Serra Pinto
Rua Ventura Coelho
3
Rua Teófilo Braga
R. Truz das Mestras
Rua Truz da s Mestras
Rua Horta
Largo da Estacão
Rua Franscisco Barreto
2
6
Igreja S. Pedro
Largo de S. Pedro
Largo das Mouras Velhas
Teatro Letes
Bahnhof
Rua Gil Eanes
Rua Conselheiro Bivar
Rua Compromisso
Rua Filipe Alistão
R. José Estevão
Rua do Alportel
Largo do Sol Posto
Rua Letes
7
Rua da Barqueta
13
19
R. Sac. Cabral
Rua Portugal
8
Avenida da República
14
B
9
12
15
18
Praça Ferreira Almeida
20
21
R. Vasco da Gama
16
R. 1°. Maio
22
10
11
Praça Franciscco Gomes
17
23
Sto. Antônio
M
Museu da Marinha
Denkmal F. d'Almeida
R. da Marinha
Rua Ivens
R. Ten. Valadim
Rua
R. Dr. F. Gomes
25
24
Rua Rebelo
Praça Alexandre Herculano
Bivar Park
Praça Dom Francisco Gomes
Yachthafen
R. Castilho
R. João Dias
26
27
Igreja de Misericordia
R. Alex. Herculano
Rua Misericórdia
R. Veris. Almeida
Rua Comand. F. Manuel
Polizei
R. Do Albergue
Stadttor Arco da Vila
Rua Rasquinho
Rua do Bocage
Ria Formosa
Kathedrale
Rua Teresa
Rua Laz. Cortes
Largo da Sé
R. Repouso
Praça Afonso III
29
R. Norb. Silva
R. Castelo
Afonso III
30
Galeria Adentro
P
R. do Trem
Archäolog. Museum
Städt. Galerie
Largo de S. Francisco
R. Nova Castelo
Festung
Arco de Repouso (Östliches Stadttor)
31
Ilha do Faro

Übernachtung

1 Pensão Filipe
3 Hotel Sol Algarve
4 Ap. Vitoria
8 Residencial Avenida
11 Hotel Eva
13 Residencial Madalena
17 TD-Hotel Faro
18 Residencial Pinto
19 Quartos Dandy
27 Pensão Tivoli
31 Hotel Aeromar
33 Pousada da Juventude

Essen und Trinken

2 Adega Nova
5 Café O Seu
6 Café Hollywood
7 Tasca Rasca
8 Snackbar Sojus
14 Bar Upa Upa
15 Casa das Sandes, McDonald's
17 Portofino Bar
21 Adega Dos Irmãos & Sol e Jardim, Nortenha
22 Snackbar O Piteu
26 Welwitschia Eiscafé
28 Snackbar O Afonso
29 Taverna da Sé
30 Rest. Mesa das Mouros
32 Pizzeria Adérito

Einkaufen/Sonstiges

9 Agentur Mundial
10 Top Tours Reiseagentur
12 Agenturen Abreu und Caima
16 Europcar, Fotoladen
20 Supermarkt
23 Buchhandlung B 1732, Spielhalle Automatico
24 Apotheke, Fotoladen
25 Air Portugal
34 Faro Shopping

meida sowie der benachbarte, mit seinen Blumen und Palmen zu einer Rast einladende Grüngürtel Jardim Manuel Bivar. Die prächtige Häuserzeile landseitig des Gartens umfasst u. a. die Banco de Portugal sowie die **Igreja de Misericordia** aus dem 14. Jh., die nach dem Erdbeben von 1755 vollständig neu erbaut wurde.

2004 wurde das Estado Algarve im Rahmen der Fußball-EM eröffnet (nahe Autobahn), 2011 nebenan ein modernes Großklinikum für die gesamte Algarve eingeweiht.

Arco da Vila

An der Südseite des Jardim Manuel Bivar betritt man die eigentliche, teils von Mauern, teils von massiven Häuserfassaden umgebene Altstadt durch das **Stadttor** Arco da Vila. Das mächtige Portal mit der Statuette des Stadtpatrons *Thomas von Aquin* stammt aus dem späten 18. Jh. und erinnert mit seinem freihängenden, seit Jahren von einem Storchennest gekrönten Glockentürmchen ein wenig an eine Kapelle.

Largo da Sé (Kathedralplatz)

Dem Sträßchen gut 100 m entlang der stilvoll restaurierten Verwaltungsgebäude folgend, erreicht man den Altstadtkern am mit Orangenbäumen bewachsenen Largo da Sé. Die **Kathedrale,** vermutlich auf Überresten westgotischer und maurischer Andachtsstätten im 13. Jh. ursprünglich im gotischen Stil errichtet, wurde mit Ausnahme des wehrhaften Glockenturms 1755 weitgehend zerstört. Im Zuge von An- und Aufbauarbeiten wurden Stilelemente des Barock sowie der Renaissance integriert, wobei insbesondere die drei Seitenkapellen der Nordseite völlig aus dem Rahmen gewöhnlicher Kathedralenarchitektur fallen. Bei aller äußerlichen Verspieltheit wirkt der dreischiffige Innenraum licht und großzügig; vergoldete Schnitzereien und Azulejos in den Kapellen verleihen ihm eine landestypische Gestaltungsnote. Der Hochaltar im Stil der Renaissance bildet ein harmonisches Zusammenspiel mit dem kassettierten Tonnengewölbe (Di–Fr 10–17 Uhr, Sa bis 13 Uhr, Eintritt 4 € inkl. Kathedrale, Turm und Museum).

Weitere prachtvolle, ebenfalls nach 1755 wiedererrichtete Bauwerke säumen den Kathedraleplatz: Die Westseite wird vom **Bischöflichen Seminar** eingenommen, während das Sträßchen zum Arco da Vila vom **Bischofspalast** und vom **Rathaus** gesäumt wird.

Praça Afonso III.

Nur weniger Meter südöstlich der Kathedrale öffnet sich erneut ein kleiner Rasenplatz, auf dem ein **Standbild** des portugiesischen Königs *Afonso III.* zu sehen ist, welcher maßgeblich an der Rückeroberung des Landes von den Mauren beteiligt war. Am Platz kann das **Archäologische Museum** *(Museu arqueologico)* auf dem Areal eines ehemaligen Klarissenklosters besucht werden. Einige Exponate datieren bis in die Römerzeit zurück und stammen vorwiegend aus ⇗Estói, z.B. die Hadriansbüste aus dem 2. Jh. Ein umfassender Teil der Ausstellung geht auf die Privatsammlung von *Ferreira d'Almeida* zurück, hier

050al wl

vor allem Gemälde sowie Kunstgegenstände des 18.–20. Jh. aus ganz Portugals und der Algarve im Besonderen.

■ Geöffnet Di–Fr 10–18 Uhr, Sa/So 12–18 Uhr, Eintritt 2 €, Kinder 1 €, Familienkarte 5 €.

Largo de São Francisco

Vom Archäologischen Museum erreicht man über das östliche Stadttor Arco do Repouso (*repouso* bedeutet „Pause"; angeblich rastete *Afonso III.* nach seinem Sieg hier) den großen Largo de São Francisco – vorwiegend als Parkplatz genutzt, gelegentlich aber auch als Fest-, Markt- und Konzertstätte. Besonders während der **Faro-Messe** (Mitte Oktober) wird der Largo de São Francisco zum Festplatz. Am Nordostende liegt die äußerlich eher unscheinbare Igreja de São Francisco aus dem 17. Jh. Das einschiffige Kircheninnere ist jedoch ausgesprochen prunkvoll gestaltet. Die Wände im vorderen Abschnitt bis zur Mittelkuppel werden von prächtigen Heiligenbildnissen gesäumt, wohingegen der hintere Abschnitt vollständig mit Azulejos ausgekleidet wurde. Das angeschlossene ehemalige Franziskanerkloster dient übrigens heute als Kaserne (!).

Fußgängerzone

Der gesamte verwinkelte Bereich zwischen den Praças Francisco Gomes, Ferreira de Almeida und da Liberdade wurde zur Fußgängerzone erklärt, sodass hier der eigentliche Einkaufs-, Bummel- und Restaurantkern von Faro entstand. Alle für den Reisenden wichtigen Geschäfte (Apotheke, Film, Buchhandlung etc.) sind hier zu finden.

⌃ Unkonventionelle Abkühlung am Largo de São Francisco

Igreja São Pedro

Rund 250 m nördlich der Fußgängerzone steht die dreischiffige Igreja de São Pedro auf einem Platz gleichen Namens. Sie entstand als Bezirkskirche im 16. Jh. und wurde im Innern teilweise mit Azulejomotiven ausgeschmückt; der Namenspatron *St. Peter* ziert als Skulptur das Portal.

Largo do Carmo

Unmittelbar nördlich schließt sich der Largo do Carmo mit der in mehrerlei Hinsicht bemerkenswerten **Karmeliterkirche Igreja do Carmo** an. Die mit zwei Glockentürmchen versehene Barockkirche aus dem frühen 18. Jh. war im Jahre 1808 Ort der Verschwörung gegen die napoleonische Besetzung von Faro. Geradezu makaber mutet die 1816 auf dem über die Sakristei zugänglichen Friedhof errichtete **Knochenkapelle** *(Capella dos ossos)* an: Gewölbe und Wände wurden von den Karmelitern mit Hunderten echter Totenschädel und Knochen ausgekleidet.

■ Geöffnet Mo–Fr 10–13 und 15–17 Uhr, Sa nur vormittags, Eintritt 3 €.

052al wl

Ilha de Faro

Die sich nahtlos an die Strände von ⇗Garrão anschließende langgezogene **Halbinsel** ist nur in Faro über einen schmalen Damm erreichbar (oder zu Fuß am Strand entlang). Der Strand selbst ist recht passabel und wirkt mit den hölzernen Wochenend- und Ferienhäuschen sowie den reizvollen Sanddünen beinahe norddeutsch. Ab Busbahnhof verkehrt ein Linienbus regelmäßig via Flughafen („Aeroporto") zur Insel („Praia de Faro"); auch per Boot vom Hafen in Faro (Porta Nova) aus kann man auf die Ilha de Faro übersetzen.

Selbstfahrer folgen unmittelbar am Flughafen der Beschilderung „Praia de Faro" über den ampelgeregelten einspurigen Damm. Am Hotel Aeromar führt ein Sträßchen nach rechts (400 m) und links (1 500 m) jeweils zu einem Parkplatz mit Kiosk – die linke Seite (hier Campismo da Praia de Faro, Tel. 289 817 876, Fax 289 819 101, geöffnet Mai–Dez.) ist sicherlich die schönere, auch wenn der nahe Flughafen mächtig stört.

Praktische Tipps

An- und Weiterreise

- **Bus:** Mehrfach täglich Direktverbindung zu allen Hauptorten der Algarve sowie von/nach Lissabon (16,80–18 €), Regionalbusse nach Loulé, Boliqueime, São Brás de Alportel, Olhão, Moncarapacho; Busbahnhof in der Av. da República; Stadtbusse (Minibusse): Tageskarte für 3 € (7–22 Uhr alle 15 min., an Wochenenden alle 30 min.).
- **Bahn:** Bahnhof zentral, Direktverbindungen Lissabon, Vila Real und Lagos mehrfach täglich.
- **Flugverbindungen:** (⇗Anreise siehe Kapitel „Praktische Reisetipps von A–Z"); Stadtbusse (gegenüber EVA, Linien 14 und 16) verbinden Busbahnhof und Flughafen 20x täglich von ca. 8–22 Uhr, 1,80 € einfach.
- **Boot:** Vom Hafen (Porta Nova) verkehren 4x täglich Fährboote zu den Inseln ⇗Ilha de Faro, ⇗Ilha da Barreta und ⇗Ilha Farol am Südrand des Parque Natural de Ria Formosa; Rückfahrkarte 3 €, Auskünfte unter Tel. 917 634 1813. Der Hafenmeister hat seinen Sitz am Seefahrtsmuseum. Bootsausflüge werden ebenfalls angeboten – je nach Art und Dauer 25–80 €.
- **Selbstfahrer:** Vom mehrspurigen Zubringer fährt man Richtung Zentrum, dann über zwei Krei-

„Untermieter" auf dem Stadttor von Faro

sel geradeaus bis zum Bahnhof (gut ausgeschildert). Man parkt hier oder am Largo São Francisco, am Yachthafen und im Zentrum ist es kostenpflichtig (3 €/3 Stunden). Auch das Parkhaus am Pr. da Liberdade (Etnograf. Museum) liegt sehr zentral.

Unterkunft

■ **Camping:** auf der Ilha de Faro, Tel. 289 817 876, Fax 289 819 101, Stadtbusse zum Zentrum.

■ **Pousada da Juventude** (JH)①, Rua da Policia e da Segurança Publica, Tel. 289 878 090, http://microsites.juventude.gov.pt, Bett 11–15 €, DZ 24–42 € je nach Ausstattung/Saison. Die Snackbar hat ganztägig, die Rezeption erst ab 18 Uhr; hübsch am Jardim João de Deus gelegen.

■ **Residencial Avenida**②, Avenida da República 150 (gegenüber EVA-Busbahnhof), Tel./Fax 289 823 347, www.residencial-avenida.com, DZ ab 40 €, absolut o.k. und ideal für Busreisende.

■ **Quartos Dandy**②, Rua J. Esterão, Tel. 289 123 842, http://residencialdandy.pt, sehr schlicht, zentral.

■ **Pensão Filipe**②, Rua Infante Henrique, Tel. 289 824 182, www.guesthouse-saofilipe.com, teils Etagenbad, DZ 38–60 €.

■ **Residencial Madalena**②, Rua Conselheiro Bívar, Tel. 289 805 806, Fax 289 805 807, www.residencialmadalena. com, sauber, ruhig, zentral gelegen, 35–60 €/DZ, minimal teurer und nicht so schön wie die anderen dieser Klasse.

■ **Pensão Tivoli**②, Rua Alexandre Herculano, Tel. 289 829 825, www.pension-tivoli.net, zentral und ruhig, bei 45 € ohne und 55 € mit Bad (pro DZ).

■ **Residencial Pinto**②, Rua 1° do Maio 27, Tel. 289 807 417, sehr zentral zu allen Einrichtungen/Ausflugszielen. DZ schon ab 29 €, die offiziellen 3 Sterne sind allerdings zu hoch bewertet.

■ **Apartamentos Vitória**②, Rua Serra Pinto 60, Tel. 289 806 583, Fax 289 805 883, www.apartamentosturisticosvitoria.com, hübsche kleine Apartmentanlage; Mindestmietzeit 3–4 Tage, Studio für 2 Pers. ab 50 €.

■ **Hotel Sol Algarve**③, Rua Infante Dom Henrique 52, Tel. 289 895 700, www.hotelsolalgarve.com. Sehr gepflegt und ruhig, DZ im Sommer ab 75 €.

■ **Hotel Faro**③, Praça Francisco Gomes 2, Tel. 289 803 276, Fax 289 803 546, www.hotelfaro.pt. Absolut zentral mit Blick auf den Yachthafen, DZ ab 65 €, im Sommer 50% Aufschlag.

■ **TD-Hotel Eva**④, Av. da República, Tel. 289 803 354, Fax 289 001 000, www.tdhotels.pt, am Yachthafen mit Dachpool und Preisen je nach Lage und Saison von 115–180 € pro DZ.

■ **Hotel Aeromar**④, Ilha de Faro, Avenida Nascente 1, Tel. 289 817 542, Fax 289 001 002, www.aeromar.net, kleines Familienhotel mit 23 DZ ab 45 € (Hauptsaison 90 €), inkl. Frst.

Essen und Trinken/Nachtleben

Faro bietet in gastronomischer Hinsicht eine sehr breite Angebotspalette zu eher gemäßigten Preisen, da man hier mehr auf das heimische Klientel denn auf touristische Massen ausgerichtet ist. Auffallend sind hier im Besonderen die zahlreichen russischen Gastronomiebetriebe.

■ Cafés und Eiscafés scheinen allgegenwärtig; hervorzuheben sind etwa das nicht überteuerte **Welwitschia** (Praça A. Herculano, Tel. 289 000 000) oder das bei jüngeren Einheimischen sehr beliebte **Café O Seu** am Largo do Carmo (Tel. 289 823 794).

■ **Selbstversorger** decken sich auf dem Markt (Rua Trindade) ein, tolle belegte Baguettes bietet **Casa das Sandes** (Rua Conselheiro Bívar, am Praça F. Gomes), und beim benachbarten **McDonald's** weiß man, was man (nicht) hat ...

■ Kleinigkeiten bieten u.a. **Sojus,** Av. da República oder das **O Piteu** (Tel. 289 388 040) in der Rua Vasco da Gama – letzteres bietet hervorragende Fischgerichte zu kleinen Preisen.

■ **Tasca Rasca,** Rua G. Eanes, Ecke Rua do Forno; optisch schlichtes, qualitativ gutes Fischlokal (gemischte Platte 11,50 €, Sardinen 7,50 €); Spezialität: gefüllter Tintenfisch; Tel. 917 303 233.

■ Gut und preiswert: **Pizzeria Adérito** in der Rua de Caçadores (nahe São Francisco); Tel. 289 888 738.
■ Ebenfalls sehr gute Kleinigkeiten bietet die **Snackbar O Afonso** (Rua de Caçadores/Ecke Rua do Bocage); die Lage ist nicht ideal, dafür ist es hier preiswert. Tel. 289 829 780.
■ Die **Adega Nova** (Rua Francisco Barreto 24, Tel. 289 813 433) hat sich auf Fisch spezialisiert; ein wahres Gedicht ist hier die Seeteufelcataplana mit Krabben und Muscheln für 32 €. Das Restaurant gibt es bereits in der zweiten Generation seit den 1980ern – das merkt man!
■ Viele der schickeren Lokale der Fußgängerzone liegen um den Praça Ferreira de Almeida: das urige **Adega dos Irmãos** mit Innenhof-Terrasse (Tel. 289 823 337; gegründet 1925 und ältestes bestehendes Lokal in Faro – Tipp!) mit leckeren Fleischgerichte vom Grill oder das benachbarte **Sol e Jardim** (mit abendlicher Livemusik, Tel. 289 664 782) mit seinem angenehmen Ambiente. Das **Nortenha** (Tel. 289 822 709) um die Ecke steht hingegen für portugiesische Hausmannskost (Omelettes, Bacalhau, frittierte Calamari).
■ Ruhiger und beschaulicher, dafür etwas teurer sind die Restaurants rund um die Kathedrale, etwa das **Mesa das Mouros** (Largo da Sé, Tel. 289 878 873) oder die **Taverna da Sé** (Tel. 289 878 873). Beide sind sehr zu empfehlen.
■ Für abendliche Unterhaltung sorgen die zahllosen Abendkneipen wie etwa das **Café Hollywood** (gediegen), die **Portofino Bar** (Studentenkneipe, am Hotel Faro) oder die mächtige **Spielhalle** in der Rua Temente Valadim. An der Ecke Alfandega/Bivar kann man im **Upa Upa** gemütlich einen Drink schlürfen; Tel. 289 807 832.

Nützliches

■ **Touristeninformation:** Rua da Misericórdia 8–12 (neben dem Stadttor zur Altstadt), geöffnet Mo–Fr 9–13 und 14– 17 Uhr, im Sommer tgl. 9.30–19 Uhr, Tel. 289 803 604.
■ **Konsulat der Bundesrepublik Deutschland:** Urb. Infante D. Henrique, Lote 11, R/C, Tel. 289 803 148, Fax 289 801 346, www.honorarkonsul-faro.de.
■ **Fahrzeugverleih:** am Flughafen, *Europcar*-Filiale auch am Praça F. Gomes (neben *McDonald's*); Tel. 289 818 726.
■ **Post:** Largo do Carmo, tgl. 8.30–18.30 Uhr, Sa bis 12 Uhr, So geschlossen.
■ **Banken:** mehrere in der Fußgängerzone beim Hotel Faro (mit ATM).
■ **Polizei:** Largo de S. Sebastião 18, Tel. 289 822 022.
■ **Hospital:** Ganz neu wurde im Ortsteil Gambelas (Autobahnausfahrt Flughafen, nahe Stadion) das Algarve-Spital gebaut. Das als Pilotprojekt portugiesischer Privatkliniken errichtete und mit 125 Ärzten bestückte Haus ist rund um die Uhr besetzt und soll speziell Ausländer ansprechen; Tel. 282 420 400. Alternativ die staatliche Klinik Urbanização Graça Mira, Lejana de Cima, Tel. 289 891 100.
■ **Reiseagenturen** (Ausflüge, Tickets etc.) liegen rund um die Av. da República; sehr vielseitig ist die *Agencia de Viagens Caima*, Tel. 289 589 602, oder der EVA-Vertragspartner *Top-Tours.*
■ **Tauchen:** *Hidroespaço – Actividades e serviços,* Estrada de S. Brás, Tel. 289 862 500 und 919 495 782, Fax 289 862 500; Nautiterra, Av. Almeida Carrapato, bloco b-r/c esq., Tel. 289 807 197, Fax 289 807 197.
■ **Buchhandlung B 1732** (die größte der Algarve): Rua www.residencialalgarve.com Valadim.
■ **Stadtmarkt** in der Rua Trindade (ab 7 Uhr), gegenüber Handwerksgalerie *Casa do Serra* (Ausstellung und Vertrieb regionaler Handwerksprodukte).
■ Am ersten Kreisverkehr ab Zubringer liegen beidseitig das **Forum Algarve** (Restaurant- und Fast-Food-Ebene, Multikino, Supermarkt mit Wäscherei, Fachgeschäfte aller Art usw., tgl. geöffnet) und **Faro-Shopping,** zwei große Einkaufs- und Unterhaltungszentren. *Modelo* und *Aldi* findet man an der Hauptstraße Richtung São Brás am Ortsrand.

» In der lebhaften Fußgängerzone von Faro

CUSTO
alfar
Infantil-Juvenil

CARVALH
Alfaiate
Pronto-a-vest
Lanifícios
ZARA
201al wl

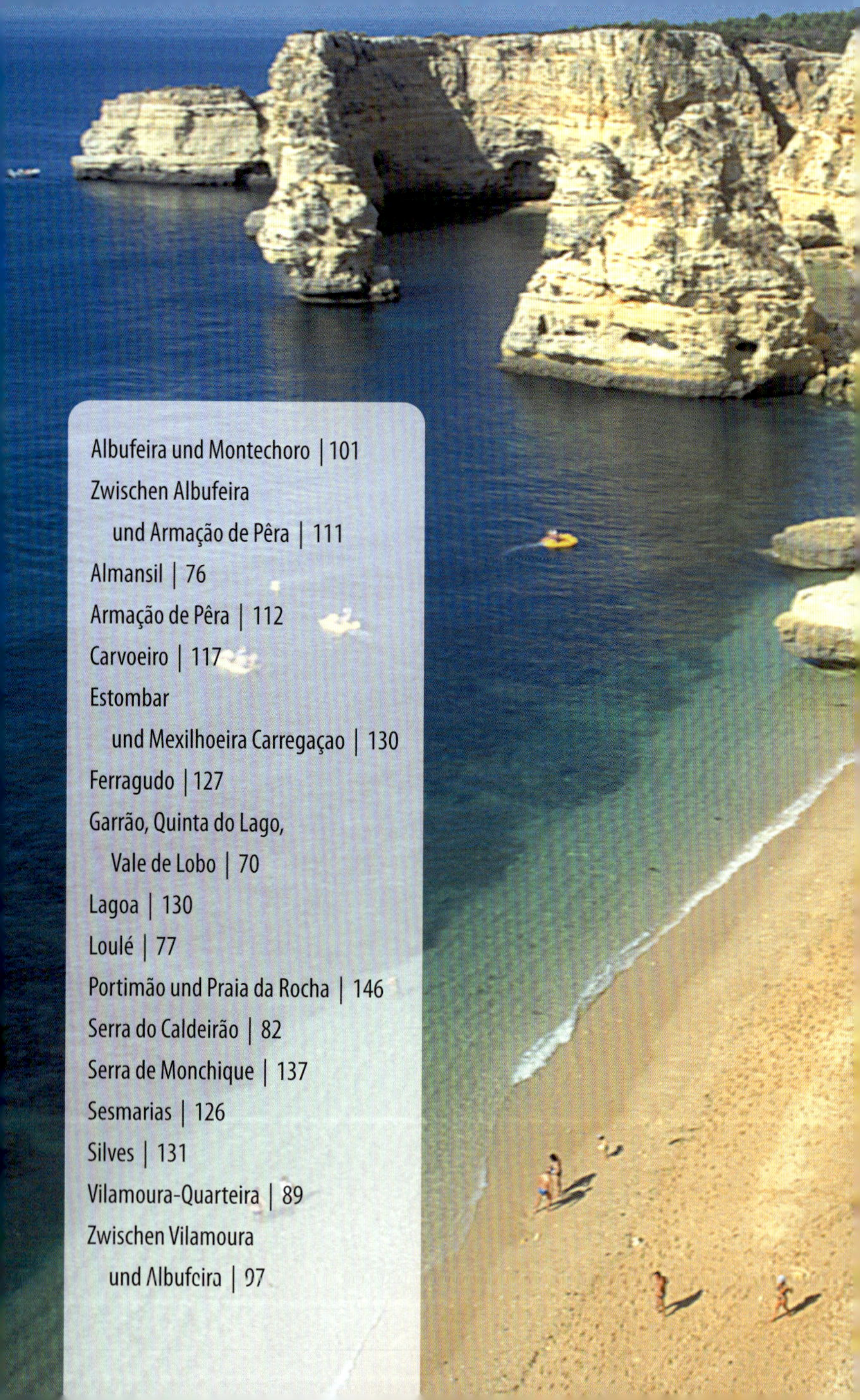

210al wl

Die Region zwischen Almansil und Portimão liegt nicht nur zentral, sie ist auch der bedeutsamste Teil von Portugals beliebtestem Urlaubsgebiet. Hier stehen spürbar das

2 Zentrale Algarveküste

Vergnügen und der Strandurlaub im Mittelpunkt der Urlaubsgestaltung.

Praia da Marinha – preisgekrönter Traumstrand

ZENTRALE ALGARVEKÜSTE

053al wl

Der mittlere Abschnitt der Algarve könnte – in Bezug auf sein Publikum – unterschiedlicher kaum sein: da sind zunächst die Nobelresorts von Quinta do Lago und Vale de Lobo, wo sich die europäische Crème de la Crème die Hand reicht. Europas Jugend, die das Weniger an Brieftasche durch deutlich mehr Elan ausgleicht, schwingt in Südportugals bedeutsamster Nachtschwärmermeile Montechoro das Tanzbein. Den berühmten Zahnarzt mit der noch berühmteren Ferienwohnung an der Algarve trifft man morgens in Carvoeiro beim Brötchen holen. Der Backpacker sucht sich ein Hostel in Portimão und beobachtet die örtlichen Fischer beim Flicken der Netze. Und dazwischen liegen eine ganze Reihe kleinerer und größerer Strände für jedermann ...

Garrão, Quinta do Lago, Vale de Lobo

Kurz gesagt: Wer dort wohnt, gehört allenfalls versehentlich zu den Lesern dieses Buches. Auch in schwächeren touristischen Jahren gaben sich hier schon mit *Björn Borg, Julio Iglesias, Claudia Schiffer, Hugo Sanches, Henri Leconte, Luciano Pavarotti, Bobby Charlton, George Michael, Emilio Sanchez* und dem früheren portugiesischen Präsidenten *Sampaio* prominente Zeitgenossen aus Sport, Kultur und Politik die Klinke in die Hand, die kaum mit dem Individualreiseführer in der Hand im Quinta do Lago auftauchen würden.

Das sehr gepflegte und stetig erweiterte Areal bietet mehrere Golfplätze, **Freizeitangebote aller Art** (Tennis, Reitzentrum, etc.), wird von ganzen National-

mannschaften zum Winter-Trainingsquartier gewählt, war auch schon Tagungsort der NATO – und bietet einige für Normalsterbliche noch erschwingliche Ferienapartments im Abschnitt Garrão/Vale de Lobo, während die Anlage Quinta do Lago als Mitglied der „Orient-Express"-Gruppe zum Garant für **exquisites Ambiente** und erstklassigen Service für die oberen Zehntausend wurde.

⌃ Sonnenbaden und ein Sprung ins kühle Nass

NICHT VERPASSEN!

- **Albufeira** – Shopping, Bummel, Rummel, Nightlife | 101
- Das größte Einkaufszentrum der Region – **Guia & Algarve-Shopping** | 111
- **Silves** – die schönste Burg der Algarve | 131
- Die Algarve wortwörtlich im Überblick – **der Foia-Gipfel** | 143
- **Portimão** – „Hauptstadt" der Sardinen | 146

Diese Tipps erkennt man an der gelben Hinterlegung.

Zentrale Algarveküste

0 5 km

Alga30
Malhão
Alcaria
Picota
Brotual
Alfeição
Pegos
A22
IP1
E1
270
396
São Clemente
Pedragosa
Senhora da Piedade
77
Loulé
Betunes
Navio
Boliqueime
Poçode de Boliqueime
Vale Covo
Vala Nova
125
Azinhal
Santa Catarina
Quartos
Vale do Judeu
Quinta da Quarteira
Alfarrobeira
Vale Navio
Patá de Baixo
Vilamoura-Millenium
Vilamoura-Laguna
Vermelhos
Vale Formoso
Sevilla
Sheraton Pine Cliffs
Vilamoura Old Course
Olhos
Rib. de Quarteira
Vilamoura
Vilamoura-Pinhal
Pereiras
Alfa Mar
89
Barros da Fonte Santa
São Lourenço
Cerro da Vila (Vila Romana)
Quarteira
Vila Sol
76
Almansil
Igreja de São Lourenço
Forta Santa
Rib. de Carcava
Escankinhas
Quinta do Ludo
Anschluss unten
Praia da Marina
Ferrarias
Forte Novo
70
Vale de Lobo
Garrão
Quinta do Lago
Rib. de São Lourence
Praia do Olhos de Água
Praia da Quarteira
Praia das Belharucas
Praia de Forte Novo
Praia do Almargem
Praia do Trafal
Praia de Falésia
Praia de Vale de Lobo
Quinta do Gondra
Ludo
Praia de Baixinha
Praia do Garrão
San Lorenzo
Res. Nat. da Ria Formosa
Praia de Vilamoura-Falésia
Praia do Anção
Praia do Quinta do Lago

Aldeia dos Matos
A2
87
IP1
Paderne
Malhão
Ferrarias
Krazy World
E1
Aldeia Grande
Gateiras
Mesquita
Amoreira
Cerca Velha
Algoz
Tunes
Estevais
Centieira
Tunes (Gare)
269-2
Alcaria
São Lourenco
A22
Seixosas
Cerro do Ouro
Malhão
IP1
E1
Fonte da Matosa
269-1
Baiãs
269
A22
270
IC4
111
Valverde
Vale de Lousas
Alcantarilha
Boliqueime
The Big One
Guia
125
Lagoas
Ferreiras
Fontainhas
365
Pêra
Zoomarine Park
Tavagueira
125
Azinhal
Quintão
Alpouvar
112
Montes Jantos
Vale Navio
Armação de Pêra
Vale da Ursa
Montechoro
Patá de Baixo
Vale de Parra
Branqueira
Salgados
Balaía
Santa Eulália
Praia da Senhora da Rocha
101
Albufeira
Olhos
Alfa Mar
Convento da Orada
Praia de Armação de Pêra
Gruta do Xorino
Praia dos Aveiros
Praia Sta. Eulalia
Sesmarias
Praia da Baleeira
Praia do Castelho
Praia do São Rafael
Praia da Balaia (Marie-Luisa)
Praia do Salgados
Praia dos Pescadores/ do Peneco
Praia do Olhos de Agua
Praia da Galé
Praia do Evarista
Praia da Oura
Anschluss oben
Praia do Lourenço
Praia da Coelha
Praia das Belharucas

Sehenswertes

Das gesamte Areal wurde künstlich errichtet, bietet also keinen gewachsenen Ortskern; es gibt auch keine Uferpromenade (nicht einmal eine kleine), sodass Garrão von seinem Label der Exklusivität lebt. Zu sehen gibt es nichts außer gepflegten Apartmentanlagen inmitten mehrerer Golfplätze und, mit etwas Glück, den in die Jahre gekommenen Tennisrentner *Björn Borg* beim Trainingsspiel, *Pavarotti* mit unverzichtbarem Schal tirilierend auf der Dachterrasse oder den „Prinzen der Finsternis" *Ozzy Osbourne* im Liegestuhl.

Strände

Rund um das beliebte Ferien- und Golfgebiet nahe Faro findet der Wasserfreund sehr weitläufige Strände, die im Grunde alle zusammengehören, jedoch unterschiedliche „Einstiegspunkte" bieten.

Praia Vale de Lobo

Im Zentrum der Gesamtanlage selbst – nicht besser oder schlechter als andere auch, er liegt eben zentral.

Praia do Garrão

Der Strand schließt unmittelbar an das Areal an; hier gibt es spürbar mehr Resorts, es wird viel gebaut momentan. Orientierung: Richtung Ria Mar Resort, dann der Strandbeschilderung folgen. Es gibt ein halbes Dutzend Snackbars und einen Katamaranverleih. Der kilometerlange Sandstrand gehört noch nicht zum Schutzgebiet.

Praia do Anção

Vom Praia do Garrão geht es zurück zur befestigten Straße, dann gleich rechts der Beschilderung folgen. Der sehr schöne, weitläufige Strand verfügt über drei Bewirtschaftungen in großem Abstand und gute Parkmöglichkeiten. Er liegt bereits im Schutzgebiet mit Blick auf den Damm zur benachbarten Halbinsel Ilha de Faro.

Praktische Tipps

An- und Weiterreise

Direkte **Busanbindung** bis Loulé; nächste **Bahnstation** Estevan bei Almansil. **Selbstfahrer** folgen der Beschilderung an der N 125 in ⇗Almansil bis zu einem modernem Mehrfachtorbogen (hier am Kreisel liegen eine Sanitätsstation und ein Alisuper); Gäste erhalten eine Vale de Lobo-Card, die zur Benutzung des kostenlosen Anlagenbusses (tgl. 9–23 Uhr, alle 25 Minuten, verbindet Strände und Resorts) berechtigt.

Unterkunft

Das Nobelgebiet Garrão/Quinta do Lago/Vale de Lobo fehlt in keinem Ferienkatalog, entsprechend vielschichtig, wenngleich durchweg im oberen Preissektor angesiedelt, ist das Angebot an Wohnungen und Hotels.

(Nobel-) Hotels

■ **Lê Meridien Dona Filipa**⑤, Vale de Lobo, Tel. 289 357 200, Fax 289 357 201, www.donafilipaho

tel.com. Eine bescheidene Hütte der *Le Méridien*-Kette, genial, aber ab 250 €/Nacht, im Sommer das Doppelte.

■ **Ria Park**⑤, Vale do Garrão – Apartado 3410, 8135-951 Almansil, Tel. 289 359 800, Fax 289 359 888, www.riaparkhotels.com, Schnäppchen ab 150 €/Nacht in der Nebensaison möglich, Hauptsaison ab 380 €/DZ, Meerblick 70 € extra.

■ **Hotel Quinta do Lago**⑤, 8135-024 Almansil, Tel. 289 396 666, Fax 289 396 393, www.hotelquintadolago.com. Zimmer mit Meerblick kosten zwischen 650 € (DZ) bis zu 3450 € (Suite). Preise jeweils pro Nacht/inkl. Frühstück, Hauptsaison Aufschlag 50 €; die Nullen bei den Preisangaben sind kein Versehen.

Apartmentanlagen

■ **Apartamentos Turísticos Centro Desportivo Vale de Lobo**④, 8135-034 Almansil, Tel. 289 351 940, Fax 289 396 646, www.barringtons-pt.com. Hotel-/Apartmentanlage mit Golf, Wellness und sonstigen Annehmlichkeiten, die viele Sportteams alljährlich in der Winterpause anzieht.

■ **Apartamentos Turísticos Terraços da Ria Formosa**④, Quinta do Lago, Apartado 52, 8135-024 Almansil, Tel. 289 352 352, Fax 289 352 374, www.quintadolagocc.com. 4 Personen zahlen in der Hauptsaison ca. 2.500 € für luxuriöse Apartments, in der Nebensaison bis 50 % Rabatt.

■ Am günstigsten kommt man noch in den **Apartamentos Turisticos Valverde,** Lote 53 – Quinta do Lago, Tel. 289 394 411, Fax 289 394 612, www.vilaverde.com, wo zwei Personen ab 320 € pro Woche und vier Personen ab 700 € pro Woche zahlen. Mikrowelle und Spülmaschine gehören zum Standard.

Essen und Trinken

■ Exquisite Gerichte der nationalen und internationalen Küche bieten die **Resort- bzw. Hotelrestaurants.**

■ Empfehlenswerte eigenständige Lokale sind etwa das neue **Dom Duarte** unter Starkoch *Jean-Michel Pericou* (Fisch, französische Küche), Tel. 289 357 200 oder **Monty's Steakhouse & Piano Bar** mit vorwiegend englischer und portugiesischer Küche bei allabendlicher Livemusik; Tel. 289 353 424.

■ Snacks, English Breakfast und Eiscreme bei **La Crêperie,** Tel. 289 353 429, sehr beliebt: das **Green Valley Bistro** (Tel. 289 396 638) sowie die **Tapas Bar** (Tel. 289 314 637, beide im *Valverde-Resort*).

■ Deutlich günstiger isst man im nahen Almansil, **Selbstversorger** können im *Alisuper* (am Zufahrtskreisel, tgl. 8.30–19 Uhr) oder in Almansil einkaufen.

■ **Quinta-Shopping** und **Bougainvilia-Plaza** (beschildert, nahe Valverde) bieten Markenboutiquen, Cafés, Bank sowie einen größeren Minimarkt

.

Golf

■ **Quinta do Lago,** Soc. de Golfe, Tel. 289 390 7000, Fax 289 394 013, www.quintadolago.com.

■ **Vale do Lobo Lda.,** Tel. 289 353 535, Fax 289 353 003, www.valedolobo.com.

■ **Pinheiros Altos,** J.J. Worldwide Ltd., Tel. 289 359 910, Fax 289 394 392, www.pinheirosaltos.com.

■ **San Lorenzo,** Le Meridien-Hotels, Tel. 289 396 522, Fax 289 396 908, www.sanlorenzogolfcourse.com.

Nützliches

■ **Erste-Hilfe-Station:** am Zufahrtskreisel, Mo–Fr 9–18 Uhr, Sa 9.30–11.30 Uhr, Tel. 289 353 433, außerhalb der Öffnungszeiten unter Tel. 917 214 326.

■ **PKW-Vermietung:** *Budget*, am Zufahrtsbogen, Tel. 289 353 401, www.valedolobo.com/en/budget-car-rental.

■ **Post, Bank:** im Empfangsbereich des Parque do Golfe, auf halbem Weg Richtung Meer ab Zufahrtskreisel entlang der Avenida do Mar sowie im Quinta-Shopping.

Almansil

Almansil (teilweise Almancil oder Almançil geschrieben) ist ein in dreierlei Hinsicht bemerkenswertes größeres Dorf (rund 5.000 Einwohner) zwischen Faro und Loulé.

Zum einen dient der Ort als „Tor“ zu den **Nobelanlagen** ↗Vale de Lobo/ Quinta do Lago, dessen weniger betuchte Bewohner Almansil gerne zum Einkaufen besuchen. Zum zweiten erfreut sich die **Go-Kart-Bahn** „Ayrton Senna“ (von der Formel 1-Legende persönlich eröffnet) steigender Beliebtheit; sie wurde der brasilianischen F-1 Piste Jacarepágua nachgebaut (760 m Länge, Tel. 289 399 899, www.kartingalgarve.com, geöffnet Juni–Sept. 10–20 Uhr, Hochsommer bis Mitternacht, sonst 15–19 Uhr, Januar geschl.).

Kirche São Lourenço dos Matos

Und schließlich empfiehlt sich ein Besuch der Kirche São Lourenço dos Matos aus dem 15. Jh., die gemeinhin als Paradebeispiel für die sakrale Azulejokunst der Algarve gilt. Die Darstellung der Folter des **Laurentius** erlangte aufgrund ihrer anatomischen Genauigkeit und Detailtreue besondere Bekanntheit. Der Namensstifter wurde im Zuge der Christenverfolgungen im Jahre 258 auf einem Rost bei lebendigem Leibe langsam zu Tode gebraten, da er nicht dazu zu bewegen war, dem christlichen Glauben abzuschwören. Die Ausgestaltung von São Lourenço übernahm der Barockkünstler *A. Oliveira Bernardes* um 1725 mit vermutlich in den Niederlanden hergestellten Kacheln.

Sakrales Kleinod: São Lourenço de Almansil

054al wl

■ São Lourenço ist Di–Sa von 10–13 und 14.30–18 Uhr geöffnet und kostet 2 € Eintritt, es sei denn, man schließt sich sonntags um 9 oder 11 Uhr unauffällig den Messebesuchern an. Zufahrt: von Faro (N-125) kommend vor dem Ortseingang scharf rechts (es gibt zwei Zufahrtsmöglichkeiten).

Kulturzentrum

Das Kulturzentrum *(Centro cultural)* zeigt in Wechselausstellungen nationale und internationale **Malerei,** dient aber auch als **Konzertsaal** für Jazz und klassische Musik während der Sommermonate. Geöffnet tgl. 10–19 Uhr, Tel. 289 395 475, www.centroculturalsaolourenco.com.

Nützliches

■ **Busse:** alle Regionalbusse Faro – Quarteira (jeweils ca. 8–12-mal täglich) halten in Almansil.

■ **Verpflegung:** An der Hauptstraße sowie der Zufahrtsstraße zum Vale de Lobo (an Ampel) liegen Bäcker, Metzger, Fischgeschäft sowie die beiden Supermärkte Alisuper und Apolonia. In der **Café-Snackbar Palmeira** kann man deutlich günstiger essen als in den Nobelresorts.

■ **Fahrzeugverleiher:** nahe den Lebensmittelgeschäften.

■ **Unterkunft:** Die beiden Pensionen **Santa Teresa**②, Rua do Comércio 13, Tel. 289 395 525, www.residencialsantateresa.com und **Vila Formiga**③, Quinta Verde, Tel. 289 396 589, Fax 289 394 924, bieten vergleichsweise preiswerte Zimmer zwischen 59 und 85 €/DZ an.

■ **Reiten:** *Quinta dos Amigos,* Ausritte (ca. 30 €/h) und Apartments (90 € 2er-, 120 € 4er-Apartments in der Hauptsaison, sonst bis 50 % Rabatt), Tel. 289 395 269, Buchung unter www.quintadosamigos.com.

Loulé

Erst 1988 zur Stadt erhoben (heute knapp 26.500 Einwohner), gilt Loulé doch schon „ewig" als wichtigster Ort am Fuße des zentralen Berglandes der Serra do Caldeirão. Wann genau die Ortsgründung erfolgte, ist ungewiss; viele Historiker gehen davon aus, dass Loulé bereits in der römischen Epoche unter dem Namen „Laurea" (lat. „Lorbeerbaum, Sieg") existierte. Später errichteten die Mauren dann das Kastell im heutigen Ortskern, welches nach der Reconquista von 1249 als Gefängnis diente.

Für die fast ausschließlich von Landwirtschaft (Zitrusfrüchte, Feigen, Oliven, Mandeln) lebenden Bewohner des Umlandes ist Loulé wichtigster **Marktort** (jeden Samstag Vormittag). Heimische, aber auch ausländische Besucher kommen vor allem im Frühjahr zum landesweit berühmten **Karnevalszug** in Verbindung mit dem **Mandelblütenfest** nach Loulé. Aber auch außerhalb dieser Zeit steht die Stadt in einem wohltuenden Kontrast zur Küste und bietet einige interessante Sehenswürdigkeiten.

Loulé kennt man in sportlicher Hinsicht durch sein **Algarve-Stadion,** Austragungsort des alljährlichen Algarve-Cup (internationales Damen-Fußballturnier), an dem auch die deutsche Nationalmannschaft regelmäßig teilnimmt. Das weithin sichtbare 30.000 Zuschauer fassende Kombi-Stadion für Fußball und Leichtathletik gilt als eines der positiven Beispiele, da die zur EM 2004 errichteten Sportstätten nicht zu verlustreichen „Bauruinen" verkamen, sondern auch heute regelmäßig im Blickpunkt des Spitzensports stehen.

Sehenswürdigkeiten

Capela de Nossa Senhora da Piedade

Schon von der Autobahn aus sichtbar, erhebt sich ein kapitolähnliches Kuppelgebäude am Rande von Loulé. Hierbei handelt es sich um eine ästhetisch nicht unbedingt ansprechende Wallfahrtskirche, die direkt neben der ursprünglichen Kapelle der städtischen Schutzheiligen Nossa Senhora de Piedade errichtet wurde. Dieses hervorragend erhaltene Gebäude stammt aus dem späten 16. Jh., in ihr wird ein **Bildnis der Schutzheiligen** bewahrt, welches zu den Osterprozessionen durch die Straßen getragen wird. Ein Besuch lohnt schon wegen des schönen Ausblicks über das gesamte Umland und das Meer. Man erreicht die Kapelle wie folgt: Ab Autobahn fährt man bis zur Ampel/ Tankstelle, dann links (am Modelo vorbei), wieder links Richtung Boliqueime; zu Fuß ab Zentrum sind es ca. 25 Minuten.

056al wl

Altstadt

Das eigentliche Ortszentrum erstreckt sich zwischen Largo São Francisco und Largo Gago Coutinho, wo sich die Bewohner Loulés in der schönen **neomaurischen Markthalle** an der Prachtstraße Praça da República zum Einkaufen oder auf einen Schwatz treffen. Das **Rathaus** *(câmara municipal)* nebenan wurde erst 1988, nach der Erhebung zur Stadt, in einem alten, stilvoll restaurierten Handelshaus aus dem 18. Jh. untergebracht. Unmittelbar nebenan erreicht man über einen kleinen, modernen Hof das ehemalige **Kloster Nossa Senhora de Conceiçao** mit der gleichnamigen Klosterkirche, deren vergoldeter Altarbereich mit Azulejos ummantelt wurde. Das **Kastell** – ausnahmsweise nicht auf dem höchsten Punkt errichtet – war Teil einer rund einen Kilometer langen Mauer um die Altstadt. Von den Zinnen hat man einen prächtigen Ausblick auf die Vorstadt, unterhalb ist die Touristeninformation untergebracht. Über den Innenhof ge-

langt man zum **Historischen Museum** (geöffnet Mo–Fr 9–17.30 Uhr, Sa/Fe 10–14 Uhr, So geschl., Eintritt 2 €, Tel. 289 400 642 und 289 400 885) mit Exponaten zu Landwirtschaft und Handel der Region. Wer ein wenig Ruhe sucht, findet diese im kleinen **Park am Largo São Francisco** mit der gleichnamigen Franziskanerkirche aus dem 18. Jh. Loulé verfügt ferner über ein vorzügliches **Freibad** (Morada Complexo Piscinas de Loulé, Tel. 289 400 990, geöffnet Mo–Fr 8–14 und 15–21 Uhr). Beliebteste **Feste** sind der Loulé-Karneval (Februar) sowie das Jazz Festival im Juli.

Loulé – beschauliches Städtchen im Hinterland

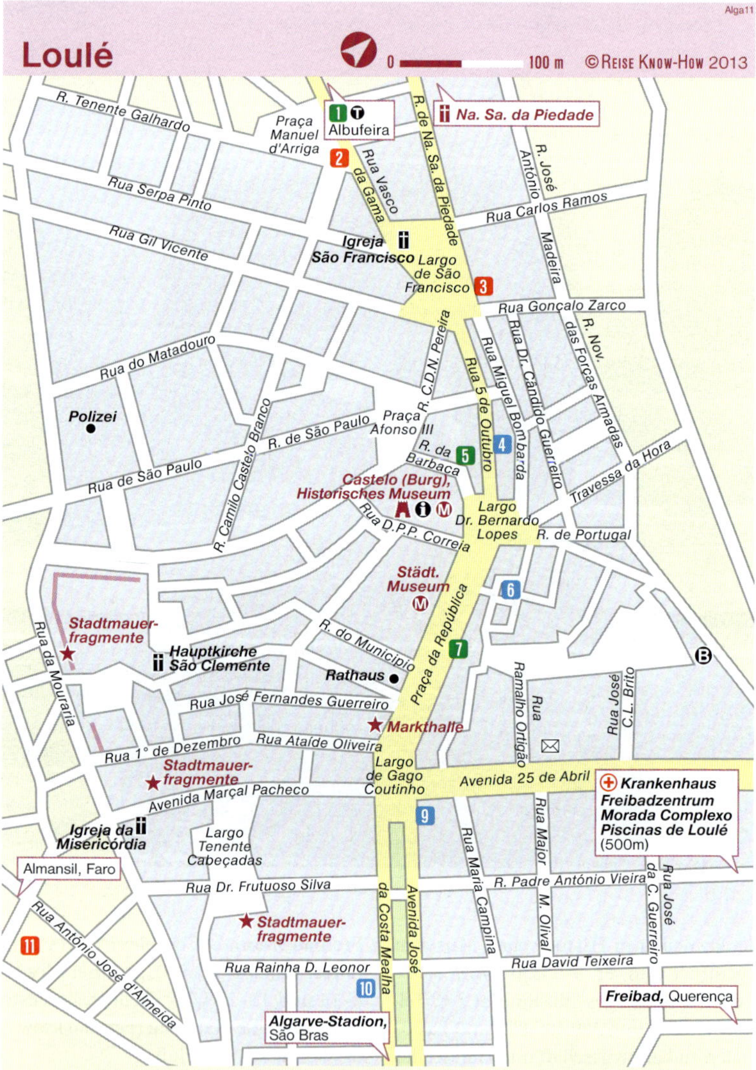

Übernachtung
- 2 Hotel Loulé Jardim
- 3 Pensão Cavaco
- 11 Pensão Ibérica

Essen und Trinken
- 4 Snackbar Nacional
- 6 Rest. Casa dos Arcos
- 9 Rest. & Snackbar O Avenida
- 10 Rest. Avenida Velha

Einkaufen
- 1 Supermärkte
- 5 Wild at Art
- 7 Film-/Fotogeschäft

Praktische Tipps

An- und Weiterreise

■ **Bus:** Es gibt lediglich einen Regionalbus, der Loulé mit Faro oder Quarteira verbindet (je ca. 8–12x tgl.). Ab Loulé (Busbahnhof Rua Nossa Senhora de Fátima, Tel. 289 416 655) ferner Busse u.a. nach Vale de Lobo, Quinta do Lago, Raum Querença und Salir.

■ **Selbstfahrer** halten sich an der Abfahrt Loulé/Quarteira auf dem neuen Zubringer Richtung Zentrum bis zur Ampel mit Tankstelle (hier kann man zuerst die ⇗Kapelle Nossa Senhora da Piedade besichtigen), um anschließend rund um den Largo Gago Coutinho zu parken.

Unterkunft

Loulé wird fast ausschließlich von Tagesausflüglern besucht, Herberge bieten einige wenige Pensionen.

■ **Hotel Loulé Jardim**③, Praça Manuel d'Arriaga, Tel. 289 416 474, Fax 289 463 177, www.loulejardimhotel.com, Pool, Sat-TV, DZ ab 65 €.

■ **Pensão Cavaco**②, Rua Dr. Cândido Guerreiro 32 (am Largo São Francisco), Tel. 289 462 617, www.portugal21.com/pt/faro/loule/cavaco/index.htm, 14 DZ, sauber, ruhig und dennoch zentral.

■ In der Av. Marçalo Pacheco 157 (vom Zentrum aus Richtung Faro) bietet die große **Pension Ibérica** (Tel. 289 414 100, Fax 289 417 236) 54 einfache DZ zwischen 45 und 60 €.

■ Wer mit dem Auto unterwegs ist, kann ein Stückchen außerhalb Richtung Vilamoura im **Casa do Alto**③ (Monte do Poço – Vale Judeu, Tel. 917 242 670, www.hotel-casadoalto.com) unterkommen. 15 Zimmer mit a/c und Sat-TV sowie 4 Apartments stehen zur Verfügung. Privatparkplatz, Pool und Restaurant vervollständigen das Angebot.

Essen und Trinken

■ Snacks bieten die **Hühnerbraterei** an der Ampelkreuzung zur IP-1 sowie die **Snackbar Nacional** in der Av. 5 de Outubro.

■ Snacks sowie Mittags- und Abendgerichte verzehrt man im räumlich getrennten, aber zusammengehörenden **O Avenida** (Tel. 289 462 106) am Largo Gago de Coutinho/Ecke Av. Mealha.

■ Gut bürgerlich bei mittleren Preisen speist man im schräg gegenüberliegenden **Restaurante Avenida Velha** (Av. Mealha 40, Tel. 289 416 735).

■ Das beste (und dabei nicht überteuerte) Lokal ist das **Casa dos Arcos** in der Gasse Filipa Vilhena (am Largo Bernardo Lopez, Tel. 289 416 713) mit Fleisch- und Fischspezialitäten der portugiesischen Küche (wenig touristisch!).

Nützliches

■ **Touristeninformation:** im Castelo (Mo–Fr 9.30–13 Uhr und 14.30–17 Uhr), Tel. 289 463 900.

■ **Shopping:** Avenida 5 de Outubro mit kleinen Schuh- und Ledergeschäften, auch Kupferkessel usw. sowie rund um den Praça da República.

■ Wer das besondere Souvenir sucht: deutsche Emigranten verkaufen in ihrem Atelier-Ladengeschäft „**Wild at Art**" in der Rua de Barbacã (am Kastellkreisel, Tel. 964 222 612) ausgefallene, handgefertigte Artikel aus eigener Herstellung, wie Keramik, Schmuck, Taschen, Accessoires und weitere interessante Souvenirs; www.wildatartatelier.com.

■ **Supermärkte** (Modelo, Lidl und Plus): am Ortsausgang Richtung IP-1, samstag vormittags Markt in der Markthalle (Praça da República).

■ **Polizei:** Travessa C. Bonett/Rua de São Paulo, Tel. 289 463 770.

■ **Hospital** *(Centro de saúde):* Avenida Laginha Serafim, Tel. 289 401 000.

■ **Reiten:** Crazy Horse Ranch (Zufahrt ⇗Nossa Senhora) am Ortsausgang; Tel. 962 685 298.

■ **Aquapark Loulé** ⇗Vilamoura/Quarteira

Serra do Caldeirão

Zwischen Loulé und Silves bis zur nördlich gelegenen Provinz Alentejo erstreckt sich das dünn besiedelte Mittelgebirge der Serra do Caldeirão. Auch was Besucherströme anbetrifft, erfreut sich allenfalls das heftig beworbene Alte einiger Popularität – ansonsten liegt die gesamte Region mit einem halben Dutzend höchst unterschiedlicher und interessanter Sehenswürdigkeiten abseits der touristischen Hauptrouten.

Querença/Fonte Benémola

9 km nördlich von Loulé thront das urige kleine Höhendorf Querença (ca. 100 Einwohner) auf einem Hügel am **Naturpark Fonte Benémola.** Im Örtchen selbst liegen eine bemerkenswerte Pfarrkirche mit Gralsmotiv und Freimaurerzeichen (Schädel mit gekreuzten Knochen, ⇗Religion), eine kleine Informationsstelle (nur im Sommer tgl. 10–17.30 Uhr geöffnet; hier fährt der Bus nach Loulé ab) sowie das Café de Rosa und das Restaurante de Querença. Links hinter der Kirche führt ein Sträßchen hinunter zur T-Kreuzung (hier links), nach ca. zwei Kilometern folgt rechter Hand das Hinweisschild zum Naturpark.

Wanderung

Hier beginnt ein von Wildkräutern, Blumenwiesen und Zitrusfruchtparzellen gesäumter Wanderweg, dem man ca. 30 Minuten bis zu einem Picknickplatz am Flüsschen folgt (im Zweifel stets links halten!). Dahinter geht es (nun schmal, steil und steinig) ca. 15 Minuten bergauf zu mehreren *grutas* (Höhlen) mit schöner Aussicht über das kleine Tal; hier sollen im Mittelalter Imker gelebt haben. Oben folgt man entweder dem linken (um den Gipfel herum) oder dem rechten Pfad steil hinab zum Picknickplatz an einer Quelle. Hält man sich dort rechts (!), sieht man am Platz einen Damm über das Flüsschen, welches bei normalem Wasserstand hier vorsichtig überquert werden kann. Auf der anderen Seite nun dem Pfad nach links folgend, kann man nach wenigen Minuten Fußmarsch einen alten *cesteiro* (Korbmacher) besuchen. Von dort aus führt der Feldweg am Bach und an Orangenhainen entlang zurück zur Straße, der man nach links, an einem alten Gehöft vorbei, knapp einen Kilometer zurück zum Ausgangspunkt folgt. Diese einfache Wanderung (den mittelschweren Höhlenteil kann man auslassen) dauert ab Querença drei Stunden, ab Hinweisschild Fonte Benémola (Wanderweg) zwei Stunden.

Salir

Die 250-Seelen-Gemeinde rühmt sich der ältesten erhaltenen maurischen Kastellanlage an der Algarve; diese blieb allerdings nur noch teilweise erhalten. Interessant sind ein Rundgang durch die **„maurische Siedlung"** am Kastell sowie ein Besuch der **Pfarrkirche** aus dem 18. Jh. (schöner Ausblick), wo man auch besser parkt als unterhalb des Kastells. Erfrischungen bietet die Snackbar an der Kirche; das Restaurante O Mouros am

Kastell serviert vor allem Grill-Spezialitäten. Es fahren Busse von/nach Loulé (8.25–19.05 Uhr 7x tgl.).

Rocha da Pena

Zwischen Salir und Alte ist in Benafim, einem recht modern wirkenden Rückzugsgebiet wohlhabender Unternehmer der Touristenküste, das Wandergebiet des **Naturparks** Penina/Rocha da Pena ausgeschildert. **Penina** erweist sich als winziges, landwirtschaftlich orientiertes Bergdorf, in dem sich „Fuchs und Hase gute Nacht sagen“. Am Ortsende links beschildert (hier liegt auch die Bushaltestelle), führt ein Pistenweg zur Snackbar Das Grutas (hier parken) und zum Wegweiser eines Rundwanderweges von fünf Kilometern Länge. Tatsächlich gibt es hier zwei Möglichkeiten:

Wanderung

Mittlerer bis hoher Schwierigkeitsgrad: Die Rampe aufwärts, dann immer geradeaus bis zum Ende (der Pfad wird immer unscheinbarer), ganz am Ende (Aussichtspunkt Nord) folgt rechter Hand ein kleiner Abstieg – diesem folgen, auch er endet bald scheinbar im Nichts (Ruinenmühlen liegen unterhalb in Sicht) – hier links (!) den sehr steilen Pfad/Hang hinunter (Achtung, nur etwas für Geübte!) bis zum Feldweg, hier rechts bis zu einer Gabelung – hier wieder rechts zum Ausgangspunkt (links geht es zu den Ruinen der Mühlen). Strecke: drei Kilometer, Dauer: 1–1½ Stunden.

Wanderung

Mittlerer Schwierigkeitsgrad: Auch hier der Rampe aufwärts folgen, aber nach ca. 15 Minuten (sobald man oben angekommen zu sein glaubt) auf einen winzigen Kreisel mit einem Baum in der Mitte linker Hand achten, wo vier Pfade zusammentreffen (geradeaus siehe oben beschriebene Wanderung). Hier den Pfad scharf links (rot/gelber Balken) wählen – ab hier führt ein sehr gut markierter Pfad den Höhenzug entlang, wobei der Blick nach Süden immer besser wird. Der Pfad führt dabei wechselweise über Hochplateaus und am Grat entlang. Nach dem letzten Anstieg wird der Weg breiter, nach wenigen Hundert Metern achte man linker Hand auf das Wanderzeichen an einem kleinen Stein – hier geht es 150 m zum höchsten Punkt des Gebirgszuges hinauf. Dort wird man für alle Mühen mit einem fantastischen Rundumblick belohnt. Von hier aus geht es denselben Pfad wieder zum Weg zurück, und nun links immer im Bogen um den Berg herum zum Dörfchen Penina; hier schwenkt man gleich links auf die Rua de Espanha (die Bezeichnung „Rua" scheint hier etwas irreführend, da es sich eher um einen Weg handelt) – hier immer geradeaus bis zur „Hauptstraße", dort links und am Ortsende, kurz hinter der Bushaltestelle, wieder links bis zum Ausgangspunkt. Strecke: 4,9 km, Zeit: zwei Stunden; diese Wanderung ist empfehlenswert!

Auf beiden Wanderungen wird man mit sagenhaften Blicken bis aufs Meer (bei klarer Sicht am Vormittag ist die Ilha de Faro deutlich erkennbar) und ins bergige Grenzland zur nördlichen Provinz Alentejo belohnt.

Alte

Zwar streben auch aus Alte (rund 300 Einwohner) die Jüngeren in Richtung Küste, einige traditionelle Arbeitsplätze konnten jedoch bewahrt werden; sie ermöglichen im Zusammenspiel mit den natürlichen Schönheiten des Berglandes um Alte einen vertieften **Einblick in das ländliche Leben.** So wurde der Tourismus in Alte besonders gefördert, und nicht zuletzt wegen der zahlreichen Süßwasserquellen sowie Wandermöglichkeiten erfreut sich das Dorf – allerdings als einziges der Region – seit Jahren tatsächlich reger Besucherströme, bleibt dabei aber deutlich ruhiger als das „Standardprogramm" ⇗Monchique.

Kurz hinter der Ortszufahrt gabelt sich die Straße, nach links führt das befestigte Sträßchen Richtung Margarida, rechts zum (sehr kleinen) Zentrum (Av. 25 de Abril) mit Fischmarkt, Restaurante Cantinho do Alte, Erste-Hilfe-Station (Tel. 289 478 174), dem eigenwilligen Café d'Artesanato (mit Souvenirshop), Pfarrkirche und Post. Hauptattraktion sind jedoch die **Quellen Fonte Pequena** und **Fonte Grande** am östlichen Ortsrand (beschildert). Die Fonte Grande wurden zu einem hübschen Picknick-

areal ausgebaut, ein Kiosk sowie ein hübsches Gartenrestaurant sorgen für das leibliche Wohl.

Wanderung

Um Alte bieten sich zahlreiche Wanderungen an; eine sehr empfehlenswerte führt oberhalb der Kirche zickzack zur Rua de Soidos, auf der man über die nach Soidos beschilderte Abzweigung (hier rechts halten) bis zum Ende des asphaltierten Weges (praktisch kein Fahrzeugverkehr) geht. Am Ende beginnt ein Feldweg (dieser ist nicht befahrbar), der im rechten Halbbogen rund um den 467 m hohen Rocha dos Soidos an kargen, ummauerten Parzellen entlang hinunter zum Flüsschen Ribeira de Alte, zu den Fontes Grande und zurück zum Ort führt (ca. 2½–3 Stunden, leicht).

Bergrouten

Die befahrbaren Sträßchen sind in sehr gutem Zustand, derzeit wird auch eine Verbindung östlich E-01/IP-1 über Pico Alte und Margarida nach Alte gebaut. Die kleinen Weiler Aguas Frias, Assumada, Freixo Verde und Soidos sind Sackgassen; mit eigenem Fahrzeug empfiehlt sich eine Fahrt über Margarida oder den Rastplatz mit Aussichtspunkt oberhalb von Alte und weiter über Sarnadas oder Asinal (beide Routen sind sehr hübsch) nach Benafim und ⇗Penina/Rocha da Pena.

058al wl

Auf Besucher im Bergland eingestellt

Nützliches

■ **Touristeninformation:** Pólo Museológico Cândido Guerreiro e Condes, , Tel. 289 478 060, Mo–Fr 10–13 und 14–17 Uhr; daneben kunsthandwerkliche Ausstellung (Eintritt frei). Gute Übersichtsseite unter www.alteuncovered.com.

■ **Bus:** vor der Kirche am kleinen Spital, 3x tgl. von/nach Loulé (ab Loulé 8.25, 13.25 und 19.15 Uhr).

■ **Unterkunft:** *Hotel Alte*③, Montinho/Alte, Tel. 289 478 523, Fax 289 478 646, www.altehotel.com, hübsches Berghotel Richtung Margarida ca. 800 m außerhalb (DZ 50–95 €) sowie *Pensão Casa de Alte*②, Rua Dr. Figueiredo (an der Kirche), Tel. 289 478 426, mit DZ ab 55 €.

■ **Essen und Trinken:** Trotz der steigenden Beliebtheit ist Alte kein kulinarisches El-Dorado. Kleinigkeiten und Getränke bietet das *Café Regional* (eigentlich mehr ein Kitschkunsthandwerkladen), Tel. 289 469 332. Gutbürgerliches bieten die beiden Lokale *Cantinho do Alte*, Av. 25 de Abril No. 113, Tel. 289 478 272, sowie in der mittleren Preisklasse das Restaurant *A Ponte*, Tel. 289 478 086, wo gelegentlich sogar Fisch auf der Speisekarte steht. Ein kleiner Supermarkt (*Jafer's*, tgl. 8–20 Uhr, So bis 21 Uhr) liegt an der Hauptstraße EN 124.

São Bartolomeu de Messines

Auf dem Weg von Alte nach Silves wird die Brauereistadt São Bartolomeu de Messines passiert, ein wohltuend untouristisches Städtchen (knapp 9.000 Einwohner) am Westrand der Serra do Caldeirão. Einzige Sehenswürdigkeit ist die **Pfarrkirche** aus dem 16. Jh. mit Stilelementen der Manuelinik und Renaissance; die barocke Fassade wurde erst im Jahr 1716 angebaut.

Nützliches

■ Gegenüber der Kirche zweigt die Rua da Liberdade ab, die **Haupteinkaufsstraße** von São Bartolomeu. Hier liegen Kino, Geldautomaten, Markt mit Intersul-Reisebüro (Tel. 289 529 720) und Bushaltestelle (Anbindung von/nach Albufeira 8x tgl. 10–19.10 Uhr, ebenfalls 8x tgl. von/nach Paderne) sowie Minimärkte und Restaurantbetriebe.

■ **Essen und Trinken:** Sehr günstige Kleinigkeiten bietet das *Café Dia;* das *Casa de Pasto Ancora* (Tel. 282 330 216) am Largo A. F. Mascarenhas/Ecke Liberdade liegt preislich etwas höher.

■ Eine **Touristeninformation** gibt es nicht, im Notfall hilft die *GNR,* Rua Dr. Francisco Neto Cabrita 13, Tel. 282 339 246.

■ **Reiten:** Reitstall (und Zubehör) *Quinta Penedo,* Vale Fuzeiros, N-124 (drei Kilometer Richtung Silves), Tel. 282 332 466, www.quintasaddlery.com; Zwei-Stunden-Ausritt 40 €.

Barragem de Arade

Man stelle sich einen großen, hübschen Stausee mit Restaurants, Tretbooten und sonstigen Freizeitangeboten vor – und keiner geht hin! Bittere Realität am Barragem de Arade, wo der Fluss Arade für die Bewässerung der „Zitrus-Hochburgen" des Umlandes und als Trinkwasserspeicher gestaut wird. Das Projekt verschlang in den 1980er Jahren Millionen und Abermillionen (die heute bekanntlich fehlen!), wurde als großes **Erholungsreservat** im Hinterland geplant; nur machte die anhaltende Wasserknappheit den größenwahnwitzigen Architekten und Politikern einen gewaltigen Strich durch die Rechnung: Allenfalls im Winterhalbjahr füllt sich das Reservoir; Touristen sieht man hier nur gelegentlich. So kann man hier in Ruhe die Korkeichen bewundern und den Stausee mehr oder weniger alleine genießen; es gibt keine Busanbindung oder sonstige touristische Infrastruktur (auch keine Bademöglichkeiten usw.).

Paderne

Der Ort Paderne selbst wurde vermutlich als Baderna von den **Mauren** gegründet, 1248 dann von den Portugiesen erobert. Rund um die **Pfarrkirche** aus dem 16. Jh. gibt es einige Dorfkneipen. Empfehlenswert ist hier das Café Capacho am unteren Ortsende. Günstig einkehren kann man auf der Fahrt in Richtung Quarteira/Faro auch in **Boliqueime,** einem Agrardörfchen mit kleiner Kirche und ein paar Schänken in der Straße links des Gotteshauses.

Der Ort selbst ist nur ein kleines, unbedeutendes Fleckchen auf der Landkarte, und kaum jemand käme auf die Idee, hier eine der **interessantesten Kurzrundwanderungen** der Algarve zu vermuten. Hier können Agrarland und historisch interessante Relikte unterschiedlichster Epochen auf kleinem Raum „erwandert" werden. Das Schwierigste an der Wanderung ist es, den Ausgangspunkt zu finden.

Wanderung

Selbstfahrer orientieren sich am Stadion (unten an der Hauptstraße); gleich dahinter folgt die Abzweigung „Fonte de Paderne"; der Straße zwei Kilometer folgen, hier liegt ein Waschhaus rechter Hand. 50 m weiter führt ein Feldweg (Holzschild) zum Castelo nach rechts, diesem folgt man bis unter die Autobahnbrücke; dort hängt ein Wanderplan aus (Fahrzeug hier stehen lassen).

Bus: 8x tgl. von/nach São Bartolomeu de Messines; ab Haltestelle Stadion, den Friedhof „links liegen" lassen, dann gleich links (Schild „Escola") hinein, 500 m hinauf an Schule und Siedlung vorbei, dann beginnt ein Feldweg; diesem folgt man zwei Kilometer bis zu einer kleinen Straße; hier biegt man nach rechts; nach 300 m folgt ein Feldweg (Holzschild „Castelo" linker Hand) bzw.

060al wl

nach 50 weiteren Metern links das Waschhaus und die Quelle. Der zusätzliche Marsch bis zum Ausgangspunkt der Rundwanderung dauert gut 45 Minuten.

Die **Quelle** und das **Waschhaus** (Fonte de Paderne) wurden in ihrer jetzigen Form mehrfach umgestaltet; sie werden auch heute noch von den Bewohnern des Dorfes genutzt. Im Haus sieht man die eingelassenen Waschbretter. Der Feldweg bis zur Autobahnbrücke führt durch landwirtschaftlich genutzte **Plantagen** (Orangen, Pfirsiche), Verlaufen ist hier nahezu unmöglich. Unter der Brücke teilt sich der Weg (Fahrzeug hier parken), mittig steht eine Wandertafel zur Orientierung. Dieser rechte Weg endet nach wenigen Hundert Metern an einem Damm des Flüsschens Ribeira de Alte. Diesen kann man überqueren oder diesseits dem unscheinbaren Trampelpfad folgen – das Gebäude auf der anderen Seite diente einst als Wassermühle (heute als Gastwirtschaft). Ganz gleich auf welcher Seite, man folgt dem Flüsschen durch Schilf, Disteln, Mohn und Butterblumen bis zu einer alten römischen Brücke aus dem 2. Jh. – sie ist noch heute begehbar. Weiter geht es auf der linken Uferseite, wo unmittelbar linker Hand ein gemauerter ehemaliger Feldbackofen steht. Der nun wieder breitere Weg windet sich schlangenförmig den Hügel hinauf bis zu einer Gabelung, der man nach links durch Holunder, Mohn und wilden Majoran zum **Castelo** folgt. Dieses wurde im 11. Jh. von den Mauren errichtet und 1149, wie Paderne selbst auch, von den Portugiesen erobert. Erst anschließend wurde im 14. Jh. die Kapelle Nossa Senhora de Capelo angefügt. Die Anlage ist zwar ziemlich verfallen, die Aussicht über den Rundwanderweg jedoch famos; wenn der Staat Geld übrig haben sollte – was unwahrscheinlich ist – soll das Kastell aufwendig restauriert werden. Ähnlich wie in ⇗Silves war das Flüsschen übrigens seinerzeit per Schiff bis unterhalb der Burg befahrbar, daher machte man sich überhaupt die Mühe, hier ein Kastell zu errichten. Auch das Nachrichtensystem der Mauren war weit entwickelt – auf dem gegenüberliegenden Hügel ist ein verfallener Turm zu sehen (bei den Strommasten), von dem aus Sichtzeichen gegeben wurden. Vom Castelo aus folgt man dem Weg zurück zur Gabelung und geht nun links hinunter bis zur Autobahnbrücke. Der leichte Rundweg ab Wanderschild dauert etwa 1 bis 1½ Stunden, Pausen nicht gerechnet.

☒ Römische Brücke bei Paderne

Vilamoura-Quarteira

Wer einen mondänen Badeort mit Yachthafen, Casino, weitläufigen Wohnkomplexen und Sportmöglichkeiten (Golf, Tennis, Wassersport) sucht, wird die Doppelstadt Vilamoura-Quarteira nicht ignorieren können. Das heutige Vilamoura wurde, ähnlich wie ⇗Vale de Lobo, als bombastische Nobelanlage entworfen und gebaut; eigentlicher Wohnort der Anwohner ist der inzwischen unmittelbar anschließende Ortsteil Quarteira im Osten.

Übernachtung

- 2 Parque Mourabel
- 3 Ténis Golfmar
- 7 Terraços do Mar
- 10 Vila Galé Hotel
- 11 Dom Pedro Marina
- 13 Tivoli Marina
- 14 Hotel Ampalius
- 17 Dom Pedro Golf
- 18 Crowne Plaza Hotel
- 20 Apt. Central
- 21 Pensão Manso
- 24 Pension Infante Sagres
- 26 Pensão Miramar
- 27 Residencial Romeu
- 28 Triangulo Hotel
- 32 Hotel Dom José
- 35 Apartm. Atlantida
- 37 Camping Orbitur

Essen und Trinken

- 1 Rest. & Club Old Course
- 9 McDonald's
- 12 Z & Chen Restaurant
- 15 Bistro Caddyshack
- 19 Fischbratereien
- 22 Rest. Senhor Kilo
- 23 Restaurant O Búzio
- 24 Battista Bar/Pub
- 33 Casa das Pastas Restaurant
- 34 Rest. Fantasia
- 36 Ghandi Restaurant

Einkaufen

- 5 Marina Shopping Center
- 6 Minimarkt
- 8 Jafers Supermarkt
- 16 Alisuper-Minimarkt
- 19 Markthalle
- 23 Supermarkt
- 25 Alisuper
- 29 Ecomarché
- 30 Apotheke
- 31 Supermarkt

Wassersport

- 1 Nautico Yachtclub

Alga21
Ausschnitte
©Reise Know-How 2013
Tenniszentrum
VILAMOURA
Av. Eng. João Meireles
Minigolf
Cerro da Vila
(röm. Stätte)
Av. Cerro da Vila
Estr. de Quarteira
Erste Hilfe
Yachthafen
Av. da Marina
Stadion
Forum
Av. Tivoli
QUARTEIRA
Av. Dr. C. Mota Pinto
Casino
0
200 m
R. Patrão Lopes
R. da Madrugada
R. do Farol
QUARTEIRA
R. da Alagoa
Rua Vasco da Gama
R. Gago Coutinho
R. Gonçalo Velho
R. da Cabine
R. do Pinheiro
R. Dom Afonso III
Av. de Ceuta
Ampelkreuzung
R. Infante Santo
R. Dr. J. Pedro
Av. Francisco Sá Carneiro
Markt
Av. Infante Sagres
R. do Nascente
Strandpromenade
(1km)
ATLANTISCHER
OZEAN
0
200 m

Vilamoura

Der heutige Yachthafen von Vilamoura wurde vermutlich als Anlegestelle schon von den Phöniziern, in späteren Zeiten von den Römern, vor allem aber den Mauren genutzt, die von hier den Ribeira de Quarteira hinauf bis ⇗Paderne fuhren. Davon zeugt das gut beschilderte archäologische Areal **Cerro da Vila** (Nov.–April tgl. 9.30–12.30 und 14–18 Uhr, Mai–Okt 10–13 und 16–21 Uhr, Eintritt 5 €, Kinder 2,50 €; Tel. 289 312 153) an der Westseite der Marina, wo vor allem Mosaiken des 1.–5. Jh. (römisch) und Fundstücke der Mauren (8.–11. Jh.) zu sehen sind. Unter den Portugiesen versandete der Hafen, bis sich findige Tourismusinvestoren der alten „Maurenstadt" (wie der Ort übersetzt heißt) erinnerten und auf freiem Gelände den heutigen Kunstort mit palmengesäumter Boulevard-Einfallstraße, exquisiten Golfplätzen (Laguna, Pinhal), Ferienanlagen, Luxushotels und Casino bauen ließen.

Strände

Praia da Marina

Absolut zentral gelegen, unmittelbar am Hotel Ampalius an der Avenida da Marina; ein sehr gepflegter, bewachter Strand mit Snackbars und kostenpflichtigem Parkplatz (3 €/Tag).

Praia de Vilamoura-Falésia

Westlich des Yachthafens wurde ein Zugang zum Falésia-Strand angelegt; eine Fußgängerbrücke führt über den versandeten Fluss zum Strand. Hinweis: der Strandabschnitt ist eigentlich fälschlich als „Falésia" ausgeschildert, der echte Praia da Falésia liegt weiter westlich hinter Praia Rocha Baixinha – man wollte einfach den berühmten Strandnamen nach Vilamoura verlegen!

Praktische Tipps

Orientierung

Aus Richtung Portimão erreicht man über eine begrünte vierspurige Prachtstraße mit Zufahrten zu den Golfanlagen die auffällige, trutzburgähnliche Apartmentanlage Mouratlantico rechter Hand sowie einen Kreisverkehr. Hier sind scharf nach rechts Cerro da Vila, Praia da Falésia und die Westseite der Marina ausgeschildert. Links am Kreisel umgeht man das Zentrum und gelangt nach Quarteira, geradeaus geht es ins eigentliche Zentrum, bestehend aus einer Ringstraße (Avenida da Marina) mit Casino, Hotels und der Ostseite des Yachthafens.

Unterkunft

Es gibt in Vilamoura rund 200 Hotel- und Apartmentkomplexe; hier eine kleine Auswahl an der Av. da Marina bzw. in den Golfanlagen – alles recht teuer; günstiger wohnt man in ⇗Quarteira.

■ **Tivoli Marina**⑤, Av. da Marina, Tel. 289 389 988, Fax 289 389 869, www.tivolimarinotel.com, exquisit, zwischen Yachthafen und Strand.

■ **Hotel Ampalius**④, Av. da Marina, Tel. 289 388 008, Fax 289 380 911, www.vilagale.pt, unmittelbar am Hausstrand Praia da Marina.

■ **Crowne Plaza**⑤, Tel. 289 381 600, Fax 289 381 652, www.crowneplaza.com. Gehört zur Intercontinental-Gruppe. Bietet Luxus vom Babysitting bis zum Whirlpool. Sehr ansprechende Außenanlage.

■ **Dom Pedro Golf**④, Av. da Marina, Tel. 289 300 700, Fax 289 315 482 (nahe Casino) und:
■ **Dom Pedro Marina**④, Tel. 289 389 802, Fax 289 315 482, beide buchbar: www.dompedro.com.
■ **Vila Galé Hotel**④, Av. da Marina, Tel. 289 320 000, Fax 289 320 050, www.vilagale.pt.
■ **Apartaments Terraços do Mar**③, Rua Melvin Jones, Tel. 289 313 727, Fax 289 314 671, http://terracos-do-mar-vilamoura.en.cleverdetails.com, am Pinhal-Golfplatz, 15 Minuten zu Fuß zum Casino (Zentrum). Rundum ein Dutzend weiterer Anlagen.
■ **Apartaments Parque Mourabel**③, Caminho do Lago, Tel. 289 300 900, Fax 289 300 909, www.mouralar.pt, am Nordende der vierspurigen Prachtstraße, hier insgesamt ca. 20 Wohnanlagen mit unterschiedlich großen Apartments für zwei (45–120 €) bis acht Personen (92–220 €).
■ Ein dritter großer Wohnbereich erstreckt sich zwischen der Ausfallstraße und dem Clubhaus *Golf Pinhal*, z.B. **Ténis Golfmar**③, Rua Estados Unidos da América, Tel. 289 322 479, Fax 289 389 350. Je nach Saison, Personenzahl und Größe 20–100 €.

Essen und Trinken

■ Neben **McDonald's** (Av. da Marina) empfiehlt sich für den mittleren Geldbeutel vor allem das **Caddyshack** (Tel. 289 301 113 gegenüber Casino) mit Snacks und Kleinigkeiten. Ein gutes und vergleichsweise preiswertes Chinesisches Restaurant (**Z & Chen**, Tel. 289 302 531) findet man direkt gegenüber vom Hotel Dom Pedro Marina.
■ Ansonsten dominieren die Nobelrestaurants in den Golfanlagen und an der Av. da Marina. Viele Golfer empfehlen das **Restaurant** (am Clubhaus), Tel. 289 310 341, wegen seiner exzellenten internationalen Küche bei gepflegter Atmosphäre.

Sport

■ **Golf:** *Millenium,* Tel. 289 310 188, Fax 289 310 183; *Laguna,* Tel. 289 310 180, Fax 289 310 183, Tel. 289 310 341, Fax 289 310 321; *Pinhal,* Tel. 289 310 390, Fax 289 310 393; *Vila Sol, Vila Sol Empreendimentos,* Tel. 289 300 505, Fax 289 316 499, und der 2004 von *A. Palmer* geschaffene *Victoria,* Tel. 289 320 100, Fax 289 320 104), Infos zu allen unter www.algarvegolf.net/courses.
■ **Aquapark:** 2 km außerhalb Richtung Loulé (Ortsteil Semina) liegt unmittelbar neben dem *Vila-Sol*-Golfclub das Aqualand *Aqua-Show* (⇗Aquaparks im Kapitel „Reisetipps A–Z: Sport und Aktivitäten")
■ **Minigolf:** Wer nicht dem „großen" Golfspiel frönt, mag vielleicht den *Roma Golf Park* besuchen: In herrlich kitschigem, antik römischen Ambiente kann auf 36 Bahnen im Kleinen eingelocht werden. Kunden meinen: die schönste Minigolfanlage Europas! Tgl. geöffnet, pro Spiel 12 €. Info unter Tel. 289 300 800.
■ **Marina:** *Clube Nautico* (Westseite), der größte Yachthafen der Algarve, Tel. 289 388 882, www.marinadevilamoura.com.
■ **Wassersport:** Am Westhafen bietet *Watersports* (Tel. 289 388 149, www.marina-sports.com) von Paragliding über Jetski und Wasserski bis zum Speedboat-Verleih alles, was das Herz begehrt.
■ **Tauchen:** Torpedo Diving Aldeia do Mar – Apt. 931, Tel. 289 314 098, torpedodiving@hotmail.com.
.

Nützliches

■ Eine **Touristenbahn** verbindet alle Resortanlagen/Hotels mit dem Zentrum (Tageskarte 3 €).
■ **Bus:** (Haltestelle zwischen Casino und Hotel *Ampalius*), Mo–Fr von 7.54–19.54, Sa bis 13.54 Uhr stündliche Verbindung nach Quarteira (retour stündlich um X.15 Uhr), dort Anbindung an alle Hauptorte der Algarve.

■ **Touristeninformation:** Av. Cerro da Vila (Zufahrt zum Cerro da Vila), Tel. 289 389 209, Mo–Fr 9–12 und 14–17.30 Uhr, im Sommer täglich bis 19 Uhr, hier auch Anfrage nach Apartments möglich.
■ **Polizei:** Rua das Laranjeiras, Sector 5, Tel. 289 388 989.
■ **Erste Hilfe:** Rua do Sol/Ecke Estrada da Quarteira.
■ **Supermarkt: Jafer's Supermercado** am Nordende der Av. Cerro da Vila, geöffnet tgl. bis 20 Uhr (Sommer 21 Uhr).

Quarteira

Der Touristenstadt Vilamoura schließt sich nahtlos die zugegebenermaßen auf den ersten Blick eher hässliche Wohnstadt Quarteira (ca. 25.000 Einwohner) an, die schon in den 1960er Jahren mit grauen Hochhausanlagen touristisch erschlossen wurde und mit dem preisgekrönten Nachbarn Vilamoura nicht mithalten kann. Zwangsläufig bildet Quarteira somit „nur" eine günstige Alternative für diejenigen, die preiswerter übernachten (oder essen), aber doch nahe Vilamoura wohnen wollen. Hier liegt auch der Busbahnhof mit Anbindungen von/nach Alte, Salir, Praia de Falésia und Loulé. Zudem liegen unmittelbar am Ostende (in Gehweite) ein paar kleine, aber feine Strände.

Strände

Praia da Quarteira

Nach dem Neubau der Uferpromenade vor einigen Jahren wurde dieser Abschnitt des (Sand-) Ortsstrandes in **Praia da Zé** umbenannt, wird ordentlich gepflegt und verfügt neben Infos zu Gezeiten und Wasserqualität über Sonnenschirm- und Liegenverleih sowie zahlreiche preiswerte Snacklokale.

Praia de Forte Novo

Am östlichen Ortsende geht es rechts zum Pinienwäldchen; hier liegt der hübsche, langgezogene Sandstrand, begrenzt von einem Weiher/Marschland; zwei Snackbars sorgen fürs leibliche Wohl, unter den Pinien sind gelegentlich Wildcamper zu finden.

Praia do Almargem

Östlich des Campingplatzes Orbitours Richtung ↗Vale de Lobo zweigen noch zwei (beschilderte) Wege zu Strandabschnitten ab, die nur mit eigenem Fahrzeug erreichbar sind. Almargem liegt auf der dem Praia de Forte Novo gegenüberliegenden Seite des Weihers/Marschlandes – es ist im Grunde derselbe, ebenfalls bewaldete Strand.

Praia do Trafal

Nur wenige hundert Meter östlich liegt der per Feldweg (auch ab Küstenstraße erreichbar, kleines Schild) mit Almargem verbundene Praia do Trafal (mit Snackbar). Die drei letztgenannten Strände ähneln sich mit ihrem steinfreiem Sandstrand und Waldhintergrund sehr.

[>] Hübsch am Stadtrand: Praia de Forte Novo

061al wl

Praktische Tipps

Unterkunft

Hier einige zentrale und preiswerte Alternativen zu Vilamoura – zu Fuß 15–20 Minuten vom Praia da Marina (⇗Vilamoura) entfernt:

■ **Camping Orbitur,** östlicher Ortsausgang (nahe Praia de Forte Novo), Tel. 289 302 826, http://de.orbitur.pt/campingplatz-orbitur-quarteira/quarteira; ganzjährig geöffneter Platz mit Minimarkt und Restaurant.

■ **Pensão Miramar**①, Rua Gonçalo Velho 8, Tel. 289 315 225, www.residencialmiramar.net, schlicht, aber durchaus akzeptabel. DZ ab 40 €.

■ **Pensão Manso**①, Rua Infante de Sagres 18, Tel. 289 313 242, Fax 289 313 242, schlichte Zimmer mit Bad und TV, Minibar, Wasserkocher ab 45 €; buchbar z.B. unter http://hotelburst.com.

■ **Alojamento Local Infante Sagres** („Pensão Batista")②, Av. Inf. De Sagres 15 /Ecke Rua Gil Eanes, Tel. 289 313 221, angenehme DZ mit Balkon direkt an der Uferpromenade, DZ 30–50 € – Meerblick inklusive.

■ **Residencial Romeu**②, Rua Gonçalo Velho 38, Tel. 289 314 114, sauber und gut, TV und Internetzugang.

■ **Hotel Dom José**③, Av. Infante de Sagres 143, Tel. 289 310 210, Fax 289 302 755, www.hoteldomjose.com, dieses Hotel ist erste Wahl an Quarteiras Promenade.

■ An der Ostseite des Praia da Quarteira entstanden in den letzten Jahren reihenweise neue Wohnanlagen mit Apartmentunterkünften. Stellvertretend seien die **Apartamentos Atlantida**③ genannt, deren Neubau den östlichen Strandabschnitt überragt. Tel. 289 301 690, www.garvetur.pt. 80 verschiedene, moderne Apartments für 2–8 Personen ab 50 € (2er/Nebensaison) bis 222 € (8 Pers./Hauptsaison) zzgl. 250 € Kaution. *Garvetur* arrangiert auch gleich den passenden Mietwagen dazu oder kümmert sich um den Flughafentransfer.

■ Eine preiswertere Alternative liegt mit den **Apartamentos Central**② (Tel. 919 511 378, http://quarteirahotels.bookonline2save.com/apartamentos-central-pt_portugal.htm# oder unter www.booking.com) in der Fußgängerzone Rua Vasco da Gama. 4 Personen zahlen hier 40–75 €, im August 105 €.

■ An der Hauptstraße mittig zwischen Vilamoura und Quarteira ist das kleine **Hotel Triangulo**② für Backpacker schon wegen der Nähe zum Busbahnhof interessant. Gute EZ 25–40 €, DZ kosten 45–70 €, es besteht (gebührenpflichtiger) Internetzugang, Billiard und Kinderspiele stehen zur Verfügung, die Betreiber arrangieren auch den Flughafentransfer. Tel. 289 388 420, http://algarvetriangulo.com.

Essen und Trinken

■ **Selbstversorger** können ihre Bestände preiswert in den Supermärkten *Alisuper* (Llago de Mercado) und *Locha Freza* (Rua da Alagoa) auffüllen.

■ In Quarteira findet man auch einfache „Volksküche", etwa im schlichten, aber empfehlenswerten **Restaurante O Búzio** (Tel. 289 314 762, Rua da Alagoa) oder dem sehr beliebten Self-Service-Snackrestaurant **Senhor Kilo** (Rua G. Velho).

■ Am Praia da Zé (Promenade) bieten die niederländischen Inhaber des recht neuen **Fantasia** u.a. leckere Pfannkuchen, Toasts und Snacks; Tel. 289 316 171.

■ Am Praia Forte Novo bietet die **gleichnamige Snackbar** in angenehmer, begrünter Biergartenatmosphäre mit altem Fischerboot große, leckere Grillplatten für 2 Personen (die für 3 reichen!) zu 30 €.

■ Einige einfache **Schänken** am Markt laden auf einen Kaffee ein, so zum Beispiel die *Tasca da Jorge* oder *Docas*.

■ Als anständige **Bierbars** empfehlen sich die *Joker-Bar* (tgl. ab 18.30 Uhr, auch Sportübertragungen) und der *Battista-Pub* (Tel. 289 313 221) im Zentrum.

■ Im **Eet-Café Atlantico** an der Promenade werden holländische Snacks serviert, Räder verliehen und WLAN zur Verfügung gestellt. Tel. 968 642 393.

■ In der Fußgängerzone V. da Gama bietet eine Filiale der in Portugal recht bekannten Kette **Senhor Frog** (Tel. 289 313 881) leckere Pizza und Pasta, süße Teilchen bietet die **Pastelaria Opera** nebenan (Tel. 289 301 105).

■ Wer Lust auf indische Küche hat – das **Ghandi** in der Av. Cameiro, Tel. 289 315 484, bietet portugiesische und indische Gerichte auch zum Mitnehmen; Menüs für 2 Personen ab 26 €.

Nützliches

■ **Busbahnhof:** in der Av. Infante de Sagres; Loulé 14x täglich (7.25–20.10 Uhr), Faro 27x tgl., Albufeira 26x tgl.,Praia da Falésia nur tgl. 7 Uhr; Stadtbus von/nach Vilamoura Mo–Fr von 8.15–20.15, Sa bis 14.15 Uhr stündlich Verbindung nach Quarteira (retour X.54 Uhr).

■ Eine **Touristenbahn** verbindet alle Resortanlagen/Hotels mit dem Zentrum (Tageskarte 3 €) und Vilamoura.

■ **Touristeninformation:** Av. Infante de Sagres, Tel. 289 389 209, geöffnet Mo–Fr 9.30–13 und 14–17.30 Uhr.

■ Neben der Tourist-Information werden in der **Galeria de Arte** Wechselausstellungen mit unterschiedlichen Themen und Öffnungszeiten abgehalten; geöffnet nur 16–22 Uhr.

■ **Polizei:** Rua de Timor, Tel. 289 315 662.

■ **Fahrzeugverleih** (auch Fahrrad): *Moto-Tours*, Rua da Monica 64, Tel. 289 313 401 und *Alamo*, Tel. 289 388 364, an der Uferpromenade No 169. In der Fußgängerzone V. da Gama befindet sich eine Filiale von *Garvetur* (Unterkünfte, Transfers, PKW usw.); Tel. 289 301 690, www.garvetur.pt. Räder auch im *Eet-Café*.

■ Eine **Touristenbahn** verbindet den Praia Forte Novo mit Vilamoura.

■ **BPI Bank** (mit EC) neben dem Hotel *Dom José* sowie weitere entlang der Promenade, ebenso eine Western Union Wechselstube. Weitere Banken in der Fußgängerzone Vasco da Gama.

■ **Internet:** *Netpoint* neben der Western Union Wechselstube 200 m westlich vom Hotel *Dom José* an der Promenade sowie im *Eet-Café*.

■ Mittwoch Vormittag findet landseitig der Durchfahrtsstrasse Av. F. Sá Carneiro ein großer **Straßenmarkt** statt (Textil, Leder, Schnitzereien, Kleinkram).

Zwischen Vilamoura und Albufeira

Zwischen Vilamoura und Albufeira liegen ein halbes Dutzend ansehnlicher Strände, Dörfer und Resortanlagen – eine recht gut verteilte touristische Infrastruktur, die viele Besucher als angenehmer empfinden als das geballte Angebot von Albufeira. Auch sind die einzelnen Strände vergleichsweise gut per Bus erreichbar – entlang der Küstenstraße pendeln Lokalbusse von/nach Albufeira (sie fahren jedoch nicht bis Vilamoura!). Natürlich gibt es auch einen Haken: Günstige Unterkünfte sind hier rar (hier wohnen überwiegend Pauschalreisende), sodass sich eher Ausflüge ab ⇗Albufeira anbieten.

Praia das Belharucas

Die erste Abzweigung von der Küstenstraße führt nach Falésia, kein eigentlicher Ort, sondern ein sehr weit verzweigtes Strand-, Golf- und Resortgebiet. Gleich die erste Straße nach rechts zweigt zu einem wahren Kleinod ab, auch wenn es wegen der (derzeit) hässlichen Bauzäune zunächst gar nicht so aussieht. Dem Linksknick folgend, biegt das Sträßchen nach ca. 250 m scharf nach rechts ab – stopp, hier parken! Geradeaus führt ein hübscher, immergrüner Naturlehrpfad hinunter zum Praia das Belharucas, einem sehr schönen, schier unendlich langen Sandstrand mit mehreren Kiosken; wohl der beste Strand dieses Abschnittes.

Praia da Falésia

Vor dem Alpinus rechts und über den Kreisel hinweg wieder rechts (dann zickzack, nicht mehr beschildert!) erreicht man *den* Strand schlechthin, den heißgelobten Praia da Falésia. Wegen der steilen Klippen im Rücken des unendlich breiten und schnurgeraden Strandes kann (zum Glück) nicht bis zu den Felsen selbst gebaut werden – daher ist er auch angenehm ruhig. In zweiter und dritter Reihe entstehen jedoch permanent neue Wohnanlagen, sodass mittelfristig mit erheblichem Baulärm zu rechnen ist.

Unterkunft

■ **Hotel Sheraton Algarve**⑤, Tel. 289 500 100, Fax 289 501 950, www.sheraton-algarve.com, riesige Deluxe-1200 Betten-Anlage mit über 200 Zimmern, 80 Apartments und 65 Villen.

■ **Falésia Hotel**④, Pinhal do Concelho, Tel. 289 501 237, Fax 289 501 270, www.falesia.com, mit knapp 400 Betten kleinstes der Tophotels, nahe *Pine Cliffs Golfresort.* Alle Zimmer sind mit Balkon/Terrasse, Sat-TV, Radio, Telefon usw. ausgestattet.

■ **LTI-Hotel/Aparthotel Alfamar**④, Tel. 289 501 351, Fax 289 501 069, www.alfamar.pt, direkt oberhalb vom Strand mit über 250 Zimmern und je ca. 100 Villen und Apartments.

■ **Apartamentos Turisticos Aldeia da Falésia** ③, Pinhal do Concelho, Tel. 289 590 600, Fax 289 590 609, http://aldeiadafalesia.com, 70 Einheiten für 2–5 Personen, 2er 40–100 €.

■ **Pensão Mira Parque**②, Estrada das Acoteias/Corguincho, Tel. 289 501 423, Fax 289 501 029, www.residencialmiraparque.com, DZ ab 60 € inkl. Flughafentransfer. Kleine Familienpension mit 15 Zimmern.

Essen und Trinken

■ **Selbstversorger** finden einen Supermarkt gegenüber vom Falésia-Hotel sowie ein ausgezeichnetes Fischgeschäft vor dem Pine Cliffs Golf Resort.

■ Entlang der Zickzack-Zufahrtsstraße zum Strand bieten mehrere vereinzelte **Restaurants** (touristisch, teuer) Speisen und Getränke an; weitere Restaurants und Kneipen ⇗Olhos de Água.

Bus

Gute Anbindung von/nach Albufeira (8.05–18.45 Uhr 10x tgl.), 1x tgl. ab Quarteira (7 Uhr).

Praia de Baixinha

Fährt man an der Falésia-Abzweigung (Bushaltestelle) weiter zum einsamen LTI-Hotel (parken, dann Schild „Praia" folgen), erreicht man den langen Strandabschnitt de Baixinha, der praktisch kaum besucht und weder bewacht noch bewirtschaftet wird. Auch das LTI-Aparthotel (= Alfamar) liegt sehr ruhig und ist durchaus ansprechend.

Praia Olhos de Água

Der Strand liegt an der **Doppelsiedlung Torre de Medronheros/Olhos de Água,** deren oberen/hinteren Teil eine Villensiedlung bildet; Olhos selbst ist ein kleines Fischerdorf mit neuer Promenade in einer schmalen, teils felsigen Bucht. Auch wenn „malerische Beschaulichkeit" als Charakteristikum überzogen wäre, so zeugen doch die vielen Netze und Fischerboote auf der linken Seite der von Felsen gesäumten Bucht von einer angenehmen Distanz zu den Nachbarstränden.

Unterkunft

■ **Palace Falésia**④, Quinta do Milharo, Tel. 289 510 000, Fax 289 512 426, www.riu.es; auch Apartments③.

■ **Aparthotel Rocamar-Aqua Mar**③, Tel. 289 540 280, www.rocamarhotels.com, 2009 eröffnet und ausschließlich 2er-Einheiten (max. 1 Kinder-Zustellbett) mit Küche, SAT-TV, Pools und Snackbar ab 65 €.

■ **Apartamentos Turisticos do Parque**③, Tel. 289 502 812, Fax 289 502 930, www.algarveinfo.net/doparque, Studios und Apartments mit 1–2 Schlafräumen; sehr unterschiedliche Preisgestaltung mit Übernachtungsraten ab 28 € in der Nebensaison (2 Pers.), allerdings sehr teuer im Sommer (4 Pers. 210 €/Tag!).

■ **Apartamentos Naturmar, Torre da Medronheira**③, Tel. 289 501 761, Fax 289 501 538, www.apartamentos-naturmar.com/pt, 27 Apartments für bis zu 4 Personen. Deutlich steriler als do Parque, im Sommer aber auch nur halb so teuer.

■ **Privatunterkünfte** sind wegen des knappen Angebots überdurchschnittlich teuer (ab 75 €!), z.B. **Casa Vitoria,** Tel. 289 501 184 oder **Jenny & Alan**, Tel. 289 502 124, Leser empfehlen hier die kleine

Quinta do mel③, ein vor einigen Jahren umgebauter Bauernhof mit 10 Zimmern und einem großen Appartment. Sehr nett und persönlich, geschmackvoll gestaltet, mit Garten und Pool zu fairen Preisen. Tel 289 543 674, www.quintadomel.com., nahe beim Alfamar Hotel, 2 km von der Küste entfernt.

Essen und Trinken

■ Günstig und gut speist man in der **Isaurinda-Snackbar,** sehr gute Fleisch- und Fischgerichte (portugiesische Küche) bietet das beliebte **O Cantil** (Tel. 289 501 146), beide an der Zufahrtsstraße zum Ortsstrand.

■ Abends ist es im **PickWicks Tavern** (British Pub, am Ufer, Darts, Sportübertragungen) sehr gemütlich, auch die **Oasis Snackbar,** gegenüber vom oberen Parkplatz, kann man empfehlen.

■ Bei Besuchern aus Albufeira gilt das **La Cigale** (an der Promenade, tgl. 10.30–23 Uhr, Tel. 289 501 637) als besonderer Tipp; sehr gute Fischgerichte; manchmal scheinen die Preise allerdings mehr die Top-Lage und den Eintrag in den Michelin Guide, denn die Qualität der Speisen widerzuspiegeln.

Nützliches

■ Auf halber Strecke der ca. einen Kilometer langen Zufahrtsstraße zum Ortsstrand liegt ein großer **Parkplatz** – unten gibt es kaum Parkmöglichkeiten! Gegenüber gibt es einen **Fahrzeugverleih,** ebenso vor dem Strand , z.B. **Local Cars**, Rua 25 de Abril Nr. 99, Tel. 289 502 204, www.localcars.pt. Einen **Supermarkt** findet man in Torre de Medronheiros (Hauptstr.).

■ **Golf:** *Sheraton Pine Cliffs,* www.pinecliffs.com, Tel. 289 500 300/ 113. Spektakulärer 9-Lochparcour mit dem weltbekannten „Devil's Parlour", einem par-3 Loch unmittelbar an den Klippen.

Praia Maria-Luisa (Balaia)

An einer Agip-Tankstelle geht es scharf links zu einer Club-Med-Anlage (hier parken, Plätze sind relativ knapp), davor links dem Weg zehn Minuten bis zum schönen, sehr gepflegten Sandstrand folgen; hier gibt es einen Katamaranverleih.

Entlang der immer noch lückenlos besiedelten Küstenstraße wurden insbesondere Ferienwohnungsanlagen sowie Resorthotels gebaut, z.B.:

Unterkunft

■ **Aldeamento Turistico Quinta da Balaia**③, Branqueira, Tel. 289 586 575, Fax 289 586 582, www.quintadabalaia.pt. Preise für Standard-DZ je nach Saison ab 50 bis zu 154 € für 2-er und 177 bis 495 €.

■ **Apartamentos Turisticos da Balaia**③, Praia Maria-Luisa, Tel. 289 501 512, Fax 289 501 314, www.balaia.com, im Winter 35 € und im Sommer bis 130 € pro Nacht für 2-er Studios und 55 bis 195 €.

■ **Domínio do Sol**③, Santa Eulália, Tel. 289 586 835, Fax 586840, www.aparthoteldominiodosol.com, große Apartmentanlage mit 2-er und 4-er Wohneinheiten zu 590 bis 1045 €/Woche z.B. für 4 Personen. Kabel-TV, Küchenzeile mit Mikrowelle und Privatparkplatz.

■ **Pensão Santa Eulália**②, Estrada de Santa Eulália, Tel. 289 542 696, Fax 289 542 356, www.jcr-group.com, DZ ab 45 € (Nebensaison) bis zu 98 € im Hochsommer; alle Zimmer mit Sat-TV und Direktwahltelefon sowie großer Gemeinschaftsveranda/Dachterrasse.

■ Golfferien und Unterkunft bietet das **Balaia Golf Villages**③, www.balaia.co.uk. Hier gibt es Studios (265–594 €), 2 Schlafraumwohnungen (318–1020 €) und auch eine Luxusvilla für 10 Personen (1400–2400 €) zu mieten. Auch Flug- und Autoarrangements möglich.

Praia Santa Eulália

Der mondän wirkende, sehr beliebte und nette Vorortstrand Albufeiras wurde nach der kleinen Kapelle auf dem westlichen Hang benannt und dient auch als Hausstrand des Aparthotels Aldeamento Turistico Alfaga④, Tel. 289 540 220, Fax 289 542 770, www.alfagar.com. Wohneinheiten für 2 (ab 34–178 €/Nacht) bis 8 Personen (bis 93–350 €/Nacht im Hochsommer). Es gibt einen Kiosk/ Shop und einen Parkplatz (der im Sommer meist überfüllt ist).

Albufeira und Montechoro

Galt Albufeira noch in den 1960er und -70er Jahren als Geheimtipp, blieb nach Einsetzen des Massentourismus an der Algarve von diesem Ruf wenig übrig. Einst kleiner, aber feiner Bade- und Amüsierort der besser Situierten, übte Albufeira (ca. 17.000 Einwohner) eine schier unglaubliche Anziehungskraft auf Touristen aus ganz Europa aus. Wenn

Albufeira Innenstadt

Übernachtung
1 Residencial Diana Mar
2 Residencial Frentomar
4 Hotel Rocamar Beach
8 Pension Capri
14 Pensão Limas
15 Pensão Albufeirense
16 Pensão Silva
21 Residencial Luis
24 Aparthotel Park Turial
26 Hotel Baltum
27 Edificio Albufeira Aptm.

Einkaufen/Sonstiges
2 Autovermietung
6 Visacar Autoverleih, Algarve Buchhandlung
7 Apotheke, Easy Rider Mopedverleih
9 Algisa-Tours
10 Autoverleih
11 Super-/Minimarkt
18 California Shopping Arcade
22 Internet-Shop
23 Autoverleih Auto Jardim
25 Sul Travel

Nachtleben
3 Bar Bizarro
20 Bank
28 Disco 7½

Fußgängerzone

Essen und Trinken
5 Zanzi Bar
12 Zanzi II Rest.
13 Cave de Vinho de Porto
17 Rest. Casa da Fonte
19 Domino's Café
29 Os Azeiteiros
30 Snoopy

Faro das administrative und Silves das historische Zentrum der Algarve bilden, füllt Albufeira in jeder Hinsicht die Rolle des **touristischen Zentrums** aus, wobei der Vorort Montechoro die eigentliche Hauptrolle spielt. Die Altstadt von Albufeira sollte man sich unbedingt einmal ansehen, Montechoro wird von (vorwiegend britischen) Nachtschwärmern frequentiert und ist nicht jedermanns Sache.

Geschichte

Vermutlich von **phönizischen Seehändlern** gegründet, wurde die Bucht unter den **Römern** ab 150 v. Chr. zu einem Zentrum der Salzgewinnung. Der Name Albufeira geht jedoch erst auf die **Mauren** (ab 716) zurück, die den Ort *Al-Buhara* („die Bucht") nannten und den Nordafrikahandel intensivierten. Nach

zahlreichen erfolglosen Rückeroberungsversuchen fiel Albufeira um 1250 an Portugal; es verlor nach dem Zusammenbruch des Nordafrikahandels an wirtschaftlicher Bedeutung.

Auch die bloße Existenz der Stadt war mehrfach gefährdet: 1755 zerstörte weniger das berüchtigte Erdbeben als vielmehr eine anschließende **Flutwelle** große Teile des Ortes, während der **Miguelistenkriege** Anfang des 19. Jh. ging ein Großteil der Gebäude in Flammen auf.

Eine längere ökonomische Regeneration bewirkte die Entwicklung der Fisch verarbeitenden **Industrie** mit Konservenfabriken und Werften, die Mitte des 20. Jh. jedoch dem Wettbewerb mit Spanien nicht mehr gewachsen waren und schließen mussten. Mit der hübschen Talkessel-Sandbuchtlage war Albufeira dann aber für eine rasante touristische Entwicklung prädestiniert, die in den 1970er Jahren einsetzte und das Stadtbild nachhaltig prägte. Als neue Amüsier- und Gastronomiebetriebe keinen Platz mehr in Albufeira (Altstadt) fanden, wurde in den 1990ern das Projekt **Montechoro** realisiert; dieser Ortsteil ist heute eine stimmungsgeladene Amüsiermeile mit Discos, Bars, Restaurants und Souvenirgeschäften, die in dieser Form an der Algarve ihresgleichen sucht.

Sehenswertes

Um keinen falschen Eindruck zu erwekken: Ein Besuch Albufeiras (Altstadt) lohnt sich trotz des Trubels; die Altstadtgassen, der Klippenweg oberhalb des Strandes, der Tunnel zum Strand – all das ist durchaus sehenswert.

Kirche Sant'Ana

Nach Erdbeben und Flutwelle wurde deutlich oberhalb der anderen Gotteshäuser am 26.7.1758 („Annentag") mit dem Bau der **dörflich wirkenden Kirche** begonnen. *Anna,* die Patronin der Mütter und Fischer, wurde als Schutzheilige gewählt, um den volkstümlichen Charakter dieser Kirche zu unterstreichen.

Igreja Matriz

Nach der Flutkatastrophe infolge des Erdbebens wurde auf den Grundmauern einer Vorgängerkirche die neue einschiffige (weniger erdbebengefährdete) **Hauptkirche** 1782 errichtet und 1800

Albufeira – heimliches Zentrum der Algarve

063al wl

von *Bischof Francisco de Avelar* geweiht. Der Hauptschrein zeigt die *Maria Immaculata* (die Jungfrau der unbefleckten Empfängnis) sowie eine Figurine und ein Bildnis des aus Albufeira stammenden Missionars *Vinzenz* bei seiner Arbeit in China. Eine der vier Seitenkapellen ist dem „Herzen Christi", eine weitere kleine Seitenkapelle dem Gralsmotiv gewidmet; Innenwände und Hauptportal sind x-fach mit dem Christusritterkreuz versehen (⇗Religion, Geschichte).

Kirche São Sebastião

Die Sebastian-Kapelle überstand das Erdbeben; sie birgt sowohl manuelinische (Seitenportal) als auch barocke Elemente (Hauptportal, Innenraum). Das angeschlossene **Sakralmuseum** ist täglich von 10.30–12.30 und 14.30–17 Uhr (im Sommer bis 20 Uhr) geöffnet.

Esplanade

Hinter São Sebastião/Praça M. Bombarda erstreckt sich die Esplanada Dr. F. Silva mehrere hundert Meter oberhalb des Strandes Richtung Largo do Rossio an der **Grotte Gruta de Xorino** entlang, die während der Brandschatzung der Miguelisten 1833 zur Zufluchtsstätte der Bevölkerung wurde. Ein Fußpfad führt am Largo do Rossio zum ⇗Praia da Baleeira.

Torre de Relogio und Fischerhafen

Der Esplanada Dr. F. Silva in östliche Richtung folgend, kreuzt man den Tunnel der Rua 5 de Outubro zum Strand und erreicht linker Hand einen schmiedeeisernen Glockenturm – den **Torre de Relogio,** der zum alten Bezirksgefängnis (einst das maurische Kastell) gehört.

Am Ende der Rua da Bateria führen Treppengassen hinunter zum **Largo Caìs Herculano,** dem alten Fischerhafen. Der altstädtische Charakter ist hier am besten erhalten, an den Fischmarkt erinnert noch die große Metallkonstruktion am Platz.

Von hier aus gelangt man über die Rua Gago Coutinho und Av. Infante D. Henrique nach Montechoro (s. Stadtbusse).

Largo Engenheiro Duarte Pacheco

Der Platz mit Blumenrabatten, Springbrunnen, fliegenden Händlern, Souvenirgeschäften, Boutiquen und einem Dutzend Gastronomiebetrieben bildet das **Zentrum der Altstadt.** Geschäfte und Lokale reihen sich auch in den kleinen Gassen rund um den Platz (komplett Fußgängerzone) aneinander. Über die Travessa 5 de Outubro erreicht man die Rua 5 de Outubro (hier liegen Post und Touristeninformation), an deren Ende ein Tunnel zum **Ortsstrand** (Praia dos Pescadores) führt.

Montechoro

Ein Gang über die Vergnügungsmeile Avenida Sá Carneiro („The Strip") lohnt vor allem abends; die einzige „gestandene" Sehenswürdigkeit existiert kurioserweise noch auf manchen offiziellen Stadtplänen: Das **Forte de São João,** ein portugiesisches Wachtfort aus dem

16. Jh. (am Ende der Rua Vasco da Gama), wurde zu Gunsten des Hotel *Auramar* eingeebnet! „Hauptattraktion" ist heute – neben dem Nachtschwärmerviertel – die nahe gelegene Stierkampfarena.

Strände

Albufeira bietet eine gute Auswahl an leicht erreichbaren Stadtstränden. Manchmal finden hier von der Stadtverwaltung organisierte Amateurturniere (Beach-Volleyball, Strandfußball usw.) statt.

Praia dos Pescadores

Unmittelbar im Zentrum liegt der Stadtstrand Praia dos Pescadores, auch **Praia do Peneco** genannt. Obgleich schmal, bietet er meist genügend Platz; zudem ist er sauber, so dass Baden hier keine Verlegenheitslösung darstellt.

Praia da Oura/Praia dos Aveiros

In Montechoro schließt sich der Praia da Oura, ein sehr schöner und geschützter Sandstrand mit Snackbars und Freizeitangeboten, an (10 Minuten Fußweg ab „The Strip" Avenida Sá Carneiro). Weiter westlich liegt der nur über einige Hotelanlagen zugängliche Abschnitt Praia dos Aveiros, der von Nichtanliegern praktisch nie besucht wird.

Praia da Baleeira

Westlich der Altstadt (⇗Esplanade) liegt fußläufig der seltener frequentierte, teils felsige und bislang nicht bewirtschaftete Praia da Baleeira.

Praktische Tipps

Orientierung/An- und Weiterreise

- Der neue **Busbahnhof** für alle Busse liegt am Alto de Caliços an der Estrada Vale Pedras (**nicht** mehr in der Liberdade, dort nur Ticketschalter) mit Nahverkehrsanbindung nach u.a. Silves, Monchique, São Bartolomeu de Messines, Paderne, Algoz, Praia de Falésia, Expressbussen nach Lissabon, Faro, Vila Real und Lagos sowie einem Zubringerbus zum Bahnhof Ferreiras (sieben Kilometer nördlich). Änderungen/Auskunft unter www.eva-bus.com und www.frotazul-algarve.pt.
- **Stadtbusse:** In Albufeira verkehren vier Stadtbuslinien, die unterschiedlich farblich gekennzeichnet sind. Ausgangs- und Endpunkt ist ebenfalls stets der große Stadt- und Fernbusbahnhof Alto de Caliços; die hellrote („Vermelha 1") bedient das Gebiet Campingplatz – Marina – westliches Albufeira; die dunkelrote („Vermelha 2") das westliche Albufeira (ohne Camping und Marina) dafür aber entlang der großen Av. dos Decobrimentos bis Montechoro. Praktisch sind die blaue („Azul") und die grüne („Verde") Linie, die Zentrum/Altstadt und über die Inf. Henrique Forte São João bis Montechoro fahren. (Detailplan am Busbahnhof und bei der TI). Die Einzelfahrt kostet 1,30 €, die Tageskarte 3,70 € und 10-er Karten 6,50 €. Praktisch sind wiederaufladbare Karten (3 € Kartengebühr), von denen bei Fahrtantritt der günstigere 10-er Kartenpreis „abgebucht" wird.
- Ferner pendelt eine **Touristenbahn** zwischen dem Zentrum (Praia dos Pescadores, oben an der

„Rolltreppe") und der Avenida Sá Carneiro von Montechoro („The Strip"); tgl. 9–0.40 Uhr alle 20 Min.; Tageskarte 4 €, Einfachticket 2 €, Kinder 1,50 €.

■ Den Gesamtraum Albufeira durchquert die vierspurige **Avenida dos Descobrimentos.** Diese führt über vier markante Kreisverkehre mit modernen „Monumenten" – von West nach Ost Delfine, Uhren, Würmer und schließlich eine Art Stahlkugel. **Parkraum** ist rar! Entweder fährt man am „Delfinkreisel" direkt in die Weststadt hinunter und parkt dort, oder aber am unbefestigten großen Platz am Rathaus (*câmara municipal,* der Bau ähnelt einer fliegenden Untertasse). Alternativ kann man am Lidl parken, dort shoppen und dann die Av. da Liberdade hinunter zu Fuß gehen.

Unterkunft

Von der günstigen Pension bis zur Luxussuite wird in Albufeira mit über 150.000 Gästebetten alles geboten; viele Besucher wollen explizit dort wohnen, wo „etwas los ist" – die folgende Auswahl stellt zentrale Unterkünfte sowohl im Altstadtbereich, dem „Actionbereich" Montechoro als auch im dazwischen liegenden Wohnviertel São João vor.

■ Zudem liegt vier Kilometer nördlich **Camping Alpuvar,** ein ganzjährig geöffneter Vier-Sterne-Platz (PKW mit Zelt und zwei Personen ab 27 €), Tel. 289 587 629, Infos unter www.eurocampings.de; verfügen auch über Mietunterkünfte.

Altstadtbereich Albufeira

■ **Hotel Baltum**②, Av. 25 de Abril 26, Tel. 289 589 102, Fax 289 586 146, www.hotelbaltum.pt, einfaches, günstiges Hotel mit DZ zu 33–75 € (ohne Balko) bzw. 38–80 € mit Balkon; auch einige Einzelzimmer erhältlich.

■ **Pensão Silva**②, Travessa 5 Outubro 18, Tel. 289 512 669, Fax 289 514 318, absolut zentral.

■ **Pensão Albufeirense**②, Rua da Liberdade 18, Tel. 289 512 079, Fax 514 318, monicabarrete@gmail.com, einfach, etwas laut, aber unschlagbar zentral; mit 60 €/EZ bzw. 90 €/DZ trotz deutlicher Wochenrabatte etwas zu teuer.

■ **Pensão Limas**①, gegenüber in Rua da Liberdade 23, Tel. 289 514 025, etwas preiswerter bei 180 €/Woche im DZ (z.B. Onlinebuchung über www.kayak.de).

■ **Hotel Rocamar Beach**③, Largo Jacinto D'Ayet 7, Tel. 289 540 280, Fax 289 540 281, www.rocamarbeachhotel.com, DZ mit Sat-TV, WLAN und tollem Meerblick ab 65 € (Hochsaison 140 €) inkl. Frühstück; leiten auch ein Schwesterhotel in Olhos de Agua.

■ **Residencial Frentomar**③, Rua Latino Coelho 25, Tel. 289 512 005, einige Zimmer mit Blick über die Bucht, DZ 35–45 € bzw. ab 213,50 €/Woche (Nebensaison), je nach Lage und Ausstattung, günstig zu buchen z.B. unter http://portugal.hotels.hu/albufeira/frentomar oder direkt unter http://frentomar.com.

■ **Residencial Diana Mar**③, Rua Latino Coelho 36, Tel. 289 512 379, www.dianamar.com. Am Westende der Esplanade gelegen (ruhige Lage), DZ 65 € (Hauptsaison, sonst 50 €),), alle Zimmer mit Balkon, inkl. Frühstücksbuffet.

■ **Residencial Luis,** Rua MFA, Tel. 289 515 860, bietet preiswerte Zimmer ab 25 €/Pers., DZ mit Bad ab 29 € und Appartment (75 €/4 Pers.).

Auch am **Largo Herculano** (Praia dos Pescadores, „Rolltreppenplatz") gibt es gute Unterkünfte, beide mit Balkon und Meerblick:

■ **Edifício Albufeira**③, Tel. 289 542 803, www.edificio-albufeira.com, Studios 32,50–80 €, Apartments für 2–3 Pers. 40–160 €, je nach Größe, Personenanzahl und Ausblick.

■ **Aparthotel Park Turial**④, Av. 25 de Abril, Tel. 289 599 800, www.turialpark.com. Angenehme, noch recht junge Anlage, Studios 25–80 €, Aptm. bis 5 Personen 60–150 € (Höchstpreis August, sonst mind. ein Drittel weniger!), Jan.–März geschlossen. Health-Club, Parkhaus, Hallenbad. Schöner als Edifício.

Bereich São João

Hier liegen die größeren Hotels für Pauschalreisende. Jedoch sollte man beachten, dass die Entfernungen zum Zentrum beachtlich sind und man auf den Hotel-Shuttlebus bzw. die Touristenbahn angewiesen ist.

■ **Hotel Apartamento Brisa Sol**④, Cerro da Alagoa, Tel. 289 589 418, Fax 289 588 254, www.hotelbrisasol.com.pt, Studios (49–139 €) und Apartments für bis zu 4 Personen (96–230 €), jeweils pro Nacht, inkl. Frühstücksbuffet.

■ **Hotel Cerro Alagoa Vila Galé**④, Rua do Municipio, Tel. 289 583 100, Fax 583 199, www.vilagale.pt, Riesenanlage mit 700 Betten, Preise ab 90 € (Nebensaison), im Sommer je nach Auslastung 970–1100 €/Woche im DZ.

■ **Hotel Apartamento Onda Mar**④, Av. dos Descobrimentos, Tel. 289 586 774, Fax 289 588 616, www.ondamarhotel.pt, schönes Aparthotel und Anlage unter brasilianischem Management, 4 Pers. zahlen je nach Saison 70–195 €, gut ausgestattet (Spülmaschine).

■ **Oura Aparthotel**④, Rua Dumfermline, Apartado 509, Tel. 289 590 170, Fax 289 513 072, www.ourahotel.pt, 65–190 €, 4-Personenapartments, für eine 3-Sterneanlage sehr umfangreich (kostenloser Internetzugang, Health-Club, Wäscheservice usw.).

■ **Hotel Topázio**③, Areias de S. João, Apartado 578, Tel. 289 586 209, Fax 289 586 210, www.hoteltopazio.com, DZ mit a/c und Frst. 500 €/Woche; Pool in der Anlage, 46 Zimmer.

■ **Hotel Auramar Beach-Club**③, Tel. 289 599 100, Fax 289 599 199, www.grupofbarata.com, riesige Anlage mit knapp 300 DZ bei Preisen ab 72–149 € (Hauptsaison). Interessante All-Inclusive Angebote (45 €/Tag extra).

■ **Aparthotel Praia dos Aveiros**③, Auramar-Dependance am gleichnamigen Strandabschnitt mit Tauchbasis *Atlantic Scuba Diving*. Tel. 289 587 607, Fax 289 513 327, www.grupofbarata.com.

■ **Aparthotel Clube Oceano**③, R. Columbano Bordalo Pinheiro 34, Tel. 289 586 444, Fax 289 586 906, www.luna hoteis.com, in der Hauptsaison bei Onlinebuchung knapp 1050 €/Woche (4 Pers.), Studios knapp 600 €/Woche; sehr angenehm mit 77 Wohneinheiten (jeweils mit Mikrowelle, Balkon, Sat-TV usw.).

Abschnitt Montechoro

■ **Hotel da Aldeia**③, Avenida Dr. Carneiro, Tel. 289 588 861, Fax 289 588 864, www.hoteldaaldeia.com, DZ 65–155 €.

■ **Apartamentos Ouratlantico**③, Rua Jose Fontana, Tel. 289 510 400, Fax 289 585 269, www.ouratlantico.com, strandnah, sehr angenehm, Studios für 2 Personen je nach Saison 25–110 €/Nacht, 4-er Einheiten bis 35–155 €.

■ **Hotel Montechoro**④, Av. Dr. F. Carneiro, Tel. 289 589 423, Fax 289 589 947, www.hotelmontechoro.pt. Am Nordrand, ruhig gelegen, DZ 57–147 €, bevorzugtes Trainingshotel von Sportteams.

■ Weitere ②-③-**Ferienwohnungen** in Montechoro werden u.a. unter www.solmelia.com angeboten.

Essen und Trinken

Obgleich vorwiegend auf Laufkundschaft ausgerichtet, gehört die örtliche Gastronomie – sicher auch wegen der großen Konkurrenz – doch zu den angenehmeren Erscheinungen der Algarve. Die Auswahl ist wahrhaft gigantisch.

■ Am „Strip" in Montechoro bietet das seit rund 25 Jahren tätige **Restaurante Caravela** authentische portugiesische Küche mit preiswerten Tages- und Touristenmenüs, Tel. 289 589 567, tgl. außer So. 12–15 und 18–23 Uhr. Pasta und Pizza, auch zum Mitnehmen, serviert nach Umbauarbeiten seit einiger Zeit wieder das in vielen Urlaubsgebieten vertretene und bekannte traditionelle **Senhor Frog's** gegenüber, Tel. 289 587 393 (hat auch 2 Filialen am „Strip" nördl. und südl. der Hauptstraße im Ortsteil Montechoro). Gute Fischgerichte (Lachs und Cataplana) hat das **Portofino** im Angebot, Tel. 289 587 419.

In der Altstadt liegen große Café-, Snackbar- und Restaurantzentren rund um den Largo Pacheco (z.B. **Cave de Vinho de Porto,** Rua da Liberdade, Tel. 289 589 144, große, leckere Portionen, oder **Zanzi II** mit ausgezeichnetem Frango Piri Piri, aber auch Fleischplatten und Fischgerichten; Tel. 289 513 568) sowie in der Gegend um den Fischerhafen. Hier gibt es v.a. Fischlokale, die allerdings nicht ganz billig sind. Recht preiswert ist die **Snackbar Snoopy** (Tel. 289 416 862); hier liegt auch **Os Azeiteiros,** *das* Fischrestaurant in Albufeira schlechthin (Tel. 289 512 356). Am Westend (Esplanada) sitzt man prima in der **Snackbar Bizarro,** wo man preiswerte und leckere Kleinigkeiten verzehren kann.

Tipp: Rest. **Casa da Fonte,** Rua Samora/Joao de Deus 7, Tel. 289 514 578, toller Innenhof-Garten und gemütliche Atmosphäre. Sehr große Auswahl, Gerichte vom Holzkohlegrill und Kebabs sind die Spezialitäten.

Selbstversorger finden Supermärkte an der Av. dos Descobrimentos, wo auch *McDonald's* und *Pizza Hut* vertreten sind. Ein preiswerter Minimarkt liegt in der Altstadt in der Av. da Liberdade, in Montechoro an der Ampel schräg gegenüber *von Jinky's Irish Bar* und in der Rua A. Herculano.

Freizeit

Stierkampf: in der Sommersaison meist donnerstags und sonntags, teilweise auch am Samstagabend in der Arena in Montechoro; die Preise liegen zwischen 20–40 €. Tickets sind an den Hotelrezeptionen, in Touristenbüros und Ticketshops erhältlich.

Sling Shoot: per Gummiband geschleuderte frei hängende Schaukel für 2 Personen 10–100 m über dem Boden; 20 € pro Person; in Montechoro.

Golf: *Balaia Golf Village,* Tel. 289 570 200, Fax 289 501 265, www.balaia.co.uk, nahe dem gleichnamigen Strand.

Reiten: Vale Navio, 2,5 Kilometer Inlandsstraße ab „Stahlkugelkreisel", bieten Ausritte, Ferienhütten, Abholservice; Tel. 289 542 870.

Tauchen: *EasyDivers,* Marina de Albufeira, Varzea da Orada, Tel. 966 192 299, www.easydivers.pt, *Atlantic Scuba Diving – Actv. Subaquáticas,* Praia dos Aveiros, Lote 29 – Areias de S. João, Tel. 289 587 479, Fax 282 562 026; *Estrela do Rio, Montechoro Beach Club, Areias de S. João,* Tel. 965 077 854, Fax 289 589 332; *Zebra Safaris, Arcadas de S. João, loja X,* Tel. 289 583 300/1, zebrasafari@mail.telepac.pt.

Vergnügungsparks: mit *Krazy World, Zoomarine Park* und *Aqualand* liegen gleich drei Parks in der näheren Umgebung von Albufeira (⇗Kapitel „Reisetipps von A–Z"). Der kleine *Montechoro Fun-Park* am Nordende des „Strip" lockt mit Minigolf, Pool, Crazy-Golf sowie Restaurants und Barbetrieben. Der Eintritt ist frei, täglich ab 9 Uhr geöffnet, Tel. 289 542 025. Der *Bellavista Leisure-Park* (nördlich des „Uhrenkreisels") spricht hauptsächlich jüngere Gäste an und bietet allerlei vom Abenteuerspielbereich (getrennt für Kleinstkinder und Kinder bis elf Jahre) über Babymassagekurse bis hin zum Kinder-Minigolf, www.bellavistaleisurepark.com.

Nachtleben

Hier kommt nun ganz besonders Montechoro zum Zuge; absolutes Zentrum ist die „The Strip" (hat mit Striptease übrigens nichts zu tun) genannte Avenida Sá Carneiro, vor allem südlich der Hauptstraße Richtung Strand.

Kultstatus erreicht hier die irische **Jinky's Bar** (Tel. 922 210 265, vormals Lineker's Bar, die Englands Fußballerlegende *Gary Lineker* mit seinem Bruder *Wayne* geführt hatte); besonders während Fußballübertragungen unübertroffen; geöffnet ab Mittag bis mindestens Mitternacht. Ohnehin sind es derzeit die zünftigen britisch-irischen Pubs wie **Kilt & Kelt** schottisch, Tel. 289 572 219) und **Shamrock Inn** (irisch, Tel. 289 501 235), die hier besonders beliebt sind.

Nach Mitternacht beleben sich Szenediscos wie der **Kiss Disco Club** (Rua Vasco da Gama, gegenüber vom Hotel *Topázio,* www.kissclubalgarve.

com), das originelle **Libertos** (www.libertosclub.com), oder das in einer ehemaligen Werkstatt gelegene **Garage** (Tel. 289 588 984). Am Nordrand des „Strip" (Ortsteil Montechoro) findet man mit der tollen irischen Bar **Father Ed's** eine der längsten Bars an der Algarve mit Pool, Darts, Videospielen und vier Großbildschirmen für diverse Sport-Liveübertragungen, Tel. 289 541 754 und mobil 911 054 801. Livemusik, Billiard und Karaoke bietet die **Absol-Bar** ebenfalls auf der Nordseite (Tel. 289 542 704). Hier liegen auch einige einschlägige Nachtklubs wie das **Style.**

- Auch Albufeira selbst bietet dem jüngeren Publikum inzwischen etwas: Am alten Fischmarkt (Rua Alfonso III.) wurde die **„Disco 7 ½"** (Sete e meio) wiedereröffnet, eine gelungene Mischung aus Pizzeria und Dance-Club. Je später die Stunde desto höher die Stimmung! Gab es in den 1950er-Jahren schon einmal – damals beliebte Einkehr von *Cliff Richards;* Rua Säo Goncalves de Lagos 7, Tel. 289 586 687. Schließlich sei **Bank** (am Largo Pacheco, Tel. 968 404 708) erwähnt, welches mit Erlebnisgastronomie einer neuen Konzeption wirbt, letztlich aber auch nicht viel mehr als Liveshows und britische DJs beinhaltet.

Einkaufen

- In Montechoro bieten vorwiegend **Souvenir- und Spirituosenhändler** ihre Waren an.
- In der Altstadt locken unzählige **Einzelhändler** (Leder, Kunsthandwerk, viel Kitsch!); große **Supermärkte und Einkaufszentren** finden sich entlang der Av. dos Descobrimentos (Modelo, Lidl, Bela Vista Boutiquenzentrum usw.).
- Für einen ausgedehnten Einkaufsbummel lohnt ein Besuch im sechs Kilometer nordwestlich gelegenen ⇗**Algarve Shopping Centre** (an der N-125 bei Algoz).

Nützliches

- **Touristeninformation:** Rua 5 de Outubro, (im Zentrum kurz vor dem Strandtunnel), tgl. 9.30–12.30 und 14–17.30 Uhr, Tel. 289 585 279.
- **Internet-Cafés:** *Net@Café,* Rua do MFA, und *Happy Internet,* Rua 5 de Outubro, (beim Restaurant *Zansi II*); *Internet Spot* (Rua do MFA) sowie in vielen Kneipen im Zentrum. In Montechoro: Im *Kilt & Kelt* sowie schräg gegenüber im *Cybercity-Ouranet.* Kostet etwa 3 €/Std.
- **Polizei:** Hauptquartier, Estrada Vale Pedras, im Zentrum (neben Hotel *Baltum*) in der Av. 25 de Abril, Tel. 289 515 420.
- **Erste Hilfe:** Centro de Saúde de Albufeira, Urbanização dos Caliços, Tel. 289 587 550, Fax 289 589 801.
- **Apotheke:** Alves de Sousa am Nordende der Av. da Liberdade, Tel. 289 512 258.
- **Post:** Rua 5 de Outubro (Anfang Fußgängerzone), in Montechoro in der Rua Herculano neben *Kilt & Kelt.*
- **Fahrzeugverleih:** *Visacar Autoverleih,* Tel. 289 590 760, www.visacar.pt (neben dem Secondhand-Buchladen unterhalb der Igreja Matriz); *Auto Jardim* am Ende der Fußgängerzone in der Rua MFA; Tel. 289 580 500, www.auto-jardim.com. Montechoro: *Panda* (Tel. 964 036 889, www.pandacar.pt) und *Autofirme* (Ecke Rua José Fontana/Ramalho Ortigão; www.auto-prudente.com); Mopeds und Quads neben der Post in der Rua Herculano bei *Almotos* (Tel. 289 542 059, www.almotos.com).
- In der Rua MFA verleiht **Easy-Rider** (Tel. 289 501 102, Fax 289 541 078) Motorräder und Scooter.
- Gegenüber hat **Algisa-Tours** (Tel. 289 589 951, Fax 289 589 952) eigentlich alles, was das Herz begehrt: Autovermietung, Ausflüge, Stierkampf-Tickets, Ausflüge/Exkursionen (Lissabon usw.) und auch Fernreisetickets. Eine universelle Agentur für Ausflüge, Bootstouren usw. nebst Autovermietung findet man in der Av. de 25 de Abril (beim „Rolltreppenplatz"): **Sul-Travel** (Tel. 919 885 558, www.sultravelturismo.com).

Zwischen Albufeira und Armação de Pêra

Guia & Algarve Shopping

Sechs Kilometer nordwestlich von Albufeira bei Guia an der N-125 liegt das disneylandähnliche Algarve-Shopping, eines der **größten Einkaufszentren** der Algarve. Hier finden sich ein gigantischer Supermarkt *(Continente)* mit beeindruckender Fischabteilung, Boutiquen, Fachgeschäfte (z.B. *Vobis* und *FNAC* für Elektro/Foto, letztere mit Internetecke und Event-Café), ein Kino, eine Kegelbahn/Spielothek, eine Restaurantecke mit allen bekannten Fast-Food-Ketten und dem Pantéo Algarve, das neben zahlreichen Fast-Food-Lokalen auch mehrere Indoor-Restaurants für nationale (z.B. *Frango da Guia*) und internationale Spezialitäten (z.B. *Happy Family Sushi Bar*) zu sehr günstigen Preisen bietet – das alles in einer gepflegten, hübsch gestalteten Anlage.

Das **Dorf Guia** selbst erscheint vollkommen unspektakulär, bis auf den Kreisverkehr am westlichen Ortseingang, dessen gigantische Hühner auf den Ruf als „Stadt der besten Brathähnchen“ hinweist – wobei Einheimische immer bestätigen, dass dies längst nicht mehr der Fall sei. Frango da Guia heißt eine der bekanntesten Bratereien mit mehreren Filialen, u.a. im Algarve-Shopping.

- Ein **Shuttlebus** fährt 4x tägl. Mo, Mi, Fr von/nach Vilamoura, Di, Do, Sa von/nach Albufeira.

- **EC-Automat,** mehrere Bankomaten u.a. im *Continente*-Supermarkt

Praia São Rafael

Unmittelbar an der Küstenstraße am westlichen Ortsrand (Ende der Ausbaustraße) liegt eine auffällige Olimar-Ferienanlage. Durch die Anlage hindurch und dem Feldweg dann bis zum Ende folgend, erreicht man den blitzsauberen Praia São Rafael, eine hübsche, langgezogene Doppelbucht mit neuer Snackbar.

Unterkunft

- **Aldeamento Turistico São Rafael**④, Sesmarias, Tel. 289 540 300, Fax 289 540 314, www.saorafaelsuitehotel.com, Riesenhotel mit ca. 400 DZ ab 84 €, Familienzimmer 147 € (Nebensaison).
- **Pensão Maritim**②, Vila Madalena – São Rafael, Tel. 289 591 005, Fax 289 591 345, alle Zimmer mit Sat-TV und Minibar ausgetstattet, Shuttlebus nach Albufeira.

Praia da Coelha

1,5 km weiter zweigt vom Küstensträßchen (beschildert) ein befestigter Weg durch ein Wohngebiet hinunter zu einem Parkplatz ab. Von hier aus sind es ca. 15 Minuten zu Fuß an der Rückseite der Hapimag-Anlage entlang in die kleine, von steilen Klippen umrahmte Bucht des Praia da Coelha. Dies ist ein feiner, wenig besuchter Sandstrand mit Süßwasserdusche und dem Snacklokal Coelha Um; daneben führt ein Klippenpfad zum Castelho.

Praia da Galé

Der Strand ist auf der Nebenstraße nach Albufeira ausgeschildert; man fährt bis zum Kreisel am Alisuper – hier rechts zum Galé, geradeaus geht es zum Lourenço und links zum Castelho. Galé, der bekannteste der aufgeführten Strände, ist überwiegend sandig mit wenig Fels. Es gibt einen Tretbootverleih und mehrere Snackbars. In der zum Strand führenden Sackgasse kann man gut parken.

Unterkunft

■ **Hotel Vila Galé Praia**④, Lote 2204, Praia da Galé, Tel. 289 590 180, Fax 289 590 188, www.vilagale.pt, ab 1500 €/Woche (Hauptsaison). Mit nur 40 schönen DZ (Safe, Minibar, Sat-TV ...) sehr überschaubar und angenehm untouristisch. Einkaufen kann man im neuen *Centro Comercial de Galé* und *Alisuper* (am Kreisel zu Salgados-Golf).

Praia do Lourenço

Ein kleiner Strand im Wohngebiet, der nichts Besonderes zu bieten hat. Es gibt eine Snackbar (Fisch); der Einstieg zum Wasser ist sehr felsig.

Praia do Castelho

Eine schöne, von Klippen umrahmte Sandbucht. Vom Galé-Kreisel kommend, fährt man an der Gabelung rechts in Richtung Sesmarias; die Hapimag-Anlage lässt man dann „links liegen"; vom Strand gibt es eine Klippenpfadverbindung zum ⇗Praia da Coelha.

Praia do Evarista

Durch den Torbogen schräg gegenüber der Hapimag-Anlage dem asphaltierten Waldsträßchen folgen. Absolut ruhiger Strand mit einer neuen hölzernen Steg- und Kioskanlage, die im Auftrag der oben angesiedelten Ferienanlage errichtet wurde.

Praia do Salgados

Kurz vor Pêra fährt man an einer Mühle links Richtung Salgados-Golf Resort (Tel. 289 583 030, Fax 289 591 112) und Strand; hier gibt es eine Snackbar und einen Tretbootverleih. Die Landschaft ist sehr dünig, viele Wohnmobile stehen hier. Vom Strand hat man einen guten Blick über die Salgados-Golfanlage und bis nach Armação.

Armação de Pêra

Diese Siedlung aus dem 17. Jh. (knapp 5.000 Einwohner) glänzt weder durch touristische Höhepunkte noch gelungene Stadtplanung, erfreut sich aber einer steigenden Beliebtheit als Standort eines Algarve-Urlaubs. Hierzu tragen besonders die zentrale Lage, die umfassende touristische Infrastruktur, die Überschaubarkeit sowie der sehr schöne Stadtstrand bei. Zudem wurde der Strandbereich ansehnlich als weitläufige Fußgängerzone gestaltet.

☒ Kleinod vor den Toren Armaçaos: Nossa Senhora da Rocha

066al wl

Sehenswertes

Fortaleza

Die kleine **Festung** oberhalb des Strandes entstand im 18. Jh. zur Überwachung des bis dahin unbesiedelten Küstenabschnittes zwischen Albufeira und Portimão. Im einstigen Quartier hat heute die GNR (Guarda Nacional Republicana) ihren Sitz; am Festungsportal wurde der Stadtheilige *Santo António de Arreias* als Azulejomotiv verewigt.

Promenade

Oberhalb des Strandes wurde eine kleine Promenade mit Park und einer – allerdings kaum bespielbaren – Minigolfanlage angelegt; daneben liegen ein Taxistand und öffentliche Telefone.

Ermida de Nossa Senhora da Rocha

Knapp 40 m oberhalb der gleichnamigen Bucht gelegen, steht die malerische **Kapelle** in deutlichem Kontrast zur sonst eher zweckmäßigen Architektur Armaçãos. Ihr Ursprung geht auf eine westgotische Andachtsstätte aus dem 7. Jh. zurück; die oktogonale Kuppel gilt als einmalig an der Algarve. Unklar ist, ob Römer oder erst die Portugiesen eine Festung um die Kapelle bauten; die Fortaleza wurde 1755 vollständig zerstört, an ihrer Stelle wurde die neue Festung Armação gebaut. Von der Kapelle bietet sich ein herrlicher Blick über die Strände des Umlandes. Anfahrt: Von Porches kommend, geht es ca. einen Kilometer vor der Senke nach Armação nach rechts (ausgeschildert) durch endlose Neubausiedlungen.

Strände

Praia da Armação de Pêra

Armação bietet den größten Strand „direkt vor der Haustür", manchmal recht überfüllt und von Osten gesehen der letzte ausgedehnte Strand bis Lagos – es folgen „nur" noch viele kleinere Buchten.

Praia da Senhora da Rocha

Die kleine Bucht liegt westlich von Armaçao unterhalb der Kapelle. Eine beschilderte Stichstraße (Orientierung: Hotel *Viking*) führt bis in die enge Bucht, an der sich noch einige Fischerhütten und -boote finden (begrenzte Parkmöglichkeiten).

Praktische Tipps

Unterkunft

■ Gleich zwei **Campingplätze** liegen am Zubringer von Armação nach Pêra: Praia Armação, Tel. 282 312 260, www.camping-armacao-pera.com und Canelhas, Tel. 282 312 612, www.camping-cane

las.com; letzterer ist etwas ruhiger und schöner, dafür weiter entfernt vom Zentrum.

Sehr zentral und strandnah liegen:

■ **Hotel Holiday Inn Garbe**④, Avenida Beira Mar, Tel. 282 315 187, Fax 282 315 087, www.golfatgarbe.com, DZ 60–250 €, Seeblick 80–230 €; Hauptsaison 125 € aufwärts. Tophotel am Stadtstrand.

■ **Apartamentos Turísticos Lindomar**③, Rua D. João II., Tel. 282 312 367, Fax 282 312 425, www.apartamentoslin domar.com, 39 4-er Apartments ab 580 €/Woche.

■ **Hotel Apartamento Rosamar**③, Rua D. João II., Tel. 282 312 377, Fax 282 315 008, www.novorosamar.com, 42 Studios für 2–3 Personen, eher unschöner Hochhausbau DZ 22–65 € ohne, 10 € mehr mit Kitchenette.

■ **Apartamentos Turísticos Algar**③, Tel. 282 314 732, Fax 282 3147 33, ha-algar.com, Studios 35–135 €/Nacht (2 Pers.), mit Fitness, Sauna, Pool, Solarium usw. – die etwas nettere Alternative.

■ Am linken Ortsrand liegt das neue **Hotel Vila Galé Nautico**④ (Tel. 282 310 000, www.vilagale.pt), welches moderner und insgesamt ansprechender als das *Holiday Inn Garbe* ist, aber leider landseitig der Straße liegt.

■ Schöner sind natürlich Ferienwohnungen an der westlichen Klippe oberhalb vom Strand (Treppenabgang), z.B. das sehr schöne **Aldeamento do Le-**

vante③ (Tel. 282 425 677, www.planiferias.com). Vermietet werden hier nur etwa ein Drittel der Häuser, man wohnt daher zwischen Anwohnern. Wirklich tolle Lage, sehr empfehlenswert; individuelle Preise je nach Lage und Saison für die einzelnen Objekte. Nicht zu verwechseln mit dem **Hotel Pestana Levante**④ unmittelbar oben an der Treppe (Tel. 282 310 900, www.pestana.com). Schöne Hotelanlage oben an der Klippe, Pool, DZ ab 65 € bis 190 €, Wochenrabatte, toller Blick.

Das eigentliche (neue) Urlauber-Wohnviertel **Alporchinhos** liegt zwischen Zentrum und der Kapelle Nossa Senhora – es entstehen alljährlich neue Straßenzüge. Man wohnt hier schöner, ist aber ohne fahrbaren Untersatz ziemlich „aufgeschmissen".

- **Hotel Vila Vita Parc**⑤, Tel. 282 310 200, Fax 282 315 333, www.vilavitaparc.com, bezeichnet sich selbst als eine der schönsten Hotelanlagen Europas und lässt sich dies mit 550 €/Nacht und DZ bzw. 2000 € für 6-Personenvillas (jeweils Hochsaisonpreis) vergolden.
- **Aldeamento Turístico Vila Vita Parc**④, Tel. 282 313 068, Fax 282 320 333, Dependence des gleichnamigen Hotels (s.o.).

Ein drittes Wohngebiet gehört administrativ zur **Töpfersiedlung Porches,** schließt aber nahtlos westlich an das Viertel Alporchinhos an; ein eigenes Fahrzeug ist hier empfehlenswert.

- **Hotel Viking,** Praia Senhora da Rocha④, Tel. 282 320 500, Fax 282 320 550, www.pestana.com, hochgelobtes Luxushotel mit allen Annehmlichkeiten.
- **Aldeamento Turístico Vila Senhora da Rocha**③, Tel. 282 310 610, Fax 282 312 039, www.vilasrarocha.com, Apartments und Villen für 3–7 Personen, saisonabhängig 40 bis max. 228 € pro Objekt. Tennis, Pools, insgesamt ca. 250 Mietobjekte.
- **Albergaria Dom Manuel**③, Tel. 282 313 803, Fax 282 313 266, dommanu@clix.pt, Mittelklassehotel (43 DZ mit Sat-TV) mit gratis Shuttlebus ins Zentrum. Ab 65 €/DZ.

Essen und Trinken

- **Selbstversorger** finden Bäcker und Metzger in der Fußgängerzone östlich des Forts, einen Bäcker zentral in der Dom Afonso sowie einen Minipreço-Supermarkt gegenüber der Touristeninformation. Ein kleiner *Ecomarché* liegt zentral in der Rua Dom Afonso.
- Ein **Modelo-Supermarkt** liegt Richtung Porches (nördl. Ortsausgang) an der Zufahrt zu Nossa Senhora da Rocha, **Pingo Doce** an der Umgehungsstraße im Zentrum.
- Für das Frühstück oder einen Café zwischendurch empfiehlt sich das **Café Santos** am Ende der Fußgängerzone – es öffnet als einziges schon um 8 Uhr.
- Mit Preisen von 8 € ist die **Pizzeria Gaby** ein preiswerter Tipp der Mittelklasse (Tel. 282 083 730, Mo Ruhetag); gediegener speist man im **Santola Restaurante** (Steaks und Grillplatten, Tel. 282 312 332, geöffnet 11–15 und 18–24 Uhr) am Fort oder im **Restaurante Hera,** Tel. 282 312 770, Spezialität: Cataplana und Hummer, am Fischerhafen.
- Einfache Kleinigkeiten und Snacks auch zum Mitnehmen findet man im **Clipper** (Tel. 282 314 108), während in der **Pizzeria La Traviata** (Tel. 282 313 933) einfache italienische Gerichte serviert werden. Im **Restaurant Kam Kong** werden die Köstlichkeiten der chinesisch-siamesischen Küche, insbesondere Ente, zubereitet und serviert (Tel. 282 312 196).

Nachtleben

- Angenehme Bierbars sind das **Cottage II** und das **Porters** (mit Restaurantbetrieb, Tel. 282 314 720) in der Rua das Caravelhas. Sehr beliebt ist der neue **English Pub,** Tel. 282 082 499, am Westrand des Zentrums mit einer ansehnlichen Gitarrensammlung, mehreren Pools und Liveübertragungen.
- Im Ostteil der Fußgängerzone sprechen die Disco-Bar **Flavours** (Themendisco-Abende) und die **After 8 Bar** (Tel. 967 463 747) mehr das jüngere

Publikum an, wohingegen der **Nachtklub Cristal** in der Rua Dom Afonso (Tel. 282 315 629, gegenüber der Tankstelle) nicht unbedingt jugendfrei zu nennen ist.

■ Neben der **After 8 Bar** (geöffnet erst nach 20 Uhr) bietet das moderne **Ciné-Café** Kinounterhaltung (englischsprachige Filme, meist O.m.U.; tgl. 21–6 Uhr) mit angeschlossenem Bistro-Café. Gegenüber in der **Havana Bar** (Tel. 282 313 546, bis 4 Uhr geöffnet) mag der Internet Spot von Interesse sein. Als typisch britische Bierkneipe empfiehlt sich der **Waterdog Pub** gegenüber vom Holiday Inn (tgl. 12–2.30 Uhr; Steaks, Guinness, Sport-TV, engl. Frühstück).

Nützliches

■ **Touristeninformation:** Rua Dom João II., Di–Do 9.30–19 Uhr, sonst Pause von 13–14 Uhr, Tel. 282 312 145.

■ **Post:** Rua B. Diaz, ein Block landeinwärts hinter der Kirche.

■ **Internetzugang:** Free WiFi seit Mitte 2012 im Ort; Alternativ in der Havanna Bar (s. Nachtleben).

■ **Guarda Nacional Republicana:** Largo da Fortaleza, Tel. 282 312 178.

■ **Bus:** Umgehungsstraße/Ecke Rua B. Diaz; Anbindung tgl. 6.40–19.05 Uhr von/nach Silves (6x tgl.), Portimão (24x tgl. davon 7x Express und 5x Küstenroute) und Albufeira (20x tgl.) sowie die dazwischen liegenden Orte.

■ **Agenturen:** *Amy Tours,* Rua das Caravelhas, Mo–Fr 9–13 und 15–18 Uhr; bietet Unterkunft, Ausflüge, Fahrzeugverleih usw.; Tel. 282 313 512, www.apartamentosamytour.com. *Virtual Agencia de Viagens,* Rua A. Gomez (Tel. 282 315 000, neben Budget); *Grande Odisseia* beim Lindomar-Aparthotel vermittelt Touren, Ausflüge, Bootsverleih, Flugtickets und Transfers (Tel. 282 313 498, www.grandeodisseia.com).

■ **Fahrzeugverleih:** Bei *Cordial Car Rental,* gegenüber Uferpark, Tel. 282 312 067 und *Budget,* Rua A. Gomez (neben Cristal Nachtklub) findet sich eine Auswahl an Fahrzeugen.

■ **Tauchen:** *Tauchbasis Dive Spot* (Tel. 282 314 825, www.divespot.com.pt) gegenüber der Pizzeria Gaby und *Delphinus Divers,* Tel. 966 431 617, www.delphinusdivers.eu, zu finden beim Rosamar-Aparthotel.

Carvoeiro

Vom einst winzigen Fischerdorf in einer schmalen, tief eingeschnittenen Bucht hat sich Carvoeiro (im Winter keine 5.000 Einwohner) insbesondere bei deutschen Urlaubern und Dauergästen zum aktuell vielleicht **beliebtesten Ferienort** entwickelt. In der Tat ist man mit Carvoeiro als Urlaubsstandort bestens beraten: keine städtische Hektik, gepflegte, kleine Sandstrände in und um den Ortskern, Felsformationen und Klippen, fast legendäre, aber nicht augenfällig übertriebene „deutsche" Strukturen (deutsche Ärzte und Ferienanlagen), eine zentrale Lage für Ausflüge – all dies ergänzt durch die übliche touristische Infrastruktur vom Scooter- und PKW-Verleih bis zu Restaurant- und Barbetrieben. Am Ortsstrand wird in der Hauptsaison jeden Abend Musikalisches aller Art dargeboten, tagsüber warten die Fischerboote geduldig auf Kunden für Ausflüge in die Grotten der umliegenden Klippen. Taucher schätzen die (deutschen) Basen vor Ort, Golfer gleich drei Parcours in und um Carvoeiro. Last but not least liegen mit Aqualand und Slide & Splash gleich die beiden besten Freizeitbäder der Algarve quasi vor der Haustür.

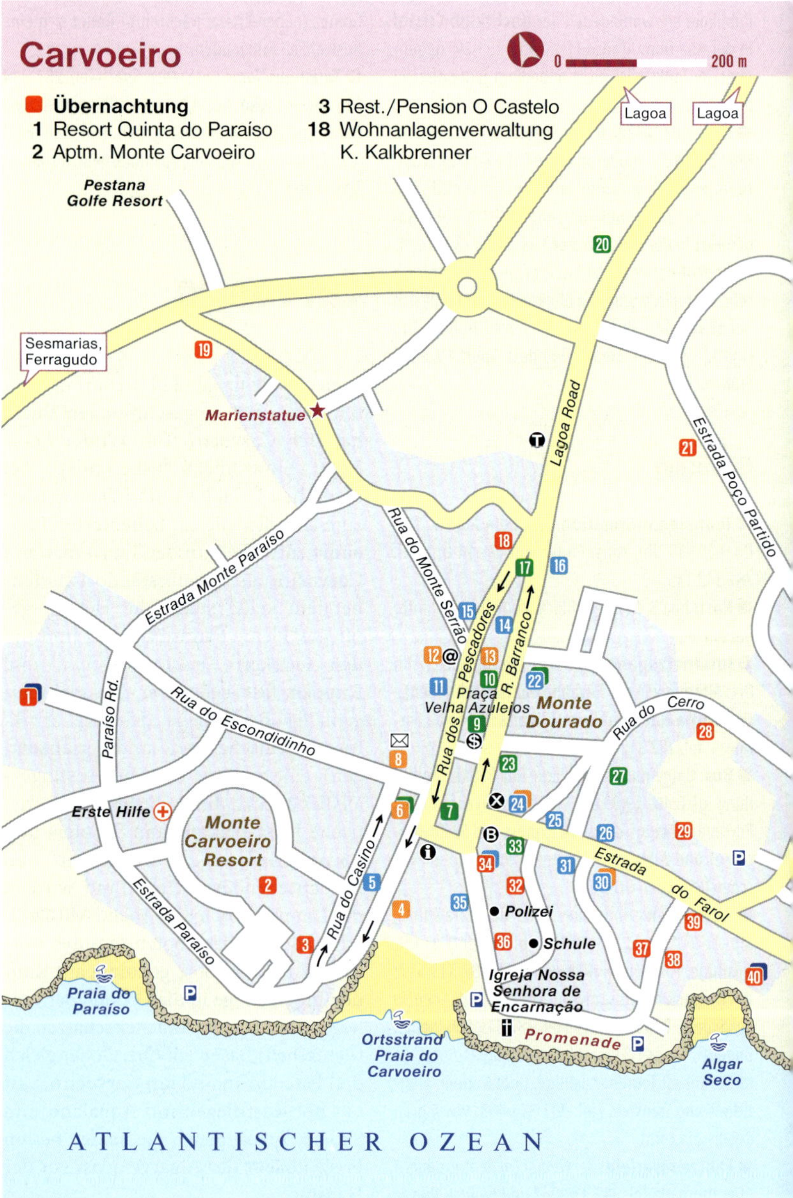
Carvoeiro
0 200 m
Übernachtung
1 Resort Quinta do Paraíso
2 Aptm. Monte Carvoeiro
3 Rest./Pension O Castelo
18 Wohnanlagenverwaltung K. Kalkbrenner
Lagoa
Lagoa
Pestana Golfe Resort
Sesmarias, Ferragudo
Marienstatue
Lagoa Road
Estrada Poço Partido
Rua do Monte Serrão
Estrada Monte Paraíso
Rua dos Pescadores
R. Barranco
Praça Velha Azulejos
Monte Dourado
Rua do Cerro
Paraíso Rd.
Rua do Escondidinho
Erste Hilfe
Monte Carvoeiro Resort
Rua do Casino
Estrada Paraíso
Estrada do Farol
Polizei
Schule
Igreja Nossa Senhora de Encarnação
Praia do Paraíso
Ortsstrand Praia do Carvoeiro
Promenade
Algar Seco
ATLANTISCHER OZEAN

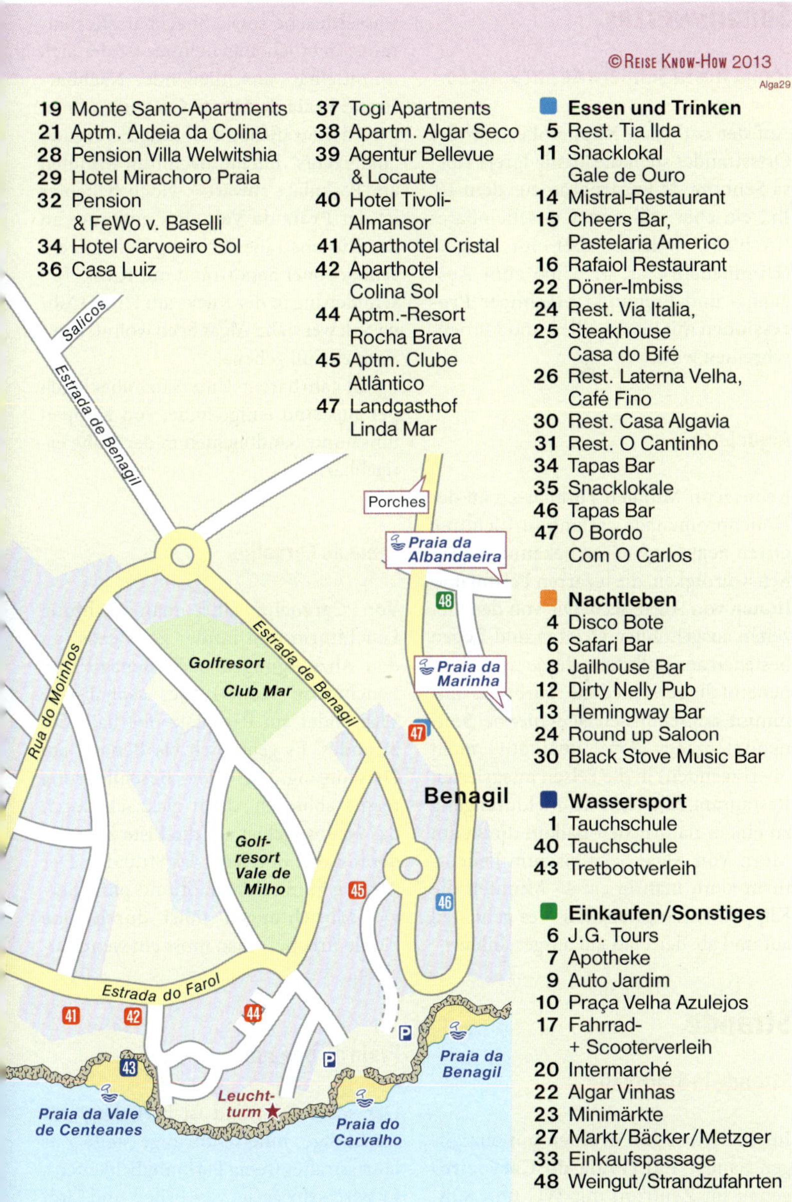
©Reise Know-How 2013
Alga29
19 Monte Santo-Apartments
21 Aptm. Aldeia da Colina
28 Pension Villa Welwitshia
29 Hotel Mirachoro Praia
32 Pension & FeWo v. Baselli
34 Hotel Carvoeiro Sol
36 Casa Luiz
37 Togi Apartments
38 Apartm. Algar Seco
39 Agentur Bellevue & Locaute
40 Hotel Tivoli-Almansor
41 Aparthotel Cristal
42 Aparthotel Colina Sol
44 Aptm.-Resort Rocha Brava
45 Aptm. Clube Atlântico
47 Landgasthof Linda Mar
Essen und Trinken
5 Rest. Tia Ilda
11 Snacklokal Gale de Ouro
14 Mistral-Restaurant
15 Cheers Bar, Pastelaria Americo
16 Rafaiol Restaurant
22 Döner-Imbiss
24 Rest. Via Italia,
25 Steakhouse Casa do Bifé
26 Rest. Laterna Velha, Café Fino
30 Rest. Casa Algavia
31 Rest. O Cantinho
34 Tapas Bar
35 Snacklokale
46 Tapas Bar
47 O Bordo Com O Carlos
Nachtleben
4 Disco Bote
6 Safari Bar
8 Jailhouse Bar
12 Dirty Nelly Pub
13 Hemingway Bar
24 Round up Saloon
30 Black Stove Music Bar
Wassersport
1 Tauchschule
40 Tauchschule
43 Tretbootverleih
Einkaufen/Sonstiges
6 J.G. Tours
7 Apotheke
9 Auto Jardim
10 Praça Velha Azulejos
17 Fahrrad- + Scooterverleih
20 Intermarché
22 Algar Vinhas
23 Minimärkte
27 Markt/Bäcker/Metzger
33 Einkaufspassage
48 Weingut/Strandzufahrten
Salicos
Estrada de Benagil
Porches
Praia da Albandaeira
48
Rua do Moinhos
Golfresort Club Mar
Estrada de Benagil
Praia da Marinha
47
Benagil
Golf-resort Vale de Milho
45
46
Estrada do Farol
41
42
44
P
P
43
Praia da Benagil
Leucht-turm
Praia da Vale de Centeanes
Praia do Carvalho

Sehenswertes

Igreja Nossa Senhora de Encarnação

Auf der östlichen Klippe oberhalb des Ortsstrandes steht die kleine Igreja Nossa Senhora de Encarnação aus dem 19. Jh., ein eher stilles und unscheinbares Kirchlein, welches aber im August (Himmelfahrt, ca. 17 Uhr) zum Ausgangs- und Endpunkt prächtiger **Prozessionen** mit Blaskapellen und Marienschreinen wird.

Algar Seco

Keine zehn Minuten Fußmarsch an der Höhenpromenade entlang in Richtung Osten liegt Carvoeiros bekannteste Sehenswürdigkeit, die bizarren **Felsformationen** von Algar Seco. Die von den Gezeiten ausgehöhlten Grotten und Bögen bestehen aus Kalkstein, der je nach Sonneneinfall verschiedene Farbtöne annimmt; am schönsten ist es hier bei Sonnenuntergang. Am (qualitativ nicht überragenden) in die Felsen integrierten Restaurant führt ein Tunneldurchgang zu einem natürlichen Balkon direkt am Meer. Von Algar Seco bis zum Leuchtturm kann man in ca. 45 Minuten die Klippen entlangwandern – es geht steil auf und ab, der Pfad gut ausgeschildert.

Strände

Strände in Stadtnähe

Im Ort selbst gibt es einen mittelmäßigen Sandstrand **(Praia do Carvoeiro)** genau im Zentrum mit WC und Süßwasserdusche sowie Snackbars/Restaurants; deutlich angenehmer ist der sich unmittelbar anschließende Nachbarstrand **Praia do Monte Carvoeiro** (man geht das Sträßchen Richtung Ferragudo „halbrechts“ hinauf, nach fünf Minuten am Parkplatz abwärts). Noch beliebter ist der **Praia da Vale de Centeanes** an der Küstenstraße Richtung Benagil, ein sehr schöner Sandstrand mit Kiosk; Beschilderung in der Kurve am Hotel Colina Sol; wer nahe Algar Seco wohnt, kann auch zu Fuß gehen.

Mit fahrbarem Untersatz, aber auch per Bus sind einige feine, von Klippen umsäumte Sandbuchten in der Nähe erreichbar:

Praia do Carvalho

Von Carvoeiro fährt man Richtung Leuchtturm und immer geradeaus (an den Abzweigungen nach Benagil und Leuchtturm vorbei). Der asphaltierte Weg endet am Parkplatz oberhalb des Strandes. Es geht auch via Benagil am Ortseingang: bei der Beschilderung rechts abbiegen, dann zickzack durch das Neubaugebiet auf die Piste zum anderen Ende oberhalb des Strandes. Der Abstieg zum schönen Strand ohne Service-Einrichtungen führt durch eine Höhlentreppe – man muss ein wenig suchen.

Praia da Benagil

Der schmale Strand ist berüchtigt für seine enge, hufeisenförmige steile Zufahrtsstraße (wenig Parkmöglichkeiten). Er wird sehr gerne von Briten und Holländern besucht, doch findet man hier eher Familien als Fetengänger. Man kann hier eine angenehme Zeit mit Baden, Lesen und Sonnen verbringen. Das Strandcafé ist nur mittelmäßig.

■ Oben an der Westseite empfiehlt sich das **Restaurant Tapas Bar** (vorm. Do Pescador, Tel. 282 358 840), und 500 m westlich hinter dem Ortsausgang liegt der einsame **Landgasthof/Estalagem Linda Mar**②, im angeschlossenen Restaurant **O Bordo Com O Carlos** sehr gut essen (Di. geschl.) und ruhig wohnen kann (9 DZ mit Sat-TV und Minibar, 60–90 €, Tel. 282 342 331, Fax 282 352 847, zu buchen z.B. unter www.algarve-vacation.com/html/vila_linda_mar.html). Ein eigenes Fahrzeug ist von Vorteil.

Praia da Marinha

Der mehrfache **„Strand des Jahres"** in Portugal, dennoch überschaubar und nicht überlaufen; je nach Wasserstand teilt ein Kegelfelsen den Strand in zwei Buchten. Es gibt einen Kiosk mit Snackbar und für Pizza, Snacks und kalte Getränke. Der Strand ist gut ausgeschildert (letzter Strand mit Busanbindung ab Carvoeiro).

Praia da Albandaeira

Eine kleine Doppelbucht mit starken Wellen, kleiner Bewirtschaftung und einem Höhlendurchgang zu einer absolut einsamen Bucht inmitten ausgewaschener Felshöhlen und Überhänge – sehr sehenswert. Anfahrt: Östlich von Benagil ist der Strand ausgeschildert; ein enges Einbahnsträßchen führt hinter dem größeren Weingehöft Caramujeira (gut beschildert) über 1,5 km zum Parkplatz; eine Busanbindung ist geplant, die Realisierung aber eher unwahrscheinlich.

Vom Parkplatz aus kann man in ca. 30 Minuten über die Klippen zur **Kapelle Nossa Senhora da Rocha** gehen, mit dem Fahrzeug muss man (gut beschildert Richtung Porches) über die neue Nebenstraße fahren, die zwischen Porches und Armaçao endet.

Praktische Tipps

An- und Weiterreise

■ **Lokalbus** mit Anbindung nach Lagoa (7.15–19.40 Uhr, 15x tgl.) bzw. zu den Stränden auf der Ostseite (bis Marinha). Andere Algarveorte (auch Silves, Portimão usw.) sind über den neuen Busbahnhof von Lagoa (direkt westlich vom „Tankstellenkreisel" an der N-125) zu erreichen.

Unterkunft

Hotels

■ **Hotel Carvoeiro Sol**④, Tel. 282 357 301, Fax 282 357 211, www.carvoeirosol.com, DZ (Meerblick) 165 €/Hauptsaison, Nebensaison ab 42 €. Das Hotel befindet sich unmittelbar im Zentrum, verfügt über einen PKW-Verleih und Organisation von Ausflügen.

■ Ein Stück die Estrada do Farol hinauf liegt landseitig das große **Hotel Mirachoro-Praia** (Tel. 282 350 160, www.grupomirachoro.com), welches trotz seiner zentralen Lage durchaus ruhig und zurückgezogen wirkt. Viele Pauschalreisegruppen und einheimische Touristen, ansonsten eine sehr schöne Anlage.

■ **Hotel Tivoli Almansor**④, Tel. 282 351 100, Fax 282 351 345, www.tivolihotels.com; Dive Center angeschlossen.

■ **Hotel Apartamento Cristal**④, Tel. 282 358 601, Fax 282 358 648, www.baiaalgarve.com, bietet vom Einzelzimmer bis zum Familienapartment alles.

■ **Hotel Apartamento Colina Sol**③, Tel. 282 350 820, Fax 282 358 651, www.algarvesol.pt. Unmittelbar oberhalb vom Praia de Vale Centeanes, in der Hauptsaison 620 €/ Woche p.P. (4er-Apartment). 2012 geschlossen wegen Komplettrenovierung, soll 2014 unter anderem Namen als Aparthotel wiedereröffnen.

Apartments

■ **Apartamentos Turísticos Algar Seco**④, Tel. 282 350 400, Fax 282 350 450, www.algarseco.pt. Großartige Klippenlage nahe Algar Seco, deshalb aber auch etwas teurer (Studios 140 €, Villen 450 €/ Nacht, Hauptsaison), wenngleich sehr schön.

■ **Apartamentos Turísticos Rocha Brava**④, Tel. 282 358 775, Fax 282 358 542, www.rochabrava.com; schön und einsam beim Leuchtturm gelegen, dafür sind es aber auch gut zwei Kilometer bis zum Ortszentrum. Studios für 3 Personen bis Häuser für 7 Personen.

■ **Aldeamento Turístico Aldeia da Colina**③, Poço Partido, Tel. 282 342 483, Fax 282 341 650, www.colinahotels.com. Günstig, aber nicht günstig gelegen, über 250 DZ und 70 Villen.

■ **Apartamentos Turísticos Clube Atlântico**⑤, Tel. 282 358 460, Fax 282 358 484, www.carvoeiro clube.com und www.carvoeirovillas.com; hier wohnen viele Golfer vom Vale de Milho. Ab 240€/Hauptsaison; dieselben Betreiber leiten auch die

■ **Apartamentos Turísticos Monte Carvoeiro** ④, Tel. 282 350 800, Fax 282 357 725, www.carvo eirovillas.com. Nette entzerrte Feriensiedlung auf der Westseite oberhalb des Ortskerns, sehr gut ausgestattete Studios, Häuser und Villen für 2–6 Personen ab 52 bis 386 €/Tag.

■ **Aldeamento Turístico Quinta do Paraíso**④, Tel. 282 357 248, Fax 282 357 337, www.quinta-do-paraiso.pt und www.carvoeirovillas.com. Golferanlage der Plätze Carvoeiro Pinta und Gramacho. Bieten tolle 1–3 Schlafraum-Wohnungen ab 53 € (Winter) bzw. 153 € (Hochsommer).

■ *Karl Kalkbrenner,* dos Pescadores (am nördlichen Ortseingang), Tel. 282 357 205, Fax 282 357 762, in fo@kalkbrenner.ws, verwaltet professionell **Ferienwohnungen** ② und ③.

■ **Monte Santo**⑤ (Tel. 282 321 000, www.mon tesantoalgarve.com) dürfte das Nobelstück schlechthin in Carvoeiro sein. Rühmt sich, die einzige echte 5-Sterne-Anlage für alle Wohneinheiten zu sein. Bietet diverse Familienpakete (auch Teenager) an, hat aber den Nachteil, weder orts- noch seenah zu liegen (PKW ratsam). Hallen- und Freibäder, Wellness, Sportpakete (z.B. 1 Woche Reit-/Tennis-/Surfurlaub). Die Zimmerpreise beginnen in der Wintersaison bei 65 € p.P. (nur Ü), die Apartments bei 95–245 €. Eine Meerblick-Villa für 6 Personen (3 Schlafräume) inkl. Frühstück kommt im Hochsommer auf 385 €.

■ Die *Agentur Bellevue* (Estrada de Farol/Ecke Zufahrt Algar Seco, Tel. 282 356 443, Fax 282 358 015, www.bellevueanlage.com) bietet neben sehr schönen **Ferienwohnungen im Bereich Algar Seco** auch Ausflüge und Exkursionen aller Art und Mietfahrzeuge.

■ Gegenüber der Algar-Seco Apartmentanlage liegt eine etwas günstigere Version, allerdings ohne Meerblick und großen Luxus: **Togi Apartments**③, Tel. 962 811 903, verfügt über DZ mit Kühlschrank und Bad zu 65–80 € und Apartments zu 80–90 € (Nebensaison 50 % Rabatt).

069al wl

Praia di Marinha – preisgekrönter Traumstrand

Pensionen und Studios

■ **Pensão von Baselli**②, Rua da Escola, Tel./Fax 282 357 159; zentral, mit ruhiger toller Frühstücksterrasse direkt oberhalb der Ortsbucht. Die bienenfleißige deutschstämmige Frau *von Baselli* wirkt mit trockenem Humor seit über 40 Jahren hier und verwaltet außerdem einige sehr nette Wohnungen €€€ mit Dachterrasse und Meerblick. Zimmer inkl. Frühstück 45–60 €, Etagenbad.

■ Neben der Polizei, hübsch oberhalb der Bucht, werden in der **Casa Luiz**② (vormals *Casa Brigitte,* Tel. 282 354 058, www.casaluiz.com) DZ ab 50 €, Studios und Apartments ab 80 € vermietet.

■ Sowohl einfache DZ (ohne Balkon und Meerblick, ab 30 €) wie auch kleine Suiten (mit Balkon und Meerblick ab 65 €) bietet auch die **Pensão-Restaurante O Castelo**②, Rua do Casino 59, Tel. 282 357 416, www.ocastelo.net.

■ Zentral nahe beim Markt in der Rua do Cerro bietet die **Villa Welwitshia**②, Tel. 282 350 380, www.villawelwitshia.com, nette Pensionsunterkunft im DZ ab 55 €.

Essen und Trinken

Man muss sich immer wieder wundern, wie voll die Restaurants in Carvoeiro allabendlich werden – für die örtliche Gastronomie Grund genug, vor allem auf das mittel- und hochpreisige Segment zu setzen. Hier gibt es besonders viele **teure asiatische Restaurants.**

■ **Selbstversorger** können im *Intermarché* (gute Fischabteilung) zwei Kilometer nördlich an der Straße nach Lagoa aufstocken oder in Lagoa selbst (*Netto, Pingo Doce, Modelo,* alle an den Hauptstraßen). In Carvoeiro bieten Minimärkte, Metzgereien und Bäcker entlang der Hauptstraßen im Zentrum alles Lebensnotwendige an. Frühaufsteher werden es schwer haben – einzig das **Café Fino** (Estr. do Farol) öffnet gegen 7.30 Uhr, Tel. 282 356 000.

■ **Tia Ilda** bietet eine gelungene Mischung der portugiesischen, iltalienischen und schweizer Küche; sehr nettes Terassenlokal mit toller Aussicht, herzhaften Grillgerichten und Fondue sowie Sushi, Tel. 282 357 830; tgl. 12–24 Uhr. Auch Haus- und Beachlieferung.

■ Einheimische sieht man fast ausschließlich in der **Pastelaria Americo** (Tel. 282 356 267); preiswerte, wenngleich nicht unbedingt landestypische Snacks sowie Champagner und kubanische Zigarren bietet die **Cheers Bar** (hier werden auch günstige Apartments vermittelt, Tel. 939 212 773 und 282 356 600).

■ Für das Gebotene günstig sind das traditionsreiche **O Cantinho** (ausgezeichnete Seeteufelcataplana für zwei Personen, auch portug. Spezialitäten wie *feijoada)* in der Estrada do Farol (tgl. 18–22.30 Uhr, Tel. 282 358 234) sowie schräg gegenüber das **Casa Algavia,** Tel. 282 357 604, Nudelgerichte ab 6 €, Spezialität: *salmão con laranja,* Lachs in Orangensauce, für 10,50 €.

■ Ausgesprochen hübsch sitzt man im restaurierten Landhaus des italienischen **Restaurante Rafaiol,** Tel. 282 357 164, in der Rua do Barranco, ausgezeichneter *Prosciutto* und exquisite *Calzone.*

■ Auch das **Via Italia** am Hang des unteren Abschnittes der Estrada do Farol (Tel. 282 356 736) gilt als kinderfreundliches und authentisches italienisches Restaurant in Carvoeiro.

■ Sehr teuer, aber authentisch und mit ausgezeichneter Weinkarte bietet sich für Liebhaber breit gefächerter Kleinigkeiten die **Tapas Bar** direkt beim Ortsstrand an; Tel. 282 084 811.

■ Sehr empfehlenswert ist auch das im mittelamerikanischen Stil eingerichtete **Mistral Restaurant** (Rua Barranco, Tel. 282 357 382) mit ausgezeichneten portugiesischen und internationalen Spezialitäten. Im Sommer gelegentlich Fado-Abende.

■ Wer mal wieder Appetit auf ein gutes Stück Rindfleisch hat, ist im Steakhouse **Casa do Bife** (Tel. 282 356 567) gut aufgehoben. Thunfischsteaks auf heißem Stein gebacken oder Muscheln in Knoblauchbutter zählen zu den Referenzgerichten; geöffnet tgl. ab 18 Uhr, Nov.–März So geschlossen.

Freizeit

■ **Tauchen:** Zwei deutsche Tauchbasen mit kompetentem Personal bieten Bootstauchgänge rund um Carvoeiro an. Diver's Cove (vermitteln Ferienwohnungen) von *S. und S. Fend,* Quinta do Paraiso, Tel. 282 356 594, Fax 282 356 589, http://divers-cove.com, sowie der Saarländer Tauch- und Motorradfreak *Axel Eilts-Ferreira* mit seinem Almansor Dive Center, Tel. 282 351 194, Fax 282 351 400, www.tivoli-diving.com an der Uferseite des gleichnamigen Hotels (Tauchgang ab 30 € bei eigener Ausrüstung). Ein künstliches Riff vor Carvoeiro ist vorhanden, in Kooperation zwischen PADI und *Axel* wurde ein Wrack versenkt, das sich zum künstlichen Riff entwickeln soll.

■ **Grottenboote:** am Ortsstrand, ca. 25–30 €/ Boot für rund eine Stunde Grottenfahrt.

■ **Golf:** Gleich drei vergleichsweise preiswerte Plätze liegen in und um Carvoeiro:

Carvoeiro-Pinta: *Pestana Golf & Resorts,* Tel. 282 340 900, Fax 282 340 901, www.pestanagolf.com); die von *Ronald Fream* entworfene Anlage wird von vereinzelten Mandel- und Olivenbäumen geziert; 18 L., Par 71, Länge 6152 m; Zulassung/Handicap: Herren 27, Damen 35.

Carvoeiro-Gramacho: (Gemeinsame Anlage mit Carvoeiro-Pinta), 18 L., Par 72, Länge 5919 m; Zulassung/Handicap: Herren & Damen 36.

Vale de Milho: *Gericonstroi S.A.,* Tel. 282 358 502, Fax 282 358 497, http://valedemilhogolf.com), von Ex-Spitzenspieler *Dave Thomas* speziell für Anfänger angelegt; 9 L., Par 27, Länge 926 m; Zulassung/Handicap: „Golfkenntnisse".

Nachtleben

Carvoeiro kann sich natürlich nicht mit Montechoro messen, doch auch hier haben etliche Bars bis nach Mitternacht geöffnet.

■ Urig bei guter Musik war es bislang im **Round Up Saloon** (Estrada do Farol) mit dem (deplatziert wirkenden) Holzindianer. Stand Anfang 2013 zum Verkauf ohne allerdings deshalb den Betrieb eingestellt zu haben.

■ Mehr den Biertrinker spricht der **Irlandês Dirty Nelly Pub** in der Rua dos Pescadores an.

■ Die Jugend geht ab 22 Uhr in die **Disco Bote** direkt am Ortsstrand mit Karaoke- und Eventabenden (nur im Sommer geöffnet).

■ Die **Hemingway Bar** war früher eine der ersten am Ort, mittlerweile hat sie sich zur „Hausbar" skandinavischer Touristen entwickelt, Tel. 282 185 844, kostenlos WiFi.

■ Livemusik bietet an Wochenenden (im Sommer täglich) die **Jailhouse Bar** (Sackgasse an der Post; Tel. 282 357 381), in der Hausband spielt ein *Van Morrison* Studio- und Tourgitarrist, auch die **Safari-Bar** heuert Livegruppen an, allerdings nur Fr; Tel. 282 182 897.

■ Neuer Trendsetter im Ort ist die Music-Bar **Black Stove** (Estrada do Farol, Tel. 282 358 690) mit gelegentlicher Livemusik, Sportübertragungen, Billiard und Dachterrasse.

Nützliches

■ **Touristeninformation:** direkt am Ortsstrand, Mo–Fr 9.30–12.30 und 14–18 Uhr, Tel. 282 357 728, www.carvoeiro.com.

■ Zwischen Ortsstrand und den Resorts beim Leuchtturm verkehrt eine **Touristenbahn** von 10.30 bis 19 Uhr (2 €).

■ **Agenturen und Fahrzeugverleih:** bei der Unterkunftssuche, vor allem aber bei Ausflügen aller Art, Tickets für Wasserparks, Mopedverleih usw. helfen z.B. *J.G. Tours,* Tel. 282 350 630, jg.travel@ip.pt.. Gleich nebenan bieten *Budget* (Tel. 282 357 828) und *Autocerro* (Tel. 282 356 311) Mietwagen, weiter oben ferner der preiswerte *Amoita Car Rental,* Tel. 282 356 340, und für *Scooter/Mopeds Motorent,* Tel. 282 416 998, eine 50er kostet zwischen 120 und 150 €/Woche, ihre Fahrzeuge an. Alternativen sind das **Hotel Carvoeiro Sol** am Strand, die Fa. *Belle-*

vue (↗Apartments) oder unmittelbar daneben *Locauto,* Tel. 282 457 501, www.locauto.pt; Kleinwagen hier 35 €. Auf Räder und Scooter ist der kleine Verleih oben in der Rua Barranco spezialisiert. Eine Filiale der Kette *Auto-Jardim* liegt in der Rua Barranco (Tel. 282 357 841).

- **Erste Hilfe:** in der Rezeption der Anlage *Monte Carvoeiro* (deutsch), Tel. 282 357 720; es gibt mehrere deutsche Ärzte und Zahnärzte vor Ort (↗Gesundheit bzw. www.carvoeiro.net/aerzte-liste.html und www.deutsches-facharztzentrum-carvoeiro.com/arzt/dr-peter-herzog). Neu ist die große deutsche Gemeinschaftspraxis „Consultorio Medico Alemão", Tel. 282 356 339, Notruf 962 618 588, Mo–Sa 10–13 und 17–19 Uhr, in der Estrada do Farol.
- **Apotheke:** neben J.G. Tours (am Ortsstrand); geöffnet Mo–Fr 9–13 und 15–19 Uhr, Sa nur vormittags.
- **Polizei:** GNR Carvoeiro, Rua Nossa Senhora de Encarnação, Tel. 282 356 460.
- **Post:** Rua dos Pescadores, Markenautomat (englische Bedienungsanleitung) davor.
- **Bank:** mehrere Banken im unteren Abschnitt der Rua Barranco.
- **Internetzugang:** comput@sbar, Rua dos Pescadores, Tel. 282 356 170, computasbar@hotmail.com. **Hemmingway's Bar, Cheers Bar/Café** (10–2 Uhr tgl.) und ebenso **Dirty Nelly's Pub** fungieren auch als Internet-Café, (alle ebenfalls Rua dos Pescadores).
- **Einkaufen** kann man in Carvoeiro in den zahlreichen Souvenirgeschäften, hervorzuheben sind hier der *Praça Velha Azulejos* oder *Algar-Vinhas* in der Rua do Barranco mit einer großen Auswahl aller portugiesischen Weine. Die kleine „Einkaufspassage" (mit Pizzeria und Mungo's Bar) im unteren Abschnitt der Estrada do Farol wird kaum jemanden vom Hocker reißen, dient aber als Orientierungspunkt bei der Suche nach einem deutschsprachigen Zahnarzt.

Sesmarias

Dem Küstensträßchen von Carvoeiro aus in westliche Richtung folgend, erreicht man das mit seinen Clubanlagen (Sesmarias Country Club, Vasco da Gama Club, Colina do Lapa) nobel wirkende Inlandsdorf Sesmarias. Der Ort ist ausgesprochen ruhig (da nicht unmittelbar an der Küste gelegen), besticht aber durch einen großartigen Blick auf die Berge von Monchique und das Meer. Es gibt ein kleines Café, die Pizzeria Donato, einen Minimarkt an der Hauptstraße und eine Touristenbahn zu den Stränden Ferragudos (nur im Sommer).

Unterkunft

- Am Ortsrand Richtung Carvoeiro liegt die neue Nobelanlage **Vale da Lapa**⑤, die mit Monte Santo (↗Carvoeiro) in direkter Konkurrenz steht. Tel. 282 380 800, Fax 282 380 899, www.valedalapa.aguahotels.pt. Aller erdenklicher Luxus zum entsprechenden Preis, aber abgelegen und ohne Meeresnähe. 6-Personen-Villa im Sommer 594 € pro Tag, 2er-Apartments zwischen 117 und 301 €/Tag.
- Am anderen Ortsrand Richtung Ferragudo sehen die Ferienhäuschen der Anlage **Colina da Lapa**④ (Tel. 282 423 770, www.colinahotels.com) richtig schick aus. Studios für bis zu 3 Pers. und Apartments für 4–12 Pers. Je nach Saison und Personenanzahl 40–180 €. Auch hier gilt: ab vom Schuss und ohne direkte Meereslage (eigenes Fahrzeug sehr anzuraten).
- Gegenüber liegt die ebenfalls noch recht neue, sehr weitläufige Anlage **Presa da Moura**④ (Tel. 282 380 000, 350 800, www.carvoeirovillas.com), eine *Carvoeiro Clube*-Depandance. Apartments und Villen mit eigenem Pool in sehr unterschiedlichen Preisklassen reichen sich hier die Hand.

070al wl

Ferragudo

In den vergangenen Jahren setzte geradezu ein Run auf dieses an der ostseitigen Mündung des Rio Arade gelegene Fischerdorf (ca. 2.000 Einwohner) ein. Wohlhabende Städter aus Portimão, aber auch Touristen und Tagesbesucher kommen vermehrt in den hübschen Ort, der neben seinen Stränden, der Flusspromenade und den verwinkelten Gassen ein paar kleine Sehenswürdigkeiten zu bieten hat.

Kastell am Fluss in Ferragudo

Sehenswertes

Fortaleza São João de Arade

An der Stelle einer ehemaligen römischen Pökelstation errichteten die Portugiesen zu Beginn des 17. Jh. diese **Festung** zur Überwachung der Flusseinfahrt. Der markante Bau (er ist in Privatbesitz und daher nicht zu besichtigen) trennt den Altort vom riesigen Sandstrand Praia Grande.

Igreja Nossa Senhora de Conceição

Die **Pfarrkirche** auf dem Hügel des alten Ortskerns bietet einen schönen Überblick über den Arade hinüber zu den ausgedehnten Hafenanlagen von Porti-

071al wl

mão. Die Kirche selbst stammt vermutlich aus dem 16. Jh., einige Teile des Interieurs datieren bis ins 14. Jh. zurück (Altäre). Die Bedeutung der Fischerei wird auf mehreren Azulejotafeln und Malereien hervorgehoben, besonders bemerkenswert ist allerdings auch hier der **Hauptaltar** in elfstufiger Pyramidenform mit seinem Gralsmotiv (⇗Religion, Geschichte). Die Kirche wie auch das Denkmal des Pfadfinder-Gründers *Baden-Powell* am Kirchplatz weisen das Christusritterkreuz auf.

Flohmarkt

Jeden zweiten Sonntag im Monat wird der gesamte Ortskern zum Paradies für Schnäppchenjäger und Flohmarktfans. Alles, aber auch wirklich alles von hölzernen Singer-Nähmaschinen über antike Telefone bis zu ausrangierten Angelruten wird auf den Straßen ausgebreitet.

Strände

Praia do Carneiros

Der Zugang ist zwischen Sesmarias und Ferragudo in der Senke links beschildert. Schöner breiter und tiefer, klippengesäumter Strand mit Kiosk.

Praia do Pintadinho

Ein beliebter Strand bei Ferragudo, der über die Küstenstraße ab Sesmarias zu erreichen ist (beim Restaurant O Sítio vor Ferragudo geht es links die Straße hinunter am Hotel Casa Bela vorbei bis zum kleinen Parkplatz). Das Wasser ist ruhig und nicht so salzig, da der bewachte und erst vor kurzem vergrößerte Strand eher am Rio Arade liegt als am Meer; viele Einheimische und Wassersportler wissen das zu schätzen. Es gibt einige nette Strandlokale. Markant ist der kleine **Leuchtturm** am linken Klippenrand.

Praia do Molhe

Ein kleiner Nachbarstrand unterhalb der Klippen mit weitem Rundblick über Portimão. Er wird wegen der steilen Klippen gerne von Anglern in den Vormittagsstunden genutzt; zum Baden ist er nur mäßig geeignet.

Praia Grande

Rund um das Kastell, hauptsächlich auf der Seeseite, liegt der attraktive, von Wellenbrechern geschützte Praia Grande mit Volleyballfeld und Bewirtschaftung (Restaurants Praia Grande und A Vau). Am Wochenende und an Feiertagen wird es hier sehr voll. Anfahrt: beim Parkplatz an Joe's Bar und dem „Wegweiserwirrwarr" links halten.

Praktische Tipps

Unterkunft

- **Campismo de Ferragudo-Camping,** Tel. 282 461 121, Fax 282 461 259, www.clubecampismolisboa.pt („Ferragudo"), ganzjährig geöffnet, sehr ruhig, am Ortsausgang an der Küstenstraße Richtung Sesmarias ca. 150 m hinter der Abfahrt zum Praia Pintadinho links ausgeschildert. Mit Restaurant, Minimarkt, Busanbindung zum Ortskern bzw. bis Portimão; zwei gute Strände liegen in Laufweite (Pintadinho, Carneiros).
- **Hospedaria Portarade**②, Largo Rainha D. Leonor (am Marktplatz an der Promenade), zentral und sauber; Tel. 282 461 310, bei Einheimischen auch ein beliebtes Restaurant.
- **Apartamentos Turísticos Praia Grande**③, Rua da Hortinha, Tel. 282 461 488, Fax 282 461 229, www.apartamentosturisticospraiagrande.pt. DZ mit Kühlschrank 25–40 €, große 3-Schlafzimmer Apt. 50–80 € in der Hauptsaison. Für den Preis kann man eigentlich nicht meckern.
- **Hotel Casabela**④, Vale de Areia, Tel. 282 490 650, Fax 282 490 651, www.hotel-casabela.com, DZ zum Meer 155–180 €, Suite 320 €. Sehr schöne ortsstrandnahe Hotelanlage mit famosem Ausblick auf Portimão.

Essen und Trinken

- An der Promenade wird täglich frischer Fisch in allen Variationen zubereitet; am beliebtesten sind hier das **Sueste** (gehobene Kategorie, eigenes Shuttle-Boot von/nach Portimão; Tel. 282 461 592) und das **A Ribeira** (Tel. 282 461 547).
- Kleinigkeiten bietet das **O Mercado** (am Marktplatz). Am Campingplatz liegt das einfache **Boca Fina** (Tel. 282 411 109) u.a. mit Fisch und Meeresfrüchten, alle Speisen auch zum Mitnehmen.
- Abendliche Unterhaltung findet man in **Joe's Bar** (ab 20 Uhr) am Parkplatz vor dem Praia Grande.
- **Selbstversorger** shoppen bei Lidl vor der Brücke nach Portimão oder der französischen Kette *E. Leclerc* gegenüber.
- An der Uferstraße zwischen Ferragudo und dem (Lidl-) Kreisel nach Portimão liegt rechter Hand der neu **Pavilhão de Arrade,** eine umgebaute Fabrik für Konzerte und Ausstellungen (Plakate und Tagespresse für aktuelle Veranstaltungen beachten).

< Fischerhafen in Ferragudo

Estombar und Mexilhoeira Carregaçao

Zwischen Lagoa und Portimão liegen abseits der N-125 mit Estombar und Mexilhoeira Carregaçao zwei winzige Vororte. Estombar erreichte einige Bekanntheit durch den modernen **Aquapark „Slide & Splash“** (⇗Sport/Aktivitäten, „Freizeitparks“). In Mexilhoeira Carregaçao (von Estombar kommend an der Ampelkreuzung geradeaus, von der N-125 kommend an der Ampel rechts) wird für den Besuch der **Grutas Ibn Abbas** heftig geworben: 200 m nach der Ampelkreuzung biege man rechts in eine Straße ein, die alsbald Piste wird und folge dieser über die N-125 hinweg durch die Marschlandschaft (viele Wasservögel) bis zum Ende, wo rechter Hand (beschildert) ein Trampelpfad 5 Minuten entlang zu den Grotten führt. Bei den Grotten selbst handelt es sich um **Tropfsteinhöhlen** mit subterrestrischen Wasseransammlungen (unterirdischer See). Leider wird die Gegend derzeit als wilde Müllkippe genutzt, so dass ein Besuch nur eingeschränkt zu empfehlen ist. Aber:

Tipp! Damit der Besuch nicht mit einer Enttäuschung endet, sollte man im Ort das *Village Inn* besuchen. Statt zu den Grotten abzubiegen, fährt man auf der Ortsstraße geradeaus bis zu einer lang gestreckten Verkehrsinsel und achte auf ein kleines gelbes Haus rechter Hand. Köstlichkeiten wie persisches Lammfleisch, Ingwergarnelen, gefüllte Pilze oder Backcamembert können in nettem dörflichen Ambiente zu wirklich günstigen Preisen genossen werden. (Tel. 282 412 036, So und Mo geschlossen).

Lagoa

Die einstige Hochburg der **Algarveweine** – auch heute noch wird hier der bekannte Afonso III. abgefüllt – dient Selbstfahrern wie Busreisenden meist als Transitort an der N-125 für Fahrten nach Silves oder Carvoeiro. Für die Industrie der gesamten Region spielt der **Messepark Parque Algarvio** (östlicher Ortseingang links) eine wichtige Rolle: Die jahrmarktähnlichen Messetage (Mitte bis Ende August) führen zum Verkehrschaos, entwickeln sich jedoch auch zum Schaufenster für hochwertige Produkte. Außerdem finden hier gelegentlich Stierkämpfe statt. Im November 2012 wurde hauptsächlich die Region Lagoa-Silves von einem verheerenden Tornado heimgesucht, bei dem zahlreiche Anwesen und Gebäude zerstört wurden, zum Glück aber „nur“ Verletzte zu beklagen waren. Auch nach Abschluss aller Aufräumarbeiten dürften noch immer einige Folgen des Unwetters hier in der Region sichtbar sein.

Praktische Tipps

Orientierung

Wer sich nicht auskennt, orientiert sich am besten wie folgt: Von Ost nach West liegen an der N-125

drei Ampelkreisel: Am ersten geht es rechts nach Silves, links zum Messegelände und zum Schleichweg Richtung Carvoeiro, am zweiten mit zwei **Tankstellen** biegt man links nach Sesmarias und Carvoeiro, rechts ins Stadtzentrum ab; hält man sich am dritten Ampelkreisel **am westlichen Ortsrand** links, gelangt man zum Abenteuerbad *Slide & Splash* und zum *Modelo*-Supermarkt bzw. zur Nebenstraße Richtung Portimão/Ferragudo.

Am Kreisel mit den Tankstellen liegt das **Zentrum** mit der Rua da Liberdade (neuer Busbahnhof 150 m linker Hand, mehrfach täglich Anbindung entlang der Achse Lagos – Vila Real sowie nach Carvoeiro u. Silves), der Rua 5 de Outubro rechts (Park mit Kiosk) und der Fußgängerzone Rua 25 de Abril geradeaus.

Unterkunft

In Lagoa wohnen kaum Touristen, das Angebot ist mehr als bescheiden; Individualreisende, die per Bus unterwegs sind, und gegebenenfalls Messebesucher finden hier im Notfall eine Unterkunft:

■ **Hotel Apartamento Alagoas**②, Estrada Nacional 125, Tel. 282 352 243, Fax 282 352 268, www.graopara.pt.

■ **Motel Parque Algarvio**③, Estrada Nacional 125, Tel. 282 352 265, Fax 282 352 278, www.guiadacidade.pt/pt/alojamento-22911-motel-parque-algarvio und www.motelparquealgarvio.com.

Nützliches

■ In der und um die **Fußgängerzone** liegen *Alisuper,* die günstige *Pastelaria Celinha* (Tel. 282 352 573), *Café/Snackbar Orquidea,* Fotoladen, Billard-Bar (Basilio Teles Nr. 39), Post und Apotheke. Am Nordende der Fußgängerstraße links liegt nach 100 m am Praça da República der günstige Fisch- und Obstmarkt sowie nebenan das unscheinbare, aber exklusive Restaurant *Chrissy* (Tel. 282 341 062, tgl. außer So 18–22 Uhr), wo Suppen und Salate ab 8 € kosten.

■ An der Straße Richtung Carvoeiro (Tankstellenkreisel) liegt ein guter *Pingo Doce Supermarkt,* ein großer Schuhmarkt *(Mundo dos Zapatos)* am östlichen Ortsausgang an der N-125 Richtung Albufeira.

■ **Aquapark:** *Slide & Splash* (⇗Freizeitparks), ein Kilometer westlich.

Silves

Die alte Hauptstadt der Mauren mit heute knapp 12.000 Einwohnern wird nicht zu Unrecht als **schönste Binnenstadt der Algarve** bezeichnet. Das hügelige Umland der südöstlichen ⇗Serra de Monchique mit seinen ausgedehnten Orangen- und Weinplantagen, Feigen- und Mandelhainen, aber auch gemischten Eukalyptus- und Korkeichwäldern, vor allem aber die beeindruckende **Burg** neben der Kathedrale auf dem Hügel über der Altstadt verleihen Silves ein außergewöhnliches, beinahe majestätisches Flair; ein Besuch der Stadt sollte auf dem Besuchsprogramm eines jeden Algarvereisenden stehen.

Geschichte

Vermutlich von phönizischen Händlern am damals noch schiffbaren Fluss gegründet, nutzten erst die Karthager, später die Römer das „Castrum Silibis“ als Handelsstation. Zur strategisch wichtigen **Hauptstadt der Algarve** wurde *Al-Silbes* erst unter den Mauren (ab 714), wobei sogar Lissabon in Größe und Bedeutung übertroffen wurde! Nach der blutigen Reconquista (1242–1249) wurde Silves Bischofssitz – die neue geistliche Macht musste durch Präsenz des Würdenträgers untermauert werden.

Pest und Erdbeben, vor allem aber die **Versandung des Rio Arade** trugen dazu bei, dass Silves gegenüber den Küstenorten Portimão und Faro an Bedeutung verlor. So verlegte der Papst 1534 den Bischofssitz nach Faro (neue Hauptstadt der Algarve wurde 1577 Lagos), womit ein Niedergang im 17. und 18. Jh. nicht mehr aufzuhalten war. Erst großflächige Zitrusplantagen, Korkeichenpflanzungen und große Weingüter bedingten im 19. Jh. einen gewissen wirtschaftlichen Aufschwung als **Agrozentrum,** flankiert von der englischen Korkfabrik (⇗*Fábrica do Inglês*). Mit deren Schließung und der schwindenden Rentabilität der Landwirtschaft geriet Silves bis in die jüngste Vergangenheit zunehmend unter Abwanderungsdruck der Jüngeren in die Touristenzentren der Küste.

Natürlich ist der alte Glanz längst verblichen; die Stadtväter setzen jedoch darauf, durch eine umfassende **Modernisierung der Altstadt** Lebensqualität und touristische Attraktivität zu verbessern und somit auch ohne Meereslage den Bewohnern eine Alternative zur Landwirtschaft aufzuzeigen.

Sehenswertes

Praça Mouhamed Ibn Abad

Zu Ehren des maurischen Gouverneurs von 1051–1091, der seinerzeit maßgeb-

lich am Aufschwung der Stadt beteiligt war, entstand 2002 unmittelbar an der Hauptstraße der moderne Stadtpark mit neomaurischen Skulpturen.

Castelo

Auf einer Fläche von 12.000 Quadratmetern errichteten die Mauren zwölf mit Wehrgängen verbundene Türme, die im 15. Jh. verstärkt und zur heutigen **Festung** erweitert wurden. Die Burgmauern sind vollständig begehbar und bieten beeindruckende Ausblicke auf die umliegende Landschaft. Die 60 m tiefe Cisterna da Moura wurde im 13. Jh. gegraben und diente der Stadt bis ins vergangene Jahrhundert als Wasserreservoir. In den unterirdischen Gewölben der einstigen

072al wl

Vorratsspeicher finden heute Wanderausstellungen aller Art (Kunst, Spielzeug etc.) statt. Von den Mauern aus erkennt man die erst 2012 eröffnete, etwas merkwürdig anmutende „Laufstegkonstruktion“ im Kastellhügel, die für knapp 1,5 Millionen Euro von *João Antonio Ribeiro Ferreira Nunes* als neuer Fußweg zur Burg gebaut wurde. Insbesondere in Zeiten knapper Kassen und aufgespannter Rettungsschirme nicht nur bei Reisenden umstritten!

■ Geöffnet täglich 9–20 Uhr (im Winter 17 Uhr), Eintritt 2,50 €, mit Wanderausstellung 4,50 € (Kinder 1,25 €, unter 12 J. frei; Tel. 282 445 624).

Sé

Unmittelbar nach der Reconquista wurde hier eine maurische Moschee zerstört und ihre Steine zum Bau der **Kathedrale** im gotischen Stil verwendet. 1534 zur Bischofskirche erhoben, war die Sé lange Jahre die Hauptkirche der Algarve, ehe Teile beim Erdbeben von 1755 zerstört wurden. Die Hauptfassade beherrscht ein gotisches Portal, Fassade und Türmchen wurden im barocken Stil ergänzt. Das Innere des dreischiffigen Gotteshauses ist bewusst schlicht gehalten, wobei Holzdecke, Kreuzrippengewölbe wie auch die alte gotische Vierung besonders zur Geltung kommen. Die Grabplatten erinnern an Kreuzritter und einen ehemaligen Bischof.

■ Geöffnet täglich 8.30–18.30 Uhr

[<] Silves, die erhabene alte Stadt

Igreja da Misericórdia

Die hübsche einschiffige Kirche aus dem 16. Jh. (Manuelinik) mit dem bemerkenswerten Portikus an der Seitenfassade zeichnet sich im Inneren durch ihren Renaissance-Altaraufsatz aus (16. Jh.).

Archäologisches Museum

Das regionale Museu Municipal de Arqueologia birgt Funde aus Silves, São Bartolomeu und Loulé von der Steinzeit über die römische Epoche bis hin zur maurischen Blütezeit. Münzen und Alltagsgegenstände aus der Zeit nach der Reconquista runden die Ausstellung ab.

■ Geöffnet täglich außer 24.12. und 1.1. 10–18 Uhr, Eintritt 2,50 € inkl. Zugang zur Stadtmauer.

Stadttor/Stadtmauer

Von der Burg abgesehen, hatten die Mauren drei weitere Zwischenmauern die Hänge hinuntergezogen, von denen

heute nur noch Teile erhalten sind: so etwa am Archäologischen Museum sowie der Festungs-Stadtturm Torreão da Porta da Cidade (Zugang ⇗Archäologisches Museum).

Fábrica do Inglês

Während Kathedrale und Burg die Wahrzeichen vergangener Tage sind, dient die „Englische Fabrik" als Aushängeschild des modernen Silves. Das Gelände der englischen **Korkfabrik** – hier wurden Korken für den Portweinexport nach England hergestellt – wurde zu einem **modernen Kulturpark** umgestaltet. Eine Minibrauerei, computergesteuerte Wasserspiele, ein Kinderspielplatz und feine Cafés unter Orangenbäumen unterhalb der Burg sind das Ambiente für zahlreiche kulturelle Open-Air-Veranstaltungen aller Art vom klassischen Konzert bis hin zum traditionellen Bierfest in der dritten Juliwoche. Restaurants von der Pizzeria über die Marisqueria und Churrasqueria bis zur Tapas-Bar verwöhnen den Gaumen.

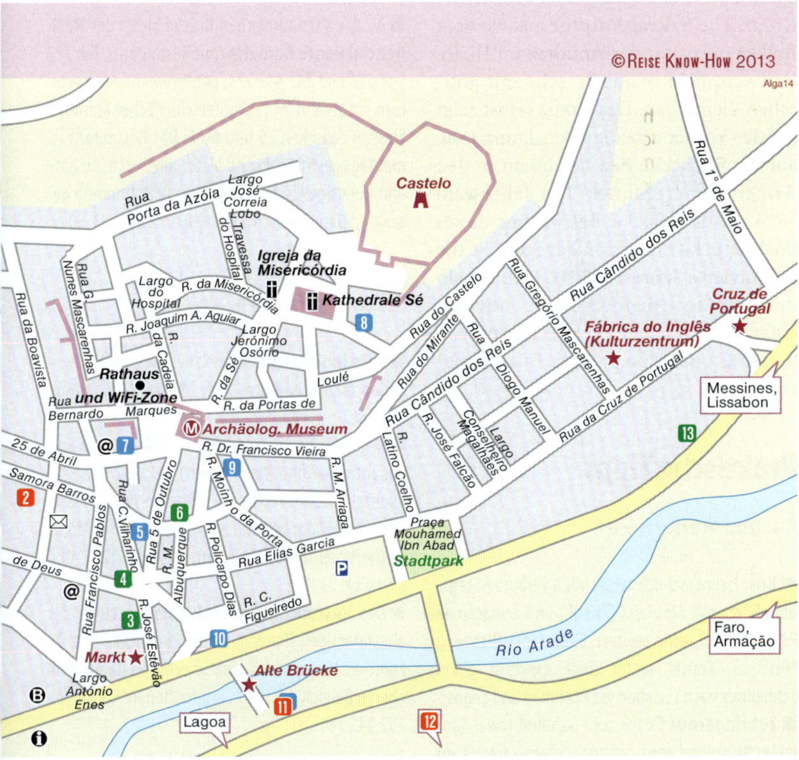

■ Geöffnet tgl. (außer Mo) 10–18 Uhr, bei Abendveranstaltungen 10 € Eintritt. Das 2001 als bestes Industriemuseum Europas ausgezeichnete Korkmuseum konnte aufgrund finanzieller Schwierigkeiten nicht gerettet werden. In Überlegung ist derzeit eine private Interessensgemeinschaft, so dass eine baldige Wiedereröffnung nicht auszuschließen ist; Rua Gregório Mascarenhas, Tel. 282 440 480, www.fabrica-do-ingles.com.

Cruz de Portugal

Am nordöstlichen Kreisel der N-124 (Richtung São Bartolomeu de Messines) steht ein merkwürdiges, überdachtes Kreuz. Die **Sakralskulptur** aus weißem Kalkstein entstand vermutlich im 16. Jh. und verquickt manuelinische mit gotischen Elementen. Das Kreuz selbst zeigt auf der Vorderseite die Kreuzigung Jesu, auf der Rückseite den Leichnam in den Armen seiner Mutter. Die Jahreszahl 1824 auf dem Sockel betrifft nur dieses Sockelstück, mysteriös dagegen ist die eingravierte Jahreszahl 1004 unterhalb des Kreuzes – man vermutet entweder einen Gravierfehler (Verwechslung von 0 und 8) oder eine plumpe Falschdatierung.

Praktische Tipps

An- und Weiterreise

■ **Bus:** Hauptsächlich zwei Linien verbinden tagsüber Silves mit Albufeira (7x tgl.) und Armação de Pêra (8x tgl.); eine weitere Linie fährt Richtung Messines. Ferner bietet *Rede Expresso* einen Schnellbus nach Lissabon via Portimão und Lagos.

■ **Zubringerbus** 5x tgl. zum Bahnhof (zwei Kilometer Richtung Lagoa, Schilder „Silves – Gare") auf die Abfahrt der Züge abgestimmt (Ankunft bis 1 Stunde Wartezeit).

■ **Selbstfahrer** finden zentrumsnahe Parkplätze am *Lidl* (Achtung: nur 120 Minuten kostenlos) oder kostenfrei zwischen Praça Mouhamed Ibn Abad und Markthalle entlang der Straße.

Unterkunft

■ **Pensão Sousa**①, Rua Samora Barros 17, Tel. 282 442 502, Etagenbad, aber gut in Schuss.

■ **Colina dos Mouros**③, Tel. 282 440 420, Fax 282 440 426, www.colinahotels.com, an der Südseite der Brücke mit Blick auf Burg und Kathedrale. DZ 37–80 €.

■ An der alten römischen Brücke bietet das **Residencial Ponte Romana** (mit Restaurant), Tel. 282 544 528 und 282 443 275, ponteromana.amawebs.com, insgesamt 24 , DZ unterschiedlicher Komfortklassen zwischen 25 und 60 €. Das Restaurant ist montags geschlossen und bietet überraschend gute und gündtige Fischspezialitäten (z.B. Dourada gegrillt 8,50 € oder Fischcataplana für 2 Pers. 21,50 €).

Essen und Trinken

■ **Café Inglês,** erste Adresse in Silves, an Wochenenden Jazzabende (live), Tel. 282 442 585, famose Terrasse.

■ Legendär für Fischgerichte ist **O Rui,** Rua Comandante Vilarinho (nahe Markt), Tel. 282 442 682; ebenfalls wundervolle Aussicht von der Terrasse, gilt als eines der besten Fischrestaurants der Algarve (hochpreisig). Geöffnet tgl. außer Di. 12–2 Uhr, Küche bis 23 Uhr.

■ Das **Restaurante Moinha da Porta** in der gleichnamigen Rua Moinha da Porta/Ecke Rua Dr. Francisco Vieira ist das einzige echte Restaurant im oberen Bereich der Stadt. Internationale Küche, Tel. 282 445 140.

- Die **Café/Snackbar Martins** bietet Snacks und Kleinigkeiten täglich bereits ab 7.30 Uhr.
- In der **Fußgängerzone** der Rua Elias Garçia liegen mehrere sehr günstige Cafés.
- Die meisten Besucher zieht es vor allem in den Nachmittagsstunden in die ↗**Fábrica do Inglês** mit ihren Cafés und Restaurants.
- An der Markthalle bieten mehrere **Snacklokale** vorzügliche halbe Hähnchen vom Holzkohlegrill.
- Lokalkolorit verströmt das Fadolokal **O Cais** gegenüber der alten Brücke; Tel. 282 448 098.
- **Selbstverpfleger** finden einen *Modelo* Supermarkt am westlichen und einen *Lidl* (vor der Fábrica) am östlichen Ortsrand, vor allem aber lohnt ein Besuch des preiswerten Fisch- und Obstmarktes.

Nützliches

- **Touristeninformation:** an der EN-124 (Hauptstraße am Flüsschen), Tel. 282 442 255, Mo–Fr 9.30–13 und 14–17.30 Uhr.
- **Polizei:** Rua Dr. Francisco Vieira 3, Tel. 282 442 414.
- **Banken** (mit Geldautomat): gegenüber der Touristeninformation an der Hauptstraße.
- **Hospital:** Rua da Cruz de Portugal, Tel. 282 440 020.
- **Internet:** Ein kleines Internetcafé liegt unmittelbar neben dem Rathaus in der Rua J. de Deus, ein weiteres in der Rua 25 de Abril. Free WiFi findet man am Schwimmbad sowie am Rathaus (s. Karte).

Serra de Monchique

Das gesamte Gebiet nördlich Silves und zwischen den beiden Nordrouten der IP-1 und N-120 wird vom „Dach der Algarve", dem bis zu 902 m hohen **Mittelgebirge** der Serra de Monchique, eingenommen. Vor allem im Hochsommer ist das Klima angenehmer als in den Ebenen; der Schatten spendende Bewuchs, die Thermalquellen, spektakuläre Aussichtspunkte, aber auch kulinarische Spezialitäten wie der Medronho (Erdbeerbaum-Schnaps) oder hausgemachte Wurst tun das Ihrige, um – rein statistisch – jeden dritten Algarvebesucher nach Monchique und die umliegenden Orte zu locken, wobei allerdings die meisten auf der Achse Caldas – Monchique – Foia „kleben bleiben".

An- und Weiterreise

- Die beste **Busverbindung** besteht zwischen Portimão (von 9–20.30 Uhr 9x täglich) und Monchique (erster 7 Uhr, letzter 18.15 Uhr) über Caldas de Monchique; Ansonsten ist man auf Schusters Rappen oder einen eigenen fahrbaren Untersatz angewiesen.

Selten befahrene Nebenstrecken

Selbstfahrer kommen meist über die N-266 ab Silves/Portimão; die Strecke ist in Ordnung, es gibt aber Alternativen:

- Wer über Silves fährt, kann acht Kilometer westlich, gleich hinter der Brücke des Ribeira de Odelouca (Schild „Laranjeira"), rechts die neue Nebenstrecke durch satte Zitrusplantagen nehmen und in Fornalha entscheiden, ob es links nach ↗Caldas oder geradeaus nach ↗Alferce gehen soll. In letzterem Fall passiert man linker Hand das (deutschsprachige!) Hinweisschild auf Hausmacher-Wurst, Schinken, Brot, Kaffee und Räucherfisch ...
- Eine ebenfalls sehr schöne Strecke führt von der N-125 westlich von Portimão über ↗Alcalar nach

Serra de Monchique
0 2 km
Odeceixe
Portela do Vento
Portela da Viúva
501
Portela da Serenada
Cascalheira
Barranco de Pisões
Palheiros
266
Portela das Eiras
Penedo do Buraco
Peso
Chilrão
Monchique
Portela das Eiras
Fóia 902
Marmelete
Pé Frio de Cima
Pé da Cruz
Miradauro dos Caldas Aussichtspunkt mit Quelle
1
Almarjão
Aljezur
266 3
Corte Pereiro
Serra de Monchique
Gralhos
Malhada Velha
Portela do Vale
Nave
Gil Bordalo
Vale d'Água de Cima
267
Casais
266
532
Caldas de Monchique

Monchique
0 50 m
Igreja da Misericórdia
Odeceixe
Lissabon
501
Franziskanerkloster-Ruine
2
São Sebastião
Igreja do Carmo
B
Stierkampfarena
3
6
Schwimmbad
4
Park
5
266
266-3
Portimão
Foia
1
P
Aussichtspunkt

Übernachtung
- 2 Albergaria Bica-Boa
- 3 Estrela de Monchique Pension
- 4 Bela Vista Pension
- 7 Pensão Miradouro da Serra

Essen und Trinken
- 2 Albergaria Bica-Boa
- 3 Estrela de Monchique Snackbar
- 4 Bela Vista Café
- 5 Café-Bäckerei Anamaria
- 6 Snackbar A Nora

Einkaufen
- 1 Honigverkäufer

Casais; hier beherrschen zunächst Plantagen, dann Felder und schließlich Eukalyptuswälder die Szenerie. In Casais an der N-267 kann man entweder rechts über Nave nach Monchique fahren oder aber, besser noch, links in Richtung ⇗Marmelete; nach vier Kilometern geht es rechts (Richtung Portela) über Chilrão zum Foia-Gipfel.

■ Die N-266-3 (in Monchique Richtung „Foia") dient als Auffahrt zum Gipfel für 99 % aller Foia-Besucher. Schöner ist die schmale und sehr kurvenreiche neue Nebenroute über Alcaria do Peso Richtung Chilrão. Diese Route ist bis auf vereinzelte Berggehöfte menschenleer und kann gegebenenfalls auch als sicherer Fußweg zum Gipfel genommen werden (ca. 15 km).

■ Es bietet sich ferner an, einen Ausflug in die Berge mit einem Strandbesuch an der Nordwestküste der Algarve zu verbinden. Die N-267 führt via Marmelete nach ⇗Aljezur, noch schöner ist die legendäre N-501 via Peso, Portela, Foz do Farelo und Foz do Arroio zur N-120 bei Maria Vinagre (Odeceixe).

Caldas de Monchique

Im dritten Jahrhundert bauten die Römer in den Höhen der Serra de Monchique ein **Thermalbad** für Thalasso- und Rheumakuren (www.monchiquetermas.com). Von baulichen Veränderungen abgesehen, blieb die Heilquellentradition der Caldas de Monchique bis in unsere Tage unverändert. Hohe Persönlichkeiten wie *König Dom João II.* (1495) und gemeine Bürger genasen gemeinsam im Heilwasser. So ist denn auch Hauptsehenswürdigkeit der sehr hübsch gestaltete **Quellpark** (⇗Wanderung weiter unten) oberhalb der Abfüllanlage. Letztere steht übrigens im Besitz des macanesischen Bankerclans Ho: Während *Edmund Ho* als Chief-Executive (regierender Oberbürgermeister) die politischen

Geschicke Macaus lenkt, stieg Firmenmogul *Stanley Ho* ins Heilwassergeschäft ein und kaufte die Caldas.

An der Hauptstraße hat man vom **Aussichtspunkt Miradouro das Caldas** einen hübschen Überblick, man parkt am besten an einem der Restaurants (Panorama, daneben Agua da Sola, 150 Meter weiter O Castelo).

An der abfallenden Stichstraße in den Ort liegen die **öffentlichen Thermalbäder** vor der Kurve linker Hand, am Ortsende, die **Heil-Trinkwasserverteilstelle.**

Unterkunft

■ **Albergaria do Lageado**②, Caldas de Monchique, Tel. 282 969 000, Fax 282 912 616, www.albergariadolagea do.com, DZ 45–55 €, inkl. Frühstück.

■ Die Hotels Dom Carlos, Central, Termal, Estalagem Lourenco und die Apartamentos D. Francisco sind unter **Caldas de Monchique**③-④ zusammengeschlossen, Tel. 282 910 910, Fax 282 910 990, www.monchiquetermas.com, DZ 95–145 €, Apartments 140–195 € je nach Objekt und Saison.

Nützliches

■ **Parque da Mina:** Auf dem Gelände des ehem. Omega-Tierparks etwa 1 km vor den Caldas an der Hauptstraße sind ein Erzbergwerk, ein restauriertes Bürgerhaus, nachgebaute Köhler und Schnapsbrennereien sowie ein Sportbereich (u.a. Kletterwand, Bogenschießen) zu besichtigen. Geöffnet Okt.–März 10–17, sonst 10–19 Uhr, Eintritt 10 €, ermäßigt 8 €, Kinder 6 €, Familie 24 €; Tel. 282 911 622.

☑ Hübsche Parkanlage in Monchique

076al wl

075al wl

Monchique

Nach der römischen Erschließung der nahe gelegenen Heilquellen siedelten sich allmählich Woll- und Leinenweber, aber auch Bergbauern in der Region an. Als gemeinsames Handelszentrum entstand Monchique mit heute knapp 5.000 Einwohnern. Mit der Industrialisierung und dem Verlust der Textilmanufakturen entwickelte sich ersatzweise das Kunsthandwerk (Korbwaren, Schnitzereien) und in der jüngeren Vergangenheit auch eine Art Montan-Tourismus durch die „Monopolstellung" unterhalb des höchsten Berges der Algarve.

Es lohnt sich, einen kleinen Rundgang durch den steilen, atemberaubend gelegenen Ort zu unternehmen oder sogar zu Fuß zum Foia-Gipfel zu laufen. Parkhaus an der Foia-Auffahrtsstraße.

Igreja do Carmo

Im frühen 16. Jh. im manuelinischen Stil errichtet, zeichnet sich die gesamte Gestaltung der dreischiffigen Pfarrkirche durch gewundene Verschnürungen aus. Die Skulptur der Mutter Gottes aus dem 18. Jh. stammt vom Barock-Sakralkünstler *Machado de Castro*. Die Azulejomotive stellen u.a. die Heiligen *Franziskus* und *Michael* dar. Der kastanienhölzerne Altaraufsatz stammt aus dem alten Franziskanerkonvent.

⌃ Bekanntester Kurort Portugals – Caldas de Monchique

Igreja da Misericórdia

Die (leider meist verschlossene) Barmherzigkeitskirche birgt interessante Prozessionspaneele sowie beeindruckende meterhohe Gemälde und Schnitzereien. Die Figur des heiligen *Franziskus* wurde nach der Auflösung des Konvents in der Kirche aufgestellt.

Ruinas do Convento do São Francisco

Der eigentlich Nossa Senhora do Desterro („Mutter Gottes der Verbannung") genannte **Franziskaner-Konvent** stammt aus dem 17. Jh., wurde aber beim Erdbeben von 1755 so sehr zerstört, dass eine Restaurierung nicht mehr lohnenswert schien. Der Konvent wurde aufgelöst, einige Sakralschätze den örtlichen Kirchen übereignet. Heute haftet der überraschend gut erhaltenen Ruine auf dem höchsten Punkt von Monchique beinahe etwas Schauriges an. Der Zickzack-Weg (20 Minuten ab Hauptstraße) hinauf ist ab Igreja da Misericordia die Rua F.J. Melo entlang mit einem Wanderzeichen gut markiert (er führt als Fußweg weiter bis zum Foia-Gipfel), vom Gelände des Konvents bzw. vom Waldhügel hat man einen schönen Blick über das Tal von Monchique.

Miradouro do Revezquente

Gegenüber der Igreja da Misericórdia (aus der S. Gil kommend scharf rechts) folgt man der Treppe hinunter, wendet sich unten nach links und erreicht nach 50 m einen hübschen **Aussichtspunkt** mit Blick über den Ortskern.

Park und Schwimmbad

An der Durchfahrtsstraße zwischen Largo dos Chorões und Markt finden Selbstfahrer einige Parkplätze. Direkt unterhalb wurde kürzlich ein hübscher, terrassenartig angelegter Park sowie nebenan ein Bergschwimmbad (tgl. 10–19 Uhr im Sommer) gebaut. Bänke und Blumen laden zum Verweilen in der angenehmen Höhenluft ein.

Unterkunft

- **Estalagem Abrigo da Montanha**④, Estrada de Fóia, Tel. 282 912 131, Fax 282 913 660, www.abrigodamontanha.com. Kleines Luxushotel mit 9 Doppelzimmern zwei Kilometer außerhalb an der Hauptroute zum Foia, mit Meerblick, DZ 60–85 €.
- **Albergaria Bica-Boa**③, am nördlichen Ortsausgang (Hauptstr.) rechter Hand, Tel. 282 912 360, http://bicaboa.weebly.com; nur 4 DZ mit Bad von 40–50 € (1 Pers.) bzw. 60–75 € (2 Pers.), mit angeschlossenem (sehr gutem und preiswertem) Restaurant und Bar.
- **Pensão Estrela de Monchique**①, Rua do Porto Fundo 46, Tel. 282 923 111, sehr zentral, preiswert und tip-top
- **Pensão Miradouro da Serra**①, Rua Combatentes do Ultramar, Tel./Fax 282 912 163; etwas älter, die günstigste Unterkunft vor Ort.
- **Pensão Bela Vista**②, Largo 5 de Outobro, Tel. 282 912 255; sehr zentral, ebenfalls einfach und preiswert.

Nützliches

- **Touristeninformation,** Largo Sebastiao/ Rua D. Pacheco (am Parkhaus Richtung Foia-Gipfel), Mo–Fr 9.30–13 und 14–17.30 Uhr, Tel. 282 911 189. Informative Webseiten zum Ort sind etwa www.monchiqueportugal.info oder www.monchiqueuncovered.com/about-monchique/useful-information.aspx

- Rund um den Platz Largo do Chorões auch **Alisuper, Apotheke, Taxistand** und **Busbahnhof** (Busse 8–10 x tgl. von 8–18.15 Uhr von/nach Portimão) sowie das **Internet-Café Espaço**, Tel. 282 910 200, ricardo-lopes@cm-monchique-pt.
- **Post** und **Bank:** Rua do Açougue, hier liegt an der Ecke Durchgangsstraße auch die Markthalle.
- Sehr angenehm bei preiswerten Snacks sitzt man im **Café/Snackbar A Nora** am Largo do Chorões (Tel. 282 913 750), in der Pension-Restaurant **Bica-Boa** (s.o.) oder auch im **Café Anamaria**.

Foia-Gipfel

Mit 902 m der **höchste Punkt der Algarve,** zieht der Gipfel alljährlich Zigtausende von Besuchern an. Von den Felsen (leicht zu erklimmen) hat man den besten Blick: Bei klarer Sicht von Faro bis Sagres, Portimão liegt genau mittig. Souvenir- und Restaurantbetrieb, vor allem aber die zahllosen Antennen von Radio und Luftwaffe stören die Idylle etwas. Zwei hübsche Aussichtspunkte liegen entlang der Hauptzufahrtsstraße, ansonsten empfiehlt sich landschaftlich eher die Alternativroute über Chilrão. Der Fußweg ab Monchique ist ungefähr sieben Kilometer lang und überwindet fast 450 Höhenmeter (organisierte Touren ↗Picota-Gipfel).

Unterkunft

- **Estalagem Santo António da Fóia**④, Alto da Fóia, Tel. 282 912 158, Fax 282 912 878

Picota-Gipfel

Der Foia ist wegen seiner Höhe die Attraktion; der viel stillere, dabei aber keineswegs uninteressantere Gipfel des Picota (773 m) wird dagegen viel seltener besucht. Auch hier sollen allerdings Straßen (ähnlich wie beim Foia) gebaut werden, sodass sich ein Besuch empfiehlt, ehe die Massen kommen.

Von Monchique Richtung Alferce fahrend, zweigt 500 m hinter Monchique ein asphaltiertes Sträßchen zum Picota-Gipfel ab. Waldbrände haben hier kaum Bäume belassen. Es wird eine Weile dauern, bis wieder ein sehenswerter Waldbestand gewachsen ist.

Direkt am Gipfel kann eine gut zweistündige **Rundwanderung** um die Gipfelregion unternommen werden („Foia Trail", 7 km, ausgeschildert).

Touren

Für Foia und Picota bieten mehrere Firmen aus Portimão und Monchique geführte **Mountainbike- und Wandertouren** an, z.B. *Alternativ-Tour,* Monchique (Tel. 965 004 337, 282 911 041, http://alternativtour.com). Die Abfahrts-Spezialisten **Outdoor-Tours** (bislang *Foia Downhill Tours*) starten auf 902 m über Null und führen den begeisterten Radler auf zuverlässigen Mountainbikes bis ans Meer! Zweimal täglich (9 und 16 Uhr) ab Treffpunkt Praia da Rocha (Hauptstr. Av. Dos Communidades Lusíades) – unbedingt vorher reservieren: *Outdoor-Tours,* am östlichen Ortseingang von Mexilhoeira Grande, Tel. 282 969 520, www.outdoor-tours.com. Natürlich sind auch individuelle Absprachen für gruppen möglich.

- **Richtpreise:** Ganztageswanderung Picota, 30–40 € inkl. Verpflegung und Transport, Radtour 35 € ab Foia inkl. Transport (ca. 3½ Std.).

Alferce

Über die N-267 erreicht man Alferce mit einem (prima ausgeschilderten) neuen Dorfpark, genannt Spelho de Agua („Wasserspiel"), und einem kleinen Heimatmuseum. Erfrischungen bieten das *Café O Carlos* und das *Café O Zé*. Fährt man von hier aus die Alternativroute Richtung Silves, passiert man nach ca. zwei Kilometern (links beschildert) die **Ruinen Cerro do Castelo,** eine Bergfeste, die vermutlich auf die Römer zurückgeht.

Marmelete

Der N-267 nach Westen Richtung Aljezur folgend, windet sich die malerische Strecke bis Marmelete auf 530 Höhenmeter. Am ruhigen Ortszentrum mit der Pfarrkirche bietet die Snackbar Luz Erfrischungen an, am Ortsausgang das etwas bessere Restaurante Sol de Serra (beide relativ einfach). Gegenüber vom Sol de Serra führt ein Asphaltweg 50 Meter den Hügel hinauf zur Kapelle Santo António, einer ehemaligen Einsiedelei mit Aussichtspunkt.

Rundwanderung Caldas – Nave – Caldas

Anstatt bei den Caldas in den Ort zu fahren, folgt man noch 400 m der Straße bis zu einer Rechtskurve mit Leitplanke (rechter Hand liegt das Lokal O Castelo). In der Leitplanke wurde eine Öffnung belassen – hier oder an dem Lokal kann man parken.

Bei der Leitplanke lag der ursprüngliche Pfad des ersten Wegabschnittes, der – mittlerweile überwuchert ist. Nur noch ganz Abenteuerlustige wagen diesen Weg bis Nave (Orientierung: das Bachbett hinauf; der Bach trifft auf jene Brücke in Nave, die oben ohnehin passiert wird). Alternativ empfiehlt es sich, der Hauptstraße gut 20 min. aufwärts zu folgen und nur den folgenden Abschnitt zu probieren. In Nave angekommen, an der einzigen Abzweigung nach links („Marmelete") und hier nach 300 m hinter einer Art Betonscheune wieder nach links dem befestigten Weg bis zum Ende (500 m) folgen. Vorsicht: auf dem Feldweg sofort nach links, und zwar ganz links den dünnen Pfad an der Feldmauer entlang nehmen (rechter Hand Zitronenfeld) und 100 m weiter gleich vor dem Korkeichwäldchen rechts gehen (man umgeht das Feld). Rechter Hand sieht man eine alte Bewässerungsanlage. Immer gerade zum Bächlein hinunter (meist trocken, Steine zum Überqueren), dann an der Mauer orientieren, die Mauer rechter Hand liegenlassend dem Pfad hinauffolgen bis zu einem kleinen verlassenen Gehöft; hier gerade über den kreuzenden Weg hinüber und im Rechtsbogen zum Ende des hier breiteren Feldweges – dieser Teil (ca. 10–15 min.) war der komplizierteste. Nun trifft man auf ein befestigtes Nebensträßchen – hier links (ca. 15 min.) bis zum Ende des Sträßchens. Unmittelbar hinter dem kleinen Häuschen nach rechts leicht hinab (Orientierung: Nicht den linken Pfad mit den Kettenpfählen nehmen) und diesem Weg immer als Hauptweg folgen. Vorbei an einem kleinen Weinfeld, dann durch Pinien- und Eukalyptuswald; der Weg ga-

◁ Bewässerungssystem bei Nave

belt sich nach knapp 500 m: Links hinauf liegt ein Aussichtspunkt mit Bienenkästen, rechts geht der Hauptweg weiter. Etwa zehn Minuten weiter zweigt rechts ein Weg zu einem weiteren Aussichtspunkt ab (diesen ignorieren – links liegt der Hauptweg). Gut 5 min. später öffnet sich erstmals der Blick auf Caldas de Monchique linker Hand, gleich darauf nimmt man an der Weggabel den linken Weg hinauf, der sich nun stetig abwärts den Hang hinunterwindet und den Blick auf teilweise recht ansehnliche Domizile der wohlhabenderen Bergbewohner freigibt. Ziemlich exakt 90 min. nach dem Start der Wanderung, die sich – von kurzen Ausnahmen abgesehen – stets abwärts orientierte, hat man den kleinen Bach (Minibrücke) erreicht, überquert diesen und folgt am anderen Ufer dem unbefestigten Weg links hinauf. Nach schweißtreibenden zehn Minuten öffnet sich der Weg und trifft auf ein Kopfsteinpflasterssträßchen, welches schon zu ⇗Caldas de Monchique bzw. der Abfüllanlage gehört. Hier scharf links hinauf zum Ortskern folgen: Hier liegen das Quellenhotel, eine englische Telefonzelle, die Bar O Tasco sowie die eigentliche Quelle („Fonte dos Amores"). Der Fußweg führt nun beidseitig entlang einer hübschen Rast- und Wasseranlage (Picknickplatz), die Quelle sprudelt aus einem Häuschen oben links (grüne Metalltür). Gegenüber führt eine Treppe hinauf zur Straße, der man noch 500 m nach links zum Ausgangspunkt folgt. Die gesamte Strecke nimmt etwa 2½ Stunden in Anspruch und ist insgesamt einfach, da man der Täuschung unterliegt, sie führe überwiegend abwärts. Achtung: der obere Abschnitt dieser Wanderung (Caldas bis Nave) ist derzeit wieder stark zugewuchert.

Portimão und Praia da Rocha

Die wichtige Fischereistadt Portimão (knapp 50.000 Einwohner) besteht aus zwei Ortsteilen, wie sie unterschiedlicher kaum sein könnten. Am Rio Arade liegt der **Fischerhafen** und die typische **Wohnstadt,** deren Anziehungskraft in ihrer Authentizität liegt, und der Altstadt unmittelbar westlich an der Küste vorgelagert das **mondäne und moderne Strandgebiet** Praia da Rocha, welches mit seinen hohen Hotel- und Apartmentkomplexen neben Armação oft als Paradebeispiel dafür angeführt wird, wie man die Algarve doch bitte nicht entwickeln möge.

Geschichte

Die Flussmündung zog bereits phönizische Handelsboote an, ihnen folgten Griechen und Karthager. Erst unter den **Römern** (lat. Portus Manus = port. Porti Mão) wurde jedoch eine ausgedehnte Hafenanlage gebaut, die Besiedlung des Umlandes ist durch die Anlagen von ⇗Alcalar und ⇗Abicada bezeugt. Die eigentliche kulturelle und wirtschaftliche Blüte erlangte Portimão unter den **Mauren,** die jenen hervorragenden Ruf als Fischereihafen begründeten, der dem Ort noch heute anhaftet. 1242 von christlichen Rittern übernommen, wurde der Hafen erweitert, Karavellen für die Entdeckungsfahrten der Seefahrer gebaut, und reich beladene Schiffe der Ostindienfahrer löschten hier ihre Ladung. Mit dem Niedergang des portugiesischen Kolonialreiches im 18./19. Jh. und dem Erdbeben von 1755 begann der wirtschaftliche Verfall; erst die Fischereiindustrie führte Mitte des 20. Jh. wieder zu einem Aufschwung.

Unter Touristen und Einheimischen genießt Portimão gleichermaßen einen ausgezeichneten Ruf als „Sardinenstadt", in der man sehr gut und günstig Fisch essen kann. Zentrum und Uferpromenade (beides weitläufige Fußgängerbereiche) befinden sich in einem Stadium der modernen Umgestaltung, ohne dass die Stadt ihr traditionelles, „portugiesisches" Flair zu verlieren droht.

Sehenswertes

Promenade

Zunächst empfiehlt sich ein Spaziergang entlang der ausgedehnten Uferpromenade mit Blick über den Fluss, einem schattigen Park (Praça Visconte Bivar) und dem modernen, großzügigen Praça Manuel Teixeira Gomez. **Ausflugsboote** bieten Grotten- und Flussfahrten an, Bars und Cafés locken mit Erfrischungen, am Nordende (unter der Brücke) grillen traditionelle Sardinenbratereien köstliche Fischgerichte.

Im Park von Portimão

Portimão Innenstadt

Übernachtung
4 Pensão Nelinanda
5 Pensão Mira-Foia
8 Pensão Pimenta
15 Hotel Globo

Essen und Trinken
1 Snackrest. Fyed
2 Burger Ranch
3 Café Brasil
7 English Pub
9 Pizzeria Don Salvatore, Rest. A Esquina
12 Rivolé Schwimmendes Restaurant
18 Fischbratereien
19 neue Fischbratereien

Wassersport
11 Tauchbasis Portisub

Einkaufen/Sonstiges
6 Metzgerei
10 Supermarkt
13 Fahrradverleih
14 EVA & Frota Azul Bustickets
16 Apotheke
17 Minimarkt

Übersichtskarte S. 72

Zentrale Algarveküste

Largo 1° de Dezembro

Der ansonsten nicht sonderlich attraktive kleine Stadtpark beherbergt zahlreiche interessante **Azulejos** mit Motiven der Stadtgeschichte einschließlich portugiesischer Eroberungen.

Igreja Matriz

Von der alten gotischen Stadtkirche (14. Jh.) steht seit dem Erdbeben nur noch das Hauptportal, der Rest der dreischiffigen Hauptkirche stammt aus dem 18. Jh. Das Interieur stammt aus unterschiedlichsten Epochen, ist schlicht gehalten und zeigt am Hauptaltar eine Marienstatue mit einem barocken Holzschnitzaltaraufsatz.

Igreja do Colégio

Diogo Gonçalves, seines Zeichens Anhänger der Jesuiten und steinreicher Orienthändler, stiftete die **Kollegiumskirche,** 1707 fertiggestellt und nach dem Erdbeben von 1755 weitgehend erneuert. Die Grabplatte von *Gonçalves,* nach dem in Portugal etliche Straßen benannt sind, ist im Inneren zu sehen. Die stark angegriffene Kirche dient heute als Aufbahrungsort für Bestattungen.

Fußgängerzone

Unmittelbar neben der Jesuitenkirche liegt die Fußgängerzone der Rua do Comércio, die sich Richtung Ufer über die Rua Vasco da Gama, in die entgegengesetzte Richtung über die Rua João de Deus fast bis zum Bahnhof erstreckt. Hier und in den kleinen Parallelstraßen reihen sich Andenkenhändler, Boutiquen und kleine Fachgeschäfte aneinander – vor allem für **Leder- und Schuhwaren** wird Portimão von vielen Einheimischen favorisiert. Auch die Dauerbaustelle vor dem Jesuitenkolleg (Praça da República, einst Stadtmarkt) wird ein modernes Einkaufszentrum.

An der Marina öffnete jüngst auf dem Gelände einer ehemaligen Fischkonservenfabrik das **Museu de Portimão** (Heimatmuseum) seine Pforten. Neben einer etwa halbjährlichen Wechselausstellung zu nationalen Künstlern und Schriftstellern im Obergeschoss wird im Erdgeschoss die Industriegeschichte der Stadt, dabei zuvorderst der Fischverarbeitung anhand von alten Anlagen und Maschinen, dargestellt. Insgesamt durchaus sehenswert.

■ **Museu de Portimão,** Öffnungszeiten Sept.–Mitte Juli Mo. geschl., Di 14.30–18 Uhr, Mi–So 10–18 Uhr, im Hochsommer Mo geschl., Di 19.30–23 Uhr, Mi–So 15–23 Uhr; So 10–14 Uhr freier Eintritt,

079al wl

sonst 3 €, ermäßigt 1,50 €, Familie 4,50 €. Tel. 282 405 235, www.cm-portimao.pt.

Strände

Praia da Rocha

Am südwestlichen Stadtrand erstreckt sich Praia da Rocha, einer der „Vorzeigestrände" der Algarve. Hotels aller Kategorien, Restaurants, Kneipen, Bars, Discos, Souvenirläden und Spielhallen säumen den gigantischen Strand, der auch für Familien mit kleineren Kindern ideal ist. Das flache Wasser wird generell von Rettungsschwimmern beaufsichtigt, auf kurvigen Rutschen kann der Nachwuchs seine überschüssige Energie freisetzen. Liegen- und Sonnenschirmverleih, Tretboote und Snackbars runden das vielfältige Angebot ab. Am Ostende, oberhalb

von Marina und Wellenbrechern des Strandes, stehen die Reste der **Festung Santa Catarina,** mit der die westliche Flusszufahrt geschützt wurde; hier ist heute ein hübsches italienisches Café untergebracht, in dem man neben den Getränken einen schönen Ausblick genießt.

Das gesamte **Küstenviertel** nennt sich ebenfalls Praia da Rocha; hier liegen zahllose moderne Touristenwohnanlagen, Hotels, Amüsierbetriebe usw.; das Gebiet steht in einem schier unglaublichen Kontrast zu Portimão selbst. Rocha ist insofern untypisch für die Algarve, als weit nach oben gebaut wurde (und wird) – dagegen wirken selbst die verpönten Ferienorte Armação und Monte Gordo vergleichsweise harmlos.

Praia dos três Castelos

Am Ostende ragt eine Felsspitze ins Meer, die den Praia da Rocha von diesem Strandabschnitt trennt (Durchgang möglich). Oben ermöglicht ein Aussichtspunkt einen großartigen Rundumblick über beide Strände.

Praia do Vau

Sehr beliebter „kleiner Bruder" des Praia da Rocha, ebenfalls nahe der neuen Stadtautobahn gelegen. Es ist schwierig, direkt am Strand Parkplätze zu ergattern. An diesem gut bewachten Sandstrand können Liegen, Schirme und Spaßboote etc. gemietet werden. Mehrere Kioske und Restaurants (das beste ist das O Redelo) bieten Gaumenfreuden an.

Praia do Alemãos

Kleiner Nachbarstrand von Vau am westlichen Ende des Ufersträßchens ohne Serviceeinrichtungen.

Praia da Rocha – Paradestrand bei Portimão

Ziele außerhalb der Stadt

Autodromo

Das Autódromo Internacional do Algarve 12 km nördlich von Portimão (Montes de Cima, Stadtbus 17, 13) mit einer Länge von 4.692 km wurde 2008 fertiggestellt. Sie dient sowohl als Formel 1-Teststrecke als auch den Tourenwagen- und Motorradpiloten als offizielle Rennstrecke. Auf dem 200 Mill. Euro teuren Areal gibt es neben der Hauptstrecke eine Kart-Bahn, einen Sportkomplex sowie ein exklusives Sporthotel. Infos zu Veranstaltungen unter Tel. 282 405 600, www.autodromodoalgarve.com.

Retail-Park

An der N-125 (Abfahrt ausgeschildert, Stadtbusse 4, 5) liegt ein Retail Center mit einigen Verkaufsgeschäften, Bau- und und Supermärkten, welches hauptsächlich für Selbstfahrer interessieren dürfte.

Praktische Tipps

An- und Weiterreise

■ **Bahn:** Der Bahnhof liegt in Gehnähe zum Zentrum und günstigen Pensionen. Mit 13 Verbindungen in beide Richtungen von 6.20–23 Uhr besteht sehr gute Anbindung an andere Algarvezentren.
■ **Bus:** Das Verkaufsbüro von EVA/Frota Azul liegt uferseitig am Praça M. T. Gomez (Mo–Fr 7–23, Sa bis 20 Uhr), die Haltestellen ein Stückchen weiter in der Av. Afonso Henriques: Anbindung besteht in östliche Richtung bis Faro, in westliche bis Vila do Bispo zu allen nennenswerten Orten. Direktbusanbindung besteht ferner 6x tgl. von/nach Lissabon (20 € einfach/36 € retour). Die für Reisende recht wichtige Regionalverbindung entlang der Küste (Strände Carneiros und Carvalho) Richtung Carvoeiro verkehrt 6–7x tgl. von 6.50–18.20 Uhr.
■ **Stadtbus:** zum Praia da Rocha /bis Santa Catarina) von 7.30–24 Uhr jede 1/2 Stunde (retour jeweils 15 und 45), von 7.05–20.05 Uhr fährt Mo–Fr alle 10 Minuten, Sa/So alle 20 Minuten ein Stadtbus ringförmig alle wichtigen Punkte zwischen Bahnhof – Sardinenbrater-Ufer – Zentrum an.

Die **wichtigsten Stadtbuslinien** ins nahe gelegene Umland sind: Praia da Rocha (1, 6); Praia do Vau (2); Alvor (7, 8, 10); Montes de Alvor (8, 9); Portimão-Retail-Centre (4, 5); Mex. Grande (12, 13); Autodromo (13, 17).

■ **PKW:** Parkgelegenheiten (meist Parkscheinautomat, Marina/Museum kostenlos, aber schwer zu finden wegen der Einbahnstraßen) gibt es unmittelbar an der Uferpromenade – aus Richtung Ferragudo fährt man über die Brücke (die übrigens aus den „Resten" des Eiffelturms/Paris gebaut wurde) links; aus Richtung Alvor oder N-125 (Lagos) über die Stadtautobahn an der Abfahrt des Einkaufszentrums Centro Comercial rechts die Av. M. Bombarda bis zum Ende, dort links zum Parkplatz Largo Dique.

Unterkunft

■ Die renovierte **Jugendherberge** liegt gut 3 km außerhalb (Bus: Esc. Coca Maravilhas) und bietet einige Annehmlichkeiten wie Pool und Tennis. Bett 11–17 € p.P., DZ mit Bad 30–47 €, je nach Saison. Tel. 282 491 804, Fax 282 491 806, portimao@movijovem.pt, www.pousadasjuventude.pt.

Bus- und Bahnreisende finden eine Reihe günstiger Pensionen im **Zentrum von Portimão,** alle zentral, aber ohne Meerblick:
■ **Hotel Globo**③, Rua 5 de Outubro 26, Tel. 282 405 030, Fax 483 142, www.hotelglobo-portimao.

com, nicht hübsch, aber funktional, mit Kabel-TV, Safe und Direktwahltelefon im DZ ab 37 bis 86 €.

■ **Pensão Nelinanda**③, Rua Vicente Vaz das Vacas 22, Tel. 282 417 839, Fax 282 417 843, residencial@nelinanda. com, sehr modern, nah am Bahnhof gelegen.

■ **Pensão Mira-Foia**③, Rua Vicente Vaz das Vacas 33, Tel. 282 417 852, Fax 282 417 854, mira.foia @netcabo.pt, ebenfalls in der Fußgängerzone, Eingang um die Ecke, EZ 42 €, DZ 47 €.

■ **Pensão Pimenta**②, Rua Dr. Ernesto Cabrita 7, Tel. 282 423 203, Fax 282 423 204, www.residenci alpimenta.pt, DZ ab 45 €, sehr ansprechend und traditionell-gepflegt.

In Portimão selbst eine Ferienwohnung zu suchen ist weniger empfehlenswert; http://portimao.cos tasur.com/en/apartments.html bietet brauchbare Orientierungshilfe nebst Onlinebuchung.

Praia da Rocha

Alle namhaften Reiseveranstalter bieten seit jeher Pauschalreisen nach Portimão-Rocha an – und die Nachfrage ist ungebrochen! Im Ergebnis bewirkte die permanente Bebauung nicht nur ein vollständiges Zusammenwachsen von Portimão und dem Küstenstreifen von Rocha, sondern auch die Tatsache, dass jeder zweite Gebäudekomplex Ferienwohnungen oder Hotelunterkünfte beherbergt. Um sich hier wohl zu fühlen, sollte man unbedingt ufernah wohnen; recht beliebt bei Pauschalreisenden oder wenn man an einem voll erschlossenen Badeort mit allem Drum und Dran wohnen möchte. Hier ein paar Adressen für den Urlaub „in der ersten Reihe" an der Uferstraße Avenida Tomás Cabreira:

■ **Hotel Algarve Casino**⑤, Tel. 282 402 000, Fax 402 099, www.solverde.pt, erste Adresse mit allem Komfort.

■ **Hotel Bela Vista**④, Tel. 282 450 480, Fax 282 415 369, www.hotelbelavista.net, vor einigen Jahren aufwendig renoviert.

■ **Hotel Júpiter**④, Tel. 282 415 041, Fax 282 415 319, www.hoteljupiter.com und www.hoteljupiter-algarve.com, DZ mit Meerblick und Frst., saisonabhängig, ab 38–117 € bei Onlinebuchung, bestes Hotel der gehobenen Mittelklasse.

■ **Hotel Avenida Praia**③, Tel. 282 417 740, Fax 282 417 742, www.hotelavpraia.com, DZ mit Sat-TV und Minibar 60–150 €.

■ **Hotel da Rocha**③, Tel. 282 424 081, Fax 282 415 988, www.hoteldarocha.com, vergleichbar in Preis und Qualität mit dem *Júpiter*, bietet allerdings Studios für bis zu 4 Personen, teilweise mit Mini-Kitchenette (nicht als Familienküche geeignet).

■ **Hotel Alcalá**②, Tel. 282 424 062, Fax 282 424 441, einfachste Hotelunterkunft am Praia da Rocha, ab 49 €. Nur als Zwischenübernachtung empfehlenswert.

■ **Hotel Oriental**④, Tel. 282 413 000, Fax 282 413 413, www.tdhotels.com/oriental/ing, DZ ab 80–138 €.

■ **Apartamentos Turísticos Belo Horizonte**③, Tel. 282 424 244, Fax 282 417 796, www.belohori zonte.com, 20 Apartments in unmittelbarer Strandnähe saisonabhängig 40–110 € (4 Personen). Empfehlenswerte Wohnungen im Trubelbereich da Rocha, vor allem für Reisende mit Kindern.

■ **Weitere Apartments**③-④ im Bereich Praia da Rocha sind unter www.prainha.net und www. iberotel.pt zu finden.

Praia Do Vau

Auch westlich vom Praia dos três Castelos, allerdings spürbar ruhiger, schließen sich einige ufernahe Unterkünfte an. Wer dem Rummel von Rocha aus dem Weg gehen möchte, sollte es hier versuchen:

■ **Apartamentos Turísticos Jardim do Vau**③, Tel. 282 430 500, Fax 282 401 915, www.jardimdo vau.com.pt, Studios ab 52 €, 4-er Apartments 83–275 €. Je nach Saison, sehr luxuriöse Anlage mit Dampfbad, Pools, Fitness, Billiardraum usw.

■ **Pensão Alcaide**②, Tel. 282 401 462, Fax 282 401 695, DZ 45–85.

■ **Belo Horizonte Apartments**③, 2er- bis 4er-Wohnungen ab 35 € bis maximal 100 € in der Hauptsaison. Zentral im Kneipenabschnitt und gleichzeitig am Badestrand, modern, in erster Reihe, gute Wahl, Tel. 282 424 244 und 962 945 119, Fax 282 424 244.

Essen und Trinken

■ **Supermärkte:** Pingo Doce am Busbahnhof; großes Einkaufszentrum an der Av. V 6 (Stadtautobahn Richtung Rocha und Vau) mit Worten-Supermarkt; gegenüber *McDonald's* und *Lidl;* das Einkaufszentrum (*Portimão Retail Center* mit *Continente*-Supermarkt und Fach-Großmärkten) liegt an der N-125 am Westrand der Stadt (s.o.).

■ **Tipp:** Wer nach Portimão kommt, muss unbedingt zu den **Open-Air-Fischbratern** nahe der alten Brücke, zu erkennen an dem Ziegelschlot des Gemeinschaftsgrills. Mehrere kleine Lokale bieten ähnliche Gerichte an: Makrele oder Sardinen ca. 6 €, Calamaris 7 €, Tagessuppe 2,50 € – lecker und preiswert. Nicht zu verwechseln mit den **neuen Fischbratereien** zwischen Brücke und Bahnlinie am Ufer, wo Sardinen für 7,50 €, oder Makrelen zu 10 € gebraten werden.

■ Interessant ist das **Rivolé,** ein schwimmendes Restaurant auf einem ehemaligen Kutter (Tel. 282 799 346, Mobil 917 521 948) mit Fisch- und Fleischgerichten, aber auch Kindertellern (Fischstäbchen, McNuggets usw.); das Boot kann für Feierlichkeiten auch komplett gemietet werden.

■ **Selbstversorger** finden Metzger und Bäcker in der kleinen Gasse gegenüber der alten Brücke, sowie eine weitere Metzgerei um die Ecke von der Jesuitenkirche.

■ In der Fußgängerzone Richtung Bahnhof liegen für einfache Mahlzeiten die **Burger-Ranch** (Filiale an der Promenade), gegenüber die nette Snackbar **Café Brasil.**

■ Am nördlichen Ende der Fußgängerzone liegt das kleine Indoor- und Takeaway-Snacklokal **Fyed** (Tel. 309 721 654), welches mit Pizza, indischen und Dönergerichten eine merkwürdige Kombination anbietet – ist aber alles sehr lecker und preiswert!

■ Gut speist man etwas abseits der Touristenströme entweder in der **Pizzeria Don Salvatore,** Tel. 282 424 885, tgl. 12–15 und 19–23.30 Uhr, mittl. Preisklasse, bei Holzofenpizza oder großer Auswahl an vegetarischen Gerichten, sowie im **A Esquina,** Tel. 282 423 337, Mi geschl., mittlere Preisklasse, bei hausgemachtem Sangria und delikatem, gegrilltem Mönchsfisch, kleiner Außenbereich.

■ Als nette Bierkneipe im Zentrum sei der **English Pub** am Praça da República empfohlen; Tel. 282 485 296, geöffnet tgl. bis 2 Uhr.

■ In Rocha wurde und wird die Av. Cabreira im Zentrum (TI-Seite) permanent umgestaltet. Man hat den Eindruck diese Seite soll dem „Strip" in Albufeira-Montechoro den Rang ablaufen; Bar auf Bar und Restaurant an Restaurant reihen sich hier aneinander.

■ Die schönste Aussicht bei Café und Kuchen genießt man im **Café Italia** in der Fortaleza Santa Catarina.

■ Am hölzernen Strandpfad mit dem hübschen Kinderspielplatz liegen zahllose Restaurants und Snacklokale in erster Reihe. Hervorzuheben ist hier besonders das **Salsada do Zé** mit tollen Kebab-Variationen, immer frischen Sardinen und sogar Frühstücksangeboten; geöffnet tgl. ab 10 Uhr, außerhalb der Sommersaison Mo geschl. Tel. 967 255 182

Nachtleben

■ Auf der TI-Seite der Av. Cabreira bietet das **Red Lion** eine breite Palette an Biersorten sowie Darts, Billard, Liveübertragungen und englisches Frühstück sowie Snacks; Tel. 282 427 652.

■ Mehrere Discos locken an der Uferstraße, z.B. die Kultdisco **Katedral** (Do–Sa 23.30–6 Uhr, Tel. 282 458 503, hinter der TI). Eintritt je nach Event 3–12 €. Am Praia da Rocha ist (nur im Hochsommer) der **MEO Summer Spot** am Strand (23–6 Uhr, www.spotsummersessions.com) für Nachtschwärmer ein Highlight der nächtlichen Open-Air Veranstaltungen.

■ Ab 23 Uhr abends bietet der **Exotica Strip Club,** Av. Rocha Vau, Tel. 282 425 693, ein auf das männliche Solo-Publikum zugeschnittenes Programm.

■ Die stimmungsvollere Seite liegt westlich der Polizei in der Av. Cabreira; als gutes Steakhouse mit Balkonsitzplätzen empfiehlt sich hier **Sitting Bull** (Av. Cabreira, Tel. 282 418 194); zahlreiche irische Bierkneipen liegen in der Cabreira rund um die TI, sehr beliebt ist das **Irelands Eye** mit Burgern, Snacks, Frühstück, Billiard, Außenterrasse – und dem unvermeidlichen bodenlosen Kilkenny's-Fass. In der nahe gelegenen Rua A. Feu findet man **Durty Nelly's Irish Pub** (mit Livemusik), ebenfalls ein lang ansässiger Trendsetter unter den irischen Kneipen hier.

Nützliches

■ **Touristeninformation (Portimão):** Largo 1° de Dezembro, Tel. 282 419 131, Mo–Fr 9.30–13 und 14–19 Uhr sowie ein kleiner Stand an der Uferpromenade (Höhe EVA).

■ **Touristeninformation (Rocha):** Av. Cabreira (bei der Polizei), Tel. 282 419 132, tgl. 9.30–13 und 14–17.30 Uhr.

■ **Hospital:** *Centro de Saúde de Portimão,* Praceta Cuata António Aleixo (nahe N-125, gut beschildert), Tel. 282 416 272; *Clínica da Rocha,* Tel. 282 414 500 (Viertel da Rocha).

■ **Polizei:** Alto da Raminha (Stadtautobahn V-6), Tel. 282 417 217.

■ **Bank/Post:** Largo Gil Eanes, Mo–Sa 9–12 und 14.30–18 Uhr sowie in der Rua Judice Biker an der Nordseite des Pr. M.T. Gomez. Nebenan kann in der Multibanco per EC-Karte Geld abgehoben werden.

■ **Internet:** Mail Boxes, Praça da República 12, Tel. 282 418 109, in der städtischen Bibliothek (gegenüber der Polizei) sowie in zahlreichen Lokalen.

■ Eine **Touristenbahn** verbindet die wichtigsten Resorts zwischen Rocha und Vau; ein **Stadtbus** fährt von Rocha (vor Santa Catarina) ca. 30x tgl. in die Innenstadt; eine brauchbare Übersicht über alle Stadtbusse im Detail bietet www.portimaoun covered.com.

■ **Fahrzeugverleih:** Fahrrad- und Scooterverleih im *Hotel da Rocha,* PKW bei *Bravo Tours*, Miradouro dos três Castelos, Tel. 282 460 560, info@bravotur.com. Neben der Hafenmeisterei werden an der Uferpromenade Räder (2–3 €/halber Tag) vermietet. In Praia da Rocha findet man *Autorent* direkt im Zentrum (www.autorent.pt) nahe der TI in der Rua Cabreira.

■ **Bootstouren:** an der Uferpromenade; angeboten werden Grottenfahrten (ca. 25 €/3 h) und Flussfahrten bis Silves (4–5 h, ab 40 €). Spezielle Angeltouren (ab 60 €, ½ Tag) bietet z. B. *Cepemar,* Rua Antonio Dias Cordeiro 1, Tel. 282 425 866, www.big gamefishinginalgarve.com. Der Veranstalter *Alegria,* Av. F. Sa Carneiro, Tel. 963 391 192 (man spricht Deutsch), Fax 282 356 579 bietet Grotten- und Angeltouren an.

■ Jeder Strandbesucher der Südwestalgarve wird irgendwann die liebevoll restaurierte 23-Meter Caravelle „Santa Bernarda" vorbeituckern sehen. An vielen Rezeptionen größerer Hotels, unter Tel. 282 445 491, sowie am Kiosk an der Uferpromenade von Portimão können Bootstouren auf diesem einmaligen Schiff gebucht werden (Grottenexpedition, Küstenfahrt und Strandpicknick usw., je nach Dauer und Umfang 30–80 € p.P.).

■ **Golf:** Alto Golf, Hotal S.A., Tel. 282 460 870, Fax 282 460 879, www.altoclub.com.

■ **Tauchen:** *Pinguim Sub,* Urbanização da Boavista, Tel. 282 485 784, Fax 282 485 784, www.pin guimsub.pt; *Portitours – Emoção e aventura,* Alto do Quintão, Tel. 282 470 002, Fax 282 470 053, www.portitours.pt. *Portisub* (Marina, neben dem Museum) liegt zentral und ist viel leichter zu finden; Tel. 282 498 040, www.portisub.com.

Der Westen der Algarve gilt mit seinen von manns-hohen Wellen umspülten Felsklippen als eher rau. Hier im Naturpark Südwest-Alentejo zeigt sich

3 Lagos und der Westen

der Atlantik in seiner wilden und unbändigen Ursprünglichkeit.

‹ Praia do Amado – einer der Topstrände der Algarve

LAGOS UND DER WESTEN

080al wl

„Ab Lagos wird es erst richtig schön!“ sagen viele Reisende und meinen damit die vergleichsweise sehr dünn besiedelte Region zwischen Lagos und Odeceixe. In der Tat strahlt Lagos ein ganz besonderes Flair aus, gilt die Stadt doch als Ausgangspunkt der großen portugiesischen Entdeckungsreisen des 15. Jh. Eine ganz besondere Stimmung herrscht auch am südwestlichsten Punkt Festlandseuropas mit dem Leuchtturm des Cabo de São Vicente und der nahe gelegenen „Seefahrerschule“ Heinrich des Seefahrers in Sagres. In nördlicher Richtung erstrecken sich zahlreiche schier endlose, gigantische Atlantikstrände.

Alvor

Auf einem Hügel im östlichen Marschland der aus vier Flüssen gebildeten Bucht Baia de Lagos gründeten vermutlich maurische Händler eine Siedlung, die sie Albur nannten. Im Schatten der beiden „Großstädte“ Portimão und Lagos führte das Örtchen (ca. 6.500 Einwohner) ein beschauliches Dasein, lediglich das Erdbeben von 1755 führte zu weiten Zerstörungen.

Auch die Tatsache, dass Alvor nicht unmittelbar am Meer liegt, trug wesentlich dazu bei, dass ein **pittoreskes traditionelles Ortsbild** erhalten blieb. Unterstrichen wird der malerische Eindruck durch die wenigen, großzügig verteilten Fischer- und Segelboote in der an ein Naturschutzgebiet erinnernden Bucht mit Blick auf das Bergland von Monchique. Nicht umsonst wurde Alvor in Besucherumfragen mehrfach zum „liebenswertesten Algarvedorf“ gekürt. Aber Achtung: Im Sommer scheint abends die halbe Algarve in Alvor zu flanieren!

Einen Kilometer südöstlich vom Ortskern haben sich küstenseitig bis zum Vorort Prainha entlang des „Paradestrandes“ Três Irmãos touristische Strukturen à la Rocha entwickelt, allerdings noch recht zersiedelt; hier liegen etliche große Hotels und der Alto Golf & Country Club.

Sehenswertes

Ortskern

Die **Dorfkirche** auf dem Hügel oberhalb der Bucht stammt aus dem 16. Jh., allerdings wurden hier drei schlichte maurische Einsiedeleien als Sakristei und Seitenkapellen in die Pfarrkirche integriert – es handelt sich um die einzigen erhaltenen arabischen Kirchenelemente der Algarve. Unter der Decke ist das königliche Wappen von *João II.* (mit Christusritterkreuz) zu sehen, der 1495 in Alvor an einem Lungenleiden starb, obgleich er zuvor zu einem Kuraufenthalt in

Die friedliche Bucht von Alvor

NICHT VERPASSEN!

- Gemütlich flanieren und lecker Fisch essen – auf der **Promenade von Alvor** | 160
- Fisch frisch auf den Tisch – der **Fischmarkt von Lagos** | 169
- Ein Kleinod im Nirgendwo – **Nossa Senhora da Guadalupe** | 187
- Ein Muss für Bratwurstliebhaber – **die „Letzte Bratwurst vor Amerika"** | 192
- Traumstrand mit Farbkontrast – **Praia do Castelejo** | 197

Diese Tipps erkennt man an der gelben Hinterlegung.

Der Südwesten

Alga02
0
5 km
©Reise Know-How 2013
Aljezur, Rogil, Odeceixe
Alfambra
Seixo de Cima
Romeiras
Romarinho
Foz dos Barrancos
Casinha da Ribeira
Três Figos de Cima
Tojeiro
Ribeira de Odiáxere
Ribeira da Torre
Três Figos de Baixo
Ataboal
Brejo da Forca
Vale da Cerva
Folga
Barranco de Água
Peso de Cima
Corsino
Monte Ruivo
Poldra
Gordeiro
Ribeiro do Pereiro
120
Barragem da Bravura
Pereira
180
Túmulos de Alcalar
da Bordeira
Álamos
Corte Pere Jaques
Pincho
Canafechal
Vidigal
55
Faro
Ribeira do Farelo
de Cão
Feiteira
Pedra Branca
Arão
A22
IC4
Cotifo de Cima
Candeeira
Mexilhoeira Grande
146
Portimão
Rib. de Odiáxere
Bensafrim
125
Figueira
Odiáxere
180
Abicada (Vila Romana)
Boavista
Cerro Ruivo
Rib. de Bensafrim
Vale de Lama
A22
IC4
Barão de São João
Caldeiroa
Colégio
Sargaçal
Torre
Palmares
Rib. de Almádena
120
Marateca
179
Meia Praia
Ria de Alvor
160
Alvor
Monte Judeu
Portelas
Alto da Cerca
Albaldeira
Praia de Alvor
Praia dos Três Irmãos
169
Lagos
Meia Praia
Barão de Sã Miguel
Espiche
125
Quinta da Luz
Praia d. Batata
Praia dos Estudantes
Santo Antonio
Praia dos Homens
BAÍA DE LAGOS
Vale de Boi
Montinhos da Luz
181
Taboeira
Luz
Atalaia
Ameijeira
Praia do Pinhão
183
183
Praia da Dona Ana
Forte de Almádena
Burgau
Alagoas
Praia da Luz
Praia do Camilo
Ponta da Piedade
Praia de Porto de Mós
Barrancão
Praia do Burgau
Praia do Canavial
Praia Cabanas Velhas
Praia Grande
Praia Boca da Rio
ATLANTISCHER OZEAN

Alvor
0
100 m
1 2
N-125, Lagos, Quinta Nova
Rua de Alfonso Costa
Rua de S. Pedro
Dorfkirche
Rua 28 de Septembre
Lagune Alvor
Rua Vasco da Gama
Alter Fischmarkt
Praça da República
R. de Alfonso Costa
Rua Padre Neves
Uferpromenade
Rua Doutor Frederico Ramos Mendes
Rua António José de Almeida
Markthalle
Rua Marquês de Pombal
Travessa do Castelo
Rua Dom Sancho
Uferpromenade
Lagune Alvor
Hafen
Uferpromenade
Fischerhafen
3
4
5
6
7
8
9
10
11
12
13
14
15
16
17
18
19

©Reise Know-How 2013
Alga20
Übernachtung
1 Camping
2 Pensão Alvor Bela Vista
16 Albergaria Buganvília
19 Alvormar Apartments
22 Torralta-Apartanlagen
23 Hotel Alvor Praia
24 Hotel Delfim
25 Dom João II Village Beach Club
Einkaufen/ Sonstiges
10 Alvor-Autoverleih
18 Reiseagentur & Fahrzeugverleih
20 Apotheke
21 Polo-Autoverleih, Alisuper
Essen und Trinken
3 Ristorante L'Angolo
4 Rest. Vila Velha
5 Rest. Tasca Morgadinho
6 Rest. Casa da Mare
7 Rest. Hellman's
8 Snacklokale
9 Rest. Restinga
11 Borola Bar
12 Sports Café
13 Bolan's Bar
14 Mourisco Cocktail-Bar
15 Happy Night Cocktail-Bar
17 Alan's Irish Bar
18 Paddy's Bar
Wassersport
26 Kitesurf-Center
B
20
21
22
23 24 25 Portimão, Vau
Gemeinde-Sportzentrum
P
26 Ortsstrand, Praia do Alvor
P

Monchique gewesen war. Links der Kirche (am Pfarrhaus vorbei) führt ein Pfad im linken Halbbogen hinunter zum **Uferpromenadenweg;** dieser bietet schöne Ausblicke über die ruhige Bucht und das Bergland. Sehr hübsch ist auch die Aussicht vom **Klippengarten,** den man über die Rua F. Mendes und de Pombal oder die Treppe am Ufer erreichen kann. Vor allem abends beleben sich die **Altstadtgassen,** zahllose Bars und Restaurants, aber auch Souvenirgeschäfte und kleine Boutiquen scheinen erst nach Sonnenuntergang richtig zu florieren.

Os Praias

Nicht unmittelbar am Ort, sondern ca. 1,5 km südöstlich, getrennt durch die Landzunge zwischen Bucht und Meer, erstreckt sich ein über mehrere Kilometer von der Mündung des Rio de Alvor bis zur Siedlung Prainha (bei sehr niedrigem Wasser sogar bis Alemãos, ⇗Portimão) ein **durchgehender Strand.** Zahlreiche Pfade durchziehen das Marschland rund um die Bucht; man hält sich am besten hinter dem Stadion (nach der Sporthalle Richtung Strand) rechts auf dem Sanddünenweg und wandert dann die kleinen Pfade rechts (Blick auf Alvor) entlang bis zur Landzunge und dann am kilometerlangen Strand zurück (ca. 1 Stunde) – auch für Ornithologen interessant. Mehrere Strandrestaurants mit leckeren Fischgerichten haben sich am Strand entlang etabliert; ausreichend Parkmöglichkeiten sind überall vorhanden. Hinter dem Sandgürtel erstrecken sich weite Dünenfelder, das Westende ist nur zu Fuß zu erreichen (und entsprechend menschenleer und unbewacht), wohingegen an der Ostseite Tretbootverleih und Windsurfen angeboten werden. Das Wasser ist schon in Ufernähe verhältnismäßig tief, die **Strömung** teilweise stark bei oft unangenehmen Winden. Zur westlichen Meeresseite gelangt man zu Fuß entlang der Uferpromenade (ca. ein Kilometer), per PKW über die Uferstraße Richtung Rocha (mehrere Zufahrten bei den Hotels, nur teilweise beschildert). Die einzelnen Abschnitte werden **Praia do Prainha, Praia dos Três Irmãos** („Drei Brüder“) und **Praia do Alvor** genannt, ohne dass aber ein augenfälliger Unterschied zwischen ihnen bestünde.

An- und Weiterreise

■ **Bus:** 8–18 Uhr 4–6x tgl. hält die Lagos – Albufeira-Linie in Alvor; die Portimão-Stadtbusse (Vai e Vem) alle 15 Minuten von/nach Portimão (am Kreisel) mit den Linien 7 (via Praia do Vau, auch Alvor Beach), 8 (via Montes de Alvor, auch Alvor Beach), 10 (nur Alvor-Zentrum). Von 20–24 Uhr Abendlinie alle 20 Minuten von/nach Portimão („Linia Luar“).
■ **Selbstfahrer** sollten am Kreisverkehr (zentraler Straßenverteiler) am kleinen Stadtpark die Almeida (weiter oben 25 de Abril) bis zur Pombal fahren und dort links hinunter; am Ufer parken. Zwischen der Ecke Almeida/Pombal, Kirche und Ufer liegt der Altortkern mit zahllosen Restaurants.

Unterkunft

Im Altort selbst:
■ **Albergaria Buganvília**③, Rua Padre Mendes, Tel. 282 459 412, mit angeschlossenem Restaurant, preiswerte DZ ab 65 €/Hauptsaison. Selbstversorger finden sehr zentral die **Apartmentanlage Alvo-**

mar, Rua Dom Sancho, Tel. 282 450 550, www.alvomar.com, 50 Studios bzw. Apartments für 2–4 Personen (alle mit Safe, Mikro, Meerblick und Kabel-TV), beheizter Meerwasserpool. Wohneinheiten je nach Saison und Größe 70–175 €.

Nördlich des Zentrums Richtung Sportflugplatz, an der Zufahrtsstraße zur N-125, liegen folgende Unterkünfte:

■ **Campingplatz Campismo da Dourada,** Tel. 282 459 178, www.campingalvor.com. Auch Mobilheime/Bungalows (August 90 €/4 Pers.), außerhalb von Juli/August sehr preiswert (40 €/4 Pers.).

■ Im Vorort Montes de Alvor liegt das **Aparthotel Jardim do Alvor**③, Tel. 282 458 022, Fax 282 458 024, www.hotel-alvorjardim.com, mit DZ ab 85 €, sowie die **Pensão Alvor Bela Vista**②, Estrada dos Montes de Alvor, Tel. 282 458 001, Fax 282 458 939 mit DZ ab 60 €.

■ Unmittelbar an der N-125 Richtung Lagos schließlich bietet das luxuriöse **Golfhotel Hotel Lê Meridien**⑤, Penina, Tel. 282 420 200, Fax 282 420 300, www.lemeridien.com/penina, komfortable Zimmer mit allen Annehmlichkeiten ab 140 €/DZ bis 735 €/Suite.

Der touristische Wohnbereich mit nahem (nicht direktem) Strandzugang an den Hotels und Apartmentanlagen der Mittel- bis Oberklasse liegt ca. 2 Kilometer südöstlich von Alvor am Praia Tres Irmaos.

■ **Hotel Alvor Praia**⑤, Praia dos Três Irmãos, Tel. 282 400 900, Fax 282 400 975, www.pestana.com, westlich vom Zentrum und das unter demselben Management stehende:

■ **Hotel Delfim,** Praia dos Três Irmãos④, Tel. 282 400 800, Fax 282 400 899, www.pestana.com, noch zentrumsnah, DZ ab 89 €.

■ **Hotel Apartamento Torralta**③, Torre C, Tel. 282 459 211, Fax 282 459 171, schlicht und etwas zurückgesetzt, dafür relativ preiswert ab 70 € im Sommer.

■ **Aldeamento Turístico da Praínha**③, Praia dos Três Irmãos, Tel. 282 480 000, Fax 282 458 950, www.prainha.net, komplett ausgestattete Villen, Apartments und Studios, tolle Anlage. 2 Schlafzimmer-Apartment 75–235 €, 9-Personenvilla mit Pool 470 €.

■ **Dom João II Village Beach Club,** hübsche Anlage mit Bungalows (sehr meernah), Pool, Minimarkt, Unterhaltungseinrichtungen, Kids Club, Minigolf usw. aufgrund der Gehnähe zum Zentrum und Strand die vielleicht beste Wahl mit Kleinkindern. Tel. 282 400 700, www.pestana.com.

Essen und Trinken/Nachtleben

■ Ein zentraler **Alisuper** am „Hauptkreisel", die **Markthalle** (Largo de Castelo) sowie der Fischmarkt (am Ufer nahe der Kirche, Mo–Sa 8.30–13 Uhr) bieten die besten Einkaufsmöglichkeiten.

Die Anzahl der Restaurants und Bars scheint angesichts der Größe des Ortes inflationär, wobei vor allem die Rua F. Mendes „albufeirisch" wirkt. Deshalb an dieser Stelle nur eine kleine Auswahl:

■ Sehr schön sitzt man auf der Dachterrasse des nicht billigen, aber ausgezeichneten **Vila Velha** (Tel. 289 642 886) in der Rua Vasco da Gama.

■ Preiswerte Pizzen bietet **L'Angolo** gegenüber (auch zum Mitnehmen, unter Tel. 282 458 369 vorbestellen).

■ Fischfeinschmecker empfehlen das unauffällige **Hellman's** (Rua Dr. F. R. Mendes/Ecke Vasco Da Gama, Tel. 282 458 208), für landestypische Gerichte oder von den zahlreichen Fischlokalen am alten Fischmarkt das **Casa da Mare** (Suppe, Fleischspieße, Muscheln); Tel. 282 457 837, www.casadamare.com.pt. Einheimische bevorzugen die schlichte, alte und entsprechend preisgünstigere **Tasca Morgadinho** (Tel. 289 098 312) nebenan mit sehr einfachem Ambiente, aber ebenfalls guten Fischgerichten. Die Top-Adresse in Alvor aber ist das **Restinga,** Tel. 282 459 434, mit exquisiten Kebabs, Steaks und Fischgerichten – Größen aus Politik und Kultur wie *Robert de Niro* haben hier schon diniert.

■ Zahlreiche **Snackbars** für Kleinigkeiten finden sich entlang der Uferpromenade.

■ **Tipp:** Für einen gepflegten Cocktail oder auf ein Bier empfiehlt sich die **Mourisco Cocktail Bar** (Rua Dr. F. R. Mendes, Tel. 282 459 069) im nordafrikanisch-maurischen Stil oder eine der zahlreichen irischen Bars, etwa **Alan's** am Marktplatz oder **Bolan's Bar** mit gelegentlicher Livemusik (Rua Dr. F. R. Mendes, Tel. 282 459 007) – alle drei seit Jahren im Geschäft und absolut urig. Als eine weitere der zahlreichen irischen Kneipen in Alvor ist ferner die seit vielen Jahren etablierte **Paddy's Bar** (Tel. 282 458 115) zu nennen.

■ Ebenfalls in der Rua Dr. F.R. Mendes liegt das **Sports Café,** welches auf Liveübertragungen spezialisiert ist, aber auch (freitags) Livemusik (Rock) sowie Discobetrieb bis 4 Uhr (am Wochenende) bietet; Tel. 282 459 121.

Nützliches

■ **Touristeninformation:** Rua Almeida/Ecke Costa, Tel. 282 457 523, Di–Fr 9.30–13 und 16.30–19 Uhr.

■ **Hospital:** Estrada do Alvor (hässlicher Torbogen, dahinter links), Tel. 282 420 400.

■ **Telefonautomaten:** Praça da República.

■ **Kitesurf-Center:** unterhalb der Torraltra-Towers am Strand, Tel. 282 458 033, http://alvor kitecenter.com.

■ **Agenturen:** mehrere Büros für Fahrzeugverleih, Ausflüge, Tickets usw. liegen in der Rua Dr. F. R. Mendes (Nr. 16 Ria Informa, Nr. 8 Car Travel); die *Agencia de Viagens* hat ihren Sitz in der Rua de Almeida gegenüber vom „Hauptkreisel". *Alvor Car-Hire* (Rua Pombal, www.alvorcarhire.com) bietet neben Fahrzeugverleih Ausflüge und Tour-Organisation.

■ **Rundflüge:** *Sky-Zone,* Tel. 282 495 926, Fax 282 495 951, www.skyzone.pt, bietet Rundflüge, Foto-Trips sowie Kurzstreckentransporte ab Sportflugplatz Alvor. Auch Springen wird in Alvor angeboten (www.skydive-algarve.de).

⊡ Quirlig-beschauliches Zentrum vom Lagos

081al wl

Lagos

Für viele ist Lagos (31.000 Einwohner) die schönste Stadt der Algarve, vielleicht, weil sie in ihrer Vielseitigkeit eine gelungene Synthese zwischen Tradition und moderner Entwicklung darstellt.

Lagos ist heute eines der **logistischen Zentren** im Südwesten; die Bahnlinie nach Vila Real nimmt hier ihren Anfang, ebenso zahlreiche Busverbindungen nach Norden (Lissabon) und Osten (Spanien). Die große moderne Marina, eine attraktive, weil unauffällige touristische Infrastruktur, mehrere Strände in Laufweite und nicht zuletzt die Geschichte der Stadt üben eine einzigartige Anziehungskraft auf jeden Besucher aus. Der Unterschied etwa zu Faro oder Albufeira steckt in Details; es mögen die Straßenmusikanten sein, der angenehm weite Blick über Strände und Meer, oder aber die kleinstädtische Geschäftigkeit, die der Stadt eine Attraktivität verleihen, die an der Algarve ihresgleichen suchen.

Geschichte

In der vermutlich schon seit dem Neolithikum besiedelten Gegend gründeten keltoiberische Einwanderer die Hafenstadt **Lacobriga,** die auch für Phönizier, Griechen und Karthager den wichtigsten Handelsplatz im äußersten Südwesten der Iberischen Halbinsel darstellte. Dämme und Brücken schlossen die Stadt unter den Römern um 150 n. Chr. an das Wegenetz auf dem Festland an, wodurch die Bedeutung als Warenumschlagplatz stieg. Es blieb den Mauren vorbehalten, ihre moderne Landwirtschaft ins unbewohnte Umland zu bringen – noch heute sieht man vor allem westlich der Stadt für die Region untypisch viele und großflächige Kornfelder.

Als die Stadt im 13. Jh. unter *Afonso III.* erobert wurde, erhielt sie den Namen Lagos („See") und wurde mit den heute noch teilweise sichtbaren Stadtmauern geschützt. Der entscheidende Aufschwung kam im 15. Jh. mit **Dom Infante Henrique,** der 1419 Gouverneur der Algarve und zudem 1420 Großmeister des Ordem de Christo (⇗Geschichte) wurde. Die Nähe seiner **Seefahrerakademie** in ⇗Sagres bedeutete für Lagos, dass der Schiffbau boomte und viele Entdeckungsfahrten (z.B. die von *Gil Eanes*, der vielleicht bekannteste Bürger von Lagos) in der Stadt begannen und endeten, was völlig neue „Produkte" wie afrikanische Sklaven, amerikanische Feldfrüchte und fernöstliche Gewürze über Lagos nach Portugal brachte.

Die gestiegene Bedeutung der Stadt zeigte sich zwar in der Ernennung zur **Hauptstadt der Algarve** (1577), doch kann diese Anerkennung nicht über den damals schon einsetzenden Niedergang hinwegtäuschen. Längst war Lissabon-Belém der zentrale Hafen des Imperiums geworden, und für Lagos blieben nur „Krumen" – etwa die Eroberungsfahrt des *Dom Sebastião* (1578) nach Nordafrika; dieser überlebte die Schlacht bei Alcácer nicht, was die 60 Jahre andauernde spanische Fremdherrschaft auslöste.

Nach dem Erdbeben von 1755 ging die Krone der Provinzhauptstadt an Faro (1756); Lagos wurde zum Handels- und Fischerstädtchen, dessen wirtschaftliche Bedeutung erst wieder mit dem **Tourismusboom** des späten 20. Jh. wuchs.

Sehenswertes

Uferpromenade

Einen ersten Eindruck von der Stadt gewinnt man an der großen, palmengesäumten Prachtstraße **Avenida dos Descobrimentos** („Boulevard der Entdeckungen") mit der großzügigen Fußgängerpromenade. Emsige Fischer bieten Angel- und Grottenausflüge aller Art an, während die Ausfahrt der Kleinboote aus der Marina im Hintergrund ein wenig an den Auszug einstiger Entdecker erinnert. Von der Promenade nicht wegzudenken sind die aus Angola stammenden **Nathis-Zwillinge.** Sie musizieren als echte Vollprofi-Straßenmusikanten seit über 40 Jahren in Lagos.

Praça Gil Eanes/Praça Luis de Camões

Der nach dem in Lagos gebürtigen Entdecker *Gil Eanes* benannte Platz hat sich zum **Ortskern** entwickelt, an dem quirlige fliegende Händler ihre Waren feilbieten, Touristen in einem der zahlreichen Cafés verschnaufen und Rentner über die neuesten Fußballereignisse debattieren. Der alte Prachtbau neben dem Telekommunikations- und Postzentrum stammt aus dem späten 18. Jh.; er dient heute als **Rathaus.** Die moderne **Skulptur** in der Mitte des Platzes stellt *Dom Sebastião* dar, jenen auf dem Afrikafeldzug von 1578 verstorbenen Regenten, dessen Tod die Schmach der bis heute nicht vergessenen spanischen Fremdherrschaft auslöste. An den Praça Gil Eanes, dessen Nachfahr übrigens als General an der Nelkenrevolution (⇗Geschichte) beteiligt war, schließt sich ein zweiter, kleinerer Platz an, der nach dem großen portugiesischen **Dichter** *Luís de Camões* (⇗Lissabon) benannt ist. An und in den Gassen um diese beiden Plätze liegen Dutzende von Restaurants und Cafés, Souvenirgeschäfte und Boutiquen. Unter dem Strich wird man beim Bummeln rasch feststellen, dass Lagos spürbar preiswerter ist als viele andere vergleichbare Orte der Algarve.

São Sebastião

Die **Sebastião-Kirche** liegt auf einem Hügel am Rande der Altstadt; sie wurde im 14. Jh. vermutlich auf den Resten einer maurischen Moschee errichtet. Nachdem der Bau durch das Erdbeben von 1755 erhebliche Schäden erlitten hatte, wurden größere Restaurierungsarbeiten an der dreischiffigen Kirche vorgenommen; heute erinnert lediglich das Renaissanceportal noch an den ursprünglichen Bau. Wichtigstes Sakralutensil ist ein schlichtes Holzkreuz, welches der Überlieferung zufolge die (verlorene) Schlacht von Alcácer begleitete und im Gedenken an den unseligen *Dom Sebastião* in der Kirche aufbewahrt wird. Der mächtige **Glockenturm** kann besichtigt werden; die emsige Kirchendienerin beeilt sich, Besucher auf den Kartenverkauf hinzuweisen (1 €).

Praça Infante Henrique

Die ehemalige Praça da República ist seit der Errichtung des Henrique-Denkmals anlässlich seines 500. Todestages im Jahre 1960 nur noch als Praça Dom Infante Henrique bekannt. Während auf dem

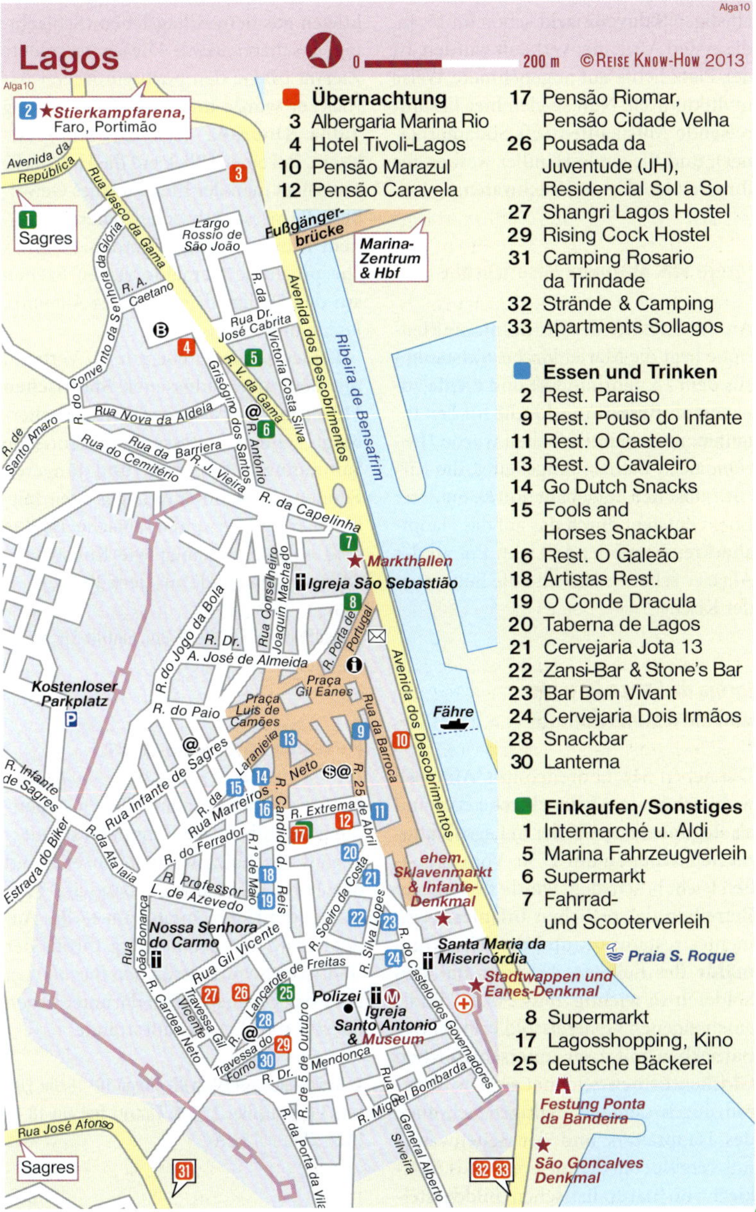
Lagos
0 200 m ©Reise Know-How 2013
Alga10
Übernachtung
3 Albergaria Marina Rio
4 Hotel Tivoli-Lagos
10 Pensão Marazul
12 Pensão Caravela
17 Pensão Riomar, Pensão Cidade Velha
26 Pousada da Juventude (JH), Residencial Sol a Sol
27 Shangri Lagos Hostel
29 Rising Cock Hostel
31 Camping Rosario da Trindade
32 Strände & Camping
33 Apartments Sollagos
Essen und Trinken
2 Rest. Paraiso
9 Rest. Pouso do Infante
11 Rest. O Castelo
13 Rest. O Cavaleiro
14 Go Dutch Snacks
15 Fools and Horses Snackbar
16 Rest. O Galeão
18 Artistas Rest.
19 O Conde Dracula
20 Taberna de Lagos
21 Cervejaria Jota 13
22 Zansi-Bar & Stone's Bar
23 Bar Bom Vivant
24 Cervejaria Dois Irmãos
28 Snackbar
30 Lanterna
Einkaufen/Sonstiges
1 Intermarché u. Aldi
5 Marina Fahrzeugverleih
6 Supermarkt
7 Fahrrad- und Scooterverleih
8 Supermarkt
17 Lagosshopping, Kino
25 deutsche Bäckerei
2 ★Stierkampfarena, Faro, Portimão
1 Sagres
Sagres
Marina-Zentrum & Hbf
Fußgängerbrücke
Avenida da República
Rua Vasco da Gama
Largo Rossio de São João
Ribeira de Bensafrim
Avenida dos Descobrimentos
Markthallen
Igreja São Sebastião
Kostenloser Parkplatz
Praça Gil Eanes
Praça Luís de Camões
Fähre
ehem. Sklavenmarkt & Infante-Denkmal
Nossa Senhora do Carmo
Santa Maria da Misericórdia
Praia S. Roque
Stadtwappen und Eanes-Denkmal
Polizei
Igreja Santo Antonio & Museum
Festung Ponta da Bandeira
São Gonçalves Denkmal
Rua José Afonso
Estrada do Biker
R. Infante de Sagres
Rua Infante de Sagres
R. de Santo Amaro
Rua Nova da Aldeia
Rua da Barriera
Rua do Cemitério
R. da Capelinha
R. do Jogo da Bola
R. Dr. A. José de Almeida
R. do Paio
R. da Ata laia
R. do Ferrador
R. Professor L. de Azevedo
Rua Gil Vicente
Rua Cardeal Neto
Rua João Bonança
Travessa do Forno
R. Dr. Mendonça
R. 25 de Abril
Rua da Barroca
R. Extrema
R. Candido d. Reis
R. 1° de Maio
R. Silva Lopes
R. do Castelo dos Governadores
R. Miguel Bombarda
Rua General Alberto Silveira
R. da Porta da Vila
R. de 5 de Outubro
R. Porta de Portugal
Rua Conselheiro Joaquim Machado
Rua Dr. José Cabrita
R. V. da Gama
R. António Grisógino dos Santos
R. J. Vieira
Victoria Costa Silva
R. A. Caetano
Convento da Senhora da Glória
R. Laranjeira
R. da Marreiros
Neto
Soeiro da Costa
Lançarote de Freitas
Travessa Gil Vicente

einstigen **Sklavenmarkt** schon im 15. Jh. die ersten Afrikaner verkauft wurden, ist der Platz heute auf angenehmere Weise multikulturell: Nun spielen hier herumreisende Musikanten (oft Südamerikaner), und fliegende Händler werben für ihre Beinkleider und Tuchwaren.

Igreja Sta. Maria da Misericórdia

An der Südseite des Praça Infante Henrique liegt die Marienkirche. Sie stammt aus dem 15. Jahrhundert und diente zunächst als **Bestattungskirche** für den Infanten; nach dem Erdbeben wurde *Henrique* nach Bathala umgebettet, die Kirche selbst neu aufgebaut. Ein besonderer Effekt entsteht durch das auf das Hauptaltarkreuz einfallende Licht. Ein an der Algarve seltenes Bild sind die Bettler vor der Kirche.

Igreja de Santo António und Museu Municipal

Die neben São Lourenço in ⇗Almansil wohl **schönste Algarvekirche** entstand als Regimentskapelle der in Lagos stationierten Truppen um 1730. Vom Erdbeben leicht beschädigt, wurde sie 1769 auf Betreiben des örtlichen Infanterieregimentes restauriert, und das **Titulargemälde** des heiligen *Antonius* war den Soldaten so wichtig, dass es (das Bild!) einen eigenen Generalssold erhielt. Der Barockbau mit zwei unterschiedlichen Glockentürmen zeichnet sich im Inneren durch den reichhaltigen Schmuck des Hauptaltars und der Seitenwände mit vergoldeten Schnitzereien aus, flankiert von naturalistischen Bilddarstellungen aus dem Alltagsleben (Schlachttag, Fischerei usw.). Dieser vergoldete Zierrat prägte den portugiesischen Barock; er wurde unter der Bezeichnung **Talha Dourada** („Goldschnitt") bekannt. Bei einem Blick auf die Holzdecke unterliegt man der Illusion eines Gewölbes, die perspektivische Malerei ist einem Kloster nachempfunden. Zahlreiche prächtige Gemälde zeigen Szenen aus den Heiligenlegenden des *Antonius, Joseph* und *Eligius.*

Leider ist die Kirche nur im Verbund mit dem angeschlossenen **Städtischen Museum** zu besichtigen. Dieses beherbergt eine interessante historische Sammlung von frühen und jüngeren Funden aus dem Raum Lagos. Steinzeitliche, römische und arabische Relikte sind ebenso zu sehen wie Kunst- und Alltagsgegenstände aus dem 20. Jh.

■ Geöffnet Di–So 10–18 Uhr, Eintritt 3 €, www.cm-lagos.pt.

Forte da Ponta da Bandeira

Natürlich musste auch die Flussmündung des Ribeira de Bensafrim standesgemäß geschützt werden. So entstand das Forte da Ponta da Bandeira zum Schutz der Hafeneinfahrt im 17. Jh. Auf dem Platz vor der Festung thront der städtische Schutzpatron *São Bartolomeu* über der Hafeneinfahrt; darunter liegen die ersten örtlichen Badestrände.

■ Besichtigung möglich Di–So von 10–18 Uhr, Eintritt 3 €, ermäßigt 1,50 €, Eintritt frei am 18.4., 18.5., 27.9. und 27.10.

Strände

Lagos erscheint vielen Besuchern als die angenehmste Stadt – nicht zuletzt wegen der vielen zu Fuß erreichbaren Bademöglichkeiten. Abgesehen vom weitläufigen ⇗Meia Praia auf der Ostseite liegen etliche weitere Strände in der Umgebung.

Praia da Batata

Unmittelbar neben der Festung Ponta da Bandeira prägen knollige Felsformationen den Praia da Batata (er heißt denn auch „Kartoffelstrand“); er liegt am Fuße der Innenstadt, dafür aber stehen Autofahrern nur wenige Parkplätze zur Verfügung. Das Wasser ist seicht und klar, der Strand selbst wird weder bewacht noch bewirtschaftet.

Praia dos Estudantes

Nebenan liegt ein ähnlicher Strandabschnitt, genannt Praia dos Estudantes („Studentenstrand“). Tatsächlich trifft man hier vor allem auf mitteleuropäisches Publikum jüngeren und mittleren Alters. Über Felsgänge gelangt man zu den benachbarten Strandabschnitten, von der Hauptstraße führt eine lange, schmale Treppe hinab.

Praia dos Homens

Ein Stück höher zweigt an der Descobrimentos, gegenüber der Feuerwehr, eine asphaltierte Sackgasse ab. Folgt man dieser bis zum Ende, erreicht man den Abstieg zum mäßigen (da teils recht felsigen) Praia dos Homens.

Praia do Pinhão

Dem Weg oben noch 150 m weiter folgend, gelangt man an einen trotz seiner Nähe zur Stadt einsamen Strand – Praia do Pinhão (also „Pinienstrand“, obgleich es keine Bäume gibt, aber dafür viel Felsschatten). Das grün-blaue Wasser ist hier extrem klar, der teils felsige Grund daher ideal für Schnorchler – Schwimmer bevorzugen die Sandstrände.

Praia Dona Ana

Von der Feuerwehr noch 100 Meter weiter folgt eine Ampelkreuzung, hier nach links der Strandbeschilderung folgen. Der größte innerstädtische Strand ist der sehr touristische Praia Dona Ana, der sich vor einer dichten Bebauung von Apartmentkomplexen und Hotelanlagen erstreckt. Geschäfte, ein Restaurant, Bar, Süßwasserduschen, Sonnenschirme und Liegen sowie kleine Ausflugsboote zu den umliegenden Grotten gehören zum Angebot.

Praia do Camilo

Außerhalb der Besiedlung, auf der Landzunge zum Leuchtturm Ponta de Piedade, liegt der feine Praia do Camilo; man erreicht ihn über eine lange Treppe. Kleine Tunnel in den Felsen führen zu den Nachbarbuchten. Die Klippen bieten eine tolle Aussicht bis zum Praia da Rocha (⇗Portimão).

Praia Grande

Beim Leuchtturm der Landspitze Ponta da Piedade schließt sich der Praia Grande an, der etwas unruhig wirkt, sowohl wegen der heftigen Wellen als auch wegen der zahlreichen Bootsbesucher. Trampelpfade führen hinunter, eine Snackbar bietet Erfrischungen.

Praia do Canavial/Praia Porto de Mós

Noch etwas entfernter vom Ort (westlich vom Kap Ponte da Piedade, Abfahrt wie Praia Dona Ana) liegen Praia do Canavial sowie Praia Porto de Mós, südwestlich der Innenstadt. Letzterer liegt in einer großen Sandbucht mit Bewirtschaftung durch zwei Restaurants; hier werden momentan viele Apartmentanlagen gebaut.

Praktische Tipps

Orientierung

■ Lagos liegt am Westufer des Ribeira de Bensafrim, auf der Ostseite entstanden u.a. die neue Marina und der Bahnhof; beide Ortsteile sind mit einer Fußgänger-Hebebrücke (Segelboote) verbunden. **Bahn- und Busreisende** können bequem in wenigen Minuten zu Fuß ins Zentrum gehen, **Selbstfahrer** parken entweder westlich der Stadtmauer (kostenlos), im Bereich Hauptbahnhof/Marina (kostenlos) oder an der Uferpromenade (Parkschein 60 ct./Std., außer gegenüber vom Forte Bandeira). Das absolute Zentrum (Fußgängerzone) liegt rund um den „Doppelplatz" Gil Eanes/Luis de Camões bis zum Praça Infante Henrique.

⌃ Leuchtturm Ponta da Piedade

082al wl

An- und Weiterreise

■ **Bus:** Überlandbusse nach Sagres (EVA, 10x täglich) und Aljezur (EVA, 4–5x täglich); Expressbusse nach Lissabon (EVA, 8–10x täglich), Portimão (Frota Azul, 16–19x täglich), Faro (EVA, 10–11x täglich via Albufeira). Wer in Burgau wohnt, kann auch mit den EVA-Bussen fahren oder alternativ die Aonda-Stadtbusse nehmen.

■ **Stadtbus/Kurzstreckenbus:** insgesamt verkehren 9 Linien; die 1 als innerstädtische Rundlinie, Nr. 2 pendelt zwischen Zentrum und den westlichen Abschnitten des ⇗**Meia Praia**, die 3 von/nach Odiaxere, Nr. 4 von/nach Burgau und Luz, Nr. 6 Bensafrim, Barão de S. João und Lagos-Zoo, Nr. 7 Bensafrim, 5, 8 und 9 hauptsächlich Schul-/Anwohnerrouten. Die zuständige Gesellschaft Aonda (Detailfahrpläne unter www.aonda.pt) ist nicht an EVA angeschlossen, es sind daher gesondert Karten notwendig; erhältlich sind u.a. Tageskarten (3,60 €), 3-, 5- und 7-Tageskarten. Diese sind nicht beim Fahrer (dort nur Einzelfahrscheine), sondern am Busterminal sowie in den Gemeindeverwaltungen (Junta Freguesia) von Bensafrim, Luz, Barão de S. João und Odiáxere erhältlich.

■ **Bahn:** Am „Westend“ der Algarve starten täglich 9–13 Züge von 6.06–22.45 Uhr nach Tunes (Umstieg nach Lissabon) bzw. Faro.

■ **Stadtbahn:** Eine Touristenbahn fährt von der Marina (Haltestelle an der Brücke) über die Av. dos Descobrimentos und den Praça D. Ana bis zum Ponta da Piedade und zurück (10–19 Uhr, im Winter bis 16 Uhr, 2 €).

Unterkunft

Lagos bietet ein breites zentrumsnahes Unterkunftsangebot aller Preisklassen:

■ **Tivoli Lagos**④, (vorm. Lagos Hotel), Rua António Crisógono dos Santos/Ecke Rua Nova da Aldeia, Tel. 282 790 079, Fax 282 790 345, www.tivolihotels.com , direkt am Busbahnhof, DZ ab 80 €.

■ **Pensão Sol a Sol**④, Rua Lançarote de Freitas 22, Tel. 282 761 290, Fax 282 761 955, www.residencial-soloasol.com, DZ je nach Saison 45–65 €, inkl. Frühstück und Internetzugang. Sehr empfehlenswert.

■ **Pensão Riomar**③, Rua Cândido dos Reis 83, Tel. 282 770 130, Fax 282 763 967, www.hotelriomarlagos.com, 36 DZ ab 45–70 €, auch 3-, 4er Zimmer.

■ **Albergaria Marina Rio**③, Av. dos Descobrimentos, Tel. 282 769 859, Fax 282 769 960, www.marinario.com, DZ 60, 50–125 € je nach Lage und Saison, direkt beim Busbahnhof und auch zum Bahnhof nächstgelegene Unterkunft.

■ **Pensão Marazul**③, Tel. 282 70 230, Fax 282 769 960, www.pensaomarazul.com, DZ 35–60 €, absolut zentral, sehr einfach, aber sauber, mit Tel. und TV.

■ **Pensão Cidade Velha**③, Rua Dr. Joaquim Tello 7, Tel. 282 762 041, Fax 282 762 042, www.cidade-velha.com, DZ 50–83 €, 4er Zimmer 75–117 €.

■ **Pensão Caravela**②, Rua 25 de Abril 14–16, Tel. 282 763 361, buchbar z.B. über hostelbookers.com, 17 einfache DZ ab 45 €; wie Marazul absolut zentral.

■ **Jugendherberge**①, Rua Lancarote Freitas 50, Tel. 282 761 970, absolut zentral, Internetanschluss, Bett ab 15 €, DZ ab 35 €, Reservierungen unter www.pousadasjuventude.pt.

■ Ganz in der Nähe liegen zwei noch relativ junge Backpacker-Hochburgen; **Shangri-Lagos**②, (Travessa Gil Vicente 15, Tel. 282 185 845, www.shangrilagos.com. Einfach und nett; EZ, DZ, Schlafsaal und Miniapartment zur Auswahl, wobei pro Person in der Nebensaison 15–27 € berechnet werden. Im Sommer kostet jede Person 27 €, egal in welcher Unterkunftsart! Internet, Küche, Safe, Organisation von Aktivitäten, Wäschereiservice u.a. mehr.

■ In der Travessa do Forno Nr. 14 ist das etwas skurrile **The Rising Cock**②, Tel. 282 758 785, www.risingcock.com. Die Eigentümer haben vor ca.10 Jahren mit einem winzigen Apartment angefangen, leiten heute 5 Anlagen (darunter mit dem Hennenhaus – eines nur für weibliche Gäste). Mit thematisch gestalteten Zimmern wurden sie zum weltweit drittbesten „Party-Hostel" von der Fachpresse gewählt; Internet, All-you-can-eat-Frühstück, Getränkeautomat, Schließfächer, Gemeinschaftsraum mit TV usw.; kostet je nach Saison 22–29 € p.P.

■ **Camping:** Der angenehm schattige Campingplatz **Rossio da Trindade**① (Zufahrt via Ampelkreuzung an der Feuerwehr) liegt fußläufig zum Zentrum; Tel. 282 763 893, www.campingtrindade.pt.

■ **Ferienwohnung: Sollagos**③, Rua Sacadura Cabral Nr. 37, Tel. 282 770 380, www.sollagos.com; 4er-Apartment 40–134 €, 2er 28–104 € je nach Saison. Nähe Campingplatz. Am Ufer entlang bis zum großen Kreisverkehr, dort links in die Torralthina, erste links (Gago Coutinho), dann wieder erste links. Ruhig, noch zentral, schöne Anlage (keine Bettenburg), Pool.

Essen und Trinken

■ **Supermärkte:** *Pingo Doce* am Marina-Kreisverkehr; *Intermarché* in der Av. da República („Sagres, Luz"), *Aldi* an der Durchgangsstraße Richtung Sagres; großer Minimarkt in der Rua Portas de Portugal (am Eanes-Platz).

■ Eine **deutsche Bäckerei** bietet in der Travessa do Catovelo (Travessa do Forno/Ecke 5 de Outubro) Brote und Torten; **Bäcker** und **Metzgerei** liegen auch in der Rua Marreiros Neto (nahe Camões).

■ Zahllose **Cafés** und **Snackbars** bieten in der Fußgängerzone etwas für den kleinen Hunger, Kinder bevorzugen meist die *Burger Ranch* in der Rua Leitão (am Eanes-Platz).

■ In der Rua Marreiros Neto bietet *Go Dutch* warme **Kleinigkeiten** (Tapas) und Frühstück (auch Pfannkuchen); Tel. 916 030 709.

■ Die Spezialität des preiswerten **Restaurante O Cavaleiro** am Praça Camões ist das feurige *frango piri-piri.*

■ In der Rua Soeiro da Costo/Ecke 25 de Abril liegt die ansprechende **Taberna de Lagos** (mittl. Preisklasse) nur Abendküche 18–23 Uhr, Tel. 919 426 340. Hervorragende Suppen, Steaks und Geflügelgerichte. Eines der ältesten und beliebtesten Speiselokale der Stadt.

■ Für Fischgerichte lohnt sich **O Castelo** in der Rua 25 de Abril. Die Muschelcataplana (13 €) ist ebenso zu empfehlen wie der Tintenfisch andalusisch; Tel. 282 788 486.

■ Im mittleren Preissegment empfiehlt sich die **Cervejaria Jota 13** (Rua 25 do Abril, Tel. 282 437 729) mit leckeren Fleisch- (20 €/2 Pers.) und Fischplatten (inkl. Getränk rund 10 €/Pers.); im Sommer Reservierung erforderlich!

■ Etwas obskur wirkt auf den ersten Blick **O Conde Dracula** in der L. de Azevido – ist aber ein gemütliches kleines Bürgerlokal mit rumänisch-portugiesischer Küche. Spezialitäten sind Lammgerichte um 10 € und große Salatteller ab 3 €; Tel. 918 272 969.

■ Noch recht neu und dabei gar nicht einmal so teuer ist das **Artistas,** Rua Candido dos Reis 68 (Tel. 282 760 659, geöffnet tgl. außer So 12–14 und 18–24 Uhr) mit landestypischen wie internationalen Spezialitäten in sehr stilvollem Ambiente.

■ Interessante portugiesisch-französische Küche (Seezunge in Champagnersauce, gefüllte Truthahnroulade) bietet das traditionsreiche **Pouso do Infante** nahe dem Rathaus in der Rua Afonso de Almeida; tgl. 12–23 Uhr geöffnet, Tel. 964 781 413.

■ An der Kopfseite des ehem. Sklavenmarktes liegt die **Cervejaria Dois Irmãos,** vergleichsweise günstig (Suppen ab 3,20 €), Spezialität: Medaillons vom iberischen Schwein in Senfsauce (11,50 €); einige Außenplätze. Travessa do Mar 2, Tel. 282 181 100.

■ Am oberen Ende der Preisskala empfiehlt sich das **O Galeão** (ruhig in einer kleinen Gasse in der Travessa 1° Maio gelegen, nahe Ecke Rua Marreiros Neto) mit exzellenter Küche. Geöffnet tgl. außer Di 12–14 und 19–22 Uhr, Tel. 282 763 909.

■ **Lesertipp:** Das **Paraiso,** Rua Prof. Albuquerque 12/Cave Dt., Tel. 282 761 762, wird wiederholt als tolles Lokal für flambierte Gerichte und butterzarte Steaks gelobt.

Freizeit

■ **Marina:** Die moderne Marina dient gleichzeitig als eine Art Freizeitanlage mit Pizza Hut, Geschäften, Autoverleih, Internet-Café und der Generalagentur Bom Dia, einem Gesamtanbieter für verschiedenste Aktivitäten (Reiten, Tauchen, Mountainbiking, Parasailing, Jeep-Safaris und vieles mehr); Tel. 282 764 670 oder 91 781 761, Fax 282 764 672, www.bomdia-boattrips.com. Auch Fahrzeugverleih, Geldwechsel usw. bietet Bom Dia an.

■ **Stierkampf:** Die Arena liegt unübersehbar am Kreisel an der Brücke nach Portimão; Kämpfe finden im Hochsommer meist jeden Samstag statt (Karten an der Abendkasse oder über die Agenturen).

■ **Ausflüge:** Man kann sich der Anbieter von Grotten-, Schnorchel- und Angeltouren rund um die Marina kaum erwehren; die Angebote ähneln sich und kosten ab 10 € für die Grottentour und bis zu 50 € für einen halben Tag Hochseeangeln (als Zuschauer 35 €). „In" sind derzeit Delfinbeobachtungen per motorisiertem Schlauchboot, zu buchen an den Ständen an der Marina, z.B. *Dolphin-Safaris* (Tel. 282 799 209, www.seafaris.net).

■ **Motordrachen:** Das Algarve Airsports Centre des Engländers *Gerry Breen,* am Sportflugplatz Lagos (N-125 Richtung Odiáxere, Tel./Fax 282 762 906, www.gerrybreen.com), bietet Kurse und Rundflüge im Motordrachen entlang der Weststrände – keine Angst, *Gerry* hat für *National Geographic* schon in Venezuela und in der Arktis seine Kreise am Himmel gezogen.

■ **Internet-Snackbars:** Derzeit schießen Snackbars mit Internet-Anschluss (Cyber-Cafés) wie Pilze aus dem Boden. Am einfachsten zu finden sind die **Internet-Snackbar** (Travessa do Forno) und die **Laguna Bar** (beim Kulturzentrum); des Weiteren gibt es noch die **Snackbar Império do Mar,** Rua Cândido dos Reis 117 (beim Kino) und das **IB-Internet Centre,** Rua Vasco da Gama (hinter dem Busbahnhof) sowie das Internetcafé **internet@visao.net** in der Rua V. da Gama. Zentral in der Inf. de Sagres liegt auch das **Triband,** Tel. 282 089 618, triband@netvisao.pt. Etwas abseits vom Zentrum bietet auch der Intermarché-Supermarkt ein Café mit kostenlosem WLAN-Zugang.

Nachtleben

Auch für einen abendlichen Kneipenbummel kann Lagos durchaus empfohlen werden.

■ In der 25 de Abril/Ecke Silva Lopez (nahe Henrique) liegen das beliebte **Stone's** (stones_bar@beer.com) und die englische **Zansi-Bar** (Tel. 282 761 019).

■ Wenige Meter weiter, in der 25 de Abril, liegt die derzeitige In-Kneipe **Bom Vivant** (Tel. 282 624 873).

■ Wer britische Stimmung erleben möchte, sollte das **Fools and Horses** (Rua M. Neto/Ecke 1° Maio, Tel. 282 762 970) besuchen.

Tauchen

■ **Blue Ocean Diving,** Rua Sta Casa da Misericordia (Richtung Praia do Mós, im *Motel Ancora*), Tel.

964 048 002, Fax 282 782 718, www.blue-ocean-divers.de, arrangieren auch **Kajak-Touren.**

- Vorab organisierte Touren bieten die *Blue Ocean Divers* an, buchbar über **Poseidon Diving Tours,** Classensteig 21, 22391 Hamburg, Tel. 040 536 6091, Fax 536 3745, www.poseidondiving.com.
- In der Rua da Gafaria (nahe Postfiliale) hat mit **Dive Time** die erste 5-Star-Basis (PADI) eröffnet, Tel. 282 082 866, www.dive-time.net.
- **Centro Desportivo do Mar – Sea Sports Centre,** am Fischerhafen/„Ticket-Point", Tel./Fax 282 789 538.
- **Espadarte do Sul,** Doca Pesca – Armazém 4, Tel. 282 761 820, Fax 282 761 820, Mobil 919 433 695, ist ein Ansprechpartner für Hochseeangler.

Nützliches

- **Touristeninformation:** im Rathaus am Pr. Gil Eanes, geöffnet tgl. 9.30–20.30 Uhr, Tel. 282 763 031, www.turismodoalgarve.pt. Die folgenden Seiten bieten **gute Informationen zur Stadt und zum Umland**: www.lagos-luz-sagres.com, www.lagos.me.uk, www.lagosuncovered.com oder www.simplylagos.com; letztere bietet einige hübsch beschriebene und bebilderte Kurzwanderungen in und um Lagos.
- **Fahrzeugverleih:** *Motoride,* Rua José Afonso 23, Tel. 282 761 720, bietet Scooter und Mopeds (werden kostenlos zur Unterkunft gebracht). *Luzcar,* Largo Portas de Portugal 10, Tel. 282 761 016, Fax 282 767 725, hat sehr günstige Mietwagen; alternativ sei auf die Verleihfirma *Marina* in der Vasco da Gama (Busbahnhof Richtung Zentrum), Tel. 282 764 789, www.marinarentacar.com, oder Bom Dia (an der Marina, s.o.) verwiesen. Fahrräder und Scooter bietet die kleine Verleihstelle in der Rua de Portugal/Ecke Rua de Capelina.
- **Post:** Praça Gil Eanes; Filiale in der Rua T. Gomez (Klinikkreuzung, dort rechts). Geöffnet Mo–Sa 7.30–17.30 Uhr.
- **Banken:** mehrere am Praça Gil Eanes, z.B. *Caixa Geral, Millenium* und *Santander* (mit Automat); hier auch Wechselstube *Western Union.*
- **Hospital:** Immer die Uferpromenade Av. dos Descobrimentos entlang, vorbei an der Feuerwehr und der Abzweigung zum Praia Dona Ana, an der nächsten Kreuzung linker Hand, Tel. 282 760 181, deutschsprachig, hier arbeiten auch Zahnärzte.
- **Polizei:** Rua General Silveira (gegenüber Kirche Santo António), Tel. 282 762 809.
- **Einkaufen:** Viele kleinere Fachgeschäfte, Boutiquen und Andenkenhändler findet man zwangsläufig entlang den Hauptstraßen. Lagosshopping (neben der Hotel-Pension Riomar) in der Rua Candidos dos Reis bietet eine kleine Kaufhalle u.a. mit Fotoshop, EC-Automat, Bücher/Zeitschriftenhandel sowie das Kino „Cinama de Laghos". Supermärkte s.o. (Essen/Trinken).

Sehr interessant ist auch ein Streifzug durch den **alten Markt** (Frischfisch, Gewürze, Obst, Gemüse), der erst vor wenigen Jahren umfassend renoviert und mit einer **Aussichtsplattform** auf dem Dach ausgestattet wurde.

- **Fähre:** Im Sommer fährt eine kleine Personenfähre vom Kanalende der Marina zur gegenüber liegenden Kanalseite (Praia S. Roque).

Umgebung von Lagos

Mexilhoeira Grande und Odiáxere

Mexilhoeira Grande (ca. 350 Einwohner) und das Dörfchen Odiáxere (ca. 600 Einwohner) an der N-125 werden kaum einen Reisenden zum Tritt auf die Bremse anregen.

Meia Praia

In Odiáxere führt ein kleines Küstensträßchen (Golf-Hinweisschild gegenüber einer Pizzeria) nach Süden mitten durch die Golfanlage Palmares mit sehr hübschen Ausblicken. Hier wurde ein größeres Neubaugebiet erschlossen, die neuen Straßen sind bereits nutzbar. Es folgt der letzte große **Sandstrand** der Südküste, dessen Name „Halbstrand" auf die unterbrechende Bucht bei Alvor hinweist. Die etwa fünf Kilometer lange Sandfläche erstreckt sich bis nach Lagos, wobei nur das westliche Ende bis etwa zur Hälfte per PKW erreichbar ist. Die vor einem Dünenstreifen gelegene, nahezu menschenleere Ostseite des Strandes gilt als **Paradies für Muschelsammler.** Zum **Windsurfen** eignet sich eher das ruhigere Gewässer der Mündung des Rio de Alvor direkt hinter den Dünen des östlichen Strandabschnittes. Im Sommer pendeln ab der Promenade in Lagos kleine Boote zwischen Stadt und Strandareal. Stadtbusanbindung (Nr. 12) an Lagos.

Unterkunft

- **Hotel Meia Praia**②, Tel. 282 762 001, Fax 282 762 008, www.hotelaquameiapraia.com.
- **Apartamentos Turísticos Meia Praia Beach Club**③, Tel. 282 769 980, Fax 282 769 989, www.dompedroho tels.com. 50 Studios bzw. 1–2 Schlafzimmer-Apartments.
- **Pensão das Rosas, Quinta da Albardeira**④, Quinta da Albardeira, Tel. 282 770 420, sales@ppmworld.com, Solarium, Kinderpool.
- **Apartamentos Turísticos Buganvília**④, Apartado 671 Tel. 282 769 951, Fax 282 769 953,

☐ Windbetriebene Wasserpumpe bei Odáxiere

083al wl

www.apart-buganvilia.com, schöne Anlage und gute Wohneinheiten, insgesamt 21 Apartments für 2–6 Personen bei Preisen zwischen 60 und 175 € (je nach Größe und Saison).

■ Neuer „Platzhirsch" am Meia Praia ist das Ende 2010 eröffnete 5-Sterne **Yellow Meia Praia**④ (Tel. 282 460 132, www.yellowhotels.pt) mit allem Luxus wie Tennis, Hallen- und Freibädern, Health Club, Spa, Kinderclub usw., der allerdings mit 255 €/DZ bei Meerblick auch seinen stolzen Preis hat.

Unmittelbar an der N-125 am östlichen Ortsrand von Mexilhoeira Grande findet man die bewährte Agentur *Outdoor-Tours* (Tel. 282 969 520, www.outdoor-tours.com) für Angelausflüge, Kajaktrips, Nordic Walking oder Mountainbike-Touren (auch nur Radverleih möglich).

Abicada

Während die **Römer** in Portimão Fisch salzten und pökelten, entflohen sie den irdischen Düften dieser Tätigkeiten und bauten ihre **Wohnsiedlungen** etwas abseits – zum Beispiel die Wohn- und Badeanlage Abicada, deren sehr gut erhaltene Bodenmosaiken kostenfrei besichtigt werden können.

■ Die **Anfahrt** erfolgt aus Mexilhoeira über die N-125; kurz vor dem Meridien-Penina Golfhotel scharf rechts dem Asphaltweg entlang den Schienen bis zum Ende und dann dem Linksknick der Piste folgen. Nach 50 Metern der rechten Abzweigung folgen – vorbei an einer alten Bewässerungsanlage und einem Wachkastell, beides links der Piste – bis zum Ende des Weges an einem verlassenen Gehöft. Hier angelangt, sieht man gegenüber einen Bauwagen hinter einem Zaun stehen; dies ist das Gelände von Abicada.

Alcalar

An der N-125, hinter der Zufahrt zum Golfhotel, zweigt nach links (Schild „Alcalar") ein Sträßchen ab. Nach einer Fahrt durch ruhige Wein- und Orangenplantagen erreicht man nach 6 km die fast 6000 Jahre alte **neolithische Nekropole** (Gräberfeld) von Alcalar.

■ Die Anlage mit neuem Informationszentrum ist tägl. von 9.30–12 und 14–18 Uhr (sonst bis 17 Uhr) geöffnet; der Eintritt beträgt 4 €, für Kinder 2,50 €. Ein hässliches Bunkergebäude liegt an der beschilderten Abzweigung gleich linker Hand. Tel. 282 471 410, www.cultalg.pt/alcalar. Frota Azul Busse verkehren ab Portimão tgl. um 6.50 und 11.50 Uhr, zurück 12.20 und 19.45 Uhr (letzterer nicht Sa).

Barragem da Bravura

In Odiáxere zweigt an der mittleren Ampel ein Nebensträßchen Richtung Norden zum kleinen **Süßwasserreservoir** Barragem de Bravura ab. Sowohl die Strecke als auch das Reservoir selbst sind schöner als der Stausee bei São Bartolomeu. Spaziergänge kann man ab der Staumauer unternehmen; ein kleines Restaurant vor dem Damm bietet Erfrischungen.

Barão de São João

Hier liegt der **einzige Zoo der Algarve** (ausgeschildert als „Lagos-Zoo"); er hat sich auf Vögel, Affen und Kängurus spezialisiert und bietet für kleine Gäste einen Streichelzoo.

■ Geöffnet tgl. 10–19 (Winter 17) Uhr, Tel. 282 680 100, Eintritt 16 €, Sen. 14 €, Kinder (4–11 J.) 12 €, www.zoolagos.com.

Zwischen Luz de Lagos und Burgau

Etwa sieben Kilometer südwestlich von Lagos erstreckt sich zwischen den beiden einstigen Fischerdörfern **Luz** und **Burgau** das letzte größere Ferienzentrum vor der Westküste. Vor allem britische, aber auch niederländische Pauschalreisende scheinen hier bevorzugt ihren Urlaub zu genießen. Luz selbst (ca. 1.500 Einw.) ist ein angenehmer, überschaubarer Touristenort mit hübscher kleiner Promenade und angenehmem Sandstrand, (teils mit Stein-Liegeflächen), der links von hohen, rechts von flachen Felsen eingerahmt wird. Was die Serviceleistungen anbelangt, so steht er den anderen großen Touristenstränden der Algarve in nichts nach. Einzige Sehenswürdigkeiten sind die Ortskirche (rechte Uferseite) sowie eine römische Bäderruinenanlage (*Ruinas romanas*, mittig am Ufer).

Praktische Tipps

Unterkunft

■ **Hotel Belavista da Luz**④, Tel. 282 788 655, Fax 282 788 656, www.hotelbelavistadaluz.com, DZ inkl. Frühstücksbuffet 85–155 € je nach Saison, zentral im Ortsinneren.

■ **Luz Bay Club Beach Hotel**④, strandnah am östlichen Ortsrand, Tel. 282 789 640, Fax 282 789 641, www.lunahotels.com, DZ in der Hochsaison 130 €/Nacht, sehr angenehme Anlage.

■ Am Largo da República (dem Kreisel vor der Kirche) scharf links die Rua do Poço hinunter erreicht man die gute **Ferienwohnungs-Anlage Apartamentos Turísticos Luz Beach**③, Rua do Jardim, Tel. 282 760 632, Fax 282 782 542, www.luzbeachapartments.co.uk, ab 48 €/Nacht in der Neben- und bis 120 € in der Hauptsaison für ein Studio, 80–190 € für die 2 Schlafzimmer-Wohnung; sehr zentral und strandnah.

■ **Quinta da Luz**④, Montinhos da Luz, Tel. 282 789 036, Fax 282 789 433, info@quinta-da-luz.com, gleiche Preise und Ausstattung.

■ **Apartments Mayer**③, Tel. 282 789 313, www.mayerapartments.com, günstig und in Ordnung, strandnah, auch Fahrzeugverleih und Ausflugsarrangements – aber: sehr viele Briten, sogar die Preise werden in Pfund angegeben. Studio je nach Euro-Kurs und Jahreszeit 300–550 €/Woche, 6er Apartments 500–1200 €/ Woche.

■ **Pensão Vilamar**③, Estrada do Burgau 10, Tel. 282 789 541, Fax 282 788 573, www.vilamar-luz.com, 28 Zimmer, Pool, Fernsehraum, Tennis – gutes Angebot für eine Pension; DZ 35–60 €, 4er 45–70 €. An der Hauptstraße EN-537 (Estrada da Burgau) gelegen.

■ An der Küstenstraße Richtung Burgau entstanden und entstehen laufend größere Ferienwohnungs-Anlagen, dies waren früher die kleinen Weiler Mata Porcas, Montinhos de Luz und Alagoas, die heute praktisch mit Luz zu einem Ort zusammengewachsen sind. Hier findet man u.a. die Anlage Aparthotel/Apartments **Aqualuz**③, Tel. 282 770 620, www.aqualuz.com, eine moderne und angenehme Anlage, die allerdings ein eigenes Fahrzeug voraussetzt. Studios 95 € im Sommer.

■ Bei Espiche (zwischen zweiter und dritter Abzweigung „Luz" Richtung Lagos) liegt ferner unmittelbar an der N-125 der wenig attraktive **Campingplatz Turiscampo**; www.turiscampo.com. Haben auch Bungalows/Mobilheime, allerdings ist die Lage an der Hauptstraße (und ohne Seenähe) nicht sonderlich attraktiv.

Nützliches

- Die **Wassersportschule Beach Hut** (Tel. 919 760 773, www.beachhutwatersports.com) direkt am Strand bietet Windsurfing-Unterricht an, verleiht „Bananen" und hat zudem Wasserski und Gleitschirmfliegen im Angebot.
- Entlang der kleinen Uferpromenade findet man **Kioske** mit Scooterverleih, Ausflugsangeboten, Andenken und Restaurants.
- **Orientierung:** Luz ist an der N-125, von Lagos kommend, nach links ausgeschildert. Auf halber Strecke zum Ort liegt der **Campingplatz Val Verde** (Tel. 282 789 211, http://de.orbitur.pt/camping platz-orbitur-valverde) mit Disco, Snackbar und einigen Mietapartments①.
- Hauptdurchgangsstraße im Ort ist die **Rua 1 Maio** (hinaus Rua Direita), mehrfach zweigen links Straßen zum Strand hinunter ab, nur die Hauptstraße Rua 1 Maio ist mit einem Schild versehen (nach 50 m großer Parkplatz rechter Hand; geradeaus hinunter zum Kirchplatz Largo da República).
- **Einkaufen:** Großer SPAR-Markt in der Rua 1 Maio (zwischen Parkplatz und Kirche), gegenüber vom beschriebenen Parkplatz eine kleine Einkaufszone mit Bank und Supermarkt *Baptista*.
- Am kleinen **Kirchplatz** (Largo da República) sind Bushaltestelle (Linie 4 von/nach Lagos, 7.20–0.20 Uhr stündlich, Tickets s. Lagos), Agenturen (Ausflüge & Fahrzeugverleih) sowie das bei jüngeren Besuchern beliebte (britische) Bar-Restaurant *The Bull* (Tel. 282 788 823) zu finden. Gepflegt und vielseitig (von der *Cataplana* bis zum *Guinness!*) erweist sich die *Luz Tavern* (Tel. 282 789 179, Rua de Espiche, um die Ecke vom Kino).
- In der *Junction 17 Bar* (Tel. 282 789 816) am **Ostrand des Strandes** servieren *Rita, Leanne, Miguel* und *Clearence* fast rund um die Uhr Frühstück, Snacks und Omelettes; auch abends herrscht tolle Stimmung; es werden Themendisco usw. veranstaltet.
- Gediegener ist die Atmosphäre im *Carlos*, **zentral an der Promenade,** für Cocktails, Drinks und gute Musik von Rock'n'Roll über Motown bis Disco; Tel. 282 761 361.
- Für portugiesische Küche ist seit Jahren das *Fortalezza* **in der alten Festung** am Westrand des Strandes, Tel. 282 789 926, geöffnet tgl. 12.30–15.30 und 18–22 Uhr, erste Adresse. Sehr beliebt hier das Jazz-Barbecue jeden Sonntag Vormittag.
- An der Rua Direita liegen ein PKW-Verleih (*Marina Rent a Car*, Tel. 235 682 918) gegenüber der Post, ein *Alisuper* und eine Apotheke.

Naturpark Südwest-Alentejo und Costa Vicentina

Hinter Luz beginnt der „stille Westen". Von Burgau bis zum Cabo São Vicente und von dort nordwärts bis Odeceixe liegt der **landschaftlich reizvollste Küstenteil der Algarve,** der in exakt dieser Abgrenzung zum *Parque Natural do Sudoeste Alentejano e Costa Vicentina* erklärt wurde. Ferienanlagen werden hier nicht gebaut, von kleinen Ausnahmen in Salema und Sagres abgesehen. Unterkünfte sind rar, ebenso öffentliche Verkehrsmittel. Wer kleine, versteckte, teilweise auch schwer zugängliche **Strände** schätzt, wird zwischen Burgau und Sagres fündig, und weiter im Norden warten faszinierende raue weite Fels- und Sandlandschaften sowie wilde Wogen.

› Aussichtspunkt Forte di Almádena

Burgau bis Salema (Küstenroute)

Burgau

Der kleine, noch eigenständige Ort Burgau (knapp 300 Einwohner) im Schatten von Luz de Lagos bietet den angenehmen **Sandstrand Praia do Burgau** mit klarem, flachem Wasser und einem Snacklokal. Am Ortseingang orientiert man sich linker Hand am Hotel *Burgau,* schräg gegenüber steht eine sehr moderne Pfarrkirche. Kleine **Ferienhäuser** vermittelt die *Firma ATB,* Edifício Marretas, Tel. 282 697 123, www.atbalgarveholidays.com, das beliebteste Lokal ist das *Ancora* (Tel. 282 697 102, Mo Ruhetag). Sportliche Betätigung bietet *Tiffany's,* Vale Grifo/Almádena (an der N-125) mit Ausritten und kompletten Reitferien; Vorausbuchungen ratsam unter Tel. 282 697 395.

■ Tipp: *Beach Restaurant Burgau,* am Strand unten rechts unterhalb der Klippen (Tel. 282 697 553); ausgezeichnetes Fischlokal, täglich außer Montag 12–15 und 19–22 Uhr.

■ Beliebte B&B Unterkunft: *Salsalito,* Tel. 282 697 628, http://salsalito.net, tolle (britische) Anlage mit Pool, Gemeinschaftsküche, WLAN, TV-Raum; nahe der Schule am Nebensträßchen Richtung Luz, Wochenmiete 600–900 €.

Praia Cabanas Velhas

Schöner als der Ortsstrand von Burgau sind jedoch die Strände zwischen Burgau und Salema. Zuerst erreicht man (an der Nebenstraße Richtung Salema beschildert) den Praia Cabanas Velhas, einen teilweise aus groben Kieseln bestehenden Strand mit einem bei Anglern in den Morgenstunden beliebten Pier. Hier gibt es jedoch keine Serviceeinrichtungen.

Wenige hundert Meter weiter führt ein beschilderter Stichweg hinauf zu den Ruinen der **Festung Forte de Almádena.** Sie entstand als Signalstation zwischen Sagres und Lagos im 16. Jh. unter *König João III.*

084al wl

Praia Boca da Rio

Der Weg wird bald schlechter und führt U-förmig über ein im Hochsommer ausgetrocknetes Flüsschen auf eine befestigte Straße (rechts Budens/N-125), welche links zum Praia Boca da Rio und weiter nach Salema führt. Der wilde, unbewirtschaftete Strand zwischen schroffen Klippen gilt als Geheimtipp unter Wohnmobil-Campern; der Asphalt endet unmittelbar vor dem Strand, eine Piste führt steil rechts die Klippe hinauf nach Salema (schöne Aussicht). Alternativ kann man die neue befestigte Stichstraße rechts hinauffahren.

Salema

Von Boca Rio kommend, wird der Weg urplötzlich zur Asphaltstraße und gabelt sich: Links die Sackgasse hinunter liegt der ältere Fischerort, rechts gelangt man zur Hauptstraße mit Bucht und Zentrum. Salema nennt sich auch *Alemanha pequena* („Klein-Deutschland“) – nirgends scheint so oft Deutsch die erste Fremdsprache zu sein wie hier (oft liest man „Zimmer frei“). Der Ort erweitert sich stetig; mittelfristig kann wohl mit einer Entwicklung wie in ⇗Carvoeiro gerechnet werden, doch noch ist Salema relativ ruhig, klein und überschaubar.

Praia da Salema

Der **Strand** von Salema selbst ist ein langer, aber relativ schmaler Sandstreifen. Direkt am Strand gibt es nur wenig Gastronomie. Die flachen und stabilen Küstenfelsen am westlichen Ende eignen sich für kleinere Kletterspaziergänge.

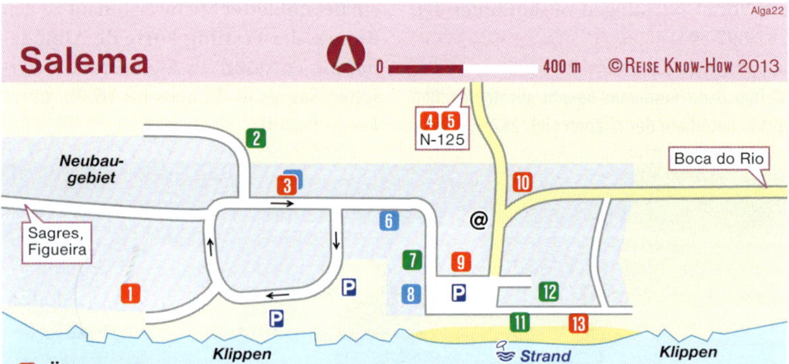

Übernachtung
1 Estalagem Infante do Mar
3 Ap. Salema Praia Club II
4 Campingplatz Quinta de Carriços
5 Aldeamento Parque da Floresta
9 Hotel Salema
10 A Maré
13 Ap. Salema Praia Club I

Essen und Trinken
3 Music Pedlars Bar
6 O Lourenço, Carioca-Bar
8 Atlantico Rest. & ATM

Einkaufen/ Sonstiges
2 Alisuper u. Jardim PKW
7 Alisuper-Minimarkt, Agentur Horizonte
11 Fischmarkt
12 Minimarkt

Orientierung

■ Das **Zentrum** liegt an dem kleinen Fischerstrand – vier oder fünf Boote fahren noch hinaus; die Parkmöglichkeiten hier sind begrenzt (besser rechts am Parkplatz entlang, am Hotel vorbei und über die kleine Brücke den Hügel hinauf und dort rechts).

■ Salema ist ein „Sackgassendorf"; an der steilen Westseite werden derzeit Apartmentanlagen gebaut, und am höchsten Punkt dieses „Neubaugebietes" führt eine neue Straße bis ⇗Figueira und zur N-125.

Unterkunft

■ Auf halber Strecke zur N-125 hinauf liegt links der **Campingplatz Quinta de Carriços** (niederländische und deutsche Hochburg), Tel. 282 695 201, Fax 282 695 122, www.quintadoscarricos.com.

■ **Hotel Salema**③, Rua 28 de Janeiro (Zentrumsplatz), Tel. 282 695 328, Fax 282 695 329. www.hotelsalema. com. DZ saisonabhängig 65–110 €, kein TV und teilweise billigste Plastikstühle.

■ **Apartamentos Turísticos Salema Praia Club**③, Tel. 282 605 252, Fax 282 605 357; 300 m vom Ortsstrand und ein kleines Stück den Hügel hinauf. Studio 50–90 €, 4er-Wohnung 55–110 €.

■ **Estalagem Infante do Mar**③, Tel. 282 690 100, Fax 282 690 109, salemoteis@clix.pt. Oben am Hang mit Pool, hübscher Blick, mit 76–100 € (2 Pers., saisonabhängig) das Geld wert.

■ In Budens an der N-125 schließlich liegt das Nobel-Wellness-Resort **Aldeamento Turístico Parque da Floresta**④, Tel. 282 605 333, Fax 282 605 338, www.spafloresta.com. Mit Beauty-Behandlungen, Golf und weiteren Angeboten.

Essen und Trinken

Viel Auswahl bietet Salema nicht.

■ Für ein Hotelrestaurant erhält das **Salema** (s.o, Tel. 282 695 328) recht gute Kritiken, schräg gegenüber bietet das **Atlantico** gutbürgerliche Küche mit schönem Setting direkt am Strand. Tel. 282 695 142.

■ Ein Stück den Hang hinauf liegt das einfache und sehr empfehlenswerte **O Lourenço Restaurant** (Tel. 282 698 622; gut sind hier Fischsuppe und Omelettes, riesige Salate, leckere Fischgerichte wie Knoblauchgarnelen zu 10 € oder gegrillter Lachs zu 11 €) mit der angeschlossenen **Carioca-Bar** (Tel. 282 695 463) für einen letzten Drink, ehe die Bürgersteige hochgeklappt werden. Im *Salema Beach Club II* sorgt die **Music Pedlars-Bar** zünftige Abendunterhaltung mit Kicker, Billard und Lifeübertragungen.

Nützliches

■ **Informationen** gibt es nur über die Agentur Horizonte, **Ausflüge** sind auch im Hotel *Salema* oder im *Salema Beach-Club* zu buchen.

■ Am Uferparkplatz stehen einige **Kartentelefone.** Jardim Rent a Car (Tel. 282 695 252) an der Rezeption Salema II.

Figueira und Umgebung

Im Unterschied zum Abschnitt zwischen Burgau und Salema kann die gesamte Küstenregion von Salema bis Praia do Martinhal (Sagres) rund um die „Nase" **Ponta da Torre** nicht mehr entlang der Küste, sondern nur punktuell befahren werden. Von der N-125 zweigen zwei Zufahrten nach **Figueira** ab; kaum jemand macht sich die Mühe, dieses recht interessante Gebiet zu erkunden. In Figueira sind dann im Abstand von 50 m zwei Wege seewärts ausgeschildert: Der erste („Salema") führt als pistenähnlicher Schleichweg an das obere Ende des Neubaugebietes von ⇗Salema, der zweite („Forte de Salema") dagegen zum **Par-**

086al wl

que Natural de Figueira, einem kleinen Naturpark mit dem kleinen **FKK-Strand Praia da Figueira** (sehr klein, unbewirtschaftet, mäßig attraktiv) und einer hübschen Burgruine (Forte de Salema) auf der linken Klippenhöhe – der Aufstieg ist nicht ganz einfach. Es gibt nur wenige Parkmöglichkeiten vor dem Pfad zum Strand (ein Kilometer). Erfrischungen bieten in Figueira die Bar *Celeiro* und das Restaurante *Figueira*.

Templerkirche Nossa Senhora de Guardelupe

Raposeira und Umgebung

Das kleine Dorf in einer Senke besitzt kaum touristische Anziehungskraft; an der einzigen Ampelkreuzung jedoch führen die Wegweiser seewärts zu einigen der **schönsten und wildesten Algarvestrände.** In Raposeira bieten das Café Rodrigues oder der Alisuper-Markt Erfrischungen, dann geht es durch Hafer- und Weizenfelder zu den ausgeschilderten Stränden Zavial und Ingrina.

Zwischen der landwirtschaftlichen Siedlung Hortas de Tabual (selbst hier liest man „Zimmer frei“ auf Deutsch) und dem **Praia de Zavial** liegt die Casa Monika (vermietet gepflegte Zimmer), auch die Quinta Al Gharb und eine kleine Tauchbasis sind ausgeschildert.

Praia de Zavial

Den Praia de Zavial genießt man am besten im gleichnamigen Strandrestaurant – mehr kann man angesichts der oft sehr hohen Wellen auch kaum tun. Zum Sonnenbad geht man an der mittelgroßen Sand-/Steinbucht ganz nach links, wo die Liegefläche am größten und windgeschützt ist.

Praia do Ingrina

Fast noch extremer peitschen die Atlantikwogen an den benachbarten Praia do Ingrina (nur wenige hundert Meter dem Sträßchen ab Zavial folgen). Der Sandstrand ist hier etwas größer und flacher und bei Wellenreitern daher noch beliebter; es gibt eine Snackbar am Strand.

Von hier aus führen pistenartige Feldwege links die Klippen hinauf Richtung Praia José Vaz (nur zu Fuß, nicht befahrbar). An der Straße hinauf zurück Richtung Raposeira liegt auf halbem Weg der Campingplatz *Ingrina* (am Scooterverleih 400 m Feldweg nach links), Tel./Fax 282 639 242, Infos http://de.infocamping.com/campings-Vila-do-Bispo/Praia-da-Ingrina-Vila-Do-Bispo.

Praia José Vaz

Kurz vor Raposeira zweigt ein Sträßchen (braunes Schild „Parque Natural São Vicente") ab, welches bald zu einer mäßig befahrbaren Piste wird und nach knapp vier Kilometern am Ende einer Schlucht am (nicht beschilderten) Praia José Vaz endet. Obgleich ohne jegliche Serviceeinrichtungen (oder vielleicht auch gerade deshalb), erfreut sich Praia José Vaz einer besonderen Beliebtheit bei (Wild-) Campern und Wellenreitern. In der Tat sind die bis zu fünf Meter hohen Wellen nicht gerade für Kleinkinder geeignet.

Nossa Senhora da Guadalupe

Zwischen Budens und Raposeira führt parallel zur N-125 der alte Weg (beschildert) an der eher unauffälligen, aber außerordentlich geschichtsträchtigen Kapelle Nossa Senhora da Guadalupe vorbei. Die **romanisch-gotische Andachtsstätte** entstand im frühen 13. Jh. im Auftrag der Tempelritter (⇗Geschichte, Religion), und in der Tat werden einige merkwürdige Kopf- und Tierfresken in der ansonsten leeren Kirche oftmals mit angeblich blasphemischen Templerritualen in Verbindung gebracht. Auch der berühmte *Dom Infante Henrique* war Großmeister der Christusritter, und da er nahe Raposeira wohnte, nimmt man an, dass Riten und Gebete vor den nautischen Expeditionen hier abgehalten wurden.

■ Geöffnet Juli–Sept. 10.30–13 und 14–18.30 Uhr und Okt./Nov. 9.30–13 und 14–17 Uhr, Eintritt 2 €.

Sagres und Umgebung

Das Kleinstädtchen Sagres mit seinen rund 2.000 Bewohnern lebt vorrangig von der Tatsache, der **südwestlichste Ort Europas** zu sein. Die Landzungen um Sagres (**Cabo de São Vicente,** Ponta de Sagres und Ponta da Atalaia) galten schon zu Zeiten der frühen Besiedlung der Algarve vor 4000 Jahren durch iberische Stämme als heilige Orte. Die Griechen und Römer betrachteten Sagres als äußersten westlichen Punkt der Welt, vielen galt der Ort gar als Sitz der Götter. Und selbst die Mauren, deren heilige Stätten Tausende von Kilometern weiter östlich lagen, errichteten in Sagres ein Heiligtum. Weltbekanntheit erlangte Sagres aber erst im 15. Jh. unter dem Gouverneur *Heinrich dem Seefahrer* (1394–1460, ⇗Exkurs).

Einer gewissen mystischen Faszination kann sich auch heute selbst der rationalste Besucher nicht entziehen, ob in der Fortaleza de Sagres (Navigationsschule) oder am Cabo de São Vicente (westlichster Punkt). Täglich kommen viele Besucher zur Festung und ans Kap, dennoch hat man eher das Gefühl, an einer Wallfahrt teilzunehmen als einen touristischen Ort zu besuchen.

Sagres-Innenstadt

Sagres ist keine gewachsene Stadt; früher gab es nur das Fort Sagres und die Fischersiedlung Baleeira. Mit dem Bau der N-125 kam der Tourismus zum Kap, damit einhergehend entwickelte Sagres einen begrenzten, mehr auf den betuchten Pauschaltouristen ausgelegten Fremdenverkehr. Der Ort wirkt großflächig und zersiedelt, alle Straßen und Gebäude (selbst die moderne Pfarrkirche) sind jüngeren Datums.

Der kleine **Zentrumsbereich** liegt entlang der Rua São Vicente und Rua Infante Henrique bis zum Porto da Baleeira mit Unterkünften, Information und ein paar Einkaufsmöglichkeiten.

Fortaleza de Sagres

Die heutige Festung wurde 1793 errichtet und schließt die berühmte Seefahrerschule ⇗*Heinrichs* aus dem 15. Jh. ein. Diese muss rund um den Eingangsbereich (seinerzeit ohne Festungsmauern) gelegen haben. Gleich hinter dem Eingangsportal sieht man linker Hand auf dem Boden eine seltsame **„Windrose"** *(Rosa dos ventos)* mit 43 m Durchmesser, die sehr wahrscheinlich eine Sonnenuhr und eben keine Windrose darstellt, da die Kreisfläche mit 42 ungleichmäßigen Segmenten in einer nicht durch vier teilbaren Anzahl (Himmelsrichtungen, Zwischenrichtungen usw.) bedeckt ist.

Schräg gegenüber steht die **Kirche Nossa Senhora de Graça** von 1459 mit azulejoverkleidetem Hauptaltar und Gräbern ehemaliger Institutsleiter. Nebenan stillt eine (leider etwas stillose) Kantine mit Souvenirshop und angeschlossener **Galerie** (wechselnde Ausstellungen) die weltlichen Bedürfnisse der Besucher. Dahinter und aus Sicherheitsgründen etwas versetzt steht die alte **Pulverkammer** (heute ein Auditorium). Es lohnt ein Gang über den 2,3 Kilometer langen, mit alten Kanonen bewehrten Rundweg an den Festungsmauern mit herrlichen Ausblicken über die Strände.

■ Geöffnet Mai–Sept. 10–20.30 (sonst 9.30–17.30) Uhr, Eintritt 4 €, ermäßigt 2 €, Kinder unter 14 J. frei, derzeit auch Sonntagvormittag frei.

» Europas Südwesten: Cabo de São Vicente

Fortaleza de Beliche

Vermutlich als Wachfestung zum Westatlantik entstand die kleine Fortaleza de Beliche, wobei die genauen Umstände der Entstehung im Dunkeln liegen. Sicher ist nur, dass der Freibeuter *Francis Drake* die ursprüngliche Festung zerstörte und der heutige Bau von 1632 stammt. Innerhalb der Mauern steht die kleine Katharinenkapelle, die ehemaligen Quartiere wurden zu Hotelzimmern umgebaut (Teil der ↗Pousada).

© Arnd Drifte - Fotolia.com

Cabo de São Vicente

Am westlichsten Punkt Europas (sechs Kilometer westlich von Sagres-Zentrum) angekommen, wähnt man sich zumindest an Wochenenden zunächst mehr auf einem Jahrmarkt denn an einem mystifizierten Ort. Pullover, Strickjacken, Wollmützen und nicht zuletzt „die letzte Bratwurst vor Amerika" – übrigens auch im Internet unter www.letztebratwurst.com zu finden – trüben den Eindruck etwas. Doch dann, mit Betreten des Leuchtturmareals, verlässt man auch den letzten touristischen Spießroutenparcours vor Amerika und schließt sich ergriffen dem von frenetisch herantosenden Wogen begleiteten Pilgermarsch gen Europas Südwesten an. Hier vermischen sich mit etwas Fantasie Gegenwart und Vergangenheit, glaubt man beinahe, durch die vorbeifegenden Nebelschwaden den alten *Kolumbus* auf der Santa Maria vorbeisegeln zu sehen, un-

Dom Infante Henrique – Heinrich der Seefahrer

Die einzige Seereise des nachgeborenen Prinzen (Sohn *Dom Joãos I.* und *Filipas von Lancaster*) bestand zwar „nur" in der **Teilnahme an der Eroberung von Ceuta** in Nordafrika (1416), dies verschaffte ihm aber Kontakte mit arabischen Seefahrern. Diese kannten u.a. Seewege um Afrika herum und brachten insbesondere seine in Europa erlernte Theorie vom „Ende der Welt hinter dem Kap Bojador" und den „Schiffe verschlingenden Seemonstern" erheblich ins Wanken; die „englische" Erziehung mütterlicherseits tat ein Übriges. Nach seiner Rückkehr nach Portugal dauerte es bis 1443, ehe *Heinrich* zum **Gouverneur des Raumes Sagres** ernannt und ihm das alleinige Recht der Erkundung Afrikas südlich des Kap Bojador zugesprochen wurde. Gleichzeitig war er auch **Großmeister des Ordem de Christo**, dessen Hauptauftrag die Verbreitung des Christentums war. So segelten bald die Schiffe mit dem Ordenskreuz Richtung Afrika und erreichten 1445 beim Kap Verde den westlichsten Punkt; bis 1456 wurde die Goldküste erschlossen.

1457 nahm *Heinrich* dauerhaften Wohnsitz bei Sagres und ging sein ehrgeizigstes Projekt an, seine berühmte **Navigationsschule** (vermutlich auf den Resten früherer Astronomiestationen errichtet). Kapazitäten aller Länder wurden eingeladen, neue Erkenntnisse für den Schiffbau (Karavelle), die Kartographie und die Navigation mittels Mondpositionierung und Kompassnutzung auszuwerten und an die Kapitäne weiterzugeben. In der Verbreitung der hier erworbenen Erkenntnisse liegt auch die Hauptleistung *Heinrichs* für Portugal und Europa: Das mittelalterliche Weltbild wurde hierdurch grundlegend korrigiert und die **Voraussetzung für die portugiesischen Entdeckungsfahrten** geschaffen.

termalt von *Vangelis'* „1492"-Titelmelodie. Es ist das Nebelhorn des Leuchtturms, welches den „Wurm Mensch" nach der Verbeugung vor den Meeresgewalten in die Gegenwart zurückruft.

Zurück zu den nüchternen Fakten: Der 62 m hohe **Leuchtturm** selbst wurde 1846 errichtet und dient der Berufsschifffahrt als Orientierungspunkt zwischen Westatlantik und Mittelmeerzufahrt. Das 3000-Watt-Blinkfeuer kann man noch in knapp 100 Kilometern Entfernung auf See erkennen, es ist damit das stärkste Leuchtfeuer Europas.

■ Das Areal ist tgl. außer Mo von 10–18 Uhr geöffnet (Eintritt frei), Leuchtturmbesichtigung (inkl. Turmmuseum Museu dos Faróis) 3 €. Bus s. Sagres.

Strände

Praia do Martinhal

Der Strand Martinhal (kurz vor Sagres ausgeschildert) wird derzeit zu einer kleinen **Feriensiedlung** ausgebaut. Sie wird überschaubar bleiben, da sich unmittelbar westlich die Marina von Sagres-Baleeira anschließt und es östlich keinen Strandanschluss gibt. Der schöne, breite Strand ist gepflegt und wird täglich durchgesiebt. Aufgrund der günstigen Windverhältnisse eignet sich die Bucht von Sagres besonders zum **Windsurfen;** direkt am Praia do Martinhal befinden sich ein Windsurfzentrum sowie die Snackbar Martinhal mit moderaten Preisen.

■ **Martinhal Beach Resort & Hotel**⑤, Tel. 282 240 200, www.martinhal.com – Wochenpreise liegen bei über 2000 €! Sehr modern, unterschiedliche Objekte, Kinderurlaub (Fußball-/Tennisakademie).

Praia da Baleeira

Am Ostende von Sagres liegen die Marina und der recht kleine, bei Flut vom Martinhal getrennte Praia da Baleeira (keine befestigte Verbindung, man muss durch ganz Sagres hindurchfahren). Er wird zum Gutteil von Fischern genutzt und ist für Algarveverhältnisse nur mäßig anziehend.

Praia da Mareta

Die meisten Urlauber bevorzugen den bewachten Stadtstrand da Mareta (am Kreisel vor der Festung beschildert). Es gibt einen Liegestuhl- und Sonnenschirmverleih sowie einige recht hochpreisige Restaurants, die auf Wochenendbesucher zugeschnitten sind.

Praia do Tonel

Der kleine Praia do Tonel liegt gleich westlich des Forts von Sagres (asphaltierte Abfahrt an der langen Fort-Zufahrt), ist im rechten Teil steinig, wohingegen sich links ein breiteres Sandfeld erstreckt. Zum Schwimmen eignet sich das Wasser jedoch wegen der Steine nicht besonders, allenfalls zum schnellen Abkühlen der Fortbesucher.

Praia do Beliche

Der westlichste Strand an der Südküste, zugleich der schönste in der Umgebung von Sagres, liegt in der Bucht zwischen der Fortaleza de Sagres und dem Cabo de São Vicente (Parkplatz vor der Treppe). In der Nähe des Kaps ist das Klima rauer als an den südöstlichen Stränden; des Öfteren gibt es auch Nebel! Der Strand eignet sich ideal zum Bodysurfen. Der Praia do Beliche wird bewacht, verfügt über einen Snack-Kiosk (oben Restaurants Vaza und Origia am Parkplatz auf der anderen Straßenseite), auch Sonnenschirme und Liegen werden vermietet; voll wird es oft an Wochenenden.

Einer der schönsten Strände der Südküste – Praia do Beliche

Praktische Tipps

Unterkunft

Mittlerweile bieten Sagres und seine Umgebung eine recht breite Vielfalt an Unterkunftsmöglichkeiten aller Art; auffallend in Sagres sind die vielen Privatzimmer①-② *(quartos)* entlang der Hauptstraßen.

■ Der **Campingplatz Parque de Campismo de Sagres,** Tel. 282 624 351, Fax 282 624 445, www.orbitur.pt/camping-orbitur-sagres, (im Dezember geschl.), liegt ab Festungskreisel 1,5 km in Richtung Leuchtturm, dort nach rechts beschildert (knapp 1 km). Kostenloser Shuttle-Bus vom/zum Zentrum.

088al wl

Drei einfache, zentrale Pensionen bieten die auf den ersten Blick günstigsten Zimmerunterkünfte (s. unten, Ap. *Turisticos Tonel*):

■ **Mareta Beach Hotel**④, Sítio da Mareta/Praça da República, Tel. 282 620 040, www.maretabeach hotel.com. Schöne Zimmer mit Direktwahltelefon und Zimmersafe sowie teilweise Meerblick zu 65–110 € je nach Saison. Günstiger sind da die beiden folgenden Pensionen.

■ **Pensão Sagres**③, Roça do Veiga, Tel. 282 624 612, Fax 282 624 676 und:

■ **Pensão Navegante II**③, Estrada Nacional, Baleeira, Tel. 282 624 442, Fax 282 624 443, beide mit Preisen zwischen 40 und 90 €.

Die **Hotelanlagen** sind noch längst nicht so dominant im Stadtbild als in anderen Algarveorten. Zuvorderst steht die

■ **Pousada do Infante**④, Ponta da Atalaia, Tel. 282 624 222, Fax 282 624 225, www.pousadas.pt; auch die Festung Beliche gehört zur Anlage, wo einige Zimmer restauriert wurden. Ebenfalls top ist das:

■ **Hotel da Baleeira**④, Baleeira, Tel. 282 624 212, Fax 282 624 425, www.memmohotels.com/en, sehr luxuriös bei Preisen zwischen 80 und 145 €/DZ (landseitig, inklusive Frühstück). Will man ein Zimmer mit Meerblick zahlt man ca. 20 € Zuschlag.

Ferienwohnungen sind noch nicht so verbreitet wie andernorts.

■ **Hotel Apartamento Navigator**③, Sítio da Baleeira, Rua Infante D. Henrique, Tel. 282 624 354, Fax 282 624 360, www.aparthotelnavigator.com, Preise zwischen 45 und 98 € für 2 Personen je nach Saison (Miniküche, 1 Schlafraum, WLAN, Pool).

■ **Apartamentos Turísticos Tonel**③, Sítio do Tonel, Tel. 282 620 100, Fax 282 620 104, www.tonel.telheirodoinfante.com, sehr ordentliche Mittelklasseanlage ohne Flair mit DZ je nach Saison zwischen 12 (!) und 50 €, Studios 28–90 € und 4er Apartments für 32–100 €, auch DZ erhältlich. Etwas abgelegene Lage am Westrand von Sagres.

■ Neu ist das **Aparthotel Don Tenorio** an der Hauptstraße. Studios (36–112 €) und Apartments für 2–8 Personen sowie DZ (B & B) 54–240 € je nach Personenanzahl und Saison. Frühstücksbuffet für 7 € zubuchbar. Tel. 282 624 364, www.dontenorio aparthotel.web.pt.

■ Ebenfalls ganz neu und sehr ansprechend ist die **Apartmentanlage Pontalaia**④ (Tel. 282 620 280, www.pontalaia.com) oberhalb des Ponta da Baleeira. Internet, Pool, Fitness, Sauna, Sat-TV und gehobene Ausstattung haben mit Tarifen zwischen 65 und 205 €/2-er bzw. 4er Apartment ihren Preis.

Essen und Trinken

- Preiswerte Kleinigkeiten und Snacks bieten die Bäckerei **Pastelaria Baia** im Zentrum nahe der Post sowie am Strand Baleeira die Imbissbude *Snackbar Martinhal.*
- Sehr gemütlich mit Blick zur Fortaleza sitzt man im Strandrestaurant **Raposo,** Tel. 282 624 168, an der Westseite des Praia da Mareta. Gute Fischgerichte ab 8 €. Weitere Mittelklasselokale findet man rund um den Praça da República.
- Als sehr gutes Fischrestaurant empfehlen Leser das **Retiro do Pescador** in der Rua Vale das Silvas. Sehr freundlicher Service und Fischgerichte ab 12 €; Tel. 282 624 438, www.retiro-do-pescador.com.

Nützliches

- Die **Touristeninformation** liegt gegenüber der Schule in der Rua Infante Henrique Tel. 282 624 873, Di–Sa 9.30– 12.30 und 13.30–17.30 Uhr).
- Für abendliche Unterhaltung empfehlen sich besonders das **Bar-Restaurant Dromedar** (Tel. 282 624 219, geöffnet tgl. 10–3 Uhr) mit maurischem Flair sowie die **Bar Polvo Dreams** mit Spielabenden, Party-Nights und Riesenleinwand bei Großereignissen; Tel. 282 624 558.
- **Busse** von/nach Lagos tgl. von 6–19.30 Uhr 18x (via Vila do Bispo, Salema, Budens), von/nach San Vicente 11.15 und 14.25 Uhr; Haltestelle direkt vor der TI.
- **Fahrradverleih:** am ⇗Campingplatz, beim Radverleih neben dem *Alisuper* und bei der Agentur *Turinfo* am Zentrumsplatz, Tel. 282 620 003; auch Tickets, Ausflüge, Unterkunftsvermittlung usw.
- **BPI-Bank** (mit EC) schräg gegenüber der TI.
- **Internetcafé:** Estrada Nacional; auch Surfshop.
- **Supermarkt:** *Intermarché* (Durchfahrtsstraße).
- **Polizei:** Tel. 282 639 112 (Vila do Bispo), Erste Hilfe Tel. 282 624 173.

Vila do Bispo

Vila do Bispo (knapp 1.000 Einwohner) darf man getrost als touristisch bislang völlig vernachlässigtes größeres Dorf im Hinterland des Südwestens bezeichnen. Mithin bietet der Ort eine bescheidene touristische Infrastruktur, doch gibt es attraktive Ausflugsmöglichkeiten sowie faszinierende, nahe gelegene Strände an der Westküste.

Nützliches

Unmittelbar an der Ortszufahrt liegen das **Hotel-Pensão Vila Mira**② (Rua 1° de Maio, Tel. 282 626 160, www.hotelmirasagres.com), die **Post,** die **Kirche** sowie der **Geldautomat,** geradeaus weiter dann das **Restaurante Central;** hier links hinunter liegt die Kneipenstraße (z.B. **O Palheiro**), ein paar Meter weiter beginnt schließlich der untere neuere Teil des Ortes (Reihenhäuschen zwischen den beiden Kreiseln. Diese erreicht man auch, wenn man von der N-125 nicht geradeaus zur Kirche fährt, sondern stattdessen links abbiegt). Hier befinden sich eine **Bushaltestelle,** die **Pizzeria Caravela** (Tel. 282 639 202) und das **Restaurante-Bar Ribeira do Poço** (Tel. 282 639 075, tgl. außer Mo, 12–22 Uhr, das sehr beliebt bei Einheimischen und auswärtigen Besuchern ist, jedoch nicht ganz billig. Aber wirklich sehr gut!). Dahinter folgt ein zweiter Kreisel mit Beschilderung zu den Stränden. Der vordere Kreisel parallel zur N-125 (nahe Kulturzentrum) ist Ausgangspunkt für einige interessante Abstecher.

- **Einkaufen:** *Lidl* am Ortsrand Richtung Sagres rechter Hand.
- **Im Zentrum:** Bank *Credito Agricola,* gegenüber *Cantinha dos Amigos Restaurant* (Tel. 282 630 600).

Tauchen

■ **Centro de Mergulho do Sudoeste Algarvio,** Edifício Tempomar – Burgau/Budens, Tel. 282 697 290, Fax 282 697 281, http://afsgoncalves.no.sapo.pt/mergulho/Sagres/Sagres1.html.
■ **Centro de Mergulho Ilhas do Martinhal,** Tel. 282 624 736, Fax 282 624 736.

Strände in der Umgebung von Vila do Bispo

Praia do Castelejo

Das in Vila do Bispo beschilderte Asphalt-Höhensträßchen führt zum vielleicht schönsten Strand der Gegend. Die „Schieferplattenlandschaft" der Westküste taucht die Umgebung in ein mattes Schwarz (auch die Strände weiter nördlich). Der breite Sandstrand bietet ein Beachvolleyballfeld und ein Snacklokal; bei Ebbe kann man am Strand entlang um die nördliche Felsspitze herum zum langen Praia da Cordama wandern. Schöne Snackbar mit Kleinigkeiten (Käse & Oliven) sowie einigen Fischgerichten.

Praia da Cordama

Der breite Sandstrand, an dem bereits die nationalen Surfmeisterschaften ausgetragen wurden, schließt sich sogleich an den Praia do Castelejo an, ist jedoch etwas schwieriger zu erreichen: Auf dem Weg zu Castelejo zweigt 3 km hinter Vila do Bispo vom Höhensträßchen rechts (beschildert) eine Piste zu den Stränden Cordama und Barriga ab. Alternativ kann man von der N-268 (1,2 km nördlich von Vila do Bispo nach links beschildert) anfahren oder zu Fuß ab Castelejo am Strand entlang. Der Strand selbst bietet ein Snacklokal für Erfrischungen.

Praia da Barriga

Wenn man der Piste, die vom Castelejo-Sträßchen über Cordama führt, weiter aufwärts folgt, wird die Piste zunehmend schwieriger und an Hängen nicht ganz ungefährlich (ungesichert). Die dennoch sehr schöne (insgesamt mit PKW vorsichtig befahrbare) Strecke führt durch Eukalyptus- und Nadelwald zum kleinen, unbewirtschafteten Sandstrand Praia da Barriga, der bei Ebbe mit Praia da Cordama verbunden ist.

Praia de Mirouço

Über die kleine Betonfurt vor Barriga den Hang hinauf wird die Piste noch abenteuerlicher; man erreicht urplötzlich den Waldrand und offenes Gelände mit einer Wegkreuzung; hier geht es links zum Praia de Mirouço, den man über Trampelpfade kurz vor der Aussichtsplattform links steil hinunter erreicht. Er ist überwiegend steinig und wird gerne von **Anglern** besucht.

Zurück aus dem Wald, gibt es mehrere Fahrmöglichkeiten: Die sicherste führt aus dem Wald rechts über zwei weitere Pistenkreuzungen hinweg zur Hauptstraße N-268, man kann aber auch (allerdings nur zu Fuß oder mit der Enduro empfehlenswert) an einer der Kreuzungen nach links Richtung Praia da Murração abbiegen.

Praia da Murraçao

An der N-268 (aus Vila do Bispo kommend) passiert man eine Picknickanlage (Parque de Merenda) auf dem Hügel Monteiros (138 m). 500 m weiter zweigt eine beschilderte Piste links zum Praia da Murração ab. Die Abfahrt hinunter erweist sich als teilweise ausgesprochen schwierig und „ölwannengefährdend" (Abzweigungen links führen zu den bei Mirouço erwähnten, nicht befahrbaren Pistenkreuzungen) und endet nach 4,5 km ab Hauptstraße in einer selten besuchten, fjordähnlichen Schlucht mit hübschem Sandstrand. 300 m oberhalb liegen ein kleiner Aussichtspunkt sowie eine Festungsruine.

089al wl

Abstecher 1: Menhire Montes dos Amantes

Am Kreisverkehr parallel zur N-125 (⇗Vila do Bispo, Nützliches) folgt man dem Schild „Monumentos Megaliticos Montes dos Amantes"; an einer Unterführung beginnt ein kleiner **archäologischer Pfad,** der zu einem Steinmonument führt. Es handelt sich dabei um eine Gruppe von neun Menhiren, die auf das Ende der Jungsteinzeit (ca. 3000 v. Chr.) datiert werden. Eine detaillierte Karte mit vielen Erläuterungen weist den Weg (oft liegen auch Broschüren aus).

Wer lieber wandert, kann bei der oben genannten Unterführung dem breitem Feldweg (Piste) bis zur ersten gleichwertigen Piste nach links und zurück bis Vila do Bispo folgen (5 km, 1,5 h).

Abstecher 2: Zum Torre de Aspa

In Bispo dem beschilderten Sträßchen Richtung Castelejo-Strand folgend, liegt nach 2,5 km rechter Hand auf der Höhe ein kleiner Rastplatz mit Holzlandkarte und Kurz-Rundwanderweg „Percurso Florestal"; gegenüber (links ab Sträßchen) führt eine leidlich befahrbare Piste durch dichten Eukalyptus zum **höchsten Punkt der Gegend,** dem Torre de Aspa (157 m). Nach ca. 1,5 km gabelt sich die Piste: Links geht es zu einer zweiten Gabel (hier rechts um den Torre de Aspa herum; links zum **Aussichtspunkt Ponte Ruiva** oberhalb des gleichnamigen, sehr schönen und einsamen Strandes), rechts am Torre de Aspa (trigonometrischer Punkt/Zylinderhütchen) vorbei durch eine Eukalyptusallee bis zum **Aus-**

sichtspunkt Ponte de Aspa mit großartigem Panaramablick über die Praias Castelejo, Cordama und Barriga. Unmittelbar unterhalb des Ponte de Aspa liegt ein kleiner Sandstrand namens Aguia, der nur von See her oder durch gewagte Kletterpartien erreichbar ist.

Abstecher 3

Zwischen ↗Fort Beliche und ↗Praia de Beliche westlich von Sagres führt eine gut befahrbare Piste nach Norden (Kennzeichen: Telefonmasten). Am Gehöft Vale Snato führt der Weg weiter an der Gabel links Richtung Praia da Ponta Ruiva und Torre de Aspa, rechts Richtung Vila do Bispo. Folgt man dieser Richtung stets geradeaus, trifft die Piste kurz vor dem Ort auf die alte Parallelstraße der N-125 (↗Abstecher 1). Hier kann man einen vortrefflichen Eindruck vom Agrarleben des Hinterlandes gewinnen.

Carrapateira

Knapp 14 km nördlich von Vila do Bispo erstreckt sich eine Hügellandschaft rund um das Dorf Carrapateira (250 Einwohner). Der Ort selbst wirkt etwas verschlafen (Einkehren kann man nur in der Snackbar Bravo), das Faszinosum der Gegend bildet eher die **Ringstraße von Carrapateira** mit den zwei sensationellen **Stränden,** die sicherlich zu den fünf schönsten der Algarve gehören.

⌃ Auf dem Ponte de Aspa

Freizeit

- *D. und H. Ferra,* Vilarinha-Carrapateira, Tel. 282 973 184, Fax 976 059 551, beicudo@net.sapo.pt, bieten fantastische **Reiterferien** (inkl. Unterkunft mit Pool und Tennisplatz) ausschließlich für Fortgeschrittene in kleinen Gruppen. Ihre Herdade Beiçudo liegt in einem kleinen Tal nahe der N-268 vor Carrapateira. Unterkunft: http://montedavilarinha.wordpress.com.
- **Wandertouren** (Esel, Rad, zu Fuß) bieten Ociedade Turística Da Carrapateira, Herdade do Monte Velho, Tel. 282 973 207, montevelho.carrapateira @sapo.pt

Strände

Praia do Amado

Von Vila do Bispo kommend, zweigt unmittelbar vor dem Ort ein überwiegend befestigtes Sträßchen nach links ab und führt zunächst zum weiten, schönen Sandstrand Praia do Amado (dort gibt es einen Kiosk, in der Nähe ein Restaurant), der alleine schon die Anfahrt wert wäre.

- Die **Praia do Amado Surf-School & Camp** ist eine der von der PSF *(Portuguese Surfing Federation)* geprüften Schulen und bietet Tages- und Wochenkurse unter sachkundiger Anleitung. Auch nur Board-Verleih ist möglich, Unterkunft wird ebenso arrangiert (im angeschlossenen Surf-Camp). Tel./ Fax 282 624 560, www.algarvesurfschool.com.

Praia da Bordeira

Folgt man der „Straßenschlaufe" (der Straßenzustand wird bald besser) weiter, passiert man mehrere tolle **Aussichtsplätze** mit neuen, stegartigen Zugängen oberhalb der Felsküste, insbesondere die „Nase" (Landzunge) des Pontal. Die Piste gabelt sich, links in einer Sackgasse liegt der obere Parkplatz des Praia da Bordeira, der zwar nicht breiter ist als der Amado, aber um ein Vielfaches tiefer ins Land hineinragt. Der glasklare Ribeira de Bordeira mündet hier in den Atlantik und vervollständigt das großartige Landschaftsbild.

Praia de Vale Figueiras

Auf halber Strecke zwischen Carrapateira und Aljezur zweigt ein Sträßchen links Richtung Monte Novo ab, an dessen Ende der selten besuchte Praia de Vale Figueiras liegt, ein hübscher, stiller und für die Westküste typischer Sandstrand ohne Touristenrummel. Über die Klippen (nur Pfade, nicht befahrbar) kann man die nördlichen Nachbarbuchten des **Praia do Penedo** und **Praia do Canal** erreichen, beide fast ausschließlich von Einheimischen und Klippenfischern besucht.

Aljezur

Die Kreisstadt (knapp 4.000 Einwohner) präsentiert sich als **landwirtschaftliche Hochburg** der neuen Art. Die Süßkartoffel ist neben Getreide heute wichtigstes Erzeugnis, die Bauern versuchen neuerdings, besonderen Wert auf das ökologische Gleichgewicht zu legen. Insgesamt macht die Landschaft in der Tat einen gepflegten Eindruck, die Jugend zieht es dennoch zunehmend in die Metropolen.

Die Stadt geht vermutlich auf eine maurische Gründung im 9. Jh. zurück;

sie war in der Folgezeit wegen der abgeschiedenen Lage lediglich landwirtschaftlich von Bedeutung. Als Relikt aus der Zeit der Mauren steht noch die während des Erdbebens von 1755 teilweise zerstörte **Burg,** von deren Mauern man einen hervorragenden Rundumblick über die Täler hat. Auf der anderen Flussseite sieht man die nach dem Beben errichtete Neustadt rund um die neue, dreischiffige **Hauptkirche** von 1790 mit ihrem imposanten Hauptaltar. Im Altort unterhalb der Burg sind noch das **Archäologische Stadtmuseum** sowie das **José-Cercas-Museum** (Bilder und Zeichnungen des in Aljezur geborenen Malers) zu sehen.

Strände

Auch Aljezur bietet einige feine Strände in unmittelbarer Umgebung. Die Zufahrt zum Praia de Monte Clérigo (hier Restaurants Osargo und O Zes) und Praia da Arrifana (Restaurants Prisamar, Oceano und O Pescador; schöne Fort-Ruine am Ende der Straße) liegt ca. einen Kilometer südlich vor dem Ortseingang. Beide sind durch eine befestigte Ringstraße (an Gabel rechts, führt wieder zurück) miteinander verbunden, eine sehr attraktive Strecke über einen Höhenzug mit Bergpanorama und einem abwechselnden Blick auf den Foia-Gipfel und das Meer.

Nützliches

■ **Informationen** und Broschüren bietet die Touristeninformation an der Markthalle vor der Brücke (Tel. 282 998 229); geöffnet 9–13 und 14–18 Uhr tgl. Eine informative Webseite zum Ort ist beispielsweise www.aljezur-info.de.

■ **Geld/Post:** In der Ortsmitte liegen nebeneinander eine DPI-Bank (EC), nebenan die Post, die Caixa Geral de Depositos und die Multibanco (beide auch mit EC-Automat).

■ **Unterkunft:** Allenfalls mit dem Bus stoppen Reisende über Nacht in Aljezur; preiswerte Unterkunft bietet die *Hospedaria* u. *Snackbar Lopes & Silva* (Hauptstraße Rua 25 April 150/südlicher Ortseingang, Tel. 918 626 947) mit DZ zu 42 €. In der Region werden zahlreiche Häuser und Ferienwohnungen offeriert; einen Überblick mit Preisen und Buchungsmöglichkeit in deutscher Sprache bietet www.aljezur-info.de.

■ **Essen/Trinken:** Als sehr leckeres Snack-Restaurant mit guten Gerichten zu kleinen Preisen empfiehlt sich das *Restaurante Ruth,* Tel. 282 998 534, an der kleinen Brücke an der Hauptstraße.

■ **Bus:** an der Markthalle/Touristeninformation 4–5x tgl. von/nach Odeceixe (10.49, 14.35, 17.20 und 20.05 Uhr) bzw. Lagos (6.58, 10.37, 13.31, 16.24 und 18.11 Uhr).

Praia de Monte Clérigo

Monte Clérigo bietet mehrere Restaurants und Snackbars direkt am Ufer. Der dünige, weitläufige Sandstrand mit Süßwasserdusche und neuen WCs gehört zu den schönsten der Algarve.

■ **Unterkunft:** Vom Parkplatz des Clérigo gelangt man wieder aufwärts zu einem Kreisel. Hier bietet das ausgeschilderte *Hotel Vale da Telha*②, Apartado 101, Tel. 282 981 180, Fax 289 981 176, www.valetelha.pt, nur DZ, ganzjährig 104,50 €.

Ebenfalls außerhalb findet man die *Pousada de Juventude da Arrifana,* Tel. 282 997 455, Fax 2172 322 101, arrifana@movijovem.pt, Reservierungen zentral unter www.pousadasjuventude.pt. Schlafsaal-

Die Westküste

0 — 5 km

Sabóia
Castelo
Malhada Formosa
Topete
Poz de Casinhas
Seladinhas
Santa Bárbara
Delfeira
Nascedios
Martunheiras
Vale da Rosa
do Serrado
Moita Velha
Palmeira
266
Ribeira de Torquines
Vale dos Alhinhos
Carriço
Perreírinha
Serradinha
Vale da Freira
Foz de Barranço
Vale Francisco
Torquines de Baixo
Mesa do Pinheiro
Barranguinho
Estômbar
Vale de Trás
Covão Ruivo
Foz do Salvador
Carapetos
Cortinha de Cima
Maceiras
Barranco
Moita
Lameiro
Moitinhas
Vale das Hastes
Ribeira de Seixe
Foias
Ribeira do Perna da Negra
Foz do Besteiro
Boavista
Várzea da Maceira
Foz das Figueiras
Foz do Arroio
Mesquita 516
Brejo
Ribeiro do Montinho
Carvalhoso
Mesquita
Carvalho de Cima
Chã da Rouça
Chã da Casinha
Foz do Fojo
Selão Branco
Açor
138
Barranco do Pisões Garganta
Pomba
Foião
Corchas
Besteiro
Foz de Corvos
Pedras Juntas
Figueira
Cabeços
Boucinhas
Cabeça de Aguia
Umbria
Covão da Loba
Palheiros
Peso
Ribeira de Monchique
Portela das Eira
Malhada Quente
Alferce
Covão Grande
267
Maia
Portela
Monchique
Rocha de Baixo
Pé do Frio
Fóia 902
Montinhos da Serra
Marmelete
Pedra Branca
Picos 574
Maçarotal
Picota 773
Marias
Meia Viana
Serra de Monchique
Gralhos
Nave
Fornalha
Zebro de Baixo
Zanganilha
Gil Bordalo
Casais
Malhão
Enxameador
Romarinho
Foz dos Barrancos
Casinha da Ribeira
Caldas de Monchique
Monchicão de Cima
Romeiras
Tojeiro
Barracão
Ribeira de Odiáxere
Ribeira das Canas
Ribeira da Torre
Ataboal
Madeiros
Vale da Cerva
Folga
Barranco de Água
Carrascal
Pero Janeiro
Gordeiro
Ribeiro do Pereiro
Dobra
Monte Novo
Ribeira da Boina
Ribeira de Odelouca
Vale de Passeguiero
Pereira
Ruivo
Portimão
Barragem da Bravura
Odelouca

betten 11–17 € und schöne DZ mit Bad 28–47 €. Eigener Transport erforderlich, diese Herberge liegt ziemlich einsam weit außerhalb nahe Arrifana-Strand und ist meist Schulgruppen vorbehalten!

Praia da Arrifana

An diesem Kreisel links führt die Höhenstraße oberhalb eines Flusstälchens zu einem 2. Kreisel – hier ist der Praia da Arrifana beschildert. Das Örtchen besteht nur aus einer Hand voll Häuser oben an den Klippen, eine Treppe führt weit hinunter zum sehr schönen Strand (Snackbar), dessen **starke Brandung** vor allem einheimische Wellenreiter anzieht. An der Straße bieten die Restaurants O Pescador (Tel. 964 659 756) und Oceano (Tel. 282 997 300) fangfrischen Fisch und diverse Meeresfrüchte-Risottos, ein Stückchen weiter stehen die Ruinen der **Fortaleza de Arrifana** (großartiger Aussichtspunkt!) mit der Marisqueria Pôr do Sol (Tel. 282 998 473).

Praia de Amoreira

Drei Kilometer nördlich von Aljezur weist ein Schild den Weg zum Campingplatz und zum Praia de Amoreira. Diese Route führt zum Campismo do Serrão, Tel. 282 990 220, www.campingserrao.com (ganzjährig geöffnet, ausgestattet mit Tennisplatz, Minimarkt, Restaurant, Schwimmbad), dahinter geht es dann durch ein verwirrendes Pistenlabyrinth und „Geistergehöfte" Richtung Küste. Einfacher tut sich der Ortsfremde, wenn er an der neuen Sporthalle (Kreisverkehr) der unbeschilderten Straße nach links bis zum ihrem Ende folgt. Am teilweise versandeten Ribeira da Cerca entlang gelangt man zum schönen, großen Dünenstrand. Dort kann man sich im Restaurant Paraiso o Mar stärken. Besonders ist hier der ausgesprochen flache Einstieg ins Meer bei dennoch sehr hohen Wellen.

Rogil

Das kleine, auseinander gezogene Straßendorf bietet dem Durchreisenden Tankstelle, Café, Bäckerei, Alisuper – und vor allem die Zufahrt zu drei einsamen Strandabschnitten.

Praia de Carriagem

Kurz hinter der im Ort beschilderten Abzweigung folgt eine Gabel, die links zum Praia de Carriagem und rechts zu den beiden weiter unten aufgeführten Stränden führt. Die Holperpiste zum Praia de Carriagem endet oberhalb der Küste, mehrere Pfade führen hinunter zum Strand, der sich vor allem bei Ebbe durch mehr Steine als Sand auszeichnet (keine Bewirtschaftung).

Praia de Vale de Homens

Zum ebenfalls gut ausgeschilderten und unbewirtschafteten Praia de Vale de Homens führt ein befestigtes Sträßchen, der reine Sandstrand liegt malerisch in der Felslandschaft. Zwar gibt es auch hier ein paar felsige Abschnitte, Homens macht jedoch einen deutlich besseren Eindruck als der Praia de Carriagem.

Praia de Samoqueira

An der Zufahrtsstraße zum Praia Vale de Homens zweigt ein Nebenweg (beschildert) zum Weiler Esteveira ab; dort führt ein Pfad (knapp 1 km) zum Praia de Samoqueira hinunter, der praktisch die „Fortsetzung“ von Homens bildet.

■ Markt: Jeden 4. Sonntag im Monat findet in Rogil ein großer Kreismarkt statt.

Maria Vinagre

In diesem nicht weiter nennenswerten Örtchen zweigt ein befestigter Weg zur kleinen Bucht Baia dos Tiros und dem **Praia de Quebrada** ab. Dieser hübsche kleine Strand verfügt über keine Serviceeinrichtungen.

Odeceixe

Der nordwestlichste Siedlungspunkt der Algarve ist nach dem hier ins Meer mündenden Grenzfluss Seixe benannt (Odeceixe = „Der-von-der-Seixe“); der Ort liegt an der N-120, die sich hier durch die bewaldeten, hügeligen Ausläufer der Serra de Monchique windet.

Orientierung/Nützliches

■ Im Ort liegen gleich links an der Ortszufahrt der **Busbahnhof** (nach Lagos via Aljezur tgl. 6.30, 10.05, 16.00 und 17.55 Uhr) und die **Markthalle,** gegenüber die **Post** und die sehr gute, preiswerte **Pensão do Parque**①, Tel. 282 947 117, Fax 282 947 579, buchbar z.B. unter www.booking.com. 50 m weiter folgt linker Hand eine **Bäckerei** sowie gegenüber an der Ecke das nette **Restaurante O Retiro** (Tel. 282 947 352; feine Speisen zu kleinen Preisen, die hauseigene Spezialität: geschmorte Lammgerichte).

■ Am kleinen Dorfplatz (dem Sträßchen weiter folgen) sind ein **Alisuper,** das **Café Stop** sowie die **Snackbar Blue Sky** (Tel. 282 947 169) zu finden.

■ Am Ortsrand Richtung Strand bietet die **Pensão Luar**②, Tel. 282 947 194, www.pensaoluar.blogspot.de, ab 35 €/ DZ (Hochsaison 65 €) Unterschlupf, im Ort selbst zudem rund 20 private Zimmervermieter (beschildert); dem Strand am nächsten liegt die **Hospedaria Firmino Bernardino** (Tel. 282 947 362) mit DZ je nach Saison ab 35 €.

■ Folgt man der N-120 nach Norden bis zu einer Brücke über den Seixe (Grenze zur Provinz Alentejo), kann man auch dahinter gleich links ein holpriges Sträßchen bis zum Strand nehmen – hier stehen gelegentlich Wohnmobile.

■ 2,5 km nördlich der Brücke (schon im Alentejo), hinter dem Dorf Baiona, liegt der sehr schöne **Campingplatz S. Miguel** (Tel./Fax 282 947 145, www.campingsaomiguel.com) mit Minimarkt, Schwimmbad und Tennisplatz; vermieten auch Holzbungalows.

Praia de Odeceixe

Man kann durch die 400-Seelen-Gemeinde zum Strand fahren, aber auch die neue Straße am Südufer des Flusses nehmen. An deren Ende liegen mehrere Kioske und Snackbars, eine Surfschule („Escola de surf“) sowie Aussichtspunkte und Parkmöglichkeiten. Der sehr tiefe, in die Klippen eingeschnittene reine Sandstrand mit dem Flüsschen in der Mitte erweist sich als malerischer Höhepunkt im Nordwesten der Algarve – Top!

PRAZERES 28
551
28E

213al wl

4 Lissabon

Ob man mit der Tram durch die Innenstadt zuckelt, am Stehausschank einen Medronho schlürft oder ob man umgeben von Denkmälern und klassizistischen Häuserzeilen einen Espresso im Café A Brasileira schlürft – Lissabon verströmt Flair.

< Mit der Straßenbahn durch die engen Gassen der Altstadt

LISSABON

105al wl

Historische Burgen und Paläste, beruhigendes Treiben auf dem Fluss, Hügel inmitten der Altstadt, die Wogen des Atlantiks in greifbarer Nähe, nostalgische Tramfahrten, moderne Einkaufszentren, Grünanlagen und ein unvergleichlicher Charme – all das wird dem Besucher der „weißen Stadt", wie Lissabon in der Literatur voll Ehrfurcht bezeichnet wird, in der Erinnerung haften bleiben. Auch der Besucher der Algarve hat die Möglichkeit sich die wichtigsten Sehenswürdigkeiten im Rahmen eines ein- oder zweitägigen Abstechers in die ehrwürdige Hauptstadt zu erschließen.

Überblick

Wer von der Algarve nach Lissabon reist, wird – gleich ob er sich Portugals Metropole per Bus über Ponte Vasco da Gama oder per Bahn und Fähre (oft Brücke des 25. April) über den hier kilometerbreiten Rio Tejo nähert – sofort in den Bann **einer der schönsten europäischen Hauptstädte** gezogen. Hier schlägt das kulturelle Herz des Landes; hier kann der staunende Besucher nachvollziehen, dass es die Portugiesen waren, die einst beinahe die halbe Welt entdeckten und eroberten; hier kann an Bauwerken, Monumenten und Denkmälern die einstige Größe des Landes als Vorreiter der westlichen Welt nachempfunden werden. Lissabon war die Schaltzentrale der ersten weltumspannenden Kolonialmacht, und auch, wenn vom alten Glanz längst nur noch Erinnerungen geblieben sind, so spürt man doch unvermittelt, dass es kaum eine andere Metropole gibt, die so sehr den Charakter des Landes, ja die nationale Identität widerspiegelt wie gerade Lissabon.

Optisch bietet die portugiesische Hauptstadt eine Melange aus maroder Pracht und modernem Funktionalismus. Der überwiegende Teil der Zweck- und Wohnbauten der Innenstadt verdient durchaus das Etikett „irgendwo in Osteuropa vor der Wende". Die restaurierten repräsentativen Bauten, Plätze, Denkmä-

ler und vor allem die moderne Neustadt Richtung Oriente/EXPO-Gelände und Bela Vista sind dafür umso attraktiver.

Zum Reiz der Stadt tragen nicht nur das angenehme Klima am Tejo, die hügeligen, verwinkelten, mit alten ächzenden Straßenbahnen ein wenig an San Francisco erinnernden Straßen und Gassen bei, sondern auch die heutige **multikulturelle Gesellschaft** (viele Einwanderer aus allen Ländern des einstigen Kolonialreiches Portugal). Das meinte auch „Tatort"-Columbo *Axel Prahl* und beehrte die portugiesische Hauptstadt im Rahmen der TV-Reisereihe „Wunderschön" mit einer Anfang

⌃ Aussichtsplattform São Vicente de Fora

NICHT VERPASSEN!

- Ein Prunkstück unter den europäischen Kunstmuseen – **das Museu Calouste Gulbenkian** | 217
- **Tram Nummer 12** – Eine Zeitreise beginnt | 221
- Ein Aufzug als Wahrzeichen – **Elevador de Santa Justa** | 225
- Ein Stadtviertel ganz im Zeichen der portugiesischen Seefahrer – **Belém** | 232
- Faszination für kleine und große Meeresforscher – **das Ozeanarium** | 237

Diese Tipps erkennt man an der gelben Hinterlegung.

Lissabon Großraum

0 — 1 km

■ **Übernachtung**
- 7 Lisboa Camping
- 10 Avenida Palace, Orion Eden
- 12 Lisboa Plaza, Sofitel Lisboa
- 13 Tivoli, Veneza
- 14 Flamingo, Diplomático
- 15 Fénix
- 16 Dom Carlos
- 17 Capitol
- 18 Eduardo VII.
- 19 Four Seasons Ritz, Park Atlantic Lisboa, Hotel Rex
- 20 Miraparque
- 21 Pousada de Juventude de Lisboa
- 22 Sheraton
- 23 Melia Confort & Principe
- 24 Pousada de Juventude de Parque das Nações

■ **Essen und Trinken**
- 11 Fadolokal Velho Páteo de Sant'Ana

■ **Nachtleben**
- 9 Disco-Viertel Docas de Alcântara

■ **Einkaufen**
- 8 Colombo-Einkaufszentrum

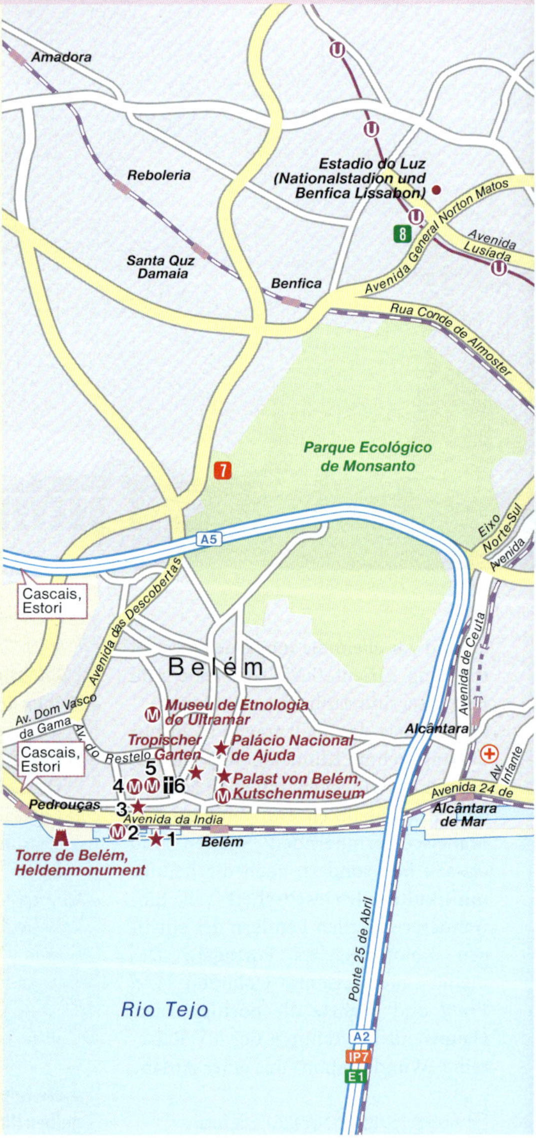

Innenstadtplan S. 214

2013 ausgestrahlten 90-minütigen Sondersendung.

Und über allem thront auf dem höchsten Punkt der Stadt die **Georgsburg** (Castelo São Jorge), eine eindruckvolle Erinnerung an die Vergangenheit und wachsame Hüterin über das Neue.

Eine Tour kann entweder auf eigene Faust oder bequemer über eine der Agenturen an der Algarve arrangiert werden. Man sollte für den ersten Stadtbesuch auf jeden Fall eine Übernachtung einplanen, besser noch zwei. Auch sollte man nicht an Wochenenden (viel los) oder Montagen (Museen geschlossen) reisen, ideal sind die Wochentage Dienstag bis Donnerstag.

An- und Weiterreise

Flug

Die Möglichkeiten, einen Urlaub an der Algarve mit einem Abstecher nach Lissabon zu verbinden, sind recht vielfältig. Wer z.B. einen so genannten **Gabelflug** gebucht hat (z.B. Berlin – Faro – Lissabon – Berlin), landet (noch) auf dem nur wenige Kilometer vom Zentrum entfernten Flughafen. Lissabon-Airport ist übersichtlich und funktional, **Busse** (Aerobus 91, aber auch die Linien 96, 750 und 705/Oriente; 744 und 783/M. Pombal), Route Flughafen – Marquês Pombal – Rossio – Caís do Sodré ab 1,40 €/einf.), die U-Bahn (neue Metrostation „Aeroporto“) und **Taxis** (ca. 18–20 € pro Wagen) gewährleisten eine rasche Anbindung an die Innenstadt (Fahrtdauer ca. 20 Minuten). Ferner wurde für Gäste größerer Hotels ein **„Aero-Bus“** eingeführt, ein Sonderbus, der zwischen Flughafen und Caís do Sodré verkehrt.

Gebuchte Kurztouren

Üblicherweise buchen Besucher ein **Arrangement** (Transport und Hotel) bereits an der Algarve bei den allgegenwärtigen Reisebüros (je nach Ausgangspunkt und Umfang/Hotel rund 150 € für eine Zwei-Tagestour) und werden per Reisebus in die Stadt und direkt zum Hotel gebracht.

Anreise mit Bus und Bahn

Wer auf eigene Faust reist, kann sicher noch ein paar Euro sparen, muss (darf?) dafür aber unter Umständen mehr Zeit einplanen. Man kann entweder per **Überlandbus** (EVA Transportes, RENEX, je nach Abfahrtsort liegt der Rückfahrpreis zwischen 36 und 50 €; vgl. www.eva-bus.com) oder per **Bahn** (4–5 Verbindungen täglich, je nach Zugart 2½–4½ Stunden Fahrtzeit) bis Barreiro am südlichen Tejoufer fahren, übersetzen und sich dann eine Unterkunft suchen (die **Fähre** von Barreiros zum Bahnhof Caís do Sodré ist im Preis enthalten). Komplettpakete sind etwa bei *Megatour* (www.megatur.pt) oder *Follow me Tours* vorab arrangierbar. Fahrkarten und weitere Infos sind bei allen *Agencija Viagens* (Tour-Agenturen) an der Algarve erhältlich. *EVA Transportes*/Lissabon (für öffentliche Busse) hat ihren Sitz (Central Rodoviária) am Sete Rios/Praça

Humberto Delgado (Metro Jardim Zoologico, dort beschildert), Tel. 213 613 000.

Alle **Bahnhöfe** in Lissabon sind nicht miteinander verbundene Kopfbahnhöfe; die wichtigsten sind Barreiro (Fähre) am Südufer des Tejo für die Algarve, Rossio (Zentrum) am Praça dos Restauradores für Porto und Nordportugal, Caís do Sodré (Metro) für Belém und der „EXPO-Bahnhof" Oriente (Metro) für Züge nach Madrid/Paris usw.

Orientierung und öffentliche Verkehrsmittel

Der städtische Bereich erstreckt sich im Wesentlichen am Nordufer des Rio Tejo vom Parque das Nações (EXPO-Gelände) im Osten bis Belém im Westen. Genau in der Mitte liegt das Zentrum mit den **Vierteln Bairro Alto, Baixa** und **Alfama/Mouraria** mit der Burg und den meisten Sehenswürdigkeiten. Mehrspurig befahrbar sind lediglich die Uferstraße sowie nach Norden die Rua da Palma (Flugplatz), Avenida da Liberdade (zum Parque Eduardo VII.) oder die Rua do Alecrim (zur Autobahn A5) – die restlichen Straßen sind überwiegend schmal und zweispurig, viele davon Einbahnstraßen oder Fußgängerzonen.

Verkehrsmittel

Die Mehrzahl der Hotels liegt zwischen Parque Eduardo VII. (Metro „Marquês Pombal") und Praça dos Restauradores bzw. Baixa, günstige Pensionen gibt es am Praça Figueira um die Ecke. Die großen Plätze Praça Restauradores, Praça Dom Pedro IV. und Praça Figueira hängen praktisch zusammen, sodass die **Metro-Stationen Baixa-Chiado, Rossio** und **Restauradores** (die wichtigsten für den Zentrumsbereich) beliebig als Zielstation genommen werden können; für die anderen Verkehrsmittel wichtig sind: **Praça Comércio** (am Arco Rua Augusta) für die Straßenbahn E-15 (nach Belém) und die Fährstation Terreiro do Paço; **Praça Figueira** für die E-12 (Burg und Alfama) sowie E-15 (Belém); **Parque Martim Moniz** für die E-28 (Basílica da Estrela, auch Burg und Alfama); schließlich die **Caís do Sodré** (Boote und Zug nach Belém, Busbahnhof, E-15). Die 15 ist eine moderne Straßenbahn, bei 12 (Rundkurs) und 28 (Martim Moniz – Campo de Ourique) dagegen handelt es sich um urige, hölzerne Einkabiner (beide unbedingt nutzen!).

Von der Achse Baixa – Avenida da Liberdade aus geht es sowohl ost- als auch westwärts recht steil die Hügel hinauf. Während sich Richtung Burg (Viertel Mouraria und Alfama) die Trams (12 und 28) noch ächzend die Hügel hinaufquälen können, gibt es nach Westen neben der Tram Nr. 28 Richtung Campo de Ourique (Basílica da Estrela) noch zwei andere urige Verkehrsmittel im Zentrum: die „Elevador da Gloria" genannte **Bergtram** (Aussichtspunkt!) sowie den „Elevador de Santa Justa", einen ungewöhnlichen, zwei Straßen verbindenden **Freiluft-Stahlaufzug** aus der Schule des Eiffelturmbauers *Gustave Eiffel,* der zum Wahrzeichen der Altstadt wurde.

Lissabon Innenstadt

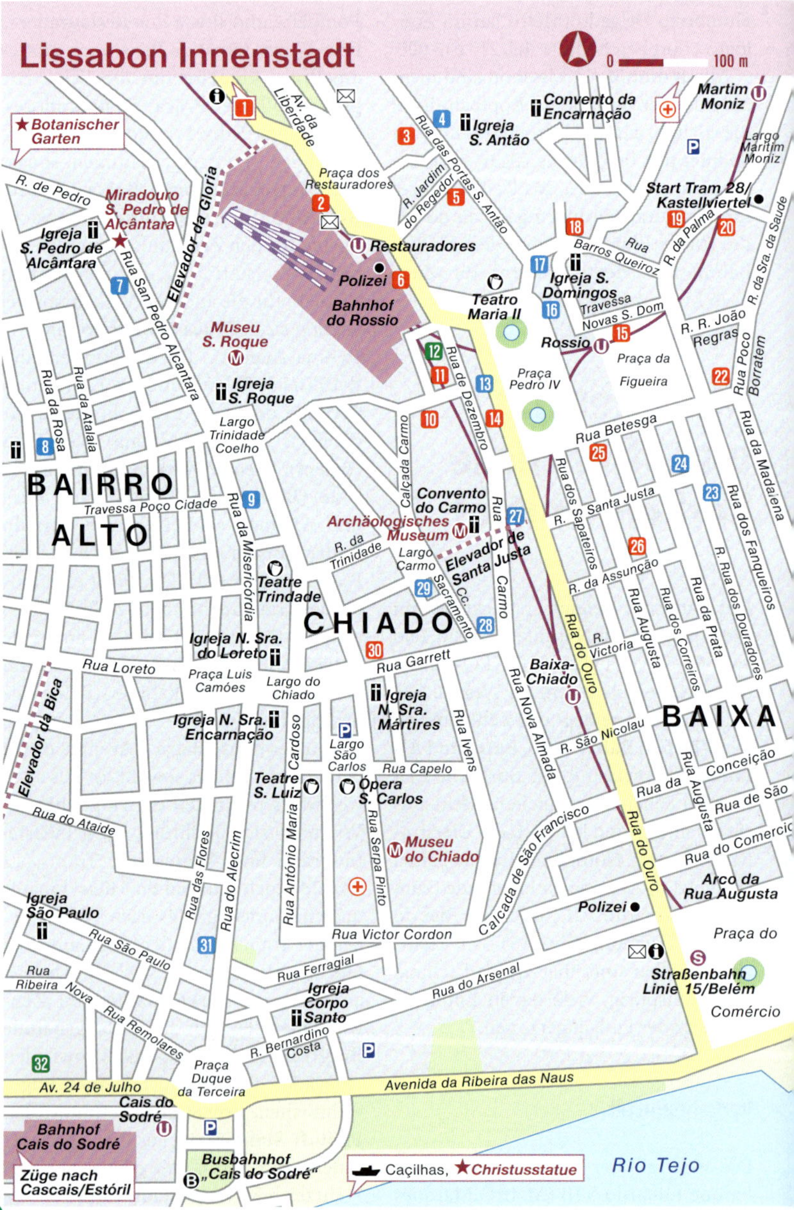

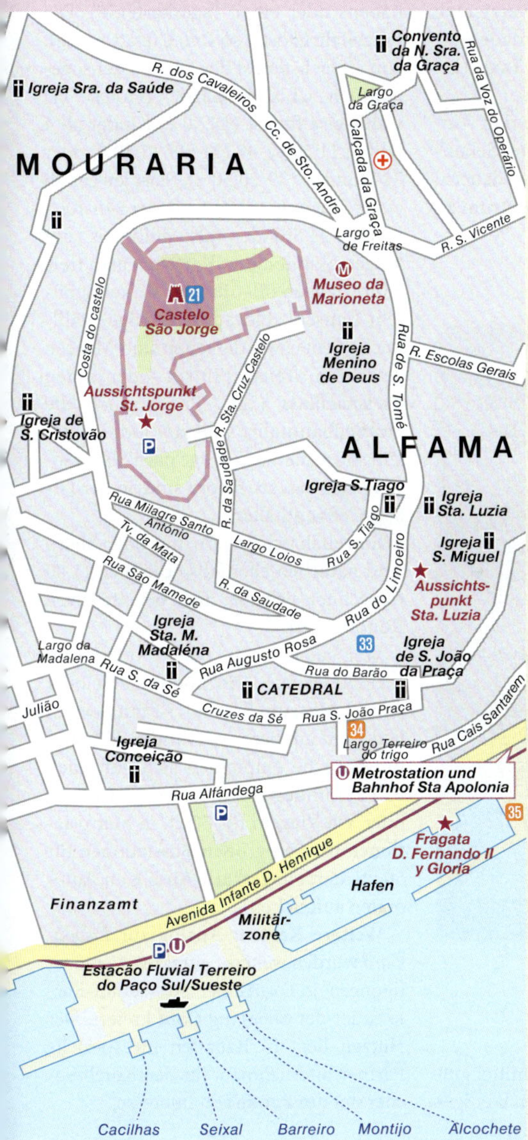

Übernachtung

1 Lisboa Plaza, Sofitel Lisboa
2 Orion Eden
3 Florescente
5 Pensão Campos
6 Avenida Palace
10 Pensão Estação Central, Pensão Estrela Mondega
11 Americano
14 Metropole
15 Pensão Coimbra e Madrid
18 Pensão Gerés
19 Pensão Nova Goa
20 Mundial
22 Lisboa Tejo
25 Internacional
26 Insulana
30 Borges

Essen und Trinken

4 Bodega de Santo Antão
7 Portweinstube
8 Snacklokal So Aqui
9 Cervejaria Trindade
13 Casa dos Sandes
16 McDonald's
17 Medronho Stände
21 Rest. Casa do Leão
23 Cervejaria Bessa
24 Rest. Tung Ah
27 Chocolateria-Bar Rojoo
28 Café/Bar Herois
29 Pastelaria do Carmo
31 Rest. Alemão (dt. Küche)
33 Fadolokale

Nachtleben

34 Clube de Fado
35 Disco LuxFragil

Einkaufen

12 Pingo Doce Supermarkt
32 Blumen- & Souvenirmarkt

Auf ein **eigenes Fahrzeug** sollte man in der Innenstadt wegen der Verkehrsdichte und -führung besser verzichten (Parkhäuser an der Av. Liberdade nutzen), zur Not stehen zahllose **Taxis** (Innenstadtrouten 5–10 €) bereit.

Fußgänger müssen sich an den Ampeln sputen, denn länger als fünf Sekunden scheint keine Grünphase zu dauern! Ansonsten kommt man im Zentrum zu Fuß prima zurecht.

Die wichtigsten Zentrumsbuslinien

- **91:** Airport – Praça Marquês Pombal – Av. Liberdade – Restauradores – Rossio – Praça Comércio – Caís do Sodré
- **28, 714:** Belém – Caís do Sodré
- **727:** Belém – Praça Marquês de Pombal
- **708, 740, 790, 208:** Caís do Sodré – Martim Moniz (Trams)
- **708:** Martim Moniz – Oriente (Park der Nationen)
- **737:** Praça Figueira – Castelo S. Jorge (via Kathedrale und Sta. Lucia)
- **712:** Praça Marquês de Pombal – Rossio – Praça Comercio – Estação Santa Apolónia
- **208, 91:** Airport – Praça Marquês de Pombal – Caís do Sodré
- **205, 732:** Praça Marquês de Pombal – Caís do Sodré

Tickets

Für die öffentlichen Verkehrsmittel gibt es mehrere Ticket-Alternativen. Weniger für Kurzaufenthalte geeignet ist das sogenannte „Zapping" (Kauf einer Plastikkarte für 50 ct. und Aufladen eines Guthabens oder einer Tageskarte/5€). Die Einzelfahrt kostet so 1,40 € (statt 1,80 €). Am einfachsten ist der Erwerb der sogenannten **„Lisboa-Card"** (Hotel, TI) wahlweise für 24 (18,50 €, Kinder ab 4 Jahren 11,50 €), 48 (31,50/ 17,50 €) oder 72 Stunden (39/20,50 €), Start jeweils ab erster Nutzung, Ablauf z.B. der 24h-Karte nach 24 Stunden (also gültig bis zum Folgetag); mit dieser Karte hat man freie Fahrt in allen öffentlichen Verkehrsmitteln (einschl. Elevador-Aufzüge); zahlreiche Sehenswürdigkeiten und Museen gewähren freien Eintritt oder einen Preisnachlass („LC"-Preis), auch die Straßenbahnfahrt Caís do Sodré – Belém sowie die Vorortzüge nach Sintra sowie nach Cascais/Estóril sind in der *Lisboa-Card* enthalten.

Einzelfahrscheine für Bus oder Metro sind natürlich ebenfalls erhältlich (1,80 €), rechnen sich aber nicht bei intensiven Rundfahrten.

Wer auch nach Belém oder zum EXPO-Gelände fährt und das eine oder andere Museum besucht, ist mit der *Lisboa-Card* gut beraten. Ohne viele Museumsbesuche empfehlen sich auf jeden Fall zumindest Tageskarten. (7 Colinas oder Via Viagem für 50 ct. in Metrostationen bzw. an großen Busstationen für 50 ct., dann Tageskarte für 5 € an Automaten aufbuchen).

Weitere Karten: Analog zur *Lisboa-Card* wurden weitere „attraktive Vergünstigungen" in Form einer „Restaurant-Karte" oder der *Shopping-Card* kreiert. Der Nutzen liegt in Rabatten für spezielle Partnerunternehmen, für den Kurzbesucher nur am Rande von Interesse.

Sehenswertes

Rund um Praça de Espanha und Praça Marquês de Pombal

Die Stadtgestaltung rund um diese beiden Plätze mutet großzügig an, etliche moderne Neubauten wechseln sich mit Wohnblöcken und Zweckbauten ab; ferner liegen hier rund **90 Prozent der Hotels,** mit denen Anbieter sowohl der Algarve als auch des Heimatlandes zusammenarbeiten. Wer nicht in der Baixa unterkommt, wird sehr wahrscheinlich in diesem Bezirk Quartier nehmen.

Der „Spanische Platz" selbst ist lediglich eine weitläufige Verkehrsinsel versehen mit einem torähnlichen modernen Kunstwerk, das die Freundschaft der iberischen Bruderstaaten symbolisieren soll.

Museu Calouste Gulbenkian

Von Interesse vor allem für Kunstliebhaber dürfte das Museu Calouste Gulbenkian (Metro: Praça de Espanha) an der Ecke Av. de Aguiar/Av. de Berna sein. Der armenische Ingenieur *Gulbenkian* machte Anfang des 20. Jh. ein märchenhaftes Vermögen im Ölgeschäft und erwählte Lissabon zur Residenz für seinen Lebensabend. Testamentarisch vermachte er der Stadt sein gesamtes Vermögen und Kunstschätze – die Museumssammlung umfasst **Malerei und Kunsthandwerk** vom antiken Ägypten über die europäische Antike bis zu kleinasiatischen Exponaten.

■ Geöffnet Di–So 10–17.45 Uhr, Mo geschl.; Eintritt 4 €, für Kinder und an Sonntagen generell freier Eintritt. Kombiticket mit dem Zentrum für moderne Kunst 7 €.

Jardim Zoológico

Noch eine Metro-Station weiter („Jardim Zoológico") liegt der städtische **Zoo,** der vor allem die jüngeren Gäste ansprechen dürfte. In seiner 100-jährigen Geschichte baute er eine der größten Tiersammlungen weltweit auf; weitere Attraktionen sind u.a. der Streichelzoo, ein Animationspark (Animax) und die Delfin- und Reptilien-Shows.

■ Geöffnet tägl. 10–20 Uhr (Okt. bis März bis 18 Uhr), Eintritt 17,50 €, Kinder 12,50 (Lisboa Card 12,50 €).

Stierkampfarena Campo Pequeno

Folgt man der Avenida de Berna noch zehn Minuten, erreicht man einen Schauplatz gänzlich anderer Art: den Campo Pequeno, die berühmteste **Stierkampfarena** des Landes. Über anstehende Vorstellungen informiert die Arena direkt (Tel. 217 932 143, www.campopequeno.com) oder auch die Touristeninformationen (⇗Adressen). Architektonisch interessant sind die orientalisch anmutenden Zwiebeltürme der roten Backsteinarena.

El Corte Inglês (Kaufhaus)

Vom Spanischen Platz fünf Minuten zu Fuß in südlicher Richtung (Ecke de

Aguiar/da Fronteira, Metro S. Sebastião) liegt eines der größten Kaufhäuser des Landes, das El Corte Inglês.

Parque Eduardo VII.

In der Rua Fronteira liegt auf einer hübschen Anhöhe der **Justizpalast** (Palacio da Justiçia) sowie der obere Bereich des Parque Eduardo VII. Diese zwar nicht sonderlich spektakuläre, aber großzügige Anlage lädt zum Verweilen ein; von hier hat man einen großartigen Blick hinunter in die Baixa (Altstadt) bis über den Tejo hinweg. An der östlichen Parkseite steht der **Pavilhao Carlos Lopez,** ein mit herrlichen Azulejo-Motiven bestückter, kirchenähnlicher Bau, der an die brasilianische Epoche unter *João VI.* erinnern soll (⇗Geschichte); an der Westseite des Parks liegt ein kleiner **Botanischer Garten** mit Vogelvolieren, Gewächshaus und kleineren Insektarien („Estufa Fria", geöffnet täglich 9–16.30 Uhr, Okt.–März bis 17.30 Uhr; Eintritt 1,70 €).

Am unteren Parkende trifft man auf einen großen Kreisverkehr mit der monumentalen **Statue des Marquês de Pombal,** der die Stadt nach dem verheerenden Erdbeben von 1755 wieder aufbauen ließ. Von hier aus führt die lange Avenida da Liberdade hinunter zur Altstadt (15 Minuten zu Fuß, Busse 91, 205 Metro ab Rotunda oder Parque zur Station Restauradores).

Rossio

Am Bahnhof Rossio beginnt das teilweise monumentale und unbedingt sehenswerte **Altstadtzentrum** Lissabons, in dem neben einer Hand voll Hotels vor allem Pensionen zu finden sind, ferner unzählige Schänken, Restaurants, verwinkelte Altstadtgassen, urige Trams, wundervolle Aussichtspunkte und, und, und ...

Praça de Restauradores

Unmittelbar nach Verlassen der Metro-Station „Restauradores" steht man am Südende der Avenida da Liberdade an der monumentalen Praça de Restauradores mit dem Denkmal zur Erinnerung an die Wiederherstellung der nationalen Unabhängigkeit nach der spanischen Fremdherrschaft (1580–1640). Der mächtige neomanuelinische Steinbau des **Bahnhof Rossio** war einst der wichtigste Verkehrsknotenpunkt der Stadt, er hat aber diese Bedeutung längst an die moderneren Bahnhöfe der Außenbezirke, insbesondere Oriente, abgegeben.

Elevador da Gloria

An der Ecke zur Calcada da Gloria fährt eines der urigen alten Transportmittel Lissabons, welches man auf jeden Fall einmal nutzen sollte: der Elevador da Gloria. Der Begriff *elevador* („Aufzug") trifft es eigentlich nicht so ganz, es handelt sich um eine schräg gebaute und durch das Gegengewicht einer gleichzeitig in die entgegengesetzte Richtung fahrenden Tram angetriebene **Berg-Straßenbahn** (1,80 €, LC frei, alle 15 Minuten). „Endstation" ist der Aussichtspunkt Miradouro S. Pedro Alcãntara an der Rua Alcãntara mit einem famosen Blick

Le Grand Duc – der Marquês de Pombal

Nach jahrzehntelanger Misswirtschaft unter dem absolutistischen *João V.* gerät Portugal in der ersten Hälfte des 18. Jh. trotz beachtlicher Erträge aus den brasilianischen Goldfördergebieten zunehmend in **britische Abhängigkeit.** Die damit wachsende **Verarmung breiter Bevölkerungsschichten** ließ den Unmut der Landbevölkerung und des Kleinadels wachsen. Einer der Unzufriedenen war *Sebastião José de Carvalho e Mello Marquês de Pombal* (1699–1782), kurz *Marquês de Pombal* genannt. Er, der im Geiste der Aufklärung herangewachsen war, machte sich als kleiner Gesandter in Wien und London vor allem einen Namen als **Finanzreformator.** *König José I.* (1750–1777) erkannte das Talent *de Pombals* und betraute ihn 1750 mit dem Amt des Außenministers, 1756 machte er ihn gar zum **Premierminister.** Hier legte *de Pombal* einen nahezu „petrinischen Reformeifer" (in Anlehnung an den russischen Zaren *Peter den Großen*) an den Tag und schien mit allem Alten brechen zu wollen: Bildungswesen, Wirtschaftssystem, Abschaffung der Sklaverei und Ordnung der Staatsfinanzen waren seine zentralen Themen. Dabei ließ er rigoros jeden aus dem Weg räumen, der ihn in seinem Reformeifer behinderte. Die Jesuiten, die wegen ihres Grundsatzzieles, den katholischen Glauben in die Welt zu tragen, im Portugal der Expansion mit offenen Armen aufgenommen worden waren, bekämpften *Pombal* ebenso leidenschaftlich wie die überkommenen Privilegien des Kleinadels – dem er ja selbst entstammte.

Sein großes Verdienst war seinerzeit der **Wiederaufbau** Lissabons nach dem **Erdbeben** von 1755: er ließ die Baixa (Unterstadt) in ganz geraden und rechtwinkligen Straßen errichten. Ähnlich ging er in der ↗Vila Real de Santo António an der Ostalgarve vor, die er nach einer Hochwasserkatastrophe auf schachbrettartigem Grundriss wieder aufbauen ließ. Dieses Schachbrett-System erdachte der italienische Festungsbaumeister *Francesco Laparelli* (1521–1570), der von *Papst Pius IV.* 200 Jahre zuvor nach Malta entsandt worden war und dort Valetta als Grundmuster dieses Städtetyps entwarf.

Die politischen Ideen *de Pombals* hatten geringere Überlebenschancen: Unter *Josés* Nachfolgerin *Maria I.* wurden 1776 alle pombalischen **Reformen revidiert** und der Marquês in Pombal unter **Hausarrest** gestellt, wo er 1777 verstarb.

094al wl

Statue des Marquês de Pombal, Staatsmann und Stadtplaner

095al wl

über die Altstadt hinüber zum Castelo São Jorge (⇗westliche Altstadt).

Praça Dom Pedro IV.

Folgt man vom Bahnhof Rossio aus dem Straßenknick Richtung Rio Tejo, öffnet sich nach einigen Schritten der Praça Dom Pedro IV., seit der vollständigen Restaurierung wieder einer der prunkvollsten Plätze der Innenstadt. Am Nordende überragt das neoklassizistische **Nationaltheater Teatro Dona Maria II.** das Geschehen rund um die Springbrunnen und die hohe Säule mit dem **Standbild Pedros IV.** Letzterer war 1826–1828 König von Portugal (später sogar als *Pedro I.* Kaiser von Brasilien) und verzichtete zu Gunsten seiner Tochter *Maria II. da Gloria,* der Namensgeberin des Nationaltheaters, auf den Thron. Durch deren Ehe mit *Ferdinand von Sachsen-Coburg* wurde das Haus Sachsen-Coburg-Bragança gegründet. Gesäumt ist dieser geschichtsträchtige Platz von Straßencafés und kleineren Läden.

Praça Figueira

Ein Durchgang durch die östliche Häuserzeile führt zum Praça Figueira (Metro „Rossio“) mit der **Statue des portugiesischen Königs João I.,** der als Großmeister des ⇗Ordem de Christo und Vater des späteren *Infante Henrique* in die Geschichte einging.

Rundblick vom Castell de São Jorge

Burg und östliche Altstadt (Mouraria/Alfama)

Vom Praça Figueira aus bietet es sich an, mit der alten **Tram Nr. 12** die östliche Altstadt der Viertel Graça, Castelo und Alfama zu erkunden – eine ebenso nostalgische wie faszinierende Tour. Man kann die 12 auch am Praça Martim Moniz besteigen; dort fährt auch Linie 28, die eine ähnliche Route hat, dann aber noch zum ⇗Convento da Nossa Senhora da Graça weiterfährt. Vorbei am Largo Martim Moniz, einer Mischung aus Parkanlage und Treffpunkt für multikulturelle Happenings, Straßenmusikanten und -verkäufer, zuckelt die alte Tram durch die mehr als engen Gassen des **Mouraria-Viertels** und quält sich zur Rua de São Tomé hinauf.

Convento da Nossa Senhora da Graça

Am Largo de Freitas lohnt sich ein Halt, um einen Abstecher zum weithin sichtbaren Convento da Nossa Senhora da Graça (300 Meter die Calcada da Graça hinein oder direkt mit Tram 28) zu unternehmen. Weniger die **Kuppelkirche** des Klosters als vielmehr der famose **Aussichtspunkt** an der Klosteranlage lohnt die paar Schritte.

Largo Santa Luzia

Die meisten Besucher steigen allerdings erst am Largo Santa Luzia aus. Hier sollte man einen Blick in die kleine **Kapelle Santa Luzia** werfen, die sich im Besitz des Malteser-Ordens befindet. Die Hospitalier-Ordensritter wirkten an der Befreiung Lissabons von den Mauren (1147) mit, wovon die Azulejo-Bildnisse im Inneren zeugen. Unmittelbar an der Kirche lädt ein kleiner Biergarten zum Verweilen ein; die Aussichtspunkte rund um die Kapelle bieten wundervolle Panoramablicke über den Rio Tejo.

Castelo São Jorge

Gegenüber der Kapelle führt eine kleine Gasse hinauf zum **höchsten Punkt Lissabons,** dem unbedingt sehenswerten Castelo São Jorge (wer es eilig hat, kann alternativ ab Rossio den Bus 37 zur Burg nehmen). Auf den Fundamenten römischer Kastelle bauten hier die portugiesischen Könige im 14. Jh. ihren Sitz; das Erdbeben von 1755 zerstörte allerdings auch hier weite Teile der Anlage. Die äußeren Mauern sind vollständig begehbar und bieten die besten Ausblicke über die Stadt – eine Panoramatafel hilft bei der Identifizierung der großen Bauwerke Lissabons. Die Palastreste wurden zu einem schicken Nobelrestaurant mit Gewölbekeller umgestaltet, der Außenbereich zu einem ansehnlichen Park mit angenehmen Spazierwegen und Sitzgelegenheiten. Sehenswert auch die **Multimedia-Präsentation Olispónia,** in der die Entstehungs- und Entwicklungsgeschichte Lissabons fünfsprachig (darunter auf Deutsch) aufbereitet wurde.

■ **Castelo und Multimedia-Show:** letztere täglich außer Mi 10–18.30 Uhr, November–Februar bis 17.30 Uhr, Eintritt 7 €, Kinder 4 €, LC 30 % Ermäßigung). Das Castelo ist täglich von 9–21 Uhr geöffnet.

Museu-Escuola de Artes Decorativas

Schräg gegenüber der Luzienkapelle liegt im Palazo Azuarara die Museumsschule für Dekorative Künste, eine Sammlung von **Möbeln, Gemälden und Alltagsgegenständen** des 15.–19. Jh. (geöffnet täglich außer Mo 10–17 Uhr, Eintritt 4 €, LC 3,20 €, Schüler/Studenten 2 €).

Largo da Sé und Kathedrale

Per Tram (12 oder 28) zuckelt man nun hinunter zum Largo da Sé mit der Kathedrale. Sie soll um 1150 auf den Fundamenten einer früheren maurischen Moschee errichtet worden sein. Die **trutzige romanische Hauptfassade** erklärt sich aus der damals latent vorhandenen Angst islamischer Vergeltungsschläge nach der Eroberung Lissabons durch die Christen. Mehrere Erdbeben und Restaurierungsphasen führten zu einer **Stilvermischung,** die besonders im gotischen Kreuzgang und dem Chor ins Auge fällt, dessen barocke Ausschmückung beinahe prunkvoll in dem ansonsten eher schlichten dreischiffigen Sakralbau anmutet. In dem **Taufbecken** am Eingang soll der Schutzpatron Lissabons, *São António,* getauft worden sein.

São António da Sé

Dem *Heiligen Antonius* zu Ehren ließ *König Manuel I.* um die Wende vom 15. zum 16. Jh. 50 m die Rua da Sé hinunter die **Kirche** São António da Sé errichten, in deren Krypta der Heilige am 15. August 1195 geboren worden sein soll – allein schon aufgrund des späteren Baubeginns wohl nur eine Legende. Dennoch glauben sehr viele Einwohner an die Wunderkraft des heiligen *António* – die Bettler der Stadt sind vor diesem Kirchlein zu finden, nicht vor der großen Kathedrale. Nebenan befindet sich das angeschlossene **Museu Antóniano** mit Stichen, Gemälden und liturgischen Gegenständen rund um den Heiligen (geöffnet täglich außer Mo 10–13 und 14–18 Uhr, Eintritt 2 €, LC unter 18 J. sowie am 13. Mai und am 18. Juni frei).

Von hier aus kann man rasch zu Fuß in die Baixa gehen (10 Minuten), mit der 12 zurück zum Praça Figueira oder mit der 28 durch die Baixa und die westliche Altstadt Richtung Campo Ourique (⇗Basilica Estrela) fahren.

[>] Die Kathedrale von Lissabon

Carlsberg
Carlsberg

Die Baixa

Die Unterstadt („Baixa") ist jenes ebene, von rechtwinkligen, schnurgeraden Sträßchen durchzogene Viertel, das sich vom Rossio/Praça Figueira bis zum Praça de Comércio am Tejoufer erstreckt. 1755 vom Erdbeben zerstört, wurde die Unterstadt unter dem *Marquês de Pombal* (⇗Exkurs) erneuert. Der größte Teil der Baixa ist heute **Fußgängerzone,** zahllose Cafés und Pastelarias in den Gassen mit ihren gleichförmigen Händler-, Bank- und Bürgerhäusern laden zu einem Päuschen ein. Hauptader ist hier die **Rua Augusta,** die über den monumentalen Torbogen Arco da Rua Augusta zum Praça Comércio führt.

Praça do Comércio

Früher Warenumschlagsplatz, dann Parkplatz, wurde der Praça do Comércio wieder in seinen alten Zustand zurückversetzt und erstrahlt in würdevollem Glanz vor den Wogen des Tejo, überragt vom **Standbild José I.,** dem großen König der Aufklärung und Gönner des *Marquês de Pombal.*

Während die Rua do Arsenal von hier via Praça do Municipio und dem mondänen **Palast der Stadtverwaltung** Richtung ⇗Caís do Sodré führt, bietet sich vom Praça Comércio noch ein kurzer Abstecher in die entgegengesetzte Richtung an.

097al wl

Fregatte D. Fernando II. y Gloria

Auf der anderen Seite der Avenida Infante Dom Henrique passiert man die Estação Fluvial Terreiro do Paço/Sul (Haupt-Fährstelle zum anderen Tejo-Ufer) und erreicht die Doca da Marinha mit der Fregatte D. Fernando II. y Gloria. Dieser stolze **Dreimaster der portugiesischen Marine** aus dem Jahre 1843 dient heute als Museums- und Veranstaltungsschiff.

Die Praça do Comércio

Elevador de Santa Justa

Die zweifelsohne spektakulärste, da ungewöhnlichste Sehenswürdigkeit der Baixa liegt am Westende der Rua Santa Justa: der Elevador de Santa Justa. Da es recht mühselig war, von der Baixa über die Rua Carmo, Rua Garrett und Rua Sacramento in die westliche Oberstadt Chiado zu gelangen, ersann *der* Fachmann für ungewöhnliche Metallkonstruktionen, kein Geringerer als der Eiffelturm-Erbauer *Gustave Eiffel,* einen **Unter- und Oberstadt verbindenden Aufzug.** Geplant und erbaut wurde der Koloss allerdings von seinem Schüler *Raoul Mesnier de Pousard* im Jahre 1902. Für 2,80 € (LC frei) wird man auf eine Aussichtsplattform in luftige 32 m Höhe befördert – hervorragende Rundumsicht inbegriffen. Oben bietet ein kleiner Kiosk Erfrischungen, der eigentliche Übergang zur Rua do Carmo im Chiado-Viertel (⇗westliche Altstadt) wurde nach einem Großbrand (1988) über viele Jahre mühsam restauriert, sodass sich der Lissabonbesucher auch heute den Gang die genannten Gassen hinauf sparen kann!

Die westliche Altstadt (Chiado, Bairro Alto)

Convento do Carmo

Unmittelbar am Hang zur Baixa (⇗Elevador de Santa Justa) thronen die Ruinen des gotischen **Karmeliter-Konvents,** einst eine der schönsten Kirchen Lissabons. Sie wurde bei dem Erdbeben von 1755 mit Ausnahme der Außenmauern zerstört und aus Kostengründen nicht mehr restauriert. Doch auch die Mauern wurden bei der Feuersbrunst der unmittelbar darunter liegenden Häuserzeile (1988) angegriffen, sodass die im Inneren der Ruinen untergebrachte **archäologische Sammlung** (einschließlich kolumbianischer und ägyptischer Mumien) noch heute nur sporadisch zugänglich ist. Der Hauptteil des Gebäudes stammt aus dem 14. und 15. Jh., die archäologische Sammlung wurde bereits 1389 von *Dom Nuno Àlvares Pereira* begründet. Interessante Randnotiz: Von der Polizeistation unmittelbar neben dem Konvent ging übrigens jener **Aufstand im April 1974** aus, der die Diktatur beendete und Portugal in die Demokratie führte.

Igreja São Roque

Einen Steinwurf entfernt liegt die **prunkvollste Kirche Lissabons,** die Igreja São Roque, die in einem auffallenden Kontrast zur Schlichtheit der meisten anderen Gotteshäuser der Stadt steht. Als in Europa vom 14. bis ins 18. Jh. der **schwarze Tod** wütete, richteten viele Gläubige ihre Gebete an den heiligen *Rochus,* der als Schutzheiliger gegen die Pest gilt; ihm zu Ehren wurde die Renaissancekirche São Roque Ende des 15. Jh. errichtet. Typisch für den sakralen Stil der Renaissance ist die illusionistische Flucht der ebenen Holzdecke im Inneren. Die weitere Innengestaltung mit Azulejos und Marmor stellt eine gelungene Mischung aus italienischen Einflüssen und nationalem Kunstcharakter dar. Insbesondere die **Seitenkapelle** Capele de São João Baptista (Johannes der Täufer), 1742 im Auftrag von *König João V.* von italienischen Renaissancebaumeistern gestaltet, sucht an Prunk ihresgleichen in Lissabon: Von Marmor über Elfenbein bis zu Lapislazuli und Alabaster wurden nur feinste (und eigens vom Papst gesegnete) Materialien verwendet. Sehenswert ist auch das **Mu-**

098al wl

◁ Wahrzeichen der Stadt: Elevador de Santa Justa

seu de São Roque in der unmittelbar angeschlossenen Casa da Misericórdia mit sehr kostbaren und seltenen Exponaten zur Sakralkunst des 16.–18. Jh., wo auch ein Großteil des legendären Kunstschatzes der erwähnten Seitenkapelle zu sehen ist. Im Gegensatz zur Karmeliterkirche blieb São Roque vom 1755er Erdbeben übrigens nahezu unversehrt.

Am Miradouro São Pedro Alcãntara

Ein paar Schritte nördlich erreicht man den Elevador da Gloria (zum ↗Rossio), den **Aussichtspunkt** Miradouro São Pedro Alcãntara sowie das gleichnamige **Kirchlein** schräg gegenüber. Der durstige Besucher wird sich eher am Solar do Vinho do Porto an der oberen Haltestelle des Elevador da Gloria erfreuen – eine **Portweinprobierstube** (Mo–Sa 14–24 Uhr, Glas ab 2 €, Tel. 213 475 707) in einem schönen und angenehmen Ambiente.

Jardim Botânico und Museu Nacional da Ciência

Weiterhin lohnt ein Besuch des **Botanischen Gartens** *(Jardim botânico)* mit angeschlossenem Museu Nacional da Ciência (**Wissenschaftsmuseum,** zehn Minuten die Dom Pedro V. entlang). Dieses Museum „zum Anfassen" mit eigenem Planetarium und Observatorium bietet eine interaktive Dauer- sowie Wechselausstellungen zu besonderen Themen.

■ Museum geöffnet Mo–Fr 9.30–13 und 14–17 Uhr, Sa 15–18 Uhr; Eintritt 5 €, Kinder und LC 3 €, Familien 12,50 €; ; Botanischer Garten 1,50 €, tgl. 10–17.30 Uhr; der Bus 732 fährt von hier zurück ins Zentrum (Rossio /M. Pombal) via Caís do Sodré.

Luís de Camões (1524–1580)

Während der Blütezeit der portugiesischen Seefahrtsgeschichte galt *Luís de Camões* als **berühmtester Dichter des Landes;** sein abenteuerliches Leben verschlug ihn in aller Herren Länder. Als junger Soldat wurde er 1549–1551 in Nordafrika eingesetzt, später in den indischen Besitzungen Portugals (z.B. Goa, 1553–1556). Im weiteren Laufe seines Lebens soll er nach Macau gegangen und von dort 1569 nach Lissabon zurückgekehrt sein.

Sein berühmtestes Werk, die **Lusiaden** (*Os Lusíades,* erschienen 1572, von *Hans Joachim Schaeffer* ins Deutsche übersetzt), gelten als bedeutendstes portugiesisches Epos überhaupt. In ihm werden die Entdeckungsfahrten und Eroberungen der portugiesischen Seefahrer besungen. Eine der Zentralfiguren soll (der nicht namentlich erwähnte) *Vasco da Gama* sein, der mit seinen Entdeckungsfahrten Portugal zur führenden Seefahrernation machte und den *Camões* geradezu verherrlichte. Die Lusiaden sollen angeblich im Camões-Garten von Macau entstanden sein, doch wird heute oft bestritten, dass der Dichter überhaupt jemals in Macau weilte. *Luís de Camões* starb 1580 in Lissabon an der Pest, die zu dieser Zeit auch in Portugal wütete.

Largo Chiado und Praça de Camões

Von der Rochuskirche in südliche Richtung gehend, passiert man den **Largo Trindade** mit dem gleichnamigen **Stadttheater** und erreicht bald darauf die unmittelbar benachbarten Plätze Largo Chiado und Praça de Camões (hier auch Tram 28 von/bis Praça Figueira). Letzterer zeigt ein Denkmal zu Ehren des bedeutendsten portugiesischen **Nationalpoeten** *Luís de Camões* (⇗Exkurs), dessen Todestag als Nationalfeiertag begangen wird.

Der Largo Chiado wird von den beiden Kirchen **Igreja Nossa Senhora Do Loreto** und **Igreja Nossa Senhora Encarnação** gesäumt.

Einkaufsstraße

Von hier bis zur Rua Garrett hinunter erstreckt sich eine beinahe biedermeierlich-pittoreske **Einkaufs- und Flaniermeile** mit Cafés, alten Buchhandlungen und Einzelhändlern aller Art. Besonders sei das traditionsreiche **Café A Brasileira do Chiado** empfohlen, wo der Kaffee noch ein wirklicher Genuss ist (geöffnet täglich 8–2 Uhr nachts, Tasse Kaffee an der Theke 90 ct, am Tisch 1,45 €, draußen 2 € – wegen potentieller Zechpreller).

Teatro São Luis und Ópera São Carlos

In der Parallelstraße am Largo São Carlos bieten gleich zwei Theaterhäuser kulturelle Abendunterhaltung: das **Schauspielhaus Teatro São Luis** sowie die berühmte **Ópera São Carlos.**

Museo do Chiado

Die Rua Serpa Pinto hinunter wird schließlich der „künstlerische Bereich" des Chiado vom Museu do Chiado abgerundet: Auf dem Areal des ehemaligen Franziskanerkonvents wurde das **Städtische Kunstmuseum** untergebracht. Gezeigt werden vorrangig die Werke der portugiesischen Malerei von der Romantik über den Postnaturalismus bis hin zur modernen Kunst von 1850 bis 1950.

■ Geöffnet Di–So 10–18, Mo geschl.; Eintritt 4 €, bis 25 und über 65 Jahren 2,50 €, LC frei, Tel. 213 421 48, www.museudochiado-ipmuseus.pt.

Von hier aus kann man per Tram 28 an der Rua Vitor Cordon zurück zum Praça Figueira oder in die entgegengesetzte Richtung zur ⇗Basilica da Estréla fahren. Zu Fuß sind es zehn Minuten die Rua Ferragial und Rua do Alécrim hinunter zu den Caís do Sodré.

Caís do Sodré und Stadtmarkt

Die Caís do Sodré gehören zwar nicht zu den Sehenswürdigkeiten der Stadt, sind aber wichtigster **Transfer- und Verkehrsknotenpunkt**, der fast von allen öffentlichen Verkehrsmitteln angesteuert wird. Von der Fährstation hinter dem Busplatz kann man alle 10–25 Minuten nach Caçilhas und zur ⇗Christo-Rei-Statue fahren (1,20 € einfach, in Caçilhas Bus 101 zum Monument, dort Aufzug/5€). Ferner fahren im Sommer von hier aus diverse Ausflugsboote u.a. nach

Belém (Touren 15, 20 €; Fa. Transtejo, Tel. 210 422 417, www.transtejo.pt). Vom Busplatz zwischen Bahnhof und Fähre werden der Flughafen (91) und zahllose Punkte der Innenstadt (z.B. Rossio – Av. da Liberdade – Praça Marquês de Pombal mit den Linien 91, 205 und 732) angefahren. Schließlich besteht hier auch Metro-Anschluss der „Grünen Linie" (*Linha Verde*, im Bahnhofsuntergeschoss).

Früher, als noch die exotischen Waren, etwa duftende Gewürze, aus allen Ländern des portugiesischen Weltreichs nach Lissabon befördert wurden, war der **Mercado 24 de Julho** gegenüber vom Bahnhof ein wildes Meer aus Farben und Gerüchen – heute stellt sich der Markt in kleinerem Umfang, aber nicht weniger interessant dar (Verkauf Mo–Sa 5–14 Uhr).

Die genannten Sehenswürdigkeiten umfassen das eigentliche, altstädtische Zentrum Lissabons und sind in Form von Rundgängen/-fahrten leicht erreichbar. Daneben gibt es noch eine ganze Reihe empfehlenswerter Örtlichkeiten, die gezielt angefahren werden müssen.

Basilica da Estrela

Die Tram 28 führt vom Praça Figueira nicht nur um den Burgberg herum durch die Baixa ins Chiado-Viertel hinauf, sondern weiter die Rua Loreto am von steinernen Löwen bewachten **Portugiesischen Parlament** (Assembleia da República) rechter Hand entlang bis zur weithin sichtbaren Basilica da Estrela. Die vor allem vom Tejo aus weithin sichtbare **Kuppelkirche** mit Zwillingstürmen entstand erst 1799 unter *Maria I.*, die die Basilika zum Dank für die Geburt eines männlichen Thronfolgers errichten ließ; 1816 wurde sie hier bestattet. Dem barocken Grundkonzept der sanft und licht wirkenden Kirche wurden klassizistische Charakteristika beigefügt, wofür die italienischen Künstler *Pompeu Batoni* und *Pedro Alexandrino* verantwortlich zeichnen. Der gegenüberliegende **Park Jardim da Estrela** bildet als grüne Oase einen wohltuenden Kontrast zum sonst architektonisch dominierten Stadtbild Lissabons.

Belém

Kein Besuch Lissabons wäre vollkommen, würde man auf einen Ausflug zum **Vorort** Belém verzichten. Dieser ist am bequemsten ab Praça Figueira, Praça do Comércio oder Caís do Sodré (jeweils Straßenbahn 15, Haltstelle „Mosteiro") zu erreichen, am reizvollsten aber ist im Sommer die **Anfahrt per Ausflugsboot** ab ⇗Caís do Sodré. Bei zwei bis drei Museumsbesuchen sollte man durchaus einen ganzen Tag für Belém einplanen. Alleine schon für die Eintrittsgelder, lohnt sich die *Lisboa-Card (LC)*.

Monasteiro dos Jéronimos

Allein die wunderschöne Lage am Tejo mit parkähnlich angelegter **Uferpromenade** zum Spazieren oder Verweilen und nicht weniger als ein halbes Dutzend hochinteressanter Museen lassen einen Besuch attraktiv erscheinen. Die Mehrzahl der Besucher kommt jedoch wegen des **bedeutendsten manuelinischen Bauwerks Portugals** (⇗Exkurs), welches nicht ohne Grund von der

Die portugiesische Manuelinik

Im Grunde begann die Entwicklung dieser eigenständigen, rein portugiesischen Stilrichtung der Baukunst im Anschluss an die Spätgotik mit einem banalen Schwur: *König Manuel I.* (1495–1521, genannt „der Glückliche") versprach, in Belém ein außergewöhnliches Kloster errichten zu lassen, falls *Vasco da Gama* (⇗Geschichte) tatsächlich den Seeweg nach Indien entdecken sollte. Als der Seefahrer im Herbst 1498 tatsächlich reich beladen aus Calicut (Kalkutta) zurückkehrte, löste *Manuel* sein Versprechen ein und ließ mit dem Hieronymus-Kloster in Belém das schönste Bauwerk der damaligen Zeit errichten – der clevere König *Manuel* hatte sich bereits 1496 eine entsprechende Genehmigung bei *Papst Alexander VI.* eingeholt.

Der nach Manuel benannte Stil ist **dekorativ im Sinne der Spätgotik** und verbindet in Flamboyant-, Mudéjar- und Platereskenstil geprägte Formen mit Elementen nautischen, maritimen und exotischen Ursprungs (Anker, Muscheln etc.).

Der geradezu überladen-verspielt wirkende Baustil ist von verschiedenen historischen Umständen beeinflusst worden: Zum einen bewirkte der Erfolg *da Gamas* und die damit errungene **Vorherrschaft Portugals** in Europa und der Welt einen unbändigen Optimismus und Stolz aller Portugiesen, unmittelbar einhergehend mit Berichten über vollkommen Fremdes, Unbekanntes und Schönes, ja Märchenhaftes. Gleichzeitig hatte sich der Hofbaumeister *Manuels, Diogo de Francisco de Arruda,* lange in Marokko aufgehalten und war daher teilweise auch von der **arabischen Bautradition** beeinflusst worden. Und schließlich darf mit hoher Wahrscheinlichkeit davon ausgegangen werden, dass *Manuel* einiges Gedankengut des **Templer-Ordens** (u.a. Kulturoffenheit), dessen portugiesischem Zweig (⇗Ordem de Christo, Geschichte) er als Großmeister vorstand, in die Geisteshaltung am Hof einbrachte; was letztlich seinen Ausdruck in der Architektur fand. Wichtigste Bauwerke waren dabei das **Monasteiro dos Jéronimos** und der **Torre de Belém**.

227al wl

Die vielen Schnörkel und Verzierungen im Hieronymuskloster waren eine Wiedergabe des Erlebten, regten die Fantasie an und luden geradezu ein, die Gedanken schweifen zu lassen, statt der traditionellen introspektiven Meditation ohne Ablenkung nachzugehen. Die Manuelinik war insgesamt ein Ausdruck von **Optimismus,** der **Wertschätzung des Schönen** und dem **Prinzip der Weltoffenheit,** im Ergebnis eine Mischung unterschiedlicher Geisteshaltungen und Einflüsse der Spätgotik/Frührenaissance. *Manuel I.*, der sich in all seinen Bauwerken mit den Initialen „MR", (lat. *Manuel Rex*, „König Manuel") verewigen ließ, war zudem der Initiator der typisch portugiesischen **Azulejo-Kunst** (↗Einkäufe und Souvenirs).

Wache über dem Tejo – Torre de Belém

UNESCO zum **Weltkulturerbe** erkoren wurde: das weltberühmte **Monasteiro dos Jéronimos** (Hieronymuskloster). An der Stelle, an der *Vasco da Gama* um günstige Winde für seine Indienfahrt bat, ließ *König Manuel I.* nach dessen erfolgreicher Rückkehr das Kloster bauen (ab 1502).

Zentraler Teil des Klosters ist die Kirche Santa Maria, in der die Sarkophage des Entdeckerhelden ⇗*Vasco da Gama*, des Nationalpoeten ⇗*Luís de Camões*, der Könige *Manuel I.* und *Joao III.* sowie weiterer hoher Würdenträger und königlicher Familienmitglieder aufgebahrt stehen. Die **Bildnisse der Kreuzigung Christi** im Hauptaltarbereich entstammen dem Pinsel von *Cristóvão Lopes*, dem bedeutendsten Maler am Hofe **Manuels.** Der abgetrennte, zweistöckige **Kreuzgang** mit seinen verzierten Bögen und Säulen gilt als das Paradebeispiel für die Variantenvielfalt des manuelinischen Baustils, ein Seitenkapitell ist dem Grab

100al wl

des berühmten portugiesischen Romantikers *Alexandre Herculano* (19. Jh.) gewidmet, ein weiteres Monument im Kreuzgang erinnert an den bekannten Dichter *Fernando Pessoa* (1888–1935).

■ Geöffnet tgl. außer Mo und an Feiertagen von 10 bis 17 Uhr, im Sommer bis 17.45 Uhr; Eintritt 7 €, Personen bis 25/über 65 Jahre 4 €, LC-Besitzer, Kinder bis 14 und generell Sonntag bis 14 frei, Kirchenbesuch kostenlos.

Museu de Arqueologica e Etnologia

Links von Kirche und Kreuzgang befindet sich das Museu Nacional de Arqueologica e Etnologia, das 1893 gegründete **Museum für Archäologie und Volkskunde** mit Schwerpunkt auf archäologischen Fundstücken. Es zeigt eine Sammlung von Goldschmiedearbeiten (Bronzezeit bis klassisches Altertum), Keramiken sowie Glas- und Mosaikartefakten aus Portugal (nicht aus Übersee).

■ Geöffnet Di–So 10–18 Uhr, Mo geschl., Eintritt 5 €, ermäßigt 2,50 €, LC, unter 14 J. und So 10–14 Uhr frei. Tel. 213 620 000.

Museu da Marinha und Planetarium Fundaçao Gulbenkian

Ebenfalls im Klosterbereich (äußerster linker Flügel) wurde das **Marine-Museum** untergebracht. Alte Seekarten, Schiffsmodelle und nautische Utensilien vermitteln einen kleinen Eindruck der portugiesischen Seefahrtsgeschichte bis hin zur Gegenwart. Besonderes Interesse weckt jenes Wasserflugzeug, mit dem *Cabral* und *Coutinho* 1922 der erste Südatlantikflug nach Brasilien gelang.

Unmittelbar hinter der Klosteranlage wurde das moderne **Planetarium** Fundaçao Gulbenkian mit einem Kuppeldurchmesser von 23 m erbaut. **Wechselausstellungen** zur Planetarforschung sowie diverse **Multimediavorträge** im 330 Plätze fassenden Auditorium stehen auf dem Programm.

■ Geöffnet täglich außer Mo 10 bis 17 Uhr (Sommer 18 Uhr), Eintritt 5 €, LC 3,50 €, Kinder 2,50 €, So 10–13 Uhr frei, Infos: www.planetario.online.pt.

Museu Nacional de Etnologia

Wer sich speziell für „Beutestücke" aus den ehemaligen portugiesischen **Kolonien** und sonstigen Überseegebieten interessiert, sollte das **Nationale Volkskundliches Museum** besuchen. Rund 26.000 Objekte aus aller Welt, darunter insbesondere afrikanische Kunsterzeugnisse und Werkzeuge, Textilien sowie landwirtschaftliche Gerätschaften sind in dem 1965 gegründeten Museum ausgestellt.

■ Geöffnet Di 14–18 Uhr, Mi–So 10–18 Uhr, Mo geschlossen; Eintritt 5 €, Personen unter 25 Jahren und Rentner 50 %, LC und Kinder bis 12 Jahre frei. Das Museum liegt gut 20 Gehminuten oberhalb des Klosters (man folgt der Rua Jéronimos und biegt dann in die Avenida Ilha da Madeira). Alternativ fährt die Buslinie 714 ab Kloster, mit der man wieder zurück ins Zentrum bis zum Marquês de Pombal gelangt.

☒ Das prächtige Monasteiro dos Jéronimos

Museu Nacional dos Coches

Auch ein Blick in das **Kutschenmuseum** lohnt sich; es zeigt eine auf der Welt einzigartige **Sammlung königlicher und päpstlicher Kutschen** aus dem 16.–19. Jh. Hinter dem Museum liegt übrigens der **Palácio de Belém,** die Residenz des portugiesischen Präsidenten.

■ Orientierung: An der 15er-Haltestelle (Kloster) 200 m in Richtung Parkplatz. Geöffnet tägl. außer Mo 10–18 Uhr, Eintritt 5 €, bis 25/ab 65 Jahre 3 € und an Sonn- und Feiertagen, Kinder bis 12 Jahre und LC frei.

Das berühmte „Denkmal der Entdeckungen"

101al wl

Padrão dos Descobrimentos

Durchquert man den parkähnlichen Praça do Imperio Richtung Tejo, fällt ein seltsam anmutendes **Denkmal** ins Auge, das Padrão dos Descobrimentos („Denkmal der Entdeckungen"). Es ist aus Beton gegossen, wirkt hypermodern bis sozialistisch-monumental und soll das Zeitalter der Entdeckungen symbolisieren. Auf dem Bug eines Schiffes, einer Karavelle aus dem Zeitalter der Entdeckungen nachempfunden, halten *Dom Infante Henrique (Heinrich der Seefahrer), König Manuel I., Luís de Camões* und weitere Vorreiter der großen Epoche Portugals sehnsüchtig über den Tejo hinweg Ausschau nach neuen Eroberungen; dabei erinnern die hehren Herrschaften allerdings in ihrer Aufstellung ein wenig an die Bremer Stadtmusikanten... Der Diktator *Salazar* ließ das Denkmal 1960 anlässlich des 500. Todestages des Infanten errichten. Von der Aussichtsplattform hat man einen überragenden Blick über Kloster, Tejo, Brükke des 25. April und Christo-Rei-Statue (lohnenswert!).

■ Aussichtsturm und Auditorium im Inneren Di–So 10–18 Uhr geöffnet (Juli/Aug. 10–19 Uhr); Eintritt 3 €, Studenten und Rentner 2 €, Familien 8 €, LC und Kinder bis 12 J. frei.

Museu Nacional de Arte Popular

Am Denkmal rechts die Promenade entlang, passiert man das **Museum für Volkskunst (Museu Nacional de Arte Popular)** nach geografischen und thematischen Aspekten gegliederten Ausstellungsstücken aus den Bereichen Volkstracht, Spielzeug, Möbel sowie Papier-, Leder- und Korkarbeiten.

■ Geöffnet Mi–So 10-18 Uhr, Sa/So 13–14 Uhr Pause; Eintritt frei.

Torre de Belém

Etwa 300 m hinter dem Museum ragt ein weiteres Paradebeispiel der späten ↗Manuelinik aus dem Tejo hervor, der Torre de Belém („Turm von Bethlehem"). Er wurde 1515–1521 mitten in den Fluss gebaut und diente als kanonenbewehrte Verteidigungsanlage der Tejo-Mündung; von den Spaniern wurde er ab 1580 als Kerker benutzt. Im frühen 19. Jh. von *Napoleon Bonaparte* zerstört wurde der Torre de Belém 1846 in seiner jetzigen Form rekonstruiert. Durch die Verschiebung des Flusses (Aufschüttung, Erdbebenschutt) ist der Turm mittlerweile vom Ufer aus zugänglich.

■ Geöffnet tägl. außer Mo 10–17 Uhr, Mai–Sept. 10– 18.30 Uhr, Eintritt 5 €, Personen bis 25 und ab 65 Jahren 3 €, Kinder bis 14 Jahre und LC frei.

Palácio Nacional de Belém und Palácio Nacional de Ajuda

Wer sich für architektonische Leckerbissen interessiert, findet in Belém zwei besonders sehenswerte Paläste; zum einen den Palácio Nacional de Belém (gegenüber vom Park Albuquerque, Sitz des Staatspräsidenten), der für die Öffentlichkeit nicht zugänglich ist, sowie der **Palácio Nacional de Ajuda** (Largo da Ajuda, Tel. 213 620 264, tgl. außer Mi 10–17.30 Uhr, 5 €), der um 1802 als „Ersatz" für den beim Erdbeben von 1755 zerstörten Königssitz gebaut wurde.

⌃ Das zweitgrößte Ozeanarium der Welt

012al wl

Parque das Nações (EXPO-Gelände)

Nach dem Ausflug in die Vergangenheit (Belém) bietet sich dem Besucherblick ein totaler Kontrast im futuristisch anmutenden Parque des Nações, dem Gelände der EXPO-Weltausstellung 1998.

Das Gesamtgelände (kein Eintritt) an sich lohnt schon den Besuch, auch wenn man aus Zeit- oder Kostengründen keine der einzelnen Attraktionen besuchen möchte – allein ein Spaziergang an der **Promenade** und über die Stege mit großartigem Blick auf die Ponte Vasco da Gama (ein Nachbau steht übrigens in Macau) ist ein Erlebnis. Aber: nicht an Wochenenden – da scheint ganz Lissabon im Park zu sein!

Tipp: An der Information des Parque das Nações kann man die **Cartão do Parque** („Park-Karte", leider nicht immer erhältlich!) erwerben, die zum kostenlosen Besuch von Ozeanarium, Vasco-da-Gama-Tower, Seilbahn und Parkbahn berechtigt, sowie Ermäßigungen bei den anderen Attraktionen bietet. Neben einer nicht unerheblichen finanziellen Vergünstigung im Vergleich zum Einzelpreis hat diese Karte den Vorteil, dass man sich z.B. beim Ozeanarium (manchmal ca. zwei Stunden Wartezeit!) nicht an der Kasse anstellen muss! Die Information findet man, wenn man ab Metro immer schnurgeradeaus durch die Kaufarkade geht.

Oceanário

Das Paradestück ist das geniale Oceanário, zweitgrößtes seiner Art weltweit. Fünf verschiedene Unterwasser-Klimazonen werden in dem gigantischen Becken künstlich vereint; der Betrachter beginnt an einer Rampe am oberen Ende und wandert allmählich durch die einzelnen Abschnitte.

■ Geöffnet täglich 12–19 Uhr (Einlass bis 18 Uhr); Eintritt stolze 13 €, Kinder (bis 12 Jahre) und Senioren 9 €, LC 15 % Rabatt; ein Familien-Ticket (4 Personen) kostet 34 €. Temporäre Ausstellung 6,50 € extra, besser das Kombiticket für 16,50 € kaufen; auch Familienkarten sind erhältlich. Besonders voll wird es am 18.5., 25.7. und 24.11. – da ist der Eintritt frei!

Torre Vasco da Gama

An das 500-jährige Jubiläum der Entdeckung des Seeweges nach Indien durch *Vasco da Gama* erinnert der Turm, das Symbol der EXPO 1998. Mit 145 m ist er das höchste Bauwerk Portugals und bietet auf der „Mastkorb" genannten Aussichtsplattform in 102 m Höhe einen brillanten Ausblick über Stadt und Umland.

■ Geöffnet tgl. 10–20 Uhr, an Wochenenden bis 22 Uhr, Eintritt 7 €, Kinder (bis 12 Jahre) und Senioren 4 €, mit LC 20 % billiger.

Weitere Sehenswürdigkeiten

Auch eine Fahrt mit der **Seilbahn** (tgl. 11–21 Uhr, 4 € einfach) bietet spektakuläre Ausblicke; weitere Höhepunkte im Park sind u.a. die **Virtual Reality Show,** eine virtuelle spektakuläre Erlebnisreise durch das Innere des Ozeanariums. Ferner gibt es einen **Pavillon für Macau,** eine **Konzerthalle** für internationale

Rock- und Popgruppen und über der Metro- und Bahnhofsstation („Oriente") die **Einkaufsarkade „Vasco da Gama"** mit Supermarkt, Computerfachgeschäft, Bowling-Center, die sehr gute Bierkneipe bzw. Restaurant **República da Cerveja** und vieles mehr ...

Christo-Rei-Statue

Zahllose Aussichtspunkte von Lissabon über den Tejo ziehen den Blick auf die 1959 auf einem Hügel im Stadtteil Almada am südlichen Ufer errichtete **Christusstatue.** Das 110 m hohe Werk ähnelt stark der Statue von Rio de Janeiro. Auch andere Länder (z.B. Gozo/Malta) weisen derartige Christusstatuen auf. Exquisite Aussicht garantiert!

■ Geöffnet täglich 9.30–18 Uhr; man nimmt die Fähre vom ⇗Caís do Sodré zur Station Cacilhas, 1,20 € einfach, in Caçilhas Bus 101 zum Monument, dort kann man den Aufzug zur Aussichtsplattform für 5 € nehmen ...

Praktische Tipps

Unterkunft

Die meisten Lissabon-Ausflügler werden vermutlich eine vororganisierte Tour inklusive Übernachtung in einem Hotel nahe dem Praça Marquês de Pombal gebucht haben. Natürlich geht es auch ganz auf eigene Faust (⇗Anreise), wobei Bahnreisende von der Algarve an den Caís do Sodré ankommen (Metro/Bus zum Rossio nehmen), Busreisende dagegen meist direkt am Rossio aussteigen können. Am Rossio kann man sich dann in der Touristeninformation (Praça dos Restauradores neben Hotel *Eden*) eine Unterkunft ab 40 € p.P. vermitteln lassen oder selbst eine günstige Pension im Bereich Praça Figueira/Rua das Portas Antão suchen. Die Saisonunterschiede bezüglich der Preise sind in Lissabon übrigens deutlich geringer als an der (wetterabhängigen) Algarve.

Hotels

Es lohnt sich eigentlich nicht, große Hotels (⇗Stadtplan) selbst aufzusuchen, die Pauschalagenten der Algarve bieten deutlich günstigere Konditionen. Wer gleich eine Ferienwohnung sucht: www.lisbon-holiday-apartments.com ist eine ausgezeichnete Adresse.

Etliche Mittelklassehotels des Zentrums haben sich zur Werbegemeinschaft **„Hotéls Heritage Lisboa"** zusammengeschlossen; Vorabinformation zu Lage, Preis und Buchung unter www.heritage.pt.

■ Wer auf eigene Faust unterwegs ist und ein preiswertes Hotel sucht, findet in der Rua Augusta/Ecke Rua Betesga das **Hotel Internacional** ②-③ (Tel. 213 240 990, Fax 213 240 999, http://idesignhotel.com/de) in der Rua de Santa Antão 99 das **Residencial Florescente**①-② (Tel. 213 426 609, Fax 213 427 733, www.residencialflorescente.com) sehr hübsch, DZ ab 56,50 €.

Pensionen

■ **Pensão Campos**②, Tel. 213 462 864. Zentral in einem der Kneipenviertel, die Rua Antão entlang, an der Ecke zur Rua do J. Regedor bietet die Pension einfache, aber empfehlenswerte DZ mit Bad (ohne Frühstück) zu 60 €.

202al wl

■ **Pensão Coimbra e Madrid**②, Praça Figueira Nr. 3 (Ecke Rua Jardim do Regedor), Tel. 213 421 760, Fax 213 423 264. Von den zahlreichen Pensionen verdient diese am Praça Figueira – zentraler geht es kaum – eine Erwähnung. Einfache, aber angenehme DZ mit Klimaanlage kosten hier zwischen 40 und 50 €, sehr beliebt bei Rucksackreisenden.

■ **Pensão Estação Central**①, Calçada Do Carmo 17 (Ecke 1° Dezembro), Tel. 213 423 308, http://pensaoestacaocentral.com. In unmittelbarer Nähe zum Rossio gelegen mit 27 EZ und DZ ab 30 € (ohne Frühstück). Die Zimmer sind einfach, aber in Ordnung, verfügen über eigenes Bad und verteilen sich über mehrere Etagen des Altstadtbaus.

■ **Pensão Gerés**①, Largo Domingos, www.pensaogeres.com. Hinter dem Nordende des Praça Figueira und der Kirche Igreja São Domingos liegt am Largo Domingos diese hübsche, kleine, familiär geführte Pension, die über sehr schlichte Zimmer schon ab 25 € verfügt. Absolut zentrale Lage!

■ Lesertipp: **Pensão Nova Goa**②, Rua Arco Marques do Alegrete (am Verbindungsstück zwischen Pr. Figueira und Pr. M. Moniz im Zentrum), Tel. 218 881 137, www.pensaonovagoa.com. DZ mit Klima, TV, Bad und Frühstück 55–60 €.

Jugendherbergen

Die Jugendherbergen *(Pousadas de Juventude)* von Lissabon stehen jedermann offen. Ein internationaler JH-Ausweis erleichtert den Zutritt, doch kann man auch direkt bei den Herbergen einen nationalen Ausweis erwerben. Eine gebührenpflichtige Reservierung (1 €/Person) kann nur über die Zentrale vorgenommen werden:

Zünftig und köstlich: Cervejaria Trinidade

- **Movijovem,** Av. Duque de Ávila 137, Tel. 213 138 820, Fax 213 528 621, www.pousadasdejuventude.pt
- **Pousada de Juventude de Lisboa,** Rua Andrade Corvo 46, Metro: „Picoas", Tel. 213 532 696, Fax 213 537 541, lisboa@movijovem.pt. In Zentrumsnähe liegt diese große Jugendherberge mit Preisen von 15–18 € im 6-Bett-Zimmer (saisonabhängig) und 43-46 € im DZ. Eine Vorabreservierung ist empfehlenswert, gilt sie doch als eine der besten Jugendherbergen Portugals mit Bar, Gemeinschaftsraum, Spielraum, Telefonzelle und Internetanschluss. 12 Sechser-, 19 Vierer- u. 14 Doppelzimmer, Rezeption 8–24 Uhr geöffnet.
- **Pousada de Juventude do Parque das Nações,** Via da Moscavide 47–101, Tel. 218 920 890, Fax 218 920 891, E-Mail: lisboaparque@movijovem.pt. Insbesondere für Bahnreisende interessant, da nahe dem Bahnhof Oriente gelegen (zwischen Flughafen und Station Oriente verkehren die Busse 96, 705, 708, 744 und 750). 19 Vierer- und 8 DZ mit Bad sowie zwei behindertengerechte DZ mit Bad. Schlafsaal 14–16 €, DZ 34–40 €. Die Rezeption ist 8–24 Uhr geöffnet.

Camping

- Der Campingplatz **Parque de Campismo Municipal de Monsanto** (Tel. 217 609 620, Fax 217 623 106, www.lisboacamping.com) ist ganzjährig geöffnet und wird von Nachtbus 202/Cais do Sodré sowie 750 (Oriente via Flughafen, 3–6x stündlich) angefahren. Mit Pool, Minigolf- und Tennisplatz, Minimarkt; 400 Zeltplätze. Pro Person 5 € (Kinder 6–12 Jahre 50 %), Zelt 6 €, PKW 3,20 €. Vermieten auch Bungalows.

Essen und Trinken

Lissabon ist natürlich *der* Ort schlechthin, um die portugiesische Küche einschließlich all der Einflüsse aus den einstigen Übersee-Besitzungen zu probieren. Das Preisniveau in mittelpreisigen Lokalen liegt mit rund 4 € für Suppen, Hauptspeisen ab 8 € und Bier ab 3 € (0,5 l) für eine Hauptstadt eher günstig.

- Das absolute „Verpflegungszentrum" liegt in der **Baixa,** beginnend bei **Supermärkten** für Selbstversorger (z.B. *Pingo Doce* am *Hotel Americano*) und **Fast-Food-Ketten** *(McDonald's, Pizza Hut),* wobei vor allem die mehrfach vertretene *Casa dos Sandes*

105al wl

> Ein Blick auf den Rossio mit der Statue Dom Pedros IV.

(Sandwichhaus) mit lecker belegten Baguettes für den Hunger zwischendurch zu empfehlen ist (z.B. Ecke Calcada do Carmo/1° de Dezembro).

■ Originär portugiesisch sind die allgegenwärtigen und preiswerten **Pastelarias,** Stehimbisse für köstlich gefüllte Teigtaschen sowie kalte und warme Kleinigkeiten aller Art.

■ Eine flüssige Spezialität, den **Medronho-Kirschlikör,** kann man am Teatro Maria II (am Platz rechts oben an der Ecke) direkt am Stehausschank kosten (1,50 €/Glas) – natürlich gibt es auch Flaschen zum Mitnehmen. Gleich neben dem Elevador de Santa Justa wartet die kleine Chocolateria-Bar **Rojoo** mit einer weiteren Spezialitiät auf: biologische Schokolade mit Portwein. Auch die Kaffee- und Kakaogetränke werden von Lesern sehr gelobt.

■ Kleine Kneipen, Pastelarias und Pizzerien liegen Tür an Tür in der **Rua das Portas S. Antão** (parallel zum Rossio). In diesen Lokalen findet man auch einfache Tafelweine sowie zurzeit das in Lissabon (nicht an der Algarve) sehr beliebte Mischgetränk Sangria. Gemütlichstes Beispiel ist die **Bodega Santo Antão** (Nr. 42, Tel. 213 874 116), wo besonders die Fischgerichte ihresgleichen suchen.

■ Zwei Parallelstraßen weiter (Douradores, nahe Praça Figueira) empfiehlt sich die **Cervejaria Bes-**

sa (links Bierhalle und Snacks, rechts Restaurantbetrieb, Tel. 218 873 832) sowie schräg gegenüber das **Tung Ah** – einer der aus Macau eingewanderten Experten der kantonesischen Küche; Tel. 218 879 069.

■ Als feiner Tipp der Mittelklasse sei die **Cervejaria Trindade** (Tel. 213 423 506, www.cervejaria trindade.pt) in der Rua Nova da Trindade (Chiado) erwähnt, ein 1834 gegründetes Brauhaus mit angeschlossenem Restaurant und Bierkeller. Essen und Bier (auch dunkles!) sind vorzüglich und für Hauptstadtverhältnisse sehr preiswert; im vorderen Bereich wird nur Bier ausgeschenkt, die hinteren Speisehallen füllen sich ab 18.30 Uhr mächtig – man sollte vorher dort sein oder reservieren!

■ Westlich der Trindade liegt das Nachtschwärmerviertel Bairro Alto mit endlos vielen Kneipen und Bars; hier liegt auch das kleine **So Aqui** (Rua da Rosa 19, Tel. 213 225 141) mit leckeren Tostas ab 3 €, jederzeit frisch zubereitet von Betreiber *Ricardo*.

■ Ganz nobel diniert man im **Casa do Leão** („Löwenhaus", Tel. 218 875 962), stilvoll integriert in die Gewölbe der Burg São Jorge mit traumhafter Aussicht – abends unbedingt vorher reservieren.

Unterhaltung

Fado

Den Fado, jene gedankenschwangere Volksmusik der leisen Töne, die ausschließlich in Portugal, und dort zunehmend nur in Lissabon zu finden ist (⇗Kunst und Musik der Gegenwart), genießt man in Kombination mit einem Abendessen in einem der folgenden Restaurants (reservieren!):

■ **Parreirinha de Alfama,** Beco do Espírito Santo 1, Tel. 218 868 209; gehört der Fado-Familie *Rodrigues/Santos* und ist in Lissabon eine Institution. Geöffnet tgl. außer So. 20–0.30 Uhr.

■ **Taverna de Embuçado,** Beco dos Cortumes 10, Alfama, Tel. 218 865 088; unter einem tollen Kellergewölbe. Teure, aber sehr gute Küche! Täglich außer So. 20–1 Uhr.

■ **Clube de Fado,** Rua S. João da Praça 92 (vor der Kathedrale rechts entlang), Tel. 218 852 704, tgl. 20–2 Uhr; eher teuer (Gericht inkl. Fado ab 30 €!), aber *das* Nachwuchslokal schlechthin, wo alle, die im Fado etwas werden wollen, auftreten müssen.

■ **Velho Páteo de Sant'Ana,** Rua Dr. A. Amaral Nr. 6, Tel. 213 140 063. Etwas versteckt liegt eines der besten Fado-Restaurants Lissabons, mehrfach prämiert (z.B. Arch of Europe, Frankfurt 2007). Uriges, traditionelles Haus mit vorzüglichen Komplettmenüs (Suppe, Fisch- oder Fleischgericht, Nachspeise, Getränke und Kaffee) inkl. Fado-Vorstellung für 45 €. Spezialität: *Espetadas* (Minifleischspieße vom Grill), Reservierung empfehlenswert.

Kneipen

■ Nach den anstrengenden Besichtigungen in Ruhe an einer kleinen, urigen Theke Bier trinken oder den Hauswein kosten? Für diesen Zweck sei die **Rua das Portas Antão** empfohlen, ein autofreies Sträßchen, wo sich zahllose kleine Schänken und Lokale aneinander reihen und sich vor allem der kleine bis mittlere Geldbeutel wohl fühlt.

■ Wer es lieber ruhiger und zurückgezogen mag, sollte die **Pastelaria do Carmo** am Largo do Carmo ausprobieren – Snacks und Getränke sind hier günstiger als in der Baixa.

■ Ein Stück unterhalb in der Calçada de Sacramento 14 (Ecke Rua Garrett) liegt das **Jugendcafé/Bar Herois,** ein In-Treff für das jüngere Publikum. Täglich Live-DJ, Tel. 213 420 077.

■ Noch ruhiger und gediegener geht es im Portweinprobierlokal **Solar do Vinho do Porto** (Rua São Pedro do Alcántara 45, Tel. 213 475 707, Mo–Sa 14 Uhr bis Mitternacht) zu – eine fast unüberschaubare Auswahl zu sehr zivilen Preisen!

Nachtleben

Frühestens gegen Mitternacht – eher später – wechselt man dann zum eigentlichen Zentrum für Nachtschwärmer, den Docas de Santo Amaro, gemeinhin nur als **„Docas"** bekannt. Unmittelbar unterhalb der markanten Hängebrücke über den Tejo (Ponte de 25 Abril) findet man die angesagtesten Klubs der Stadt, gemischt mit Restaurants, Pubs usw. Auch wenn es sich bei den renovierten ehemaligen Lagerhäusern am Jachthafen um eine auf den ersten Blick künstliche und im Vergleich zur Altstadt wenig urige Vergnügungsmeile handelt, so macht die direkte Lage am Fluss und unterhalb der Brücke den Nachteil der eher konventionell gestalteten Bars und Restaurants mehr als wett.

Wegbeschreibung Docas: Ab Cais do Sodré Straßenbahn 15 Richtung Belém bis „Avenida Infante Santo", hier dann Zugang zu den Docas via Unterführung (sieht alles ein wenig dubios aus, ist eben kein Nobelviertel!). Einfacher: eine Station per S-Bahn ab Cais do Sodré bis „Alcântara-Mar", dann Ausgang „Gare-Maritim" zu den roten Backsteinbauten. Zurück hilft nur das Taxi.

Beliebt sind hier zurzeit das Musikcafé *Zona Doca,* das schon ziemlich lange im Geschäft befindliche *In Seven* Seas und vor allem das Jugendcafé *Hawaii Lisboa* mit Dancefloor, Großbildschirm usw. Drinks kosten hier in der Gegend 7 €, Bier 5 € (0,5 l).

- **Zona Doca,** Docas de Santo Amaro, Tel. 213 972 010, geöffnet tgl. außer Mo. 22 bis 4 Uhr.
- **In Seven Seas,** Docas de Santo Amaro, Tel. 213 562 931, tgl. 22 bis 4 Uhr, bei Events bis 6 Uhr.
- **Hawaii Lisboa,** Docas de Santo Amaro, Tel. 213 958 110, tgl. Mitternacht bis 5 Uhr.

Nicht bei den „Docas", sondern in unmittelbar Nähe des Bahnhofs Santa Apolónia am Tejo-Ufer finden Nachteulen den wahrscheinlich angesagtesten Klub der portugiesischen Metropole, wenn nicht des ganzen Landes: das erst Mitte der 1990er-Jahre eröffnete *LuxFragil.* Auf zwei Etagen legen lokale wie internationale Star-DJs Platten unterschiedlicher Stilrichtungen auf den Teller. Vor allem im Sommer finden regelmäßig Livekonzerte von nationalen Coverbands, Newcomern usw. statt. Der Eintritt beträgt je nach Event um die 15 € (meist erhält man Verzehrgutscheine), für Longdrinks zahlt man je nach Getränk 6–9 €, Wasser und Bier gibt es für 3–5 €. Die Drinks genießt man am besten auf der Dachterrasse des Klubs mit Ausblick über die Altstadt und den Fluss.

- **LuxFragil,** Av. D. Infante Henrique/Cais da Pedra, am Ufer hinter dem Bahnhof Santa Apolónia, Di–Sa ab 22 Uhr (vor 2 Uhr ist es allerdings noch ziemlich ruhig, dafür wird die letzte Scheibe erst gegen 7 Uhr morgens aufgelegt), Metro: „Santa Apolónia", Nachtbus Nr. 206 und 210 von/nach Cais do Sodré, Infos zu Veranstaltungen, Live-Konzerten usw. unter Tel. 218 820 890, www.luxfragil.com.

Einkäufe/Souvenirs

- Die bedeutendsten Einkaufsarkaden, die in etwa auch auf dem Weg des Besuchers zu bestimmten Sehenswürdigkeiten liegen, sind das **Centro Vasco da Gama** beim Parque das Nações (oberhalb der Metro Oriente), das Riesenkaufhaus **Corte Inglês** in der Avenida A. A. Aguiar (Metro San Sebastião oder durch Park Eduardo VII. gehen), sowie schließlich das **Armazens do Chiado** am östlichen Ende der Rua Garrett. Tipp: Auf jeden Fall lohnt ein Besuch im **Colombo-Einkaufszentrum.** Der wegen seiner südländischen Architektur mehrfach preisgekrönte Bau der Superlative verfügt über mehr als 400 Läden (u.a. *Continente-Supermarkt,* Bäckereien, Cybercafé) und 60 Restaurants, Bowlingbahnen, eine kleine Achterbahn, Kino, Go-Karts ... Hier findet sich für jeden etwas! Das Colombo Shopping Center liegt gegenüber vom Benfica-Stadion „Estádio da Luz", am einfachsten erreicht man es mit der Metro (blaue Linie, Station „Colégio Militar/Luz") – das Einkaufszentrum liegt direkt über der Station. Allerlei Landestypisches findet man in den kleinen Geschäften der **Baixa** oder im **Markt** gegenüber dem Caís do Sodré.

Nützliches

■ **Touristeninformation:** In Lissabon findet man die zentrale Touristeninformation direkt am Pr. Restauradores, wo man neben Stadtplänen Auskünfte zu touristischen Fragen aller Art erhält.

Palácio Foz, Pr. dos Restauradores, Tel. 213 463 314, tgl. 9–20 Uhr; Pr. Do Comércio, Tel. 210 312 810, tgl. 9–20 Uhr; Flughafen/Ankunftshalle, Tel. 218 450 660, tgl. 7–24 Uhr; Bahnhof Sta Apolonia, Tel. 218 821 606, tgl. 8–13 Uhr.

■ **Touristeninformations-Servicenummer** (Linha de apoia ao turista, gratis): Tel. 800-296 296. Für dringende, unmittelbare telefonische Anfragen, Veranstaltungshinweise oder auch Hilfestellungen aller Art. Offizielle Webseiten sind www.turismodeportugal.pt und www.visitlisboa.com.

■ **Postautomat:** vor dem Hotel *Orion Eden;* **Hauptpost** am Praça dos Restauradores (Metro Rossio).

■ **Kartentelefone:** am Praça Dom Pedro IV.

■ **Polizei:** Policia de Segurança Pública (PSP) neben der Touristeninformation im Palácio Foz, Praça dos Restauradores, Tel. 213 421 634.

■ **Krankenhaus:** *Hospital de Egas Moniz,* Rua da Junqueira (z.B. Straßenbahn 15 nach Belém, Haltestelle Egas Moniz), Tel. 213 650 349.

■ Geführte deutschsprachige **Rundgänge** von zwei Stunden Dauer bei unterschiedlichen thematischen Schwerpunkten bietet die Firma *Luaverde* (Tel. 969 838 183, www.luaverde.com) für Kleingruppen (2–8 Personen) an. Die Kosten betragen 15 € pro Person, Schüler und Studenten 50 %, bis 10 J. frei. Eine 2-Personen-Führung kostet pauschal 35 €. Im Mittelpunkt stehen dabei nicht die größten Sehenswürdigkeiten, sondern die Hauptstadt unter bestimmten Gesichtspunkten, etwa zum Thema Azulejos, Lissabon bei Nacht oder das Lissabon des Dichters Fernando Pessoa.

■ Sehr beliebt sind **Bootsfahrten auf dem Tejo,** welche die Fährfirma *Transtejo* (Info und Buchung unter Tel. 218 824 671, www.transtejo.pt) vom 1.4.–31.10. täglich um 11 Uhr und um 15 Uhr am Pier Terreiro do Paço (Metro: „Terreiro do Paço") für 20 €/Person anbietet. Die Fahrt dauert etwa zwei Stunden, im Preis sind Erfrischungen und mehrsprachige Erläuterungen zu den passierten Sehenswürdigkeiten inbegriffen.

■ **Klassische Bus-Stadtrundfahrten** werden von *Cityrama* (Tel. 213 191 090, www.cityrama.pt, mehrsprachige Erläuterungen) halb- und ganztägig angeboten, es können auch Touren nach Sintra, Cascais und Estóril gebucht werden. Die meisten Stadtrundfahrten (hop on, hop off-System) beginnen am Praça Marquês de Pombal (hier auch Buchungskioske) bzw. am Nordrand des Parque Eduardo VII., auch Hotelabholung ist möglich. Angefahren werden die wichtigsten Punkte der Altstadt. Ähnliche Rundfahrten bietet auch *Portugal Tours* an (Tel. 213 511 220, www.portugaltours.pt).

Cityrama setzt für die Touren die auffälligen oben offenen Doppeldeckerbusse ein; es fahren vier Hauptlinien: die **Belém-Linie**, tgl. 9–19 Uhr alle 30 Minuten (Winter 9.30–16.45 Uhr) bis Belém mit 18 Stopps, die **Castelo-Linie**, die tgl. 9.35–18 Uhr, Winter 10–17 Uhr, alle 15 Minuten in die alte Oberstadt bis zur Burg fährt, die **Oriente-Linie** zum Parque das Nações (9.50–18 Uhr, Winter 10–17 Uhr) alle Stunde sowie die **Cascais-Linie**, die nur um 10.15, 12.15, 14.15 und 17.15 nach Cascais und Estoríl fährt. Alle Linien starten/enden am Pr. M. de Pombal. Das Gesamtticket kostet 25 €, gilt 48 Stunden und kann beliebig auf allen vier Linien eingesetzt werden. Weiterhin können 24-Stundentickets für verschiedene Kombinationen zweier Routen, Flussrundfahrten zu 33 €, geführte Stadtspaziergänge für 28 € und Audio-Guides gebucht werden. Weitere Informationen erhält man unter der kostenlosen Info-Hotline 800–208 513, unter der übrigens auch eine halbtägige geführte Segway-Tour durch die Alfama (39 € inkl. 48-Stundenticket für die hop on, hop off-Busse) gebucht werden kann.

▷ Politische Graffiti an den Hauswänden

Am Praça do Comércio bietet *Carris* (Tel. 213 613 000, www.carris.pt) eine 90-minütige Sonderfahrt in einer **restaurierten alten Tram** an (17 €, Kinder 8,50 €, LC 12,50 €). Diese „rote Linie" fährt ähnlich wie die berühmte reguläre Linie 28. Zu bestimmten Zeiten werden Weinprobe- oder Gourmet-Touren (mit Restaurantbesuch) per Touri-Tram angeboten (gleiche Preise bzw. mit Menü 39 €).

■ **Flughafen:** Flugauskunft und Information unter Tel. 218 413 700.

224al wl

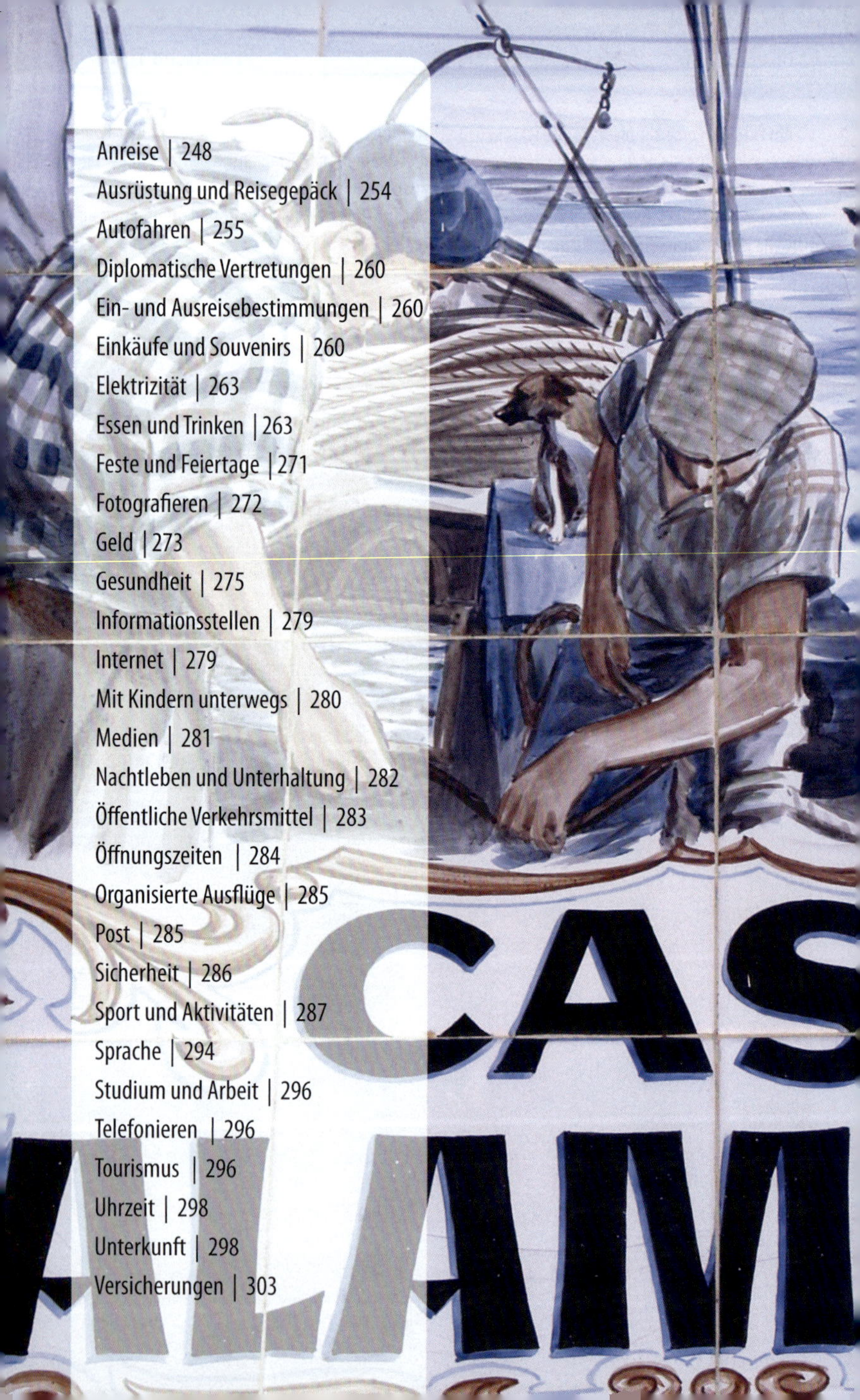

220al wl

5 Praktische Reisetipps A–Z

◁ Die Tradition der Fischer als Thema der bekannten Azulejo-Malereien

Anreise

Flug

Für die Anreise in die Algarve per Flugzeug bietet sich als Ziel Faro an. **Nonstop-Verbindungen** aus dem deutschsprachigen Raum mit Linienfluggesellschaften **nach Faro:** einmal oder mehrmals wöchentlich mit *Lufthansa* oder *TAP Portugal* von Frankfurt, mit *Swiss* von Zürich und mit *Austrian Airlines* von Wien. Die Flugzeit z.B. von Frankfurt nach Faro beträgt knapp drei Stunden. Daneben gibt es eine ganze Reihe von **Umsteigeverbindungen** nach Faro, die zwar billiger sein können als die Nonstop-Flüge, bei denen man aber auch eine längere Flugdauer einkalkulieren muss. Diese sind u.a. möglich mit *TAP Portugal* oder *Portugalia* über Lissabon oder mit *Iberia* über Madrid.

Der Flughafen Faro ist für Auskünfte (über Rückflugzeiten usw.) unter Tel. 00351 289 800 800, Fax 289 818 802, im Internet unter www.anaaeroportos.pt. Auch www.faroairportsguide.com bietet Fluginformationen sowie Mietwagen, Wetterinfos usw. zu erreichen.

Ein bis zwei Tage vor dem **Rückflug** sollte man unter der Servicenummer in Faro rückfragen, ob der Flug planmäßig startet (meist läuft eine Tonbandansage).

Flugpreise

Ein Economy-Ticket von Deutschland, Österreich und der Schweiz hin und zurück nach Faro bekommt man je nach Jahreszeit und Aufenthaltsdauer ab 150 Euro (einschließlich aller Steuern, Gebühren und Entgelte). Am teuersten ist es in der Hauptsaison im Sommer, in der die Preise für Flüge an Wochenenden besonders hoch sind und über 300 € betragen können. Bei vielen Fluggesellschaften gilt für Familien:

Kinder unter zwei Jahren fliegen ohne Sitzplatzanspruch für 10 % des Erwachsenenpreises, ansonsten werden für ältere Kinder bis 11 Jahre die regulären Preise je nach Airline um 25–50 % ermäßigt. Ab dem 12. Lebensjahr gilt der Erwachsenentarif.

Buchung

Grundsätzlich empfiehlt sich für die Suche eines geeigneten Fluges eine der großen Internet-Suchmaschinen wie http://cfde.momondo.de, www.swoodoo.com, www.skyscanner.de, www.kayak.de oder www.billig-flieger-vergleich.de.

Auch so genannte Last Minute-Spezialisten wie www.restplatzboerse.at oder www.de.lastminute.com kann man in die Suche einbeziehen, wobei diese aber im Vergleich zu den genanntern Suchmaschinen keineswegs immer den besten Last Minute Preis bieten.

Billigfluglinien

Laut einer Studie des ADAC gibt es auch für Portugal, insbesondere Lissabon, einige Möglichkeiten so genannter Billigflugtickets nach dem Motto „ab 19,99 Euro nach Lissabon“. Dies klingt verlockend, wenn nicht sensationell, sollte aber mit Vorsicht und differenziert betrachtet werden. So sind oft nur wenige Tickets in dieser Preisklasse im freien Verkauf erhältlich, sie sind für ganz bestimmte (sehr wenige) Flugtage gültig, umfassen nicht immer Steuern, Buchungs- und Sicherheitsgebühren, zudem handelt es sich um die einfache Flugstrecke. Dennoch: Wer sich auf das konkrete Angebot flexibel einstellen kann, hat die Möglichkeit, mit *Air Berlin* (www.airberlin.com), *Germania Express* (www.gexx.de), *TUI/Hapag-Lloyd* (www.hlf.de) oder *Germanwings* (www.germanwings.com) „ab 19,99 Euro" nach Lissabon zu fliegen.

Hinweis zu Flügen nach Lissabon

Während Faro außerhalb der Hauptreisezeiten nicht immer den gewünschten günstigen Anschluss bieten könnte, erweisen sich die Flugmöglichkeiten von/nach Lissabon durchgehend als hervorragend. Selbstorganisierende Flugreisende stehen dann manchmal vor dem Problem, nur einen Faro-Flug über Lissabon (mit teilweise erheblicher Wartezeit bei der Zwischenlandung) zu bekommen. In diesem Fall kann man erwägen, mit einem Leihwagen (am Flughafen von 6 Uhr morgens bis 1 Uhr nachts leicht erhältlich; gut beschildert im Flughafen-Parkhaus) über die Brücke Ponte Vasco da Gama und die A 2 in gut 2½ Stunden das Reiseziel an der Algarve anzusteuern.

Nach der Ankunft

Nach dem Bustransfer vom Flugfeld geht es ohne Ausweiskontrolle (Inner-EU-Flug) in die etwas chaotische Gepäckhalle, wo auf Monitoren das entsprechende Rollband angezeigt wird. Dann gelangt man in den Ankunftsbereich des Flughafens (keine Gepäckaufbewahrungsmöglichkeiten) mit Touristeninformation, Hotel- und Mietwagenschaltern. Die internationalen Verleiher (*AVIS, Sixt, Hertz, Budget* etc.) haben ihre Büros außerhalb des Gebäudes, 300 Meter rechts den Parkplatz entlang; in der Ankunftshalle selbst finden sich kleinere lokale Vermieter, die meist deutlich günstiger sind (⇗Autofahren; Vorabreservierung ist bei allen Anbietern zu empfehlen). Der Flughafen verfügt über ausreichende Parkflächen (Gebühren: 1–2 €/Std., je nach Nähe zum Hauptgebäude) – meist werden die Leihfahrzeuge beim Rückflug auf einem vereinbarten Parkplatz abgestellt.

Orientierung ab Flughafen

Wer am Flughafen einen **PKW** mietet (Thema Maut s.u., „Anreise per PKW"), fährt über die vierspurige Flughafen-Stadtschnellstraße auf die mautfreie Autobahn IP 1; will man an die Westalgarve, folgt man den Schildern Richtung Albufeira/Lagos, für die Ostalgarve orientiert man sich in Richtung Vila Real de Santo António. Für Olhão und Tavira fährt man ab Flughafen via Faro, wo man auf der gut beschilderten N-125 entlang der Küste weitergeführt wird. Das Zentrum von Faro liegt nur drei Kilometer vom Flughafen entfernt und ist ebenfalls sehr gut ausgeschildert.

Achtung Mietwagenfahrer: Auf der IP 1 gibt es **keine Tankstellen;** vom Flughafen kommend, liegt Richtung Autobahn nach etwa drei Kilometern lediglich eine winzige, leicht zu übersehende Tankstelle rechter Hand.

Kleines „Flug-Know-how"

Check-in

Nicht vergessen: Ohne einen gültigen Reisepass oder Personalausweis kommt man nicht an Bord. Das gilt auch für Kinder.

Bei den innereuropäischen Flügen muss man mindestens eine Stunde vor Abflug am Schalter der Airline eingecheckt haben. Viele Airlines neigen zum Überbuchen, d.h., sie buchen mehr Passagiere ein, als Sitze im Flugzeug vorhanden sind, und wer zuletzt kommt, hat dann möglicherweise das Nachsehen.

Gepäck

In der Economy-Class darf man in der Regel nur Gepäck bis zu 20 kg pro Person einchecken (steht auf dem Flugticket) und zusätzlich ein Handgepäck von 7 kg in die Kabine mitnehmen, welches eine bestimmte Größe von 55 x 40 x 23 cm nicht überschreiten darf. In der Business Class sind es meist 30 kg pro Person und zwei Handgepäckstücke, die insgesamt nicht mehr als 12 kg wiegen dürfen. Man sollte sich beim Kauf des Tickets über die Bestimmungen der Airline informieren.

Fluggäste dürfen **Flüssigkeiten** oder vergleichbare Gegenstände in ähnlicher Konsistenz (z.B. Getränke, Gels, Sprays, Shampoos, Cremes, Zahnpasta, Suppen) nur in der Höchstmenge von jeweils 0,1 Liter als Handgepäck mit ins Flugzeug nehmen. Die Flüssigkeiten müssen in einem durchsichtigen, wiederverschließbaren Plastikbeutel transportiert werden, der maximal 1 l Fassungsvermögen hat. Da sich diese Regelungen jedoch ändern können, sollte man sich beim Reisebüro oder der Fluggesellschaft nach den derzeit gültigen Regelungen erkundigen.

Aus Sicherheitsgründen dürfen **Taschenmesser, Nagelfeilen, Nagelscheren,** sonstige Scheren und Ähnliches nicht mehr im Handgepäck untergebracht werden. Diese sollte man unbedingt im aufzugebenden Gepäck verstauen, sonst werden diese Gegenstände bei der Sicherheitskontrolle einfach weggeworfen. Darüber hinaus gilt, dass Feuerwerke, leicht entzündliche Gase (in Sprühdosen, Campinggas), entflammbare Stoffe (in Benzinfeuerzeugen, Feuerzeugfüllung) etc. nichts im Passagiergepäck zu suchen haben.

Rückbestätigung

Bei den meisten Airlines ist heutzutage die **Bestätigung des Rückfluges** nicht mehr notwendig. Allerdings empfehlen alle Airlines, sich dennoch telefonisch zu erkundigen, ob sich an der Flugzeit nichts geändert hat, denn kurzfristige Änderungen der genauen Abfluguhrzeit kommen beim zunehmenden Luftverkehr heute immer häufiger vor.

Weitere Verkehrsmittel ab Flughafen

Am Ausgang, 50 m linker Hand, liegt die kleine **Bushaltestelle** mit Anbindung zur Ilha de Faro und in die Innenstadt von Faro (9–20 Uhr zur vollen Stunde ab Flughafen, 8.15–20.15 Uhr ab Bahnhof Faro). Der Transport per **Aero-Bus** ist bei Vorlage des Flugtickets kostenlos.

Der **Bahnhof** von Faro ist unter Tel. 289 822 769 bzw. 289 801 726 für Auskünfte zu erreichen.

Die Nah- und Fernziele der Algarve werden ab Flughafen auch per **Taxi** angefahren; die Richtpreise pro Fahrzeug: Faro-Innenstadt 15 €, Albufeira 40 €, Carvoeiro 60 €, Lagos 80 €, Vila Real de Santo António 60 € – nach 22 Uhr sowie an Wochenenden und Feiertagen wird ein Aufschlag von 20 Prozent erhoben.

Anreise per PKW

Eines vorab: Wer ausschließlich Portugal besuchen möchte, sollte besser fliegen! Die Kosten für die Anreise per PKW übersteigen für ein oder zwei Personen, zumindest bei günstigen Nebensaison-Flugpreisen, diejenigen für Ticket plus Leihwagen vor Ort deutlich. Neben Sprit (200–250 € einfache Fahrt) und Autobahngebühren (derzeit insgesamt ca. 100 € einfach) muss man noch zwei Übernachtungen einkalkulieren. Ab 3–4 Personen – Familien mit Kindern – „rechnet“ sich dann zwar die Anreise per PKW, doch ein Erholungseffekt dürfte nach der ca. 2.600 Kilometer langen Rückfahrt von Faro nach Deutschland kaum mehr vorhanden sein; zudem geht für An- und Rückreise samt Übernachtungen knapp eine Woche ins Land.

Wer jedoch viel Zeit hat oder nebenbei auch Frankreich und Spanien besuchen möchte, sollte sich die französische Motelkette Formule 1 vormerken. Deren knapp 400 Häuser liegen in Spanien und Frankreich unmittelbar in Autobahnnähe. Die sauberen, funktionalen Zimmer sind mit ca. 35 € (Frühstück 4 €) sagenhaft günstig; ein weiteres Plus ist der sichere, da nachts verschlossene Parkplatz. Check-In/Out täglich 17–22 und 6.30–10 Uhr; mit *Visa-*, *Master-* und *AmEx-Card* ist ein automatisiertes Einchecken rund um die Uhr möglich. Die Zentrale in 91021 Evry (6/8 Rue de Bois Briard, www.hotelformule1.com) versendet auf Anfrage einen Katalog (wichtig für Reservierungen in Spanien, s.u.) mit Lageskizzen und Anfahrtsbeschreibung. *Formule 1* bietet für die 300 Motels in Frankreich eine zentrale Raumreservierung unter Tel. 08 36 685 685 an, für Spanien ist beim jeweiligen Motel direkt zu reservieren. Für die Motels in Barcelona, Lleida, Tarragona, Madrid, Alicante und Murcia gibt es eine zentrale Informationsstelle: *Formule 1 Hoteles SA*, Plaza de Colon 2, Torre 1, 28046 Madrid.

Alternativen zu Formule 1 findet man im Internet z.B. unter www.logis-de-france.fr oder www. gites-de-france.fr.

Straßenkarten

- *world mapping project „Portugal“;* Maßstab 1:350.000
- *world mapping project „Algarve“;* Maßstab 1:100.000.

Jeweils doppelseitige Straßenkarte mit detaillierter Darstellung der wichtigsten Sehenswürdigkeiten; reiß- und wasserfestes Kunststoffpapier; GPS-tauglich; mit Gradnetz.

Routen-Tipp

Die günstigste Route für Selbstfahrer: Frankfurt am Main – Mainz – Kaiserslautern – Saarbrücken – Reims – Paris – Orléans – Tours – Saintes – Bordeaux – Labouheyre – Biarritz – S. Sebastian – Bilbao – Miranda – Burgos – Aranda de Duero – Madrid – Talavera – Trujillo – Merida – Badajoz – Estremoz – Evora – Alcácer do Sal – Faro mit 2575 km.

Für Alpenanrainer bleibt dagegen die „klassische" Mittelmeerroute über Basel – Genf – Annecy – Lyon – Nîmes – Narbonne – Toulouse – Biarritz, weiter wie oben, die schnellste. Die Anfahrt über die spanische Mittelmeerseite ist wegen der erhöhten Diebstahlsgefahr und des hohen Verkehrsaufkommens deutlich ungünstiger.

Anreise per Bus

Neben dem Angebot an Pauschalreisen (Information und Buchung in jedem Reisebüro) gibt es gerade im Bereich der Iberischen Halbinsel, bedingt durch die langjährige Gastarbeitertradition, gute und besonders im Vergleich zur Bahn preiswerte Linienbusverbindungen zwischen Deutschland und Portugal.

Von allen deutschen Großstädten aus werden die wichtigsten Orte des Landes angefahren; eine Linienbusfahrt von Frankfurt/M. nach Faro (Dauer: ca. 36 Std.) kostet z.B. 161 € (einfach) bzw. 268 € (hin & rück) zzgl. 3 € Buchungspauschale. Kinder unter 12 Jahren zahlen die Hälfte, unter 4 Jahren gibt es 80 % Rabatt. Auf allen Routen erhalten Studenten mit Ausweis 10 % Rabatt. Pro

Verkehrsverstöße

Die folgende Übersicht bietet die wesentlichen Informationen über Höchstgeschwindigkeiten, Promillegrenzen und Strafen für Verkehrsdelikte.
Zum Thema Maut s.u. „Autofahren in Portugal"

	D	FR	ES	PT
Höchstgeschwindigkeiten (Ortschaft/Landstraße/Autobahn):	50/100/–	50/90/130	50/90/120	50/90/120
Promillegrenze:	0,5 ‰	0,5 ‰	0,5 ‰	0,5 ‰
Strafkatalog bei Verkehrsverstößen				
■ Falschparken	10–70 €	ab 35 €	bis 90 €	ab 30 €
■ Überholverstoß	30–250 €	ab 135 €	ab 100 €	ab 120 €
■ Rote Ampel	90–320 €	ab 135 €	ab 200 €	ab 120 €
■ 20 km/h zu schnell	35 €	ab 135 €	ab 100 €	ab 60 €
■ Alkohol am Steuer	mind. 500 €	ab 135 €	ab 300 €	250 €

Sprachhilfe für Tankstellen

deutsch	französisch	spanisch	portugiesisch
unverbleit	sans plomb	sin plomo	sem chumbo
Super	Super	Súper	Súper
Diesel	Gasoil	Diesel	Gasóeo
Volltanken, bitte	Le plain, s'il-vous plaît	Lleno, por favor	Cheio, se faz favor
Tankstelle	station-service	Estación	Posto de gasolina de servicio
Öl	l'huile	aceite	óleo
Kühlwasser	l'eau de refroidissement	agua del radiator	agua de refrigeraçao
Autobahn	Autoroute	Autopista	Autoestrada

Person dürfen zwei Gepäckstücke in Koffermaßen und eines als Handgepäck mitgeführt werden. Die Mitnahme von Fahrrädern ist nicht möglich.

Wichtig: Die Reservierung für die Rückfahrt (Rückbestätigung) wird am Zielort durchgeführt; hierfür wird eine Gebühr von 3 € erhoben.

Informationen zu Fahrplänen und Buchung bei der Deutschen Touring GmbH erhältlich. Auf der Webseite können Ausgangs- und Zielorte gewählt sowie Fahrtzeiten und Preise abgefragt werden.

- **Deutsche Touring GmbH,** Am Römerhof 17, 60486 Frankfurt a. M., Tel. 069 790 350, www.deutsche-touring.de bzw.www.eurolines.de..

Anreise per Bahn

Im reinen Vergleich der **Fahrzeiten** (je nach Ausgangsort 30 bis 35 Stunden für die einfache Fahrt), und auch beim Preis (je nach Ausgangsort, Zeitpunkt der Buchung und gewählter Verbindung 350–550 Euro für Hin- und Rückfahrt) ist die Bahnfahrt dem Flugzeug meist unterlegen. Die Anreise per Zug ist dennoch nicht nur etwas für Exoten und Flug-Ängstliche: Es hat durchaus seinen Reiz, gemütlich den halben Kontinent zu durchqueren und bei der Ankunft gleich mittendrin zu sein. Auch bietet die Reise mit der Bahn die Möglichkeit, in den vielen interessanten Orten unterwegs die Fahrt für ein paar Stunden oder Tage zu unterbrechen und so, „en passant“, einfach mehr als nur den eigentlichen Zielort kennen zu lernen.

Allerdings ist selbst von nicht gerade unbedeutenden Verkehrszentren wie Frankfurt/Main eine Bahnfahrt nach Lissabon eine ziemliche Expedition (Frankfurt/Flughafen – Köln, umsteigen bis Paris-Nord, von dort mit der Metro zum Bahnhof Paris-Montparnasse, mit dem TGV bis Irun (Nordspanien), umsteigen in Lissabon-Ost, dort schließlich Transfer zum Barreiro-Bahnhof – insgesamt ca. 30 Stunden, und man ist immer noch nicht an der Algarve!).

In den genannten Preis-/Reisebeispielen sind besondere **Ermäßigungen** (Bahncard, Sparpreise, Gruppenkarten usw.) nicht berücksichtigt, auch unterscheiden sich Fahrtzeit und -preis naturgemäß jeweils durch den unterschiedlichen Ausgangsbahnhof, eine individuelle Anfrage bei der Auskunft der Bahn (oder online im Internet www.bahn.de, www.fahrplan.de) gebietet sich von selbst.

Alle Bahnhöfe in Lissabon sind in Bezug auf den Personenverkehr nicht miteinander verbundene Sackbahnhöfe; die wichtigsten sind Barreiro (Fähre) am Südufer des Tejo für die Algarve/Südportugal, Rossio (Zentrum) am Praça dos Restauradores für Porto und Nordportugal und der neue „Expo-Bahnhof" Oriente (Metro) für Züge hauptsächlich nach Madrid/Paris und von dort weiter von/nach Mitteleuropa.

Fahrradtransport

Für den Fahrradtransport bietet es sich im Bedarfsfall an, auf ein renommiertes Versandunternehmen zurückzugreifen, da nicht alle Fluggesellschaften, selten die Bahn und leider auch nicht mehr der Fernbus, die Mitnahme des eigenen Drahtesels gestatten. Neben *DHL* (www.dhl.de) bieten auch kleinere Unternehmen wie *Iloxx* (www.iloxx.de), *Shiply* (www.shiply.com) oder *Noxxs* (http://noxxslogistic.de) den europaweiten Versand von Rädern inklusive Verpackung und Versicherung an.

Anreise auf dem Seeweg

Wer selbst zur See fuhr, weiß es aus eigener Erfahrung, wer weit gereiste Seeleute kennt, zumindest aus Erzählungen: Die Einfahrt auf dem Seeweg nach Lissabon bietet eines der schönsten städtischen Panoramen weltweit. Was die Algarve betrifft, so sind es vorwiegend die Anhänger des Segelsports, die entweder zu einer Überführung oder zu einem Törn anheuern – was aber nicht in den Bereich der Anreise mit öffentlichen Verkehrsmitteln fällt. Hierfür kommt neben Lissabon allenfalls noch Lagos in Betracht, und wer versuchen möchte, mit dem Schiff nach Portugal zu reisen, kann sich z.B. bei *TravelShop GmbH,* Hartmattenstr. 19, 79539 Lörrach, Tel. 07621 93 330, www.travelshop.de/land/portugal.aspx, informieren oder bei *Frachtschiff-Touristik* (Exhöfter Damm 12, 24404 Maasholm, Tel. 04624 6068) entsprechende Auskünfte einholen; www.zylmann.de, www.frachtschiffreise.de

Ausrüstung und Reisegepäck

Grundsätzlich gilt: So wenig wie möglich mitnehmen, bei Bedarf kann man nahezu alles unterwegs nachkaufen. Eine Ausnahme bilden etwa Sehhilfen oder spezielle Medikamente; seine persönliche Reiseapotheke stellt man ohnehin besser zu Hause zusammen.

Die folgende Basisausrüstung sollte man neben der persönlichen Bekleidung und Toilettenartikeln einplanen:

- **Badebekleidung,** eventuell **Schnorchelausrüstung**
- **Schuhe:** für die Stadt gute Laufschuhe, für die Berge Wander- oder gute Sportschuhe, für den Strand Schlappen/Gummisandalen (teils Steinstrände!)
- **Regenschutz:** nur in der Wintersaison; ein Schirm kann gleichzeitig als Sonnenschutz dienen; eine leichte Regenjacke für Fahrradtouren/Wanderungen
- **Sonnenschutz:** Sonnencreme, Tuch oder Mütze für Wanderungen oder Sonnenbäder in der heißen Jahreszeit, Sonnenbrille
- **Taschenmesser:** handelsübliche Multifunktionsmesser
- **Wäscheleine** zum Aufhängen der Handwäsche (in Mietobjekten meist vorhanden)
- **Reisewaschmittel** für die kleine Handwäsche im Waschbecken
- **Medikamente, Desinfektionsmittel**
- **Wanderausrüstung:** bruchfeste Feldflasche o.Ä., handlicher Rucksack
- **Reisewecker** für frühe Wanderungen, öffentliche Verkehrsmittel, organisierte Ausflüge usw.

Selbstverständlich spielt auch die Unterkunftsart eine wichtige Rolle, da Ferienwohnungen meist prima mit allem ausgestattet sind, während Campingurlauber vom Besteck bis zum Schlafsack alles selbst mitführen müssen. Ob man Koffer, Tragetasche oder Rucksack mitnimmt, hängt natürlich von den persönlichen Vorlieben ab. Wer einen Leihwagen bucht, sollte jedoch wissen, dass die kleinen Klassen kaum Kofferraumkapazität besitzen, was schon bei manch überraschtem Besitzer sperriger Koffer zu tragikomischen, „Mr. Bean“-reifen Anfällen führte ...

Kleidung

Ein Wort zur **Etikette:** Wenngleich die Bekleidungsordnung an der heißen Algarve recht locker gehandhabt wird, versteht es sich von selbst, dass man in städtischen Museen, Kirchen, Restaurants gehobener Kategorie, Casinos usw. angemessene Kleidung trägt; an den Stränden, in Touristenorten und auf Wanderungen reicht aber lockere Freizeitkleidung völlig aus. Für offizielle Anlässe oder Geschäftsreisen sind Kostüm bzw. Anzug und Krawatte unverzichtbar. In der Hauptstadt Lissabon sind kurze Hosen generell eher unangemessen.

Wegen des teilweise recht heftigen Winds sollte man unbedingt ein **Kopftuch, Stirnband** o.Ä. mitbringen; auf Wanderungen oder in den auf Anhöhen gelegenen Abenteuerbädern kühlt man (vor allem Kinder!) sehr schnell aus.

Auch im Hochsommer weht abends ein empfindlich kühles Lüftchen, so dass auch eine **leichte Jacke/dickes Sweatshirt** mitgebracht werden sollte.

Autofahren

Dokumente

Wer vor Ort einen **Wagen mietet,** benötigt lediglich seinen **EU-Führerschein;** noch werden auch ältere nationale Führerscheine akzeptiert.

Selbstfahrer mit eigenem Kfz müssen Führerschein und **Kfz-Zulassungsschein** mitführen; es empfiehlt sich zudem die Mitnahme der **Kfz-Auslandsversicherungsbestätigung.**

Für die heimische Versicherung bzw. eventuell anstehende Schadensersatzprozesse im Falle eines **Unfalls** sollte man das mehrsprachige Formular **„Europäischer Unfallbericht"** anfordern (es ist bei den Automobilclubs erhältlich) und gemeinsam mit dem Unfallgegner ausfüllen sowie eine polizeiliche Unfallbestätigung ausstellen lassen.

Mietwagen

Viele Besucher der Algarve werden sich für Ausflüge ins Hinterland und vor allem zu weniger frequentierten Strandabschnitten einen Wagen mieten wollen. Dies kann entweder bereits vor der Reise, am Flughafen oder am Zielort bei den örtlichen Reisebüros und Agenturen (in den Ortsbeschreibungen angegeben) geschehen. Die Organisation eines Fahrzeugs über **hiesige Reisebüros** ist meist der teuerste Weg, da diese mit den großen Firmen wie *Sixt, Avis* usw. kooperieren. Auch wird die (eigentlich wünschenswerte) Fahrzeugübergabe und Rückgabe am Flughafen in Faro unterschiedlich gehandhabt, so dass unter Umständen noch ein zusätzlicher Transfer anfällt.

Am Flughafen selbst sind sowohl große als auch kleine Verleihfirmen vertreten, und man sollte auch ohne vorherige Reservierung etwas finden können. Die **Preise** variieren je nach Anbieter (Kette oder „no name") und Fahrzeuggröße sowie Saison erheblich, und ein Tagespreis ist (umgerechnet) deutlich höher als eine Wochenmiete. Die Vertreter der „kleinen" Anbieter erscheinen optisch etwas seltsam, da sie nur mit einem Köfferchen herumlaufen und ihre Geschäfte auf Tresen und Theken abwickeln (Kreditkarten werden hier wie auch bei den großen Firmen akzeptiert). Der Verzicht auf ein schickes Büro schlägt sich aber spürbar im Preis nieder; Probleme gibt es für gewöhnlich mit diesen Anbietern nicht. Die Kosten für einen Kleinwagen bei Selbstorganisation liegen in der Hauptsaison bei etwa 300 € pro Woche (inkl. Vollkasko), in der Nebensaison bei 200 €. Auch **Mopeds** und **Scooter** werden angeboten, allerdings nicht am Flughafen. Hier liegt der Wochenpreis bei rund 150 € und reduziert sich je Modell in der Nebensaison bis auf 90 €/Woche.

Voraussetzung zum Mieten eines Fahrzeugs ist der Besitz des Führerscheins, ein Mindestalter von 21 Jahren (Höchstalter 65) sowie Fahrpraxis von mind. einem Jahr. Außerdem wird eine Kaution von rund 250 € (meist per Kreditkarte) verlangt. Hier einige internationale Anbieter mit Kontakttelefon in Deutschland zur Vorabreservierung:

- **Hertz:** Rua Infante Henrique 91, Tel. 289 803 956 und Flughafen, Tel. 289 818 248; Vorabbuchung in Deutschland: Tel. 0180 533 3535, www.hertz.com.
- **Avis:** Flughafen Faro, Tel. 289 818 625, in Deutschland 0180 55 577, www.avis.de.
- **Sixt-Budget:** Flughafen Faro, Tel. 289 817 907, in Deutschland 0180 521 4141, www.sixt.de.
- **Europcar/Inter-Rent:** Faro, Av. República 2, Tel. 289 823 778, Flughafen Tel. 289 818 777, in Deutschland Tel. 0180 522 1122, www.europcar.de.

Die folgenden „Kleinanbieter" sind deutlich günstiger – ein Anruf kann viel Geld sparen helfen (die Mitarbeiter sprechen gut Englisch, teilweise auch Deutsch):

- **Auto Algarve,** Rua S. Gacon, Vale Almas, Faro, Tel. 289 825 711, www.autoalgarve.com.

- **Formosauto Rent a Car,** Parque das Amendoeiras, 8125 Quarteira-Vilamoura, Reservation Center: Urb. S. Luís, Bloco B, L. F, 4°, Tel. 917 282 468; Flughafen Faro: 917 282 471, Fax 289 817 006; Online-Buchung www.bmvcar.com.
- **Luso-Rent:** Av. 5 de Outubro 19, Faro, Tel. 289 812 277, www.lusorentacar.com.
- **Local Cars** mit Filialen am Flughafen, in Albufeira und Armaçao. Local Cars hat sowohl Fahrräder (ca. 50 €/Woche; nicht am Flughafen), Scooter (ab 110 €/Woche) und Kleinwagen ab 160 €/Woche im Angebot. Tel. 962 457 314, www.algarveautorental.com.

Diese und weitere Firmen platzieren oftmals Mitarbeiter mit Schildern in der Ankunftshalle des Flughafens – man kann bei diesen erst einmal direkt nach Preis und Verfügbarkeit fragen.

Grundsätzlich ist eine Reservierung vor der Reise über das Internet in aller

Maut in Portugal

Ein heikles Thema! Praktisch alle Autobahnrouten Portugals sind nunmehr mautpflichtig, seit 2012 auch die bis dato kostenfreie Algarve-Autobahn Via do Infante. Das Problem dabei ist die Elektronisierung der Mauterhebung, genauer: die Bezahlung derselben. Kurz gesagt exisitieren nebeneinander:

Für **nicht-portugiesische Kennzeichen:**

- eine Art **Prepaid-Karte** in verschiedenen Höhen (Aktivierung per SMS, Gültigkeit 1 Jahr)
- eine **3-Tageskarte** für 20 €
- **„Easy Toll"** genannte Registrierung an einer der großen Grenzstationen unter Angabe einer Kreditkarte und dann automatische Abbuchung. Achtung: am Ende muss die Registrierung beim Call Center 707 500 501 (Portugal), bzw. 351 212 879 555 (aus dem Ausland) oder unter www.portugaltolls.pt ausdrücklich gelöscht werden; nur für Auslandskennzeichen möglich.
- Anmietung (Dispositivo temporário, DT; 6 € erste Woche, dann 1,50 €/Woche) einer **bankkontogebundenen Maut Box;** www.viaverde.pt, erhältlich in den Geschäftsstellen von Via Verde, bei Postämtern und an Tankstellen. Damit können alle (nicht nur die von der elektronischen Maut betroffenen Strecken) bezahlt werden. Hauptsächlich für Auslandskennzeichen gedacht!

Für **portugiesische Kennzeichen:**

- Entweder eine **kennzeichengebundene Maut Box** (Dispositivo electrónico de matrícula, DEM); kostet 27,50 € plus 10 € Mindest-Prepaidguthaben. Gute Fahrzeugverleiher haben eine solche Box in ihren Fahrzeugen installiert!
- Oder: eine **nicht-kennzeichengebundene Box**, die für 6 € für die erste Woche, danach 1,50 €/Woche gemietet werden kann (s.o., Dispositivo temporário, DT).
- Und nun zu dem immer noch recht häufigen Fall: ein kleiner No-Name-Verleiher am Flughafen hat **keine Box** installiert – macht nichts! Das Fahrzeugkennzeichen wird an den Mautstellen fotografiert und der Fahrer hat nun ab dem 2. bis zum 5. Tag nach der Kennzeichenspeicherung bei einem **Postamt** vorstellig zu werden und den Betrag zu zahlen – tut er das nicht begeht er ein Verkehrsdelikt/Straftat. Wichtig: erst ab dem 2. Tag! Wie nun der rückreisende Tourist nach Abgabe des Mietwagens am Flughafen und anschließendem Rückflug 36 Stunden später das Wunder des Erscheinens auf einem portugiesischen Postamt vollbringen soll, konnte seitens der Vordenker dieser genialen Praxis bislang nicht abschließend geklärt werden.

Für eine Beschreibung des jeweiligen Einzelfalls sowie gegebenenfalls Änderungen und Ergänzungen siehe www.visitportugal.com, nach „Maut" suchen.

Portugiesische Verkehrsschilder

- **Alto:** Stopp
- **Atençao:** Achtung
- **Cuidado:** Vorsicht
- **Perigo:** Gefahr
- **Curva perigrosa:** Gefährliche Kurve
- **Passagem proibida:** Durchfahrt verboten
- **De passagem:** Vorfahrt beachten
- **Estacionamento proibida:** Parken verboten
- **Ir pela direita:** Rechts halten
- **Ir pela esquerda:** Links halten
- **Desviso:** Umleitung

Regel günstiger als erst vor Ort zu buchen (insbesondere am Flughafen ankommend); hilfreich könnte dabei die vergleichende Suchmaschine sein.

Fahren in Portugal

Neben den im Kapitel „Anreise" aufgeführten Richtlinien gilt es zweierlei besonders zu beachten: Zum einen herrscht **Anschnallpflicht,** zum anderen muss man den Grenzwert von **0,2 ‰ Blutalkoholgehalt** (nicht etwa 0,5 ‰, wie man oft noch liest) ernst nehmen. Bei Verkehrsdelikten gilt die **„zero tolerâncija"**, die Selbstverpflichtung der Polizei, Verfehlungen nicht (wie etwa in Mitteleuropa üblich) mit einer gewissen Toleranz („gemessene Geschwindigkeit plus 10%") zu bewerten, sondern bei z.B. 51 km/h innerorts bereits Geldstrafen zu verhängen! Da hilft keine Diskussion und kein Gezeter über „Gewohntes aus der Zivilisation" – wer nicht zahlt, verliert Führerschein und Fahrzeug (wird sichergestellt)!

Die **Unfallquote** in Portugal ist im europäischen Vergleich überdurchschnittlich hoch, wobei Touristen allerdings nicht häufig in Unfälle verwickelt sind. Als gefährlichste Strecke gilt die verkehrstechnisch wichtige N-125, die inzwischen durch die Autobahn IP-1 von Vila Real bis Lagos Entlastung erfahren hat. Vor einigen Jahren wurde bei Paderne die „Algarve-Lissabon-Autobahn" via Messines und Ourique eröffnet; für den reinen Algarvebesuch bringt sie jedoch wenig Nutzen.

An die **Straßenqualität** muss man sich gewöhnen. Nicht, dass sie überall miserabel wäre; aber dass nicht zu jedem einsamen Strand eine neue Asphaltstraße, sondern teils Feldwege, teils enge Sträßchen führen, liegt in der Natur der Sache.

Die **Beschilderung** ist nicht immer vorbildlich, aber hinreichend – die Entfernungen sind auch nicht so groß, dass es eine Katastrophe darstellt, wenn man sich einmal verfährt.

Tankstellen liegen meist innerorts an der N-125, nur bei Fahrten ins Hinterland sollte man nicht unbedingt allzu lange auf Reserve fahren. Die Spritpreise liegen auf mitteleuropäischen Niveau.

Wer sich an den Grundsatz hält, dass in einem ungewohnten Fahrzeug und in ungewohnter Umgebung eine besonders defensive Fahrweise angemessen ist, wird keine Probleme haben.

Parken

Während in den äußeren Randbezirken meist kostenlose Parkplätze in ausreichender Anzahl zur Verfügung stehen setzen viele Orte inzwischen auf **Park-**

scheinautomaten in den Zentren. Geparkt werden darf in der Regel bis zu 4 Stunden, wobei pro Stunde moderate 50 ct. Parkgebühr zu entrichten sind. Regularien und Gebühren variieren teilweise je nach Ort, die Automaten sind mit englischsprachiger Menüführung einfach zu bedienen. Die in den Stadtplänen der Ortsbeschreibungen aufgeführten Parkflächen sind – zumindest noch – gebührenfrei.

Panne/Unfall

Hilfe bei einem **Fahrzeugdefekt** erhält man vom Pannendienst des portugiesischen Automobilclubs entweder unter den Rufnummern 219 429 103 oder 707 509 510 oder direkt auf den Autobahnen über die orangefarbenen Notrufsäulen. Man kann auch die 24-Stunden-Notrufnummer seines Automobilclubs in Deutschland anrufen.

Bei **Unfällen** ruft man unter der allgemeinen Notrufnummer 112 Hilfe.

Fährt man mit einem **Leihwagen,** genügt ein Anruf bei der jeweiligen Verleihstelle, die alles Weitere arrangiert bzw. Anweisungen erteilt, gleiches gilt für den Fall eines Einbruchs in das Fahrzeug.

Die wichtigsten Automobilclubs und ihre 24-Stunden-Notrufnummern:

- **ADAC,** www.adac.de; Notruf-Tel. in Deutschland 089 222 222; in Frankreich 08 258 00822; in Spanien 09 350 82808, es gibt keine Rufnummer in Portugal.
- **ÖAMTC,** www.oeamtc.at; Notruf-Tel. in Österreich 01 251 2000 oder 01 251 2020 für medizinische Notfälle; in Frankreich Tel. 04 7217 1223; in Spanien Tel. 091 5930041.
- **TCS,** www.tcs.ch; Notruf-Tel. in der Schweiz 022 4172 220.
- Der **portugiesische Partnerclub** Automóvel Club de Portugal ist 24 Stunden erreichbar unter Tel. 707 509 510.

Trampen/Mitfahrzentrale

An der Algarve als auch landesweit vermittelt die Mitfahrzentrale in Portimão (Tel. 282 417 110) sehr günstige Mitfahrgelegenheiten. Trampen ist zwar generell möglich, aber eher unüblich; oft erbarmt sich dann einer der vielen Touristen.

Sprachhilfe Verkehr

Deutsch – Englisch– Portugiesisch

- Parkplatz – car park – parque
- Rechts – right – a direita
- Links – left – a esquerda
- Eingang – entry – entrada
- Ausgang – exit – saida
- Kreuzung – junction – cruzamento
- Straße – road – rua
- Abfahrt – departure – partida
- Ankunft – arrival – chegada
- (Fahr-) Karte – ticket – bilhete
- Kartenschalter – ticket office – bilheteira
- Bus – bus – ônibus, carro
- Bushaltestelle – bus stop – paragem bus
- Fähre – ferry boat – barca/ferry
- Flughafen – airport – aeroporto
- Bahnhof– station – estaçao
- Bahnsteig – platform – linha
- Panne– break down– avaria
- Unfall – accident – acidente
- Gepäck – luggage – bagagem
- Campingplatz – camping site – parque de campismo

Diplomatische Vertretungen

Die jeweiligen Konsulate und Botschaften sind bei Reisen innerhalb der EU nur noch in **Notfällen** (Ausstellung von Pass- oder Ausweisersatzpapieren für die Rückkehr nach Hause, Hilfe bei Todesfällen, Informationen für rechtliche Probleme, Häftlingsbetreuung, Vermisstensuche o.Ä.) von Bedeutung. Auch bei Arbeitssuche oder geschäftlichem Informationsbedarf sind nicht die diplomatischen Vertretungen, sondern die einschlägigen ⇗Informationsstellen zu kontaktieren.

In Portugal

- **Deutsches Honorarkonsulat** (Cônsulado Honorário da Alemanha), Urb. Infante D. Henrique, Lote 11, Faro, Tel. 289 803 181 oder 289 803 148, www.honorarkonsul-faro.de, geöffnet Mo–Fr 9.30–12 Uhr.
- **Österreichisches Konsulat** (Consulado Honório da Austria), Rua Ramalho Ortigao, Praia da Oura,Albufeira, Tel. 289 510 900, consulaustria@hotmail.com.
- **Botschaft der Schweiz** (Embaixada da Suíça), Travessa do Jardim, no. 17, Lissabon, Tel. 213 944 090, www.eda.admin.ch/lisbon.

In Deutschland

- **Portugiesische Botschaft,** Zimmerstr. 56, 10117 Berlin, Tel. (030) 590 063 500, Fax 590 063 600, mail@botschaftportugal.de, www.botschaftportugal.de.

In Österreich

- **Portugiesische Botschaft,** Opernring 3, Stiege 1, 1010 Wien, Tel. 01 586 7536, Fax 586 753 699, portugal@portembassy.at, portugal@portembassy.at, mit Generalkonsulaten in Salzburg (Faberstraße 2b/4, 5020 Salzburg, Tel. 0662 873 902), Linz (Hopfenweg 23, 4020 Linz, Tel. 0732 667 326) und Innsbruck (Maria Theresien Straße 21–23, 6020 Innsbruck, Tel. 0512 570 199 13).

In der Schweiz

- **Portugiesische Botschaft,** Weltpoststr. 20, 3015 Bern, Tel. (031) 352 8668, Fax 351 4432, embpt.berna@scber.dgaccp.pt, mit Generalkonsulaten in Genf (220, Route de Ferney, 1218 Grand Saconnex, Tel. 022 791 7636) und Zürich (Zeltweg 13, Tel. 044 200 3040).

Ein- und Ausreisebestimmungen

(Stand: Anfang 2013)

EU-Bürger und Schweizer dürfen sich ohne Visum bis zu 180 Tagen in Portugal aufhalten. Als Reisedokument genügt ein elektronisch lesbarer **Personalausweis,** für Kinder/Jugendliche der klassische **Kinderausweis bzw. -pass.** Wenngleich eine Identifikation gemäß dem Schengener Abkommen bei Reisen von EU-Bürgern innerhalb der EU eigentlich nicht verlangt wird, ist der Ausweis doch bei Hotelbuchungen, Verkehrskontrollen, Banktransaktionen, beim Mietwagenverleiher etc. als amtliche Identifikation unbedingt notwendig.

Ein- und Ausfuhr

In allen EU- und EFTA-Mitgliedstaaten gelten weiterhin **nationale Ein-, Aus-**

oder Durchfuhrbeschränkungen, z.B. für Tiere, Pflanzen, Waffen, starke Medikamente, Drogen und auch für Cannabis-Besitz und -handel.

Freimengen in EU-Ländern

- **Alkohol:** 90 l Wein (davon max. 60 l Schaumwein), 110 l Bier, 10 l Spirituosen über 22 Vol.-% und 20 l unter 22 Vol.-%
- **Tabakwaren:** 800 Zigaretten, 400 Zigarillos, 200 Zigarren, 1 kg Tabak.
- **Anderes:** 10 kg Kaffee, 20 l Kraftstoff im Benzinkanister

Freimengen bei Rückkehr in die Schweiz

- **Alkohol:** 2 l bis 15 Vol.-% und 1 l über 15 Vol.-%.
- **Tabakwaren:** 200 Zigaretten, 50 Zigarren oder 250 g Schnitttabak plus 200 Stück Zigarettenpapier.
- **Anderes:** neu angeschaffte Waren für den Privatgebrauch bis zu einem Gesamtwert von 300 SFr.

Nähere Informationen

- **Deutschland:** www.zoll.de oder beim Zoll-Infocenter, Tel. 069 46997600.
- **Österreich:** www.bmf.gv.at oder beim Zollamt Villach, Tel. 04242 33233.
- **Schweiz:** www.ezv.admin.ch oder bei der Zollkreisdirektion in Basel, Tel. 061 2871111.

Haustiere

Für die EU-Länder gilt, dass man eine **Tollwutschutzimpfung** und einen EU-Heimtierausweis (Pet Passport) für Hund oder Katze haben muss. Darüber hinaus muss das Tier mit einem **Microchip** gekennzeichnet sein.

Einkäufe und Souvenirs

„Die schönsten Mitbringsel sind und bleiben die Erinnerungen", besagt ein Sprichwort. Doch auch, wenn es an der Algarve nur wenige regionale Spezialitäten gibt – von einigen kulinarischen abgesehen –, so bietet doch auch dieser Landesteil nicht nur geistige, sondern auch materielle Souvenirs. An erster Stelle stehen hier sicherlich die berühmten **Azulejos** (⇗Exkurs), jene allgegenwärtigen blau-weißen Kacheln, die etwa als Topf-Untersetzer, Hausnummer oder Wandbild zu haben sind.

Liebhaber der **Terracotta-Kunst** werden entlang der Hauptstraßen einen der zahllosen Händler und Fabrikanten besuchen wollen. Vom Blumenkasten bis zur mannshohen Amphore kann man recht preiswert einkaufen – hat dann aber unter Umständen ein Beförderungsproblem. Sehr beliebt sind natürlich auch die portugiesischen **Weine,** von denen der Mateus-Bocksbeutel (rosé oder weiß) oder der Vinho Verde als in heimischen Gefilden eher unbekannte Weine besondere Erwähnung verdienen.

In den größeren Städten werden in den Fußgängerzonen – neben allerlei Krimskrams – **Lederwaren** (Gürtel), **Aquarelle** mit Landschaftsmalereien und gelegentlich auch **afrikanische und brasilianische Kleinkunst** (Figuren, Gewänder etc.) vertrieben; nicht unbedingt landestypisch, aber oft durchaus einen Blick wert.

Die portugiesischen Azulejos

Wohl kaum ein anderer Artikel im Sortiment portugiesischer Souvenirhändler dürfte so landestypisch und einzigartig sein wie die **blau-weißen Kacheln,** die „Azulejos". Irrtümlich wird oft angenommen, der Name leite sich aus dem spanischen bzw. portugiesischen azul (blau) ab – weit gefehlt! Die heute nach der italienischen Keramik-Hochburg Faenza „Fayence" benannte, ursprünglich bunte (nicht blaue) Keramikkachelkunst kam als nicht-figürliche Ornamentik bereits mit den **Arabern** nach Südspanien und Portugal; diese prägten auch den Begriff (aus arabisch al-zuleig, „polierter Stein"). Die erste Blütezeit erfuhren die Azulejos unter *Manuel I.* (1495–1521), der sich auf einer Reise durch Andalusien, Toledo und Saragossa von den maurischen Hinterlassenschaften inspirieren ließ und nach seiner Rückkehr die bislang nur sporadisch verwendete Wandverkleidung im großen Stil für sein Schloss Sintra bestellte. Bald tat es ihm der Hofadel nach, so dass die hohe Nachfrage niederländische Künstler ins Land rief. Diese entwickelten eine ganz eigene **Synthese aus gemalter Erzählung und Verzierung.** Es entstanden Schlachtengemälde, Heiligengeschichten, Alltagsszenen aus Jagd und Schäferei sowie Darstellungen der portugiesischen Kolonialgeschichte. Mit dem Wiederaufbau zahlloser Bauwerke nach dem Erdbeben von 1755 stieg der Bedarf an den Kachel-Kunstwerken erneut stark; mehrere Azulejo-Fabriken wurden gegründet. Auch wandelte sich das Anwendungsgebiet von der reinen Innenausgestaltung hin zur (wetterbeständigen) Außenverkleidung von Fassaden und Bauwerken, die heute als so typisch für Portugal gilt.

008al wl

Heute sind nicht nur Kirchen und Paläste, sondern auch Zweckbauten (Bahnhöfe, Metrostationen), Cafés, Markthallen und viele andere Gebäude mit Azulejos gefliest. An der Algarve wird der Besucher die Verquickung aus praktischer Innenauskleidung und hoher Kunst ganz besonders in der Kirche **São Lourenço de Matos** in ⇗Almancil bewundern, wo sehr detailliert Leben und Marter des heiligen Laurentius geschildert wird.

Wen die Azulejo-Kunst besonders interessiert, der sei auf das **Azulejo-Museum** in Lissabon hingewiesen: Rua de Madre de Deus (Bus 104, 105 ab Praça de Comercio), Tel. 218 147 747, geöffnet Di–So 10–18 Uhr, Eintritt 2,50 € (*Lisboa Card* frei, Kinder und Rentner zahlen 50 %).

◁ Azulejos des Santo António de Armação

Elektrizität

Die Stromspannung beträgt 220 V bei 60 Hz, die Steckdosen sind landesweit ohne Adapter nutzbar (Eurodosen ohne Schutzleiter).

Essen und Trinken

Frühstück

Der Besucher, der kein Frühstück *(pequeno almoço)* im Hotel gebucht hat, wird sich oftmals vergeblich nach öffentlichen Frühstücksmöglichkeiten umsehen. Zwar serviert man in den Cafés und Bars **Espresso oder Milchkaffee** *(galão)* auch zu früher Morgenstunde, doch belegte Brötchen *(sandes)* oder Teilchen *(bolos)* werden sehr selten angeboten. Die Portugiesen frühstücken nämlich für gewöhnlich höchstens mal ein Häppchen auf dem Weg zur Arbeit. Auch haben nur wenige Touristen echten „Frühstücksbedarf" außer Haus – eine Ausnahme bilden die großen Urlaubszentren, deren Gastronomie das Dilemma des Spätaufstehers erkannte und dem mitgenommenen Nachtschwärmer bis in die Nachmittagsstunden hinein Katerfrühstück mit Schinken und Ei etc. kredenzt.

Essen gehen

Wegen des eher kargen Frühstücks bilden Mittag- und Abendessen in Portugal die **Hauptmahlzeiten,** zu denen warm gegessen wird. Das Mittagessen *(almoço)* wird in den Restaurants von ca. 12–14 Uhr, das Abendessen *(jantar)* von ca. 19–22 Uhr serviert.

Zu einem gelungenen Urlaub gehört auch gutes Essen – und davon gibt es in Portugal reichlich! Doch das richtige Restaurant zu finden, erweist sich oft als gar nicht so einfach. Die alte Regel „Wo viele sitzen, wird es schon gut schmecken", trifft oft nicht zu – abends sind fast alle Gaststätten übervoll, und da es sich ohnehin meist um Touristen handelt, ist eine Orientierung schwierig. Die „Gefahr" besteht übrigens weniger in etwaiger Übervorteilung als vielmehr darin, dass es bei einer Massenabfertigung einfach nicht so gut schmeckt – und das sollte es schließlich bei den oft recht gesalzenen Preisen. Die einzige Faustregel, die unterwegs noch Gültigkeit besitzt, ist die, dass man im Hinterland prinzipiell besser isst als an der Küste.

Bei der Ankunft im Restaurant wird man von einem Kellner zu einem freien Tisch geleitet. Hat man Platz genommen, wird zunächst ein **„Couvert"** serviert (ein Korb Brot, ein paar Pasteten und Butter), das unbestellt auf den Tisch kommt und von dem man deshalb annehmen könnte, es handele sich um eine Aufmerksamkeit des Hauses. Weit gefehlt: Es wird jedes Stück Brot und jedes Butterflöckchen berechnet. Diese Praxis ist in Portugal legal, für unvorbereitete Touristen jedoch oft ein Ärgernis. Geht das Couvert unangetastet zurück, wird es aber in der Regel nicht in Rechnung gestellt. Eine Ausnahme bilden hier Top-Restaurants, die das Couvert in jedem Fall berechnen.

Dann wird bestellt, was das Herz begehrt – Suppe, Vorspeise, Hauptspeise

(Fisch, Fleisch, Gemüse), Nachspeise, das Ganze ausgewählt aus einer drei- bis sechssprachigen Speisekarte, die ganz zu lesen eine abend- statt magenfüllende Beschäftigung werden kann. Da die Mehrzahl der Restaurants vom Tourismus lebt, sind die Küchen meist auf internationalen Massengeschmack ausgerichtet. So findet man neben „Bœuf Stroganoff" etwa „Wienerle an Kartöffelchen" oder „Plumpudding Yorkshire Style" – über die Authentizität des Geschmacks sei damit nichts gesagt!

Teilweise kann man schon an der Zusatzbezeichnung eines Restaurants erkennen, welche „Grundrichtung" angeboten wird. Eine **Churrasqueira** hat vorwiegend Grillgerichte auf der Karte, die **Marisqueira** dagegen Meeresfrüchte (Fisch und Muscheln). Die **Cervejaria** ist im Prinzip eine Bierhalle mit nicht allzu gehobener Küche (etwa „gutbürgerlich"), die **Tasca** schließlich eine Snackbar, die Kleinigkeiten serviert.

Bezahlen

Um die **Rechnung** bittet man den Kellner mit den Worten „A conta, se faça favor" („Die Rechnung bitte"), wobei den meisten Touristen das englische „The bill, please" leichter über die Zunge geht, zumal das Personal vielfach hervorragend Englisch spricht.

Der Kellner bringt dann ein kleines Tablett mit der Rechnung; man kann nun die genaue Summe oder den mit einem Trinkgeld aufgerundeten Betrag darauf hinterlegen und sich ohne weiteres entfernen. Hat der Gast nur große Scheine (oder bleibt einfach sitzen), wird der Kellner das Wechselgeld bringen und das Tablett erneut (in Erwartung eines Trinkgeldes) stehen lassen. Als **Trinkgeld** sind etwa fünf Prozent des Rechnungsbetrages angemessen, man rundet meist auf den nächsthöheren 5er Euroschritt auf. Ein Trinkgeld ist übrigens am Tresen, für reinen Getränkeverzehr und in Cafés unüblich.

War die gebotene Qualität wirklich einmal erbärmlich oder die Rechnung zu hoch, dann sollte der Gast nicht zögern, das *livro do reclamações* (**Beschwerdebuch**) zu verlangen. Jedes Restaurant (nicht aber Snacklokale) ist verpflichtet, ein solches zu führen; dies wird denn auch von der Zulassungsbehörde geprüft – es steht also durchaus der Lizenzentzug auf dem Spiel, was bei so manchem kleinen „Missverständnis" Wunder wirken kann.

Spezialitäten

Typische nationale Gerichte bestehen – ob der Meereslage kaum verwunderlich – vorwiegend aus Fisch. Der beliebteste Speisefisch, **bacalhau** (Kabeljau), wird als eine Art Risotto mit Kartoffel, Zwiebel und Ei gebraten *(bacalhau à brás)*, gekocht *(bacalhau cozido)* oder gegrillt *(bacalhau na brasa)*. Auf den Speisekarten findet der Gast oft **Tintenfisch** in verschiedenen Zubereitungsarten. Der große, gefüllte Tintenfisch wird *polvo* genannt, die kleinen (meist gegrillten) heißen *lulas*. Ein weiteres typisch portugiesisches Gericht ist der **Eintopf,** entweder als Fischeintopf *(caldeirada)* oder Bohneneintopf *(feijoada)* gekocht. Als Spezialität unter den Eintöpfen gilt die *cata-*

[>] Die Gastronomie als Wirtschaftsmotor (009al wl)

SNACK-BAR
DENTISTA
Clotilde
CAP
SAGRES
Olá
DIESEL
SUPER BOCK

plana, ein herzhaft-würziges Muschelgericht. Auch das *porco à alentejána* sollte man einmal probieren – gebackenes Schweinefleisch wird hierbei mit Herzmuscheln kombiniert.

Die wichtigsten **Beilagen** sind Kartoffeln *(batatas)* und Reis *(arroz),* erstere werden oft in Form von Pommes frites gereicht. Gemüse und Salate ergänzen je nach Saison (Tomaten, Mohrrüben, Bohnen, Paprika, weniger Feld- oder grüner Salat) den Speisezettel. Die Beilagen werden übrigens gesondert bestellt (und bezahlt).

Als **Dessert** werden entweder Kuchen *(bolo)* oder Süßspeisen wie *toucinho do céu* (aus Zucker, Eiern und Mandeln), *leite creme* (Milch, Eier, mit Zucker überbacken) oder *pudim flan* (Pudding mit Karamellsoße) serviert; mittlerweile hat sich auch die Eiscreme *(gelado)* weitgehend durchgesetzt.

Petiscos (Snacks)

Natürlich bietet das Land auch eine volksnahe Küche, Gerichte also, die etwa mit Bratwurst, Leberkäsweck oder Broiler hierzulande vergleichbar sind. Serviert werden diese preiswerten und oft erstaunlich schmackhaften Schnellgerichte in so genannten *tascas.* Es handelt sich um unscheinbare ältere Häuschen mit drei, vier Tischen oder auch um reine Straßengrills mit Steh- oder Sitzgelegenheit für den Verzehr.

An erster Stelle bei den Snacks stehen **sardinhas grilhadas** (gegrillte Sardinen), die mit Brot serviert werden – ein leckeres Nationalgericht! Ebenfalls sehr beliebt ist das **frango** (Grillhähnchen). Eine afro-portugiesische Variante ist das feurige *frango piri-piri,* wobei Piri-Piri eine aus Angola stammende, auf Chili basierende Würzmischung bezeichnet. Sardinen wie auch Hähnchen sind übrigens auch oft als günstige Gerichte auf den Speisekarten der mittel- und oberklassigen Restaurants zu finden.

Ansonsten trifft man des Öfteren auf **rissóis** (frittierte Fischstücke), **tosta mista** (Toast mit Käse und Schinken überbacken), **salada de atum** (Fischsalat mit Kartoffeln, Salat und Tomaten, angemacht mit Olivenöl), **prego no pão** (Fleischbrötchen), **pastéis de bacalhau** (frittierte Kartoffel-Fisch-Petersiliekugeln) sowie **chamuça** (Teigtasche mit pikant gewürztem Hackfleisch).

Daneben erfreuen sich auch Kleinpizzerien, Sandwichbäcker *(casa dos sandes)* und auch die bekannten internationalen Fast-Food-Ketten zunehmender Beliebtheit, insbesondere bei der jüngeren Generation.

010al wl

Frisches holt man am Besten vom Markt

Kulinarisches Glossar

012al wl

Mariscos – Meerestiere

- Amêijoas – Miesmuscheln
- Arenque – Hering
- Atum – Thunfisch
- Bacalhau – Kabeljau
- Berbigão – Herzmuscheln
- Besugo – Brasse
- Burrié – Tritonmuschel
- Camarão – Krabben
- Caranguejo – Krebs
- Cavala – Makrele
- Cherne – Barsch
- Dourada – Goldbrasse
- Espadarte – Schwertfisch
- Gambas – Garnelen
- Lagosta – Languste
- Lampreia – Neunauge
- Linguado – Seezunge
- Lula – Calamar
- Mexilhãos – Miesmuscheln
- Ostras – Austern
- Peixe-espada – Degenfisch
- Pescada – Schellfisch
- Polvo – Tintenfisch
- Raia – Rochen
- Robalo – Seebarsch
- Safio – Meeraal
- Salmão – Lachs
- Salmonete – Seebarbe
- Sardinhas – Sardinen
- Rodovalho – Steinbutt
- Tamboril – Stachelrochen
- Truta – Forelle
- Tubarão – Hai
- Vieiras – Pilgermuschel

⌃ Täglich fangfrischer Fisch – eine Delikatesse

Carne – Fleisch

- Bife – Beefsteak
- Borrego – Lamm
- Cabrito – Ziege
- Carneiro – Hammel
- Coelho – Kaninchen
- Costeleta – Kotelett
- Entrecosto – Rippchen
- Escalope – Schnitzel
- Fiambre – Gekochter Schinken
- Frango – Hähnchen
- Javali – Wildschwein
- Lebre – Hase
- Leitão – Spanferkel
- Lombo – Lende
- Paio – Schinkenwurst
- Pato – Ente
- Peru – Truthahn
- Picado – Hackfleisch
- Pombo – Taube
- Porco – Schwein
- Presunto – Rauchschinken
- Salsicha – Würstchen
- Vaca – Rind
- Vitela – Kalb

Frutas – Obst

- Alperce – Aprikose
- Ameixa – Pflaume
- Amora – Brombeere
- Ananás – Ananas
- Banana – Banane
- Cereja – Kirsche
- Figo – Feige
- Framboesa – Himbeere
- Laranja – Orange
- Limão – Zitrone
- Lima – Limette
- Maçã – Apfel
- Melancia – Wassermelone
- Melão – Honigmelone
- Morango – Erdbeere
- Nectarina – Nektarine
- Pêra – Birne
- Pêssego – Pfirsich
- Tâmara – Dattel
- Tangerina – Mandarine
- Toranja – Pampelmuse
- Uvas – Weintrauben

Hortaliça – Gemüse

- Alcachofra – Artischocke
- Alface – Grüner Salat
- Alho – Knoblauch
- Azeitonas – Oliven
- Batatas – Kartoffeln
- Beringela – Aubergine
- Cebola – Zwiebel
- Cenoura – Möhre
- Cogumelos – Pilze
- Couve – Kohl
- Ervilhas – Erbsen
- Espargo – Spargel
- Espinafre – Spinat
- Feijão – Bohne
- Milho – Mais
- Pepino – Gurke
- Pimento – Paprika
- Tomate – Tomate

Getränke

Das Angebot an Erfrischungsgetränken in Gaststätten und Geschäften entspricht dem in Mitteleuropa, einschließlich **Mineralwasser** *(agua minéral)* mit oder ohne Kohlensäure (*con gás* = mit, *sin gás* = ohne).

Bier (cerveja)

Die häufigsten Marken sind das helle **Sagres** (Pilsener), gebraut bei Lissabon, gefolgt vom Export-ähnlichen **Superbock** (beide sind auch in allen Supermärkten erhältlich). Die wichtigsten Vokabeln für Biertrinker sind *caneca* (großes Bier vom Fass), *imperial* (kleines Bier vom Fass) sowie *cerveja,* was zwar „Bier“ bedeutet, allerdings in Flaschen abgefüllt wird.

Wein (vinho)

Eine dominante Stellung nimmt in Portugal der Weinanbau ein, wenngleich auch nicht unbedingt an der Algarve selbst. Hier werden gerade noch ca. 100 Hektoliter Wein erzeugt und mit Erzeugnissen aus anderen Landesteilen „veredelt“, um „echte“ Algarve-Weine verkaufen zu können – die Glykolrepublik lässt grüßen.

Nördlich der Algarve dagegen verteilen sich rund 400.000 Hektar Rebfläche auf 40 Qualitätsweinregionen, womit Portugal zu den zehn führenden Weinproduzenten weltweit gehört. Das höchste Gütesiegel für 15 Regionen heißt **DOC** *(Denominação de Origem Controlada),* gefolgt von **VQPRD** *(Vinhos de Qualidade Produzidos em Região Deter-*

minada) für weitere 25 Anbaugegenden. 25 Regionen sind zudem gewissermaßen in „Wartestellung“ auf eine höhere Einstufung; sie tragen die Bezeichnung **IPR** *(Indicação de Proveniência Regulamentada).* Als wichtigste DOC-Regionen gelten Madeira, Alentejo, Vinho Verde, Douro, Bairrada, Dão und Setúbal. Für Weinliebhaber empfiehlt sich die Anschaffung des Weinführers „Wine Routes Portugal“ von *Duarte Calvão,* der 30 Weinrouten ausführlich beschreibt.

- Spezielle Verköstigungen und Weinproben bieten vor Ort etwa das Weingut **Herdade do Esporão,** Reguengos de Monsaraz, Tel. 266 509 280, Fax 266 519 753 oder **Herdade de Calada,** Estrada da Azuruja, 7040 Ingrejinha-Arraialos, Tel. 266 470 030, Fax 266 470 031; beide sind in der nördlich der Algarve gelegenen Provinz Alentejo zu finden.
- In Porches (bei Carvoeiro) liegt an der N-125 die **Quinta dos Salves,** ein Landgut mit eigenem Weinanbau und Kunsthandwerks-Vertrieb, wo auch Weine aus ökologischem Anbau verkostet werden (Infos unter www.quinta dosvales.eu/de).

Eine besondere portugiesische Spezialität ist der bekannte, den weltweit strengsten Weingesetzen unterliegende **Portwein** aus dem Douro-Tal, der ausschließlich in Porto hergestellt wird (daher der Name). Er wird mit Weinbrand als Gärungshemmer versetzt und erlangt so seinen einmaligen Geschmack.

Auch an der Algarve ist dieser nationale Tropfen, wie alle Weine des Landes, überall zu bekommen; ob in Supermärkten oder eigens eingerichteten Wein-Shops, es sind alle im Lande angebauten Rebensäfte in allen Güte- und Preisklassen erhältlich.

Medronho

Eine ganz besondere Spezialität der Algarve wird im Raum ⇗Monchique gewonnen – der Medronho. Im Herbst wird aus den stacheligen roten **Früchten des Erdbeerbaumes** *(medronheiro)* der *Aguardente de Medronho* destilliert, ein Branntwein mit 40 % Alkohol. Die Beeren gären ca. drei Monate zusammen mit Wasser in Holzfässern, erst im Frühjahr (Kenner behaupten, keinesfalls vor März) folgt die eigentliche Destillation durch Erhitzen im Kupferkessel. Der überall in Supermärkten und kleineren Geschäften erhältliche Medronho wird dagegen industriell (und mit allerlei Zusätzen) hergestellt; den „echten“ findet man oft in den Dörfern um Monchique (bei Bauern oder in Kneipen nachfragen). Guten Medronho erkennt man am „Schütteltest“ – wenn dabei Luftbläschen in der Flüssigkeit zu erkennen sind, ist er hochwertig.

Selbstversorger

Frisches **Brot** gibt es in den örtlichen Bäckereien, die ab 6 Uhr geöffnet haben. Es dominiert das Weizenbrot, entweder in Form der französischen Stangenbrote *(filão de pão longo)* oder als krosser gebackener, dunklerer runder Laib *(filão de pão redundo).* Daneben werden auch Brötchen aus demselben Teig *(pãozinho)* sowie diverse süße Teilchen *(bolinho)* gebacken.

Alles Weitere findet der Kunde in den örtlichen Minimärkten (ab 7.30 Uhr geöffnet). Vor allem Selbstversorger mit Ferienwohnung sollten die unübersehbaren Hinweise an der N-125 beachten, wo immer wieder für die nächstgelegene Filiale eines Supermarktes geworben wird. Die wichtigsten sind *Continente* (riesig; neben Kleidung, Haushalts- und Freizeitartikeln auch mit Fisch-, Fleisch- und Käsetheken die ihresgleichen suchen; z.B. im *Algarve-Shopping* bei Albufeira und im *Faro-Shopping* in Faro), *Modelo, Intermarché* (beide ebenfalls mit Frischwarentheken), *Aldi* (6x zwischen Lagos und Tavira), *Lidl, Netto* und die portugiesische Gruppe *Pingo Doce,* welche 2008 die ehemaligen *PLUS*-Filialen *(Tengelmann-Edeka)* in Portugal übernahm. Die vier letztgenannten Discounter sind unschlagbar preiswert für Getränke, Kaffee, Butter usw. und vertreiben oft ein ähnliches Sortiment wie in Mitteleuropa und ohne breites portugiesisches Warenangebot.

Unbedingt nutzen sollte man das vielfältige und preisgünstige Angebot frischer Waren auf den **Wochenmärkten.** Da diese vorwiegend in den frühen Morgenstunden ihre Pforten öffnen (meist täglich außer So 6–10 Uhr), kaufen hier vorwiegend Einheimische ein – Englisch wird nicht immer verstanden. Das angebotene Obst erkennt man natürlich, bei Fisch und Fleisch ist das schon schwieriger. Die handgeschriebenen Schilder tragen überwiegend die portugiesische Bezeichnung, daher im Folgenden eine kleine Wortliste für den Einkauf.

Feste und Feiertage

Gesetzliche Feiertage

- **1. Januar:** Neujahr
- **Faschingsdienstag**
- **Karfreitag**
- **25. April:** Tag der Nelkenrevolution (25.4.1974)
- **1. Mai:** Tag der Arbeit
- **Fronleichnam**
- **10. Juni:** Todestag des Nationalpoeten *Luis de Camões,* 1580
- **15. August:** Mariä Himmelfahrt
- **5. Oktober:** Proklamation der Republik (5.10.1910)
- **1. November:** Allerheiligen
- **1. Dezember:** Unabhängigkeitstag
- **8. Dezember:** Mariä Empfängnis
- **25. Dezember:** Weihnachten

Lokale Feste

Neben den gesetzlichen Feiertagen gibt es eine ganze Reihe lokaler oder jahreszeitabhängiger Feste *(festas).* Ende Januar wird in Vilamoura das **Mandelblütenfest** gefeiert, im Februar allerorten der **Karneval** mit farbenfrohen Umzügen (besonders in Loulé). Die **Osterprozessionen** werden überall feierlich begangen (März/April), während Paraden zum **Jahrestag der Nelkenrevolution** (25. April) fast ausschließlich auf Lissabon beschränkt sind. Den **Maifeiertag** erlebt der Besucher überall in Form kleiner Volksfeste. Diese finden übrigens erst am 1.5. statt, man tanzt also nicht, wie bei uns üblich, *in* den Mai. Internationalen Charakter hat das **Musikfestival** (Ende Mai/ Anfang Juni) angenommen – Plakate und Broschüren informieren über die jeweiligen Austragungsorte. Der Juni steht ganz im Zeichen der zahllosen *Festas dos Santos Populares* **(Volksheiligen),** wobei besonders Santo António (12./13.6.) in Lissabon, São João (23./24.6.) in Braga und Porto sowie São Pedro (28./29.6., landesweit) hervorzuheben sind. Während der dritten Juliwoche steht Silves ganz im Zeichen des internationalen **Bierfestes,** und auch der August bietet mit dem **Sardinenfest** in Olhão sowie der sehr interessanten **Industrie- und Handwerksmesse** von Lagoa einiges für Gaumen und Auge. Im September stehen folkloristische Tanz- und Musikfeste überall an der Algarve auf dem Programm, im Oktober sind vor allem die **Jahrmärkte** von Faro und Monchique einen Besuch wert. November und Dezember sind eher ruhige Monate; die Kirchenfeste **Allerheiligen** (1.11.) wie auch **Weihnachten** werden im Familienkreis begangen.

013al wl

Fotografieren

Normale **Negativ- und Diafilme** sind in Portugal in den Fachgeschäften größerer Ortschaften, in Souvenirläden, aber auch in Supermärkten zu etwas höheren Preisen als zu Hause erhältlich. Die Entwicklung vor Ort lohnt aus Zeit- und Kostengründen meist nicht.

Wer mit einer **Digitalkamera** fotografiert, findet das übliche Zubehör wie Speichermedien MS, SM, CF und SD/MMC in größeren Fachgeschäften und Computerhandlungen. Günstige Preise und eine breite Auswahl (ähnlich wie bei unseren großen Ketten) bietet etwa der Vobis-Shop im ⇗Algarve-Shopping bei Albufeira.

Fotografiert werden darf prinzipiell alles, wobei manche Museen und Kirchen ein **Blitzlichtverbot** zum Schutz lichtempfindlicher Kunstwerke erlassen haben. Beim Ablichten von Menschen sollte man selbstverständlich höflich um Erlaubnis fragen; manch ein menschliches Motiv erwartet übrigens ein kleines Trinkgeld.

Geld

Portugal gehört zum Euro-Raum; Informationen zu den portugiesischen **Münzen** gibt es z.B. im Internet unter www.euro.ecb.int (⇗Staat und Politik: Wappen und Symbole). Die Rückseite der von Designer *Víto Manuel Fernandes dos Santos* sehr schön gestalteten Geldstücke schmücken alte Wappen und königliche Siegel aus dem 12. Jahrhundert. Übrigens: „Euro“ wird in Portugal „E-uro“ ausgesprochen.

⌃ Prächtige Prozessionen gehören zum Feiertagsritual

Geldkarten

Die Algarve ist, was Diebstähle anbelangt, längst nicht so ein gefährliches Pflaster wie etwa Südfrankreich oder Spanien; dennoch sollte man nicht ausschließlich Bargeld mit sich führen.

In den meisten Hotels, Restaurants und Geschäften kann mit gängigen **Kre-**

ditkarten (American Express, Diners Club, Mastercard, Visa) bezahlt werden. Für Barabhebungen per Kreditkarte werden je nach ausstellender Bank Gebühren von bis zu 5,5 % berechnet, für das bargeldlose Zahlen im Ausland dagegen nur 1–2 %. Sehr praktisch sind die Geldautomaten (auch Deutsch in der Sprachauswahl) an den Banken, wo mit **Maestro-(EC-)Karte** und PIN-Code bis zu 200 € pro Transaktion bzw. 400 €/Tag (Maximum schwankt je nach Geldinstitut) abgehoben werden können. Es kommt allerdings manchmal zu sogenannten „Verbindungsschwierigkeiten", sodass man nicht unbedingt auf den letzten Drücker versuchen sollte, Geld abzuheben! Jede Bank legt selbst fest, wieviel fremde Kunden an ihren Automaten zahlen müssen, wobei die Gebühren zwischen 1,75 Euro und 7,50 € pro Abhebung (in Einzelfällen bis zu 10 €) betragen. Seit 2011 zeigen Geldautomaten zwar in Deutschland vor der Abhebung die Gebühr an und der Kunde kann noch entscheiden, ob er den Vorgang fortsetzt oder zu einem anderen, für ihn günstigeren Geldautomaten wechselt. Diese „Gebührenanzeige" fehlt jedoch in Portugal (noch).

Mag auch der **Bar-Umtausch-Kurs** auf den ersten Blick minimal besser erscheinen, so ist die Sicherheit gegen Verlust des Bargeldes den kleinen Aufschlag durchaus wert. Alternativ kann man bei Postämtern als Postbankkunde preiswert Geld abheben oder Bargeld tauschen. Auch in großen Supermarktketten kann direkt mit der EC-Karte gezahlt werden, wobei dies wegen der genannten Gebühren nur bei Großeinkäufen empfehlenswert ist.

Wechselkurse

1 SFr	0,81 Euro	1 Euro	1,23 SFr
1 US$	0,76 Euro	1 Euro	1,31 US$

(Stand: Juli 2013)

Verlust

Bei Verlust oder Diebstahl der Kredit- oder Maestro-(EC-)Karte sollte man diese umgehend sperren lassen. Für deutsche Maestro- und Kreditkarten gibt es die einheitliche **Sperrnummer 0049 116 116** und im Ausland zusätzlich 0049 30 40504050. Für österreichische und schweizerische Karten gelten folgende Telefonnummern:

- **Maestro-(EC-)Karte,** (A)-Tel. 0043 1 2048800; (CH)-Tel. 0041 44 2712230, UBS: 0041 848 888601, Crédit Suisse: 0041 800 800488.
- **MasterCard,** internationale Tel. 001 636 7227111.
- **VISA,** (A)-Tel. 0043 1 7111 1770; (CH)-Tel. 0041 58 958 8383.
- **American Express,** (A)-Tel. 0049 69 9797 1000; (CH)-Tel. 0041 44 6596333.
- **Diners Club,** (A)-Tel. 0043 1 501350; (CH)-Tel. 0041 58 7508080.

Überweisungen

Wer Überweisungen vornehmen lässt, benötigt hierfür die **BIC** (Bank Identifier Code, Internationale Bankleitzahl) sowie die **IBAN** (International Bank Account Number, Internationale Kontonummer) – beide erfragt man bei der Hausbank.

Geldnot

Wer dringend eine größere Summe ins Ausland überweisen lassen muss, wegen einem Unfall oder Ähnlichem, kann sich auch nach Portugal über **Western Union** Geld schicken lassen. Für den Transfer muss man die Person, die das Geld schicken soll, vorab benachrichtigen. Diese muss dann bei einer *Western Union* Vertretung (in Deutschland u.a. bei der Postbank) ein entsprechendes Formular ausfüllen und den Code der Transaktion telefonisch oder anderweitig übermitteln. Mit dem Code und dem Reisepass geht man zu einer beliebigen Vertretung von *Western Union* in Portugal (siehe Telefonbuch oder unter www.westernunion.com), wo das Geld nach Ausfüllen eines Formulares binnen Minuten ausgezahlt wird.

Reisekosten

Betrachtet man das Wohlstandsgefälle innerhalb der westlichen EU-Staaten, so rangiert Portugal zwar im unteren Bereich, an der Algarve ist davon allerdings vergleichsweise wenig zu spüren – sie ist beileibe kein billiges Pflaster! Im Gegenteil: Der durchschnittliche Warenkorb vom Schnürsenkel über das Spülmittel bis zum Imbiss ist eher mit schweizer Großstädten vergleichbar. Den größten Anteil der Reisekosten bilden gewöhnlich Anreise und Unterkunft/Verpflegung. **Selbstversorger** sind hier im Vorteil, sowohl, was den Preis, als auch, was die Qualität der Verpflegung angeht. Das gilt auch für Speiseeis: die Kugel kostet ab 1,60 €; *Aldi* und *Lidl* sind da deutlich preiswerter.

Die Mieten für **Leihfahrzeuge** halten sich in Grenzen, und auch die Fahrtkosten in öffentlichen Verkehrsmitteln sind niedrig, wogegen die Eintrittspreise der **Freizeitangebote** (wie z.B. Abenteuer-Bäder) manche mehrköpfige Familie erblassen lassen. Aufgrund der starken Konkurrenzsituation sind die Preise in reinen Getränke-Kneipen recht gemäßigt (das große Bier ab 2,50 €, das Mineralwasser ab 1,50 €).

Unter der Voraussetzung, dass Flug und Unterkunft ohne Frühstück bereits vorab organisiert wurden, kann der **Einzelreisende** für (Selbst-)Verpflegung, Ausflüge, Eintritt usw. **pro Tag** mit rund 25 € rechnen, **Familien** mit jeweils 15–20 € – je nach Anspruch besteht natürlich nach oben kein Limit. Inklusive Flug, Apartment, Mietwagen und allen Ausgaben sollte eine vierköpfige Familie in zwei Wochen bei eigener Organisation mit 3000 € auskommen können.

Gesundheit

Die Algarve birgt dahingehend kaum Gefahren; allenfalls sollte man in den heißen Sommermonaten die intensive **Sonneneinstrahlung** und alle damit einhergehenden Risiken (Sonnenbrand, Dehydration usw.) berücksichtigen.

Das **Trinkwasser** kommt überwiegend aus den Reservoirs im Landesinneren und kann zwar unbedenklich getrunken werden, ist aber teilweise erheblich gechlort und sollte deshalb stets abgekocht werden.

Die **Lebensmittel** in den Geschäften und Supermärkten entsprechen mitteleuropäischem Standard, wobei dies in Zeiten von Schweinepest, BSE- und Tierfutterskandal natürlich nicht unbedingt ein Qualitätsmerkmal ist! Vieles ist hier an der Algarve aber für den Verbraucher transparenter: Auf den Märkten sieht man, dass etwa der Fisch fangfrisch verkauft wird, in den kleinen Metzgereien, dass die Ware nicht aus Großschlachtereien stammt. Auch die hier produzierten Weine kann man bedenkenlos trinken, ohne am nächsten Morgen von Glykolkopfweh geplagt zu werden.

Sprachhilfe für den Notfall

Deutsch – Englisch – Portugiesisch

- Krankenwagen – ambulance – ambulãncia
- Polizei – police – polícia
- Feuerwehr – fire brigade – bombeiros
- Bank – bank – banco
- Apotheke – pharmacy – farmácia
- Arzt – doctor – mèdico
- Augenarzt – eyespecialist – oftalmologista
- Frauenarzt – gynaecologist – ginecologista
- Kinderarzt – pediatrician – pediatra
- Zahnarzt – dentist – dentista
- Fieber – temperature – tenho febre
- Stark erkältet – bad cold – muito constipado
- Durchfall – diarrhoea – diarreia
- Diabetiker – diabetic – diabètico
- Allergie – allergy – alergia
- Antibiotikum – antibiotics – antibiòtico
- Schmerz im ... – ... ache – doi-me ...
- Kopf – head ... – cabeça
- Ohr – ear ... – ouvido
- Nase – nose ... – bariz
- Arm – arm ... – braço
- Bein – leg ... – perna
- Unterleib – abdomen – abdome baixo-ventre

Medizinische Versorgung

Das Gesundheitssystem teilt sich in einen staatlichen und einen privaten Sektor. Ersterer deckt die medizinische Grundversorgung ab und ist mittlerweile 100 % der Bevölkerung zugänglich.

Die gesetzlichen Krankenkassen von Deutschland und Österreich garantieren eine Behandlung auch im akuten Krankheitsfall in Portugal, wenn die medizinische Versorgung nicht bis nach der Rückkehr warten kann. Als Anspruchsnachweis benötigt man seit einigen Jahren eine **Europäische Krankenversicherungskarte,** die man von seiner Krankenkasse erhält.

Für gesetzlich krankenversicherte Kassenmitglieder gilt diese Krankenversicherungskarte in allen EU-Staaten und einigen weiteren Ländern.

Im Krankheitsfall besteht somit ein Anspruch auf ambulante oder stationäre Behandlung bei jedem zugelassenen Arzt und in staatlichen Krankenhäusern. Da jedoch die Leistungen nach den gesetzlichen Vorschriften im Ausland abgerechnet werden, kann man auch gebeten werden, zunächst **die Kosten der Behandlung** selbst zu tragen. Obwohl bestimmte Beträge von der Krankenkasse rückerstattet werden, kann doch ein Teil der finanziellen Belastung beim Patienten bleiben, also zu Kosten in kaum vorhersagbarem Umfang führen.

Aus diesem Grund wird zusätzlich der Abschluss einer **privaten Auslandskrankenversicherung** dringend empfohlen. Diese sollte außerdem eine zuverlässige Reiserückholversicherung enthalten, denn der Krankenrücktransport wird von den gesetzlichen Krankenkassen nicht übernommen. Diese sind z.B. in Deutschland ab 5–10 Euro pro Jahr auch sehr günstig.

Schweizer Staatsbürger sollten bei ihrer Krankenversicherungsgesellschaft nachfragen, ob die Auslandsdeckung auch für Portugal inbegriffen ist. Wenn nicht, empfiehlt es sich, kostenlos bei Soliswiss (Gutenbergstr. 6, 3011 Bern, Tel. 031 313 807 030, www.soliswiss.ch) Erkundigungen über eine attraktive Auslandskrankenversicherung einzuholen.

Zur Erstattung der Kosten benötigt man ausführliche **Quittungen** (mit Datum, Namen, Bericht über Art und Umfang der Behandlung, Kosten der Behandlung und Medikamente).

Der Abschluss einer **Jahresversicherung** ist oft kostengünstiger als mehrere Einzelversicherungen. Günstiger ist auch die **Versicherung als Familie,** statt als Einzelpersonen. Hier sollte man nur die Definition von „Familie“ genau prüfen.

Staatliche Krankenhäuser

Faro	Tel. 289 891 100
Lagos	Tel. 282 770 100
Portimão	Tel. 282 450 300
São Brás de Alportel	Tel. 289 842 360
Tavira	Tel. 281 324 023

All diese Institute verfügen auch über eine **Notaufnahme** *(urgência)* mit 24-Stunden-Notdienst.

Ebenfalls staatlich sind **Gesundheitszentren** *(centro de saúde);* diese sind aber meist nicht durchgehend besetzt, und sie verfügen auch nicht über die umfassende medizinische Ausrüstung der genannten Krankenhäuser.

Staatliche Gesundheitszentren

Albufeira	Tel. 289 588 770
Aljezur	Tel. 282 98 113
Alte	Tel. 289 68 174
Armação de Pera	Tel. 282 313 819
Estombar	Tel. 282 432 665
Faro	Tel. 289 823 680
Lagoa	Tel. 282 52 102
Lagos	Tel. 282 77 001 000
Loulé	Tel. 289 410 1000
Monchique	Tel. 282 92 413
Olhão	Tel. 289 700 1260
Portimão	Tel. 282 416 272
Salir	Tel. 289 69 200
São Bartolomeu	Tel. 282 339 252
São Brás de Alportel	Tel. 289 842 450
Silves	Tel. 282 442 416
Tavira	Tel. 281 324 023
Vila do Bispo	Tel. 282 66 179
Vila Real de S. António	Tel. 281 511 371

Private Kliniken und Ärzte

Neben diesen Instituten gibt es eine ganze Reihe privater Kliniken und Ärzte, die gegen Vorkasse behandeln. Der Hauptvorteil der „privaten“ Ärzte liegt darin, dass es sich häufig um niedergelassene englische oder deutsche Mediziner handelt und die Beschwerden so ohne große Verständigungsprobleme erläutert werden können.

Die Internetseiten www.lissabon.diplo.de (Listung der deutschen Botschaft), www.portugal-westalgarve.de/Ärzte.html und www.portugalforum.org bieten laufend aktualisierte Angaben zu deutschsprachigen Ärzten vor Ort. Sehr gelobt wird z.B. Dr. Michael Scheuber, Rua do Farol 27 (2. Etage), Carvoeiro, Tel. 913 676 612, für kompetente und freundliche Beratung.

Dental-Notfall-Set

Noch ein Hinweis zu **Zahnproblemen:** Es gibt genügend (auch deutsche) Zahnärzte an der Algarve, doch im Notfall könnte die recht neue Erfindung eines walisischen Zahnarztes von Interesse sein. Er entwickelte aus eigener Not heraus während einer Reise ein so genanntes Dental-Notfall-Set mit Füllmaterial aus Zinkoxyd und Nelkenöl zur provisorischen Selbstbehandlung bei Bruch oder Ausfall von Zahnstücken, Brücken usw., welches auch vom Zentrum für Reisemedizin in Düsseldorf als gute Überbrückungslösung bis zum heimischen Zahnarztbesuch bewertet wird. Das Set ist über Apotheken für rund 20 € erhältlich.

Apotheken

Portugiesische Apotheken sind durch das Schild **„Farmácia"** mit weißem Kreuz auf grünem Grund gekennzeichnet. Sie haben meist von 9–13 und 15–19 Uhr (Mo–Fr, Sa nur vormittags) geöffnet. Außerhalb dieser Zeiten wird auf die diensthabenden Notdienst-Apotheken verwiesen.

Infos zum speziellen Urlaubsort, den dortigen Apotheken und Notdiensten bietet www.farmaciasdeservico.net.

Notrufnummern

Die allgemeine Notrufnummer in Portugal lautet **112.** Auch die 115 kann man anrufen, wenn man der portugiesischen Sprache mächtig ist.

Informationsstellen

Bereits vor Reiseantritt kann man sich z.B. bei den zuständigen **Fremdenverkehrsämtern** über die Algarve ausführlich informieren. Im Internet unter **www.visitportugal.com** oder per E-Mail info@visitportugal.com (auch auf Deutsch).

In Deutschland

- **AICEP Portugal,** Zimmerstraße 56, 10117 Berlin, Tel. 0049 30 254 10 60, Fax 254 10 699

In Österreich

- **AICEP – Portugiesische Handelsdelegation –Touristikzentrum,** Opernring 1/2. OG, 1010 Wien, Tel. 0043 1 585 4450, Fax 585 4445

In der Schweiz

- **AICEP – Portugieisisches Verkehrsamt und-Handelsdelegation,** Zeltweg 15, 8032 Zürich, Tel. 0041 43 268 8768, Fax 268 8760

Internetseite des AICEP: www.portugalglobal.pt

In Portugal

- Informationen speziell zur Algarve bietet das **Região de Turismo do Algarve,** Av. 5 de Outubro 18, Apartado 106, 8001–902 Faro, Tel. 289 800 400, Fax 289 800 489, www.visitalgarve.pt.
- Wissenswertes über Lissabon erfährt man beim **Palácio Foz,** Praça dos Restauradores, 1250–187 Lisboa, Tel. 21 346 6307, Fax 21 346 8772 sowie am **Flughafen Lissabon** unter der Telefonnummer 21 849 4323; offizielle städtische Homepage: www.visitlisboa.com.

Die lokalen Touristeninformationen, die von wenigen Ausnahmen abgesehen an Wochenenden und Feiertagen schließen, werden zweckmäßigerweise bei den Ortsbeschreibungen aufgeführt.

Für Hilfestellungen aller Art wurde die **Linha de apoio ao turista** (Touristeninformations-Servicenummer; gebührenfrei) unter Tel. 800 296 296 eingerichtet.

Internet

Allein zur Algarve gibt es in den unendlichen Weiten des WorldWideWeb eine riesige Informationsflut. Hinzu kommt noch eine Unzahl weiterer Seiten, die ganz allgemein über Flüge, Mietwohnungen etc. weltweit informieren und somit auch für den Portugalreisenden interessant sein können. Die folgenden Internetseiten stellen daher nur eine kleine Auswahl dar; die meisten von ihnen listen weitere Links auf, mit deren Hilfe man mühelos von der Online-Flugbuchung bis zur bebilderten Unterkunftsvermittlung alles finden kann, was das Travellerherz begehrt.

Allgemeine Reiseinformationen

- Unter **www.auswaertiges-amt.de** (Tel. 030 5000-0, Fax 5000 3402) informiert das bundesdeutsche Auswärtige Amt über Reisebestimmungen des Auslandes und gibt Hinweise zu Krisenregionen. Des Weiteren kann man auf der Seite eine Liste aller deutschen Botschaften und Konsulate weltweit sowie Tipps des Gesundheitsdienstes abrufen.

  Den gleichen Service bieten das österreichische Außenministerium (www.bmaa.gv.at, Tel. 05 01150 4411, Fax 05 01159 0) und die schweizerische EDA (www.dfae.admin.ch, Tel. 031 323 8484).
- Informationen aller Art findet man unter **www.portugal-live.de;** hervorzuheben ist der sehr gute Pauschalreise-Link dieses Online-Reiseführers.
- **www.algarvenet.com** bietet englischsprachige Informationen (Wetter, Neuheiten, Hotels ...). Auch Sonderthemen wie etwa Grundstückserwerb oder Golfplätze werden hier ausführlich behandelt (mit weiterführenden Links).
- Die Seite **www.turismodoalgarve.pt** ist in portugiesischer Sprache aufgebaut und bietet neben Beschreibungen, Festtagskalender, Fahrzeugverleihstellen usw. ein ausführliches Adressverzeichnis öffentlicher Institutionen (Ämter, Feuerwehr etc.). Dies Seite ist die offizielle Homepage der Tourismusbehörde der Region Algarve: *Região de Turismo do Algarve*, Av. 5 Outubro 18/20, 8000 076 Faro, Tel. 28 98 004 00, Fax 28 980 04 89, rtalgarve@rtalgarve.pt.
- Für Geschäftsleute attraktiv ist die Seite **www.portugalglobal.pt** (vorm. www.icep.pt) mit Handels- und Wirtschaftsinformationen in portugiesischer Sprache.
- **www.urlaub-portugal-reise.de** und **www.portugal-aktuell.de** sind relativ aktuell und informativ für allgemeine als auch weitergehende Hintergrundinformationen einschließlich einiger Links.
- **www.algarve-reisen.com** ist eine sehr umfangreich gestaltete Informationsseite zur Reisevor-

bereitung, bietet Links (Fahrzeugvermietung, Mietobjekte) sowie Veranstaltungshinweise und aktuelle Informationen.

Unterkunft

- In den höheren Mietpreisklassen für Unterkünfte findet man zahllose Seiten wie z.B. **www.combina.de** (hier vorwiegend Häuser mit Pool).
- Auch einfachere Unterkünfte bieten **www.ferienhaus-in-portugal.de** oder **www.ferienhaus-privat.de,** letztere eine sehr gute Seite mit zahlreichen Informationen; teilweise ist Online-Buchung möglich.
- Ein umfangreiches und zum Teil recht günstiges Angebot findet man auch auf der Seite **www.fewo-direkt.de,** über die man auch direkt Kontakt zu den Vermietern aufnehmen kann.
- Sehr privat und beschaulich wirkt **www.aljezur.de** mit nur vier netten und preiswerten Häuschen bei Aljezur.
- Auf der Seite **www.algarve-4you.de** kann man strandnahe Unterkunft von Privat ab ca. 150 €/Person und Woche vorab arrangieren. Das Angebot umfasst teilweise auch die Organisation des Flughafentransfers oder eines Mietwagens.

Reiseangebote

- Gut ist die von führenden europäischen Fluggesellschaften getragene Seite **www.opodo.de** mit sehr umfangreichen, weltweiten Flugbuchungs- und Reiseinformationen.
- Ferienwohnungen speziell für Lissabon werden u.a. unter www.Lissabon-Altstadt.de/Unterkunft angeboten.
- Auch die deutschsprachige Seite der portugiesischen Fluggesellschaft Air Portugal, **www.tap-air-portugal.de,** bietet preisgünstige Fly & Drive-Kombinationen, Hotelangebote, Mietwagen und vieles mehr.
- **www.portuteam.de,** die Seite des Reisebüros Schrader in Berlin, bietet ein umfangreiches (bebildertes) Angebot zu Unterkunft, Flügen, Mietwagen sowie komplett vorab arrangierbaren Rundreisen.
- Auf **www.olimar.de,** der Seite eines auf Portugal spezialisierten Reiseveranstalters, können Flug, Fly & Drive, Apartments usw. gebucht werden.

Freizeit und Bildung

- Reitferien an der Algarve können über **www.sanguinheira.com** organisiert werden.
- Auf **http://.arcolargo.pt/** finden Interessierte Informationen zu Praktika (u.a. Hotel), aber auch Sprachkursvermittlung u.a.
- Möglicherweise soll ein Algarve-Besuch mit einer Tour zu den Azoren und/oder Madeira verbunden werden. Dann sollten Reisende mit Nachwuchs die Seite **www.delphinschule.de** anklicken, wo man sich auf das Tauchen/ Schnorcheln für Kinder mit Delfinen spezialisiert hat.

Internetzugang unterwegs

Natürlich kann man auch von der Algarve aus das „Postfach leeren" oder eilige Nachrichten preiswert versenden. Einige aktuelle **Internet-Cafés** sind in den Ortsbeschreibungen mit aufgeführt. In manchen Orten wurden an auffälligen/günstig gelegenen Stellen so genannte „**Internet-Points**" eingerichtet; bei diesen Internet-Café-Varianten handelt es sich um schlichte Container/Holzhäuschen mit mehreren Steh- oder Sitzplätzen zum Surfen (30 Minuten kosten rund 1,50 €, tgl. 9.30–23 Uhr). Hier kann man oft auch ab 10 Cent pro Minute EU-weit telefonieren.

Eine komplette Übersicht über die aktuellen WLAN-Hotspots an der Algarve bieten die englischsprachige Seite http://algarve.angloinfo.com/af/501/algarve-wifi-hotspots-and-wireless-access-points.html sowie die deutschsprachige Hotspot-Suchmaschine www.hotspot-locations.de.

Mit Kindern unterwegs

Die portugiesische Algarve hat auch kleinen Reisenden viel zu bieten: Zahlreiche (überschaubare) Sandstrände zum Planschen, faszinierende „Ritterburgen" und nicht zuletzt die empfehlenswerten Familien- und Freizeitparks (⇗Sport und Aktivitäten) sorgen für genügend Abwechslung beim nach Bewegung dürstenden Nachwuchs. Sicherlich sind landestypische Besonderheiten (wenige Bürgersteige, ungewohnte Verkehrssituation usw.) überall stets mit gewissen **Risiken** verbunden, doch darf die Algarve insgesamt als relativ „kindersicher" bezeichnet werden. Allenfalls das **Klima** verdient hier besondere Aufmerksamkeit; vor allem das Wechselspiel von kaltem Atlantikwasser, Sonne und teils heftigem Wind macht anfällig für Erkältungen und Sonnenbrand zugleich. Vor Letzterem schützt man sich und die Kinder mit wasserfester Sonnencreme sowie Sonnenhut.

Wer mit **Kleinkindern** unterwegs ist und eine Pauschalreise buchen möchte, die für Kinder wie Erwachsene geeignet ist, sollte Kontakt zu *Bambino-Tours* (Ockershäuser Schulgasse 31, 35037 Marburg, Tel. 06421 931 000, Fax 931 001, www.bambino-tours.de) aufnehmen.

Spezielle **Säuglings-/Babynahrung** und **Pflegeprodukte** sind in Drogerien und Supermärkten erhältlich; hierzulande bekannte Marken werden in Portugal oft unter anderem Importnamen gehandelt. So heißt z.B. *Humana* hier „Miltina", *Pampers* trägt den durchaus treffenden Namen „Depot".

Medien

Die Medienlandschaft an der Algarve kann man mit den Presseauslagen internationaler Flughäfen vergleichen: Von britischen Boulevardzeitungen über die Neue Zürcher Zeitung bis zu Deutschlands beliebtestem Toilettenpapier mit vier Buchstaben findet der Zeitungsleser tagesaktuell (fast) alles, was an europäischen Tages- und Wochenzeitschriften Rang und Namen hat.

Zeitungen

Von den nationalen Zeitungen sind besonders der **Público** und der **Diário de Notícias** hervorzuheben; sie bieten u.a. Veranstaltungshinweise. Die speziell auf Touristen zugeschnittenen Monatsblättchen „Willkommen an der Algarve" und „Algarve Good Life" (deutsch/englisch) werden in Supermärkten und Touristeninformationen kostenlos ausgegeben.

Fernsehen

Neben den staatlichen **Fernsehsendern** RTP 1 und 2 strahlen die privaten Sender TVI und SIC das übliche TV-Geschehen aus, wobei Filme meist im Original mit Untertiteln gesendet werden. Viele Apartments und Ferienwohnungen sind mit Satellitenempfängern ausgestattet, so dass auch heimische (deutschsprachige) Sender empfangen werden können.

Radio

Von den Radioprogrammen sei besonders auf den beliebten Sender **Kiss FM** (englischsprachig, Frequenz 101.2 MHz) sowie den offiziellen deutschen Auslandsfunk **Deutsche Welle** auf Frequenz 6075 KHz, 6140 KHz bzw. 9545 KHz hingewiesen.

Nachtleben und Unterhaltung

Es wäre weit gefehlt zu glauben, die Algarve sei eine einzige Stimmungshochburg à la Mallorca. Obwohl Orte mit viel Remmidemmi nicht fehlen, wird auch der ruhebedürftige Reisende etwas seinen Vorlieben Entsprechendes finden. Das gesamte Freizeitangebot am Urlaubsort hängt in erster Linie von dessen touristischer Infrastruktur ab. Die nicht auf Touristen ausgerichteten Orte und Kleinstädte im **Hinterland,** also jene ohne größere Wohnanlagen und Hotels, bieten schlicht und ergreifend – nichts!

016al wl

Dort gibt es vielleicht die eine oder andere Taverna oder Pastelaria, doch werden zeitig die Bürgersteige hochgeklappt; schließlich wohnt hier der nicht in der Tourismusbranche tätige Teil der Bevölkerung, der bei Sonnenaufgang Felder bestellt und Tiere versorgt oder bereits zum Fischen in See gestochen ist.

Anders geht es zu in den meisten **„erschlossenen" Orten und Vororten** entlang der Küste, wo praktisch jeder vom Tourismus lebt und ein entsprechend breit gefächertes Angebot an Schänken und Restaurants vorhanden ist. Hier versuchen die lokalen Autoritäten zusätzlich (in der Hauptsaison allabendlich) attraktive Unterhaltungsprogramme (Freiluftkonzerte, Wettbewerbe u.Ä.) anzubieten. Die Gastronomie macht erst nach 19 Uhr ihr Hauptgeschäft, die reinen Bars und Trinkhallen kommen erst ab 22, 23 Uhr in Schwung; sie locken mit Fußballübertragungen, Musikabenden und Ähnlichem mehr.

Während man diese Art von Abendunterhaltung noch als „Gediegenes Flanieren mit spätabendlicher Einkehr" bezeichnen könnte, geht es in den **„Partyhochburgen"** ganz anders zur Sache. Hier toben die Strandurlauber, für die ein gelungener Tag um ca. 15 Uhr mit dem Frühstück beginnt. Danach hangelt man sich bierselig durch den Nachmittag, um später, nach Einnahme des „unheiligen" Abendmahls in Flüssigform, bis zum Sonnenaufgang in der Disko abzufeiern. Solch ein Ort ist z.B. ⇗**Albufeira-Montechoro.** Annähernd kommen da vielleicht noch das etwas gediegenere Monte Gordo und das urige Lagos mit.

◁ Stilvolle Ausflüge zu Wasser

Öffentliche Verkehrsmittel

Allgemein gesagt, passen sich Tempo und Frequenz der öffentlichen Verkehrsmittel dem eher gemächlichen Leben im Hinterland an. Die Bahn ist nur teilweise für Rundreisen geeignet, der Busverkehr taugt immerhin für die beinahe flächendeckende Verbindung zwischen einzelnen Orten. Das Interessanteste an der Algarve sind jedoch vielfach jene Abschnitte, die nicht von öffentlichen Verkehrsmitteln angefahren werden; für den Besuch abgelegener Strände oder untouristischer Küstenabschnitte empfiehlt sich ebenso die Anmietung eines **Leihfahrzeuges** wie für eine Vielzahl an Ausflügen. Wer genug Zeit hat, kann jedoch auch über ⇗organisierte Touren sowie per Bus einen Großteil der Algarve erschließen.

Bahn

An der Ostalgarve von Vila Real bis Faro verläuft die Bahnlinie an der Küste entlang und verbindet die wichtigsten Orte miteinander. Anders sieht es von Faro Richtung Westen bis Lagos aus; hier wurde die Schienenführung weiter ins Landesinnere gelegt, was die Nutzung für Touristen erschwert. An allen Bahnhöfen, die nicht in den städtischen Kernen liegen, stehen jedoch Busse in Abstimmung auf den Bahnfahrplan zum Transport ins nächstgelegene Zentrum bereit. Züge in beide Richtungen fahren in Faro etwa 10x täglich von 7–20 Uhr;

eine Fahrt von/nach Lagos beispielsweise dauert ungefähr 1 ¾ Stunden.

Die Bahn ist insgesamt rund **10 % preiswerter** als die Busse; zudem ist die Fahrt gemütlicher. Im Internet kann man auf der englischsprachigen Seite www.cp.pt alle Verbindungen (an der Algarve wie auch nach Lissabon) abfragen.

Bus

Die federführende Busgesellschaft in den Farben der brasilianischen Flagge (gelb-grün) heißt *EVA-Transportes* mit Sitz in Faro (Av. da República 5, 8000-078 Faro, Tel. 289 899 700, Fax 289 899 709, www.eva-bus.com, englischsprachig; hier können detaillierte Teilrouten abgefragt werden). Sie verbindet Küsten- und Binnenstädte mit Express- wie auch Lokalbussen; die Busfahrt ist zwar teurer als die Bahn, dafür ist das Busnetz **flächendeckend,** und man gelangt schneller in die Zentren. Von den größeren Orten existiert zudem eine Expressbusverbindung nach Lissabon. Als neue Gesellschaft hat sich auch *Frota Azul* (www.frotazul-algarve.pt) etabliert (im Westen recht weit verbreitet), die in Kooperation mit *EVA* arbeitet.

Zwischen den Hauptstationen fahren außerdem die Sonder-/Expresslinien Lagos – Faro, Faro – Sevilla (Spanien), Lagos – Vila Real, Albufeira – Vilamoura; Lissabon wird von den Zentren aus angefahren. An vielen Haltestellen hängt ein vollständiger **Fahrplan** aus.

Die Fahrzeuge sind vielleicht nicht hypermodern, auch lässt das Reifenprofil manchmal zu wünschen übrig, doch sind die Busse zuverlässig und sauber. Es versteht sich daher von selbst, dass etwa eine Mitnahme in nassen Badehosen oder mit Sandfüßen durchaus auch einmal verweigert wird.

In den zentralen Busbahnhöfen (s. Ortsbeschreibungen) kann ein so genannter **Tourist Pass** für drei (28,50 €) oder sieben Tage (35,60 €) erworben werden, welcher zur Benutzung aller Regionalbusse (außer Sonderexpress) zwischen Lagos und Quarteira/Loulé berechtigt (einschl. Monchique). Vorabbuchungen sind bis zu sieben Tagen im Voraus mit Buskarten aller Art möglich.

Preis-/Frequenzbeispiele: Lagos – Lissabon 6x täglich, 20 € einfach; Sagres – Lagos 12x täglich, 3,90 €; Albufeira – Portimão 12x täglich, 4,50 € oder Faro – Vila Real 9x täglich, 5,60 €.

Öffnungszeiten

Als Erste sind meist die **Marktverkäufer und Bäcker** wach – sie bieten ihre Waren oft schon ab 6 Uhr feil. Andere Geschäfte öffnen ihre Pforten werktags von 9 bis 13 und 15 bis 19 Uhr (Sa nur vormittags); in den Touristenzentren schließen die Läden gegen 22 Uhr. Wichtig für Selbstversorger sind die großen **Supermärkte** *(super-mercado)*, die meist am Ortsrand liegen und seit dem neuen Gesetz von Juli 2010 täglich, also auch an Sonn- und Feiertagen, von 6–24 Uhr geöffnet haben. **Banken** öffnen das Kontor werktags von 8.30 bis 15 Uhr; die Geldautomaten sind rund um die Uhr zugänglich. **Museen, Burgen und Freizeitparks** öffnen durchgehend von 10 bis 17/18 Uhr, wobei Museen meist montags und an Feiertagen geschlossen bleiben.

Organisierte Ausflüge und Touren

In allen touristisch erschlossenen Orten der Algarve haben sich kleine **Agencijas de Viagens** (Reisebüros) oder Dependancen nationaler Ketten niedergelassen. Im Unterschied zu Reisebüros beispielsweise in Deutschland bildet das klassische Reiseangebot aber nur einen kleinen Teil des Services: Ebenso möglich ist die Vermittlung von **Mietwagen** (etwas günstiger als am Flughafen Faro), das Buchen von **Flugtickets,** die Organisation von **Tagesausflügen und Kurztrips** (Algarve, Zentralportugal, aber auch Gibraltar zu ca. 60–70 € oder Sevilla ab 50 €), **Kartenvorverkauf** für die beliebten Freizeitparks (⇗Sport und Aktivitäten) sowie Flughafen- und andere **Kleinbustransfers** (zum Flughafen je nach Ausgangsort ca. 30–45 € für bis zu vier Personen, 50 € für fünf bis acht Personen), teilweise werden auch **Ferienwohnungen** vermittelt. Beliebt sind Ein- (ab 60 €) oder Mehrtagestouren (ab 135 €) in die Hauptstadt Lissabon, eine willkommene Abwechslung während eines mehrwöchigen Aufenthaltes an der Algarve (z.B. Fátima und Lissabon inkl. einer Übernachtung 150 €, Sintra und Lissabon inkl. einer Übernachtung 140 €).

Vermehrt angeboten werden in den letzten Jahren **Sondertouren.** Hierzu zählen so genannte „Jeep-Safaris" (Abenteuer-Tagestour auf Nebenpisten durch das Hinterland ca. 50 €) oder „Cruises" (Schiffstouren auf stilvollen Seglern oder Katamaranen ab 40 €) – das Angebot ist sehr breit gefächert. Auch Tickets (mit oder ohne Transport) zu den Arenen der berühmten **Stierkämpfe** in Lagos oder Albufeira werden organisiert (ca. 35 € für Erwachsene). Auch reguläre Bahn- und Bustickets, etwa nach Lissabon, kann man gegen einen geringen Aufpreis erstehen. Man spart sich hierdurch eine ganze Menge Lauferei. Auf die einzelnen Anbieter wird in den Stadtplänen und Ortsbeschreibungen gesondert hingewiesen.

- Ortsübergreifend für die gesamte Ostalgarve (Kunden werden von Armação bis Monte Gordo abgeholt) arbeitet **Riosul/Monte Gordo** (Tel. 281 510 200, Fax 281 510 209), mit sehr beliebten Ganztagestouren, Jeep-Safaris und Bootstouren auf dem Guadiana. Einen Überblick über das Programm findet man unter www.riosultravel.com.
- Jeder Strandbesucher der Südwestalgarve wird irgendwann die liebevoll restaurierte 23-Meter **Caravelle „Santa Bernarda"** vorbeituckern sehen. An vielen Rezeptionen größerer Hotels, unter Tel. 282 445 491 sowie am Kiosk an der Uferpromenade von Portimão können Bootstouren auf diesem einmaligen Schiff gebucht werden (Grottenexpedition, Küstenfahrt und Strandpicknick usw., je nach Dauer und Umfang 40–80 € p.P.)

Post

Postämter *(correio)* haben in der Regel nur Montag bis Freitag von 8.30 bis 12.30 und 14.30 bis 18 Uhr geöffnet. Da Briefmarken *(selos)* auch in Lebensmittel- und Zeitschriftenläden erhältlich sind, gibt es nicht mehr in jedem kleinen

Ort eine eigene Postfiliale, sondern oft nur noch Briefkästen mit Briefmarkenautomaten (Bedienungsanleitung auf Englisch). Preise und Service sind mit den deutschen Postleistungen vergleichbar (Postkarte/Brief 53 ct.). Postlagernde Sendungen kann man an alle Postämter schicken (Vermerk „poste restante").

Sicherheit

In lebensgefährliche Situationen wird man normalerweise an der Algarve nicht geraten, und wenn, wohl in vielen Fällen durch eigenes Verschulden. Hierzu zählt etwa leichtsinniges **Schwimmen** bei hohem Wellengang oder in der Strömung, oft in Verbindung mit Alkohol und zu viel Sonne. Gleiches gilt für den **Straßenverkehr,** wo viele Ausländer meinen, die 0,5-Promille-Grenze gelte nicht für sie!

Kriminalität

Delikte wie Taschendiebstahl oder das Aufbrechen von Fahrzeugen kommen an der Algarve nicht so häufig vor wie im benachbarten Spanien oder an der französischen Côte d'Azur. Dennoch sollte man natürlich vorsichtig sein und z.B. nur wenig Geld mit an den Strand nehmen. Gepäck sollte man nicht unbeaufsichtigt lassen, Geld im Brust- oder Hüftgurt verstauen und auch das (leere) Handschuhfach des (Leih-) Wagens demonstrativ geöffnet lassen. Wie auch bei Unfällen, sollte man bei Wagenaufbruch unbedingt einen Polizeibericht für die Versicherung anfertigen lassen.

Sexuelle Belästigung

Allein reisende Frauen werden feststellen, dass sie in Portugal bei weitem nicht so oft belästigt werden wie in vielen anderen südländischen Reisezielen. Zwar mag frau gelegentlich die eine oder andere plumpe „Anmache" treffen, Handgreiflichkeiten oder echte Übergriffe kommen jedoch höchst selten vor. Die Regionalpolitiker sind sich der lebenswichtigen wirtschaftlichen Bedeutung des Tourismus für Portugal wohl bewusst, und so setzt die GN *(Guardia Nacional)* entsprechend häufig Streifenpolizisten ein.

Wirtschaftskriminalität

Ein gänzlich anderer Bereich, der nicht unterschätzt werden sollte, ist die Wirtschaftskriminalität im **Immobiliengeschäft.** Viele Reisende, vielleicht schon seit Jahren Stammgäste an der Algarve, kommen auf die durchaus nachvollziehbare Idee, an der faszinierenden Atlantikküste ein Ferien- oder Ruhestandsdomizil zu erwerben. Hier wird seit Jahren vor Fallstricken gewarnt: Manche Makler zeigen unglaublich günstige Objekte, verlangen aber eine saftige Besichtigungsgebühr (was nicht statthaft ist). Dann gibt es andere, die ein bereits verkauftes Objekt anbieten; taucht später der eigentliche Eigentümer auf, ist das bereits gezahlte Geld verloren! Wer ernsthaft einen Hauskauf erwägt, sollte das umfangreiche Informationsheft „Immobilienerwerb in Portugal" bei der Câmara Comércio Luso-Alemã (Handelskammer), Av. de Liberdade 38-2°, 1250 Lissabon (Fax 21 346 7150), bestellen.

017al wl

Sport und Aktivitäten

Freizeitparks

Eine spannende Angelegenheit sind die diversen Erlebnisparks und -bäder an der Algarve. Fast alle widmen sich irgendwie dem nahe liegenden Thema „Wasser“, gehen aber bei der Umsetzung höchst unterschiedliche Wege. Sie verlangen einen stolzen Eintrittspreis, den sich eine Familie mit Kindern wohl nicht jeden Tag leisten kann.

Aqualand

Besondere Erwähnung verdient Aqualand (vormals The Big One) an der N-125 bei Alcantarilha. Der Wasserpark ist von Mai bis September geöffnet und bietet Extreme, die auch gestandene Mannsbilder Überwindung kosten. So etwa „Banzai Boggan“ (↗Exkurs), wo man, auf einer Art Brett hockend, aus 25 m Höhe fast senkrecht über eine Hohlrutsche ins 50 m-Wasserbecken rast und dieses auf der Wasseroberfläche durchschnellt. Oder etwa „Kamikaze“, eine knapp 100 m lange Wasserrutsche, bei der man

⌃ Atemberaubender Spaß im Aqualand

beim Eintauchen ins Wasser beinahe die Textilien verliert. Schon einmal auf einer Schaumstoffunterlage eine gewässerte Kurvenrutsche hinuntergefegt? „Flying Carpets“ macht's möglich ...

■ **Aqualand,** Tel. 800 204 014, www.aqualand.pt, geöffnet Mai–September tgl. 10–18 Uhr; Eintritt Erw. 22 €, Kinder von 1–12 Jahren 16 €, bis 1 J. frei.

Slide & Splash

Ähnlich wurde der Wasserpark Slide & Splash bei Lagoa gestaltet, wobei hier jedoch Labyrinth- und verdunkelte Rutschen im Mittelpunkt stehen.

■ **Slide & Splash,** Tel. 282 340 800, Fax 282 341 826, www.slidesplash.com, Eintritt: Tageskarte Erw. 24,50 €, Kinder 18 €; geöffnet Mai–Sept. tgl. 10–19 Uhr.

Zoomarine

Als eine gelungene Mischung aus Schwimmbad und Wassershow präsentiert sich Zoomarine zwischen Pêra und Guia, ebenfalls an der N-125. Neben Bädern und Karussells sind es hier vor allem die Delfin- und Seehundshows, die Jung und Alt faszinieren – wer mit Kleinkindern reist, ist hier am besten aufgehoben. Zoomarine hat als Park ganzjährig seine Pforten geöffnet, die Bäder sind jedoch von November bis März geschlossen.

■ **Zoomarine,** Tel. 289 560 300, www.zoomarine.pt; geöffnet tgl. 10–17 Uhr, Hochsaison bis 19.30 Uhr, Eintritt 28 €, Kinder ab 1 m Größe (darunter frei!) und Senioren 19 €.

Aqua Show

Weniger extreme Rutschbahnen als mannigfaltiges Rundumvergnügen für die ganze Familie bietet Aqua Show (ca. 2 km nördlich von Vilamoura/ Quarteira an der Hauptstraße Richtung Loulé) u.a. mit diversen Bademöglichkeiten, im Wasser endender Achterbahn (!), Wachsfigurenkabinett und exotischem Vogelpark. Für Familien mit Kleinkindern besonders interessant.

■ **Aqua Show,** Tel. 289 389 396, http://park.aquashowparkhotel.com, geöffnet tgl. 10–18 Uhr, im Sommer bis 19 Uhr, Eintritt ab 11 J. 27 € und Senioren 19 €

Krazy World

An der N-269, drei Kilometer nördlich von Algoz, wurde der Park Krazy World im Stile eines Erlebniszoos mit Schwimmbad, Krokodilen (diese baden glücklicherweise separat ...), Fahrgeschäften und Landtier-Zoo errichtet.

■ **Krazy World,** Tel. 282 574 134, www.krazyworld.com; geöffnet tgl. 10–18.30 Uhr, Mai bis September bis 19.30 Uhr, Eintritt 9,95 €, Kinder und Senioren 6,95 €, Familienjahreskarte (zwei Erwachsene, zwei Kinder) 75,50 €; Scooter-/ Quadfahrten im Park werden gesondert berechnet (2–2,50 €).

Karting Algarve

Wer neben einem erlebnisreichen Parkbesuch auch ein wenig Bleifuß spielen möchte sei auf Karting Algarve verwiesen. Neben Go-Kart-Vergnügungen (ab 15 €/10 Min.) werden Buggy-Safaris (90 €/Halbtag), Rennen mit ferngesteuerten

Fahrzeugen, Trampolin, Mini-Zoo usw. angeboten.

- **Kartódromo de Almancil,** Tel. 289 399 899, www.kartingalgarve.com, geöffnet in der Saison tgl. 10–24 Uhr. Kein Eintritt, die Nutzung der einzelnen Attraktionen wird berechnet.

Alle genannten großen Park-Bäder der Algarve haben ihren eigenen Reiz; grundsätzlich sind die vier letztgenannten besser geeignet für **Familien mit kleinen Kindern,** die beiden ersteren dagegen etwas für robuste Mägen, wobei aber auch diese eine Kleinkinderanlage haben. Ein kleiner Tipp: An Samstagen, also dem klassischen An- und Abreisetag für Urlauber, sind die Freizeitparks meist vergleichsweise leer.

Banzai Boggan

10 Uhr, nur wenige Besucher im Aqualand; Zeit genug also, einmal die hoch gelobte Attraktion „Banzai Boggan" in Ruhe und ungestört auszuprobieren. Was ist zu tun? Aha, man soll sich eines dieser „Surfbretter" nehmen und die spiralförmige Rampe erklimmen. Diese ist ziemlich rutschig, drei Schritte vor, zwei zurück – vor lauter Anstrengung kommt man gar nicht dazu, nach unten zu schauen; vielleicht besser so, es wäre Schwindel erregend. Endlich ist der „Gipfel" erreicht. Schöne Aussicht hier oben, 25 m über dem Boden. So, was nun? Ah, der freundliche Angestellte winkt, man solle das Brett auf die leicht erhöhte Rampe legen und sich darauf setzen. Ok., gebongt. Was denn nun, was macht der Kerl da? Die Rampe wird hinten angehoben, man kippt leicht nach vorne und wird, auf dem Brett kauernd, von einer Blockierung aufgehalten. Oh nein, jetzt ist alles klar! Die Rampe geht unmittelbar in eine stählerne Rutsche über, die 25 m beinahe senkrecht nach unten ins Wasserbecken führt. Man kann sich an den beiden kleinen Griffen auf dem Brett kaum festhalten. Es ist ja noch früh, noch kaum Besucher im Park, deshalb spielt der Angestellte noch ein bisschen mit den Knöpfen, hebt und senkt ruckartig die Rampe, während dem zusehends beunruhigten Fahrgast das Blut in den Adern gefriert. Der Blick ist krampfhaft geradeaus gerichtet. Bizarrerweise drängt sich noch rasch die im Physikunterricht gelernte Formel vom freien Fall mit 9,81 m pro Sekunde im Quadrat auf, doch die Berechnung wird jäh unterbrochen. „Ready?", fragt der Angestellte gnadenlos zum fünften Mal – um den der Ohnmacht nahen Touristen endlich in die Röhre fallen zu lassen. Endlich? Mitnichten: Im viel zitierten und selten erlebten Affenzahn saust das Brett mit dem verkniffenen, längst von etwaigen Toupés befreiten Reiter die Rutsche fast senkrecht hinunter. Schicksalsergeben erwartet man den knallharten Aufprall, doch die Stahlröhre knickt an der Wasseroberfläche waagerecht ab und entlässt den nicht mehr zu bremsenden Fahrgast in das 50-Meter-Becken, wo er je nach Geschick 20, 30 oder 40 m im Schnellboottempo zurücklegt. Die Besten schaffen es bis auf den Kunstrasen am flachen gegenüberliegenden Beckenende, wo sich stets eine stattliche Zuschauerschar einfindet, die nicht schlecht staunt ob der (manchmal unfreiwilligen) Leistungen der „Banzai Boggans", der lebensmüden Reiter!

Golf

Bedingt sicherlich auch durch die starken britischen Einflüsse, wurde der „stille Sport“ auf den Parcours an der Algarve zu einer der beliebtesten Freizeitbeschäftigungen überhaupt. Für Kenner ist die Algarve mit ihren malerisch gelegenen, sehr gepflegten Plätzen und ihrem Bilderbuchwetter eines der Top Golferziele in Europa. Etliche Golfresorts offerieren Schnupper- und Anfängerkurse.

Alle Clubs bieten neben den Standardtarifen (je nach Anlage zwischen 60 und 115 € pro Partie) auch Sondertarife. Leihausrüstungen sind überall erhältlich. Für alle Plätze der Algarve sind Soft-Spikes erforderlich. Die Parcours sind in den Ortskapiteln aufgeführt und auch auf den Übersichtskarten eingezeichnet.

Selbstverständlich kann eine Golfreise bereits vorab organisiert werden – sehr sinnvoll, wenn man nur wenig Zeit zur Verfügung hat. Spezialisiert hat sich auf Golfreisen an die Algarve u.a. der Reiseveranstalter *TUI*, dessen Spezialkatalog „Golf & Green“ in vielen Reisebüros erhältlich ist. Ein Standardprogramm, bestehend aus vier Übernachtungen mit Frühstück inkl. drei Runden Golf kostet ab etwa 700 €, je nach Ort und Unterkunft geht es bis in den vierstelligen Bereich hinein.

Die Tourada

Neben dem Stier sind der **cavaleiro** (Ritter) sowie assistierend sein *toureiro* (Fahnenjunker) und mehrere *forcados* (tapfere Fußsoldaten) die Hauptakteure. Der *toureiro* weicht dem Stier tänzelnd aus und versucht, ihm die *farpas* und *ferros* (Lang- und Kurzspieße) in den Nacken zu werfen. Kommt der Reiter in Bedrängnis, wedelt der *toureiro* mit einem farbigen, oft **dunkelroten Tuch** und lenkt die Aufmerksamkeit auf sich. Das Ziel besteht darin, dem Stier alle Spieße in den Nacken zu stoßen. Wenn dies dem *cavaleiro* gelungen ist, tritt er ab und überlässt den **forcados** das Feld, einer Mischung aus Lebensmüden und Clowns, die sich dem Stier mit bloßen Händen stellen. Auch hier wird bei Gefahr der Stier vom *toureiro* (der in Portugal also kein eigentlicher Kämpfer ist) mit seinem Tuch abgelenkt.

Es ist oft zu hören und zu lesen, der portugiesische Stierkampf verlaufe dank des gesetzlichen Tötungsverbotes **unblutig** – dies ist spätestens seit einigen Jahren nicht mehr der Fall. Schon vorher wurde das gelegentlich nicht so ganz genau genommen: Im Jahre 2001 erschütterte ein Skandal das Land, als in Moita bei Lissabon der landesweit berühmte Matador *Pedrito de Portugal* trotz des Verbotes dem Stier den Todesstoß gab. Im Sommer 2002 erfolgte eine Gesetzesänderung, wonach „in Ausnahmefällen“ der Todesstoß in der Arena legalisiert wurde. Unter heftigen Protesten von Tierschützern aus aller Welt darf seither der Stier im Schaukampf zwar wieder legal getötet werden, doch kam dies in den letzten Jahren in der Praxis nicht vor.

Einsteiger sollten am Besten das **Spezialreisebüro** *Golf Tours St. Andrews* (Tel. 089 74 879 740, Fax 74 879 746, www.golftour.de) in München kontaktieren, welches Golfreisen und Clubmitgliedschaften auch in niedrigeren Preisklassen arrangiert.

Radfahren

Auf den Nebenstraßen der Küste ist das Radeln, zumindest außerhalb der Sommermonate, recht angenehm – auch wenn Portugal sicher nicht als Fahrradparadies gilt, denn es gibt keine ausgewiesenen **Radwege.** So muss man sich an die Verkehrsregel gewöhnen, dass **motorisierte Verkehrsteilnehmer** stets **Vorfahrt** haben. Und schließlich sind die **Straßenoberflächen** gerade auf den Nebenstrecken in einem oft sehr holprigen Zustand. Ein reiner Radurlaub an der Algarve ist daher nur etwas für Geübte.

Auf jeden Fall kann man sehr schöne **Ausflüge und Tagestouren** mit Leihrädern unternehmen (Verleihstellen sind bei den Ortsbeschreibungen aufgeführt) oder organisierte Touren durchführen. So bieten etwa *Alternativ-Tour* in Monchique (Tel. 965 004 337, www.alternativtour.com) sowie *Outdoor Tours* in Portimão (Tel. 282 969 520, www.outdoor-tours.com) geführte individuelle Touren ab zwei Personen mit unterschiedlichen Schwierigkeitsgraden inkl. Picknick und Informationen zu Flora und Fauna der Region an. Die Abfahrts-Spezialisten (früher *Foia Downhill Tours*) starten auf 902 m über Null (Serra de Monchique) und führen den begeisterten Radler auf zuverlässigen Mountain-Bikes bis ans Meer! Unbedingt vorher reservieren.

Wer per Rad unterwegs und auf **Ersatzteile** angewiesen ist, wende sich an *Bike Shelb* in Silves (Rua Moinho da Porta 4, Tel. 282 443 106, Fax 282 445 205).

Leihräder können unter www.algarve-bike-hire.co.uk schon vorab tages- oder wochenweise ab 10–20 € (je nach Radart) reserviert werden.

Schwimmen

Meist ist wohl das Meer der Hauptgrund, weshalb sich der Reisende an die Algarve bemüht. Selbstredend steht daher der Strandbesuch – ob zum Faulenzen oder zur sportlichen Betätigung – beinahe täglich auf dem Urlaubsprogramm. Die Anzahl offiziell gezählter und einigermaßen zugänglicher Buchten und Badestrände der Algarve liegt weit jenseits der 100er-Marke! Zur Grobgliederung der unterschiedlichen Strandformen sowie zu den Wassertemperaturen siehe unter ⇗Geografie und Klima.

Wenn man auf die Anwesenheit von Rettungsschwimmern Wert legt, sollte man sich zunächst die beiden portugiesischen Begriffe **praia não vigilada** (Strand unbewacht) und **praia concessionada** (Strand beaufsichtigt) merken. An solch bewachten Stränden werden zudem farbige **Fahnen** aufgehängt; Rot signalisiert absolutes Badeverbot, Blau-Weiß bedeutet „Retter macht Brotzeit", bei gelber Flagge ist das Schwimmen im tiefen Wasser verboten. Ist die grüne Fahne gehisst, kann man sich auf uneingeschränkte Badefreuden einstellen.

An der rauen **Westatlantikseite,** dem (für den Autor) schönsten Küstenabschnitt, sind **Wellengang und Strömungen** am heftigsten, finden Taucher wegen der steilen Felsküsten aber auch die interessantesten Tauchgründe. Man sollte an diesen Stränden keinesfalls Bruder Leichtfuß spielen – weites Hinausschwimmen wäre verantwortungslos!

Je weiter man von Sagres nach Osten kommt, desto mehr verändert sich die Form der Buchten; waren sie bis Sagres klein und felsengesäumt, werden sie nun breiter, flacher und offener (Informationen zu den Stränden im Einzelnen finden sich in den Ortsbeschreibungen).

Stierkampf

Der Stierkampf, dessen historische Wurzeln in Kreta und Ägypten liegen und der vermutlich einst den sagenhaften Kampf des Menschen gegen den Minotaurus symbolisierte, hat auf dem europäischen Festland nur auf der Iberischen Halbinsel und in Südfrankreich Fuß fassen können. Während die *corrida de torros* in Spanien ein – in Mitteleuropa oftmals kritisiertes – blutrünstiges Ereignis darstellt, entwickelte sich im benachbarten Portugal eine gemäßigtere Variante, die **Tourada.**

Stierkämpfe sind im Campo Pequeino (↗Lissabon) und an der Algarve meist samstags in den Arenen von ↗Lagos und ↗Albufeira zu sehen – Lautsprecherfahrzeuge machen auf den jeweils nächsten Termin in der Nähe aufmerksam. Gezeigt werden meist drei Kämpfe von maximal je einer halben Stunde Dauer; Karten für das Spektakel (ca. 35 €) sind bei vielen Reisebüros und Touristeninformationen sowie am Kampfabend an den Arenen selbst erhältlich. Übrigens: In Portugal werden Schaukämpfe ohne tödlichen Ausgang gezeigt (siehe aber Exkurs „Die Tourada“)!

Tauchen

Der Tauchsport ist an der Algarve noch nicht zu einem Massensport geworden, so wie etwa im zentralen oder östlichen Mittelmeer. Der Atlantik ist spürbar kälter, der Seegang rauer. Nahe der Sandstrände erweist sich die Artenvielfalt naturgemäß als deutlich geringer, verglichen mit den felsigen, kalkhaltigen Böden der Westseite. Hier ein paar **Richtpreise** für Tauchgänge und Equipment:

- **Flaschenfüllung:** ab 8 €
- **Weste, Automat:** je 6 €
- **6er Tauchpaket** (mit eigener Ausrüstung, nur Blei und Flasche): ab 160 €
- **6er Tauchpaket** (mit voller Leihausrüstung): 250–300 €
- **10er Tauchpaket:** ab 280 € (ca. 350 € bei Leihausrüstung)
- **Bootsausfahrten** werden meist gesondert (ca. 3–5 € pro Tauchgang) berechnet, ebenso Nichttaucher auf dem Boot (ab 20 €)
- **Grundkurs** (Anfängertauchschein inkl. Leihausrüstung): ca. 350–400 €

Die meisten Basen (Adressen in den Ortskapiteln) bieten geführte Tauchgänge (vom Ufer oder Boot aus), Leihausrüstung, Flaschenfüllung sowie teilweise auch Tauchkurse für Anfänger und Fortgeschrittene (meist nach PADI-Richtlinien) an. Viele der Niederlassungen stehen unter deutsch-portugiesischer Leitung und entsprechen internationalen Standards in Bezug auf Ausrüstung und Tauchsicherheit.

Wie bei uns auch, füllen entweder die Basen oder Feuerwehrstationen *(bombeiros)* die Pressluftflaschen auf.

Das Wasser ist relativ kalt (17–20 °C), die **Sichtverhältnisse** sind im internationalen Vergleich nur durchschnittlich; das Küstenprofil fällt zunächst acht bis zwölf Meter recht steil, danach mäßig flach ab.

Schnorcheln

Auch Schnorchelenthusiasten sollten an ihre eigene ABC-Ausrüstung (Brille, Flossen, Schnorchel) denken, jedoch lassen sich fehlende Teile auch problemlos an der Algarve erstehen. Grundsätzlich gilt: Es gibt umso mehr zu sehen, je weniger Sandboden man vorfindet; dies bedeutet, dass etliche kleine Felsbuchten – und hier zunehmend Richtung Westen, etwa an der Costa Vicentina – die besseren Bedingungen für Schnorchler bieten. Meist verbindet man das Schnorcheln mit einem „normalen“ Strandbesuch; daher orientiert man sich am besten an den Strandbeschreibungen in den Ortskapiteln. Persönlicher Favorit des Autors ist übrigens der Praia do Castelejo bei Vila do Bispo; vom Kiosk-Restaurant nach links geht man bis zum Strandende, wo prima Felsgrund beginnt.

Wandern

An einigen Küstenabschnitten und im Bergland der Sierra de Monchique lassen sich interessante Wanderungen unternehmen; einziger „Hemmschuh“ ist hier in den Sommermonaten die große Hitze. Einige Routen-Beispiele werden in den jeweiligen Ortsbeschreibungen vorgestellt.

Wer lieber in professioneller Begleitung wandert, sei auf die schon im Kapitel „Radfahren“ erwähnte Firma *Alternativ-Tour,* Monchique (Sitio das Relvinhas, Apartado 122, 8550 909 Monchique, Tel. 282 913 204, Fax 282 911 405, Mobil 965 004 337, www.alternativtour.com) verwiesen, die auch geführte individuelle Wander- und Trekkingtouren (ab zwei Personen inkl. Picknick) in unterschiedlichen Schwierigkeitsgraden anbietet. Es versteht sich von selbst, dass man für Wanderungen auf eigene Faust gutes Kartenmaterial (erhältlich in den Buchhandlungen vor Ort) benötigt.

Windsurfen und Bodysurfen

Zwar werden bei Lissabon (Guincho) alljährlich internationale Wettkämpfe ausgetragen, die Portugiesen selbst schenken dem Windsurfen jedoch kaum Beachtung. Der raue Atlantik mag dem Surf-Neuling auch nicht unbedingt entgegenkommen, wer sich aber fit genug fühlt, kann prinzipiell an allen großen Stränden auch windsurfen. Man sollte unbedingt seine eigene Ausrüstung mitbringen, da es an den wenigsten Stränden einen Surfbrett-Verleih gibt.

Viel beliebter ist bei den Portugiesen das so genannte **Bodysurfen.** Während man beim Surfen auf dem Brett steht, liegt man beim Bodysurfen darauf. Es scheint sich sogar zu einer Art Nationalsport entwickelt zu haben, allgegenwärtig sind in den Schwimmartikel- und Souvenirgeschäften die typischen kurzen Surfbretter. Wirklich gute Strände für diesen Zweck sind etwa Praia do Castelejo, Praia do Amado sowie der Praia do Baleeira bei Sagres.

217al wl

Sprache

Das Portugiesische zählt zu den **romanischen Sprachen** und ist daher mit dem Französischen und Italienischen ebenso verwandt wie mit dem Spanischen. Die portugiesische Sprache ist also kein „Ableger“ oder Dialekt des Spanischen, wie gelegentlich angenommen wird, sondern vollkommen eigenständig in Wortschatz und Grammatik.

Portugal ist darüber hinaus bestrebt, die traditionellen Beziehungen zu den lusophonen (portugiesischsprachigen) Staaten Afrikas und Asiens sowie zu Brasilien zu pflegen bzw. auszubauen; Organisationsforum ist seit 1996 die „Gemeinschaft der lusophonen Staaten“ *(CPLP, Comunidade dos Paises de Lingua Portuguesa)*. CPLP-Mitgliedsstaaten mit einer Bevölkerung von über 200 Mio. (davon 180 Mio. Brasilianer) sind neben Portugal und Brasilien auch Angola, Kap Verde, Guinea Bissau, Mosambik, São Tome/Principe sowie Ost-Timor.

Wer sich Kenntnisse des Portugiesischen aneignen möchte, sei auf den sehr praxisorientierten Kauderwelsch-Band „Portugiesisch – Wort für Wort“ (Band 11) von Reise Know-How verwiesen.

An der Algarve sind jedoch nicht unbedingt Kenntnisse der Landessprache

vonnöten: Zum einen scheinen in den Sommermonaten ebenso viele Touristen wie Einheimische im Süden Portugals zu leben, zum zweiten wird allerorten, aufgrund der starken Präsenz britischer Touristen, gut Englisch gesprochen.

Sprachkurse

Reine Sprachkurse (Portugiesisch) erfreuen sich keiner großen Nachfrage; die Kosten liegen bei rund 600 € für einen vierwöchigen Kurs in Kleingruppen. An der Algarve gibt es mehrere Sprachschulen, vom portugiesischen Ministerium wird aber lediglich der Anbieter Europa Algarve anerkannt.

- Reine Sprachkurse, aber auch Übersetzungsdienste u.Ä. bietet beispielsweise das Sprachinstitut **CLCC,** Rua D. Maria Luisa 122 in Portimão (Tel. 282 430 250, www.clcc.pt). Auch die großen Universitäten bieten eigene Sprachkurse für Ausländer an; einen sehr guten Ruf hat hier die Universität Coimbra (Infos unter www.uc.pt/fluc/depllc/PpE/).
- Informationen zu Sprachkursen erteilen das **Departamento de Português para Estrangeiros,** Av. de la República 41, Lisboa-Saldanha, Tel. 217 940 448, **Cambridge-Courses,** Avenida da Liberdade 173, Lisboa, Tel. 213 527 474 oder der **Fachverband Deutscher Sprachreiseveranstalter,** www.fdsv.de.

Ein Paradies für Surfer

Studium und Arbeit

Über die **Studienmöglichkeiten** in Portugal informiert der **DAAD** (Deutscher Akademischer Austausch-Dienst, Kennedyallee 50, 53175 Bonn, www.daad.de), wobei aber die Anerkennung der unterschiedlichen Schulabschlüsse noch nicht vereinheitlicht wurde und somit beispielsweise ein deutsches Abitur vor Studienaufnahme zunächst vom portugiesischen Bildungsministerium in Einzelprüfung „abgesegnet" werden muss (Ministério de Educação, Av. 24 de Julha No. 138, 1350 Lissabon, Fax 213 938 108); in Deutschland, Österreich oder der Schweiz begonnene Studien können dagegen in Portugal (z.B. als Auslandssemester) fortgesetzt werden.

In den letzten Jahren – sicherlich auch eine positive Begleiterscheinung der Globalisierung – häufen sich die Möglichkeiten, das **Freiwillige Soziale Jahr** im Ausland zu absolvieren. Von Workcamps über den Einsatz im Sportbereich (Erwerb der Trainer-Qualifikation) bis hin zum klassischen Einsatz an Sozialeinrichtungen aller Art sind der Fantasie kaum Grenzen gesetzt. Die wichtigsten Grundlageninformationen hierzu findet man unter www.fsj-adia.de und www.soziales-jahr-ausland.de sowie direkt bei kirchlichen- oder Wohlfahrtsinstitutionen (z.B. www.caritas-ehrenamt.de).

Will man als Ausländer in Portugal arbeiten, wendet man sich für berufliche Informationen am besten an die **Deutsch-Portugiesische Handelskammer** (Avenida da Liberdade, 38–2, 1200 Lissabon, Fax 213 467 150). Auch die Webseite www.wir-in-portugal.de kann für eine Erstinformation zu Arbeitssuche, Versicherungswesen usw. behilflich sein.

Möglichst verabschieden sollte man sich von dem Gedanken, an der Algarve eine **berufliche Existenz** so nebenbei aufbauen zu können – angeblich haben viele potenzielle Investoren Haus und Hof dabei verloren. Ein „Sich-Durchmogeln" ist nicht möglich; Lizenzverfahren, Kreditvergaben und Kontrollen werden streng gehandhabt. Dazu der ehemalige Honorarkonsul *von Baselli:* „Hier haben schon viele geglaubt, ein Faxgerät anschließen und einen Betrieb so nebenbei vom Strand aus managen zu können – die sind alle wieder verschwunden." Zudem bewirkt die Euro-Krise der zweiten Dekade eine Rekord-Arbeitslosigkeit in Portugal (s. Exkurs)!

Auch EU-Bürger dürfen nur maximal **180 Tage visafrei** in Portugal leben. Da aber der Nachweis hierfür mangels Einreisekontrolle innerhalb der EU kaum mehr führbar ist (man kann ja vorgestern noch in Spanien gewesen sein ...), ist der **Schwarzarbeit** natürlich Tür und Tor geöffnet. Ausländer müssen sich daher vor der Aufnahme einer entgeltlichen Tätigkeit in Portugal mit dem Innenministerium (*Ministerio da Administração Interna, Serviço de Estrangeiros e Fronteras,* Av. António Augusto de Aguiar 20, 1000 Lissabon, Fax 21 524 053) zwecks Arbeitserlaubnis in Verbindung setzen.

Telefonieren

Die öffentlichen Fernsprecher an der Algarve sind überwiegend Kartentelefone. Die benötigten Karten, auf denen **Einheiten** (keine Beträge wie hierzulande) angezeigt werden, gibt es in allen Zeitschriften- und Tabakläde, manchmal auch in Cafés. Angeboten werden derzeit für Gespräche nach D/A/CH Prepaid-Karten für 5 oder 10 €, die etwa bis zu 120/240 Min. Gespräche ermöglichen, also rund 4 ct./Min. kosten. Zu verbilligtem Tarif telefoniert man in Portugal von 20 Uhr abends bis 8 Uhr morgens.

Vorwahlnummern

- **Portugal:** nationale Vorwahl 00351 + komplette Ortsvorwahl + Rufnummer

Die früher übliche erste 0 der Ortsvorwahl wurde vor einiger Zeit durch eine 2 ersetzt; die **gesamte Vorwahl muss stets mitgewählt werden,** auch bei Ortsgesprächen.

Für die **Algarve** sind drei Vorwahlen von Bedeutung:

- **281** von Vila Real bis einschließlich Tavira
- **289** von Olhão bis Albufeira
- **282** von Lagoa bis zur Westküste
- Lissabon schließlich hat die Vorwahl **21**

Für Gespräche **aus Portugal** gelten folgende Vorwahlen:

- **Deutschland:** 0049
- **Österreich:** 0043
- **Schweiz:** 0041

Mobilfunk

Handyempfang hat man mittels der Roamingpartner *Sonaecom, TMN* und *Vodafone Portugal* (diese betreiben alle 900/1800 MHz GSM und 3G 2100) überall an der Algarve. **Innerhalb der EU** sind die Höchstgebühren für SMS auf 11 Ct., für abgehende Anrufe auf 43 ct./Min. und für eingehende Gespräche auf 19 Ct./Min. limitiert.

Für die Schweiz gilt dieser EU-Schutz jedoch nicht: Wegen hoher Gebühren sollte man bei seinem Anbieter nachfragen oder auf dessen Website nachschauen, welcher der drei Roamingpartner Sonaecom, TMN und Vodafone Portugal am günstigsten ist und diesen per **manueller Netzauswahl** voreinstellen. Nicht zu vergessen sind auch die **passiven Kosten,** wenn man von zu Hause angerufen wird (Mailbox abstellen!). Der Anrufer zahlt nur die Gebühr ins heimische Mobilnetz, die teure Rufweiterleitung ins Ausland zahlt jedoch der Empfänger.

Auskunft

Die Auskunft (englischsprachig) erreicht man unter der Nummer 800 296 296.

Notrufnummer

Die allgemeine Notrufnummer lautet **112,** für Touristen wurde eine **24-Stunden-Hotline** unter Tel. 800 296 296 eingerichtet.

Uhrzeit

In Portugal gilt die Greenwicher Zeit bzw. Sommerzeit, also die Mitteleuropäische Zeit (MEZ), jeweils **minus eine Stunde.**

Unterkunft

Neben den klassischen Hotelunterkünften (staatlich eingestuft von * bis *****) der Pauschalreisen bietet die Algarve eine ganze Reihe zusätzlicher oder alternativer Unterkunftsmöglichkeiten.

Camping

Das klassische Camping *(acampamento, campismo)* ist an der Algarve nicht sehr verbreitet; es gibt nur wenige **Campingplätze** (sie werden hier in den Ortsbeschreibungen aufgeführt). Informationen, Preise und Buchungsmöglichkeiten gibt es unter www.roteiro-campista.pt, www.fpcampismo.pt.

Auf das prinzipielle **Campverbot** außerhalb ausgewiesener Plätze (Waldbrandgefahr) sei ausdrücklich hingewiesen. Die Praxis allerdings sieht anders aus: Allenthalben sieht man Wohnmobile und Wohnwagen „ausruhen", auch an bestimmten Stränden (diskrete Hinweise in den Ortsbeschreibungen ...)

Jugendherbergen

In der Algarve wurden fünf Jugendherbergen *(Pousadas de Juventude)* gebaut, die jedermann offen stehen. Ein internationaler JH-Ausweis erleichtert den Zutritt, doch kann man auch direkt bei den Herbergen einen nationalen Ausweis erwerben. Die Übernachtung inkl. Frühstück kostet zwischen 8 und 18 €, eine gebührenpflichtige Reservierung (1 €/ Person) kann nur in der Zentrale Movijovem (*Central Reservas,* Rua L. de Aze-

200al wl

☒ Kein Mangel an lauschigen Ferienwohnungen

vedo No 27, 1600 146 Lisboa, Tel. 00351 217 232 100, www.movijovem.pt http://juventude.gov.pt, www.movijovem.pt/ReservasNS/ingles/reservasig.asp) vorgenommen werden. Die einzelnen Häuser sind in den Ortsbeschreibungen aufgeführt. Eine Vorabreservierung ist ratsam, man kann auch über die lokalen Touristeninformationen eine Reservierung vornehmen lassen.

Privatzimmer (Quartos Particulares)

Am günstigsten kommt man privat unter; für rund 35–40 €/DZ sollte man zumindest außerhalb der Hauptreisezeit (Juli/August) immer etwas finden. Hierzu wendet man sich an die Touristeninformationen vor Ort, die über eine vollständige Liste aller Privatanbieter verfügen. Des Öfteren versuchen die Informationen, den Touristen in teurere Hotelanlagen zu bugsieren – da muss man einfach etwas hartnäckig sein.

021al wl

Albergarias und Residencials

Hotelpensionen (meist ohne Restaurant), die offiziell mit bis zu vier Sternen eingestuft werden. Residenciais sind etwas einfacher ausgestattet als die Albergarias (etwa 60–80 €/DZ).

Pensionen (Pensões)

Pensionen sind meist sehr schlicht ausgestattet, eignen sich aber gut als preiswerte Unterkünfte für Kurzaufenthalte. Kosten ca. 40–100 €/DZ; die Einstufung in Portugal erfolgt in die Kategorien „1a“ (beste) bis „4a“ (unterste).

Gasthöfe (Estalagems)

Gutbürgerliche Hotelgasthöfe, die sich durch ihre familiäre Atmosphäre vom Massenbetrieb unterscheiden (60–120 €/DZ). Sie unterliegen derselben Stern-Einstufung wie die Hotels.

Herrenhäuser und Bauernhöfe

Privateigentümer von Herrensitzen, Landhäusern und Bauernhöfen werden staatlich gefördert, wenn sie ihre Häuser renovieren und für Touristen öffnen. Die Preise liegen zwischen 80 und 200 €/DZ. Die staatliche Einstufung ist deutlich außen angebracht; es gibt drei Kategorien:

- **TH – Turismo de Habitação:** Vornehme Villen, meist architektonisch wertvoll und mit Antiquitäten ausgestattet. An der Algarve bietet die Casa do Pinhão in Lagos *turismo de habitação* an. Das Haus im Stadtgebiet thront in einmaliger Lage auf den Klippen direkt an einem winzigen Strand, dem Praia do Pinhão.
- **TR – Turismo Rural:** Ferien auf Landgütern, z.B. in der Quinta de São Bento, einem 1952 gebauten Landhaus der Herzöge von Bragança im Monchique-Gebirge, gelegen an der Straße zwischen Monchique und dem Foia.

Schattige Ecken laden zum Verweilen ein

- **AT – Agroturismo:** Vergleichbar mit Urlaub auf dem Bauernhof, mit Familienanschluss und Landwirtschaft. In Benafim beispielsweise bietet die Casa d'Avalade, ein Landgut mit eigenem Jagdgebiet, diese Form der Erholung an.

Für weitergehende Infos und (in aller Regel unbedingt notwendige) Reservierungen zu diesen Unterkunftsformen wende man sich an die Fremdenverkehrsämter (⇗Informationen) oder die zentrale Vermittlungsstelle **Central Nacional do Turismo no Espaço Rural** (www.center.pt, englischsprachig).

Burgen und Paläste (Pousadas)

Naja, das ist nichts für jeden Geldbeutel, aber vielleicht ein Tipp für die Hochzeitsreise: In kunstvoll restaurierten staatseigenen Klöstern, Burgen und Schlössern bietet man anspruchsvollen Gästen besonderen Luxus in reizvoller Landschaft. Die Übernachtung mit Frühstück kostet im DZ zwischen 150–300 €; zentrale Reservierungs- und Informationsstelle (auch für weitere Pousadas in Portugal) ist die Pousada de Portugal, Av. Sta. Joana Princesa No. 10, 1749-090 Lissabon, Tel. 218 442 001, Fax 218 442 085, www.pousadas.pt.

An der Algarve selbst gibt es bislang Pousadas in Sagres (Pousada do Infante), São Brás de Alportel, Estói und Tavira.

Für alle Unterkunftsformen (außer für die Privatunterkünfte) empfiehlt sich zumindest in der Hochsaison (Juli–August) eine schriftliche **Reservierung.** In manchen Fällen verlangen Wohnungsvermieter eine vorherige **Anzahlung,** da sie bei Nichterscheinen der Gäste ein Apartment kurzfristig nur noch schwer an den Mann bringen können.

Einschlägige Adressen zur Reservierung vor Ort bei Reisen auf eigene Faust finden sich in den Ortsbeschreibungen, wo eine Auswahl aller Unterkunftsarten getroffen wurde; hierbei wird keinerlei Anspruch auf Vollständigkeit erhoben.

Apartments

Zunehmender Beliebtheit bei Individual- wie auch bei Pauschalreisenden – erfreuen sich **Ferienwohnungen** *(apartamentos turísticos)* mit ein bis drei Zimmern plus Bad und Küche (teilweise Kochnische), häufig auch mit Balkon oder Dachterrasse. Die Preise für 4 Personen beginnen bei rund 70–80 € pro Nacht, wobei meist eine Woche als Buchungsminimum gilt. Große Anlagen dieser Art wurden vielerorts aus dem Boden gestampft; sie unterliegen ebenfalls der Sternchen-Einstufung und liegen je nach Ausstattung im Bereich von *** bis ****. Auch sie sind in den Unterkunftslisten der Fremdenverkehrsämter aufgeführt.

Daneben existiert auch noch eine große Anzahl an **Privatvermietern** von Ferienwohnungen – man blättere nur einmal die Samstagsausgaben der Tageszeitungen (Reiseteil) durch. Vielfach kann man auch durch Nachfragen im Bekanntenkreis den einen oder anderen Kontakt herstellen – irgendjemand hat mit ziemlicher Sicherheit eine Wohnung an der Algarve. Diese Apartments sind dann meist schöner gelegen und nicht so unpersönlich eingerichtet.

Wer außerhalb der wärmeren Monate reist, sollte wissen, dass die Häuser nicht so massiv und so gut isoliert sind wie in Nordeuropa; bei hohen Temperaturunterschieden zwischen Tag und Nacht sowie innen und außen können Kondenswasserprobleme an den „Kältebrücken“ in Ecken, hinter Schränken, in Badezimmern und Küchen auftreten. Hotelzimmer und gute Apartments werden ausreichend per Elektroofen beheizt, viele Ferienwohnungen und -villen verfügen sogar über einen Kamin.

Soweit möglich, wird in den Ortsbeschreibungen auch auf Apartments unter Hinweis auf Lage und Besonderheiten verwiesen, so dass der Leser vorab zumindest eine ungefähre Vorstellung hat und dementsprechend reservieren kann. Wichtige große Anbieter zur Vorabreservierung sind unter anderen:

- **Da Silva Ferienhäuser,** Mommsenstr. 2, 10629 Berlin, Tel. 030 881 6812, Fax 030 881 7964, www.DaSilva.de.
- **Sucasa Ferienhäuser,** PF 100, 84361 Birnbach, Tel. 08563 962 014, Fax 08563 962 10, www.sucasa.de.
- **Individuelle Flugreisen,** Dieffenbachstr. 1, 61169 Friedberg, Tel. 06031 62 062, Fax 06031 63 110, www.portugal-entdecken.de.
- **www.ferienhausmiete.de,** über 300 Objekte an der Algarve, mittleres Preissegment.
- **www.ferienwohnungen.de,** mit Apartments, Wohnungen, Gästezimmern in allen Preisklassen.
- **www.hotelopia.de,** vermittelt Hotelunterkünfte an der Algarve ab 30 € (Nebensaison).
- **www.casamundo.de/objekte/Algarve:** Villen und Ferienhäuser im oberen Preissegment.
- **www.algarve-ferienhaus.info,** vermittelt hübsche Häuser und Apartments an der Algarve, ebenso www.algarveferien.de oder www.algarve-individuell.de.

Hotelkategorien

	Hotel/Nacht	Hotel/Woche	Estalagem	Albergaria/Residencial
⑤	> 250 €	ab 1000 €	–	–
④	150–250 €	700–1000 €	120–180 €	100–150 €
③	80–150 €	400–700 €	60–120 €	70–100 €
②	40–80 €	250–400 €	30–60 €	45–70 €
①	–	–	–	25–45 €

	Pensão	Quarto (Privatzimmer)	FeWo/Woche
⑤	–	–	ab 800 €
④	80–100 €	–	ca. 550 €
③	60–80 €	–	ca. 350 €
②	45–60 €	25–40 €	ca. 275 €
①	25–45 €	15–25 €	–

Kategorien

Um den Lesern eine vernünftige Erstorientierung zu ermöglichen, wird in den Ortsbeschreibungen in diesem Band einheitlich nach fünf Klassen kategorisiert, dargestellt durch Ziffernsymbole (③). Diese Einteilung erfolgt unabhängig von den jeweiligen Einstufungen vor Ort (Sterne) und bezieht sich ausschließlich auf die **Kosten** einer Unterkunft in der Hauptsaison, nicht etwa auf deren Qualität. Die Preise gelten für zwei Personen pro Nacht bzw. Woche. Außerhalb der Hauptferienzeiten sind Abschläge von 30 % und mehr üblich.

Versicherungen

Siehe Kapitel „Gesundheit" zum Thema Kranken- und Auslandskrankenversicherung.

Egal welche weiteren Versicherungen man eventuell abschließt, hier ein **Tipp:** Für alle abgeschlossenen Versicherungen sollte man die Notfallnummern notieren und mit der Policenummer gut aufheben! Bei Eintreten eines Notfalles sollte die Versicherungsgesellschaft unverzüglich telefonisch verständigt werden!

Ob es sich lohnt, weitere Versicherungen abzuschließen wie eine Reiserücktrittsversicherung, Reisegepäckversicherung, Reisehaftpflichtversicherung oder Reiseunfallversicherung, ist individuell abzuklären. Aber gerade diese Versicherungen **enthalten viele Klauseln,** sodass sie nicht immer Sinn machen.

Die Reiserücktrittsversicherung ab ca. 40 € lohnt sich nur für teure Reisen und für den Fall, dass man vor der Abreise einen schweren Unfall hat, erkrankt oder schwanger wird, gekündigt wird oder nach Arbeitslosigkeit endlich einen neuer Arbeitsplatz bekommt, das Eigentum abfackelt u.Ä. Nicht gelten hingegen: Krieg, Unruhen, Streik, etc.

Die Reisegepäckversicherung **lohnt sich seltener,** da z.B. bei Flugreisen verlorenes Gepäck oft nur nach Kilopreis und auch sonst wird nur der Zeitwert nach Vorlage der Rechnung ersetzt wird. Wurde eine Wertsache nicht im Safe aufbewahrt, gibt es bei Diebstahl auch keinen Ersatz, für Bargeld, Mobiltelefone oder Kameras meist ohnehin nicht. Kameraausrüstung und Laptop dürfen beim Flug nicht als Gepäck aufgegeben worden sein (wegen Beschädigungsgefahr). Gepäck im unbeaufsichtigt abgestellten Fahrzeug ist ebenfalls nicht versichert. Die Liste ist endlos ...

Eine Privathaftpflichtversicherung hat man in der Regel schon. Hat man eine Unfallversicherung, sollte man prüfen, ob diese im Falle plötzlicher Arbeitsunfähigkeit aufgrund eines Unfalls im Urlaub zahlt. Auch durch manche **Kreditkarten** oder **Automobilclubmitgliedschaft** ist man für bestimmte Fälle schon versichert. Die Versicherung über die Kreditkarte gilt jedoch immer nur für den Karteninhaber!

Wer sich unsicher ist, welche Versicherung und welche Versicherungsgesellschaft in Frage kommt, kann sich über Tests der **Stiftung Warentest** in Deutschland und **Konsument.at** in Österreich weiter informieren. Über ihre Webseiten kann man Testberichte herunterladen, Online-Abonnent werden oder Hefte zum Thema bestellen: www.warentest.de; www.konsument.at.

Weitere Informationen erhält man auch in Deutschland bei der **Verbraucherzentrale** (www.verbraucherzentrale.com) und in Österreich bei der **Arbeiterkammer** (www.arbeiterkammer.at).

Veranstalter: Pleite!

Wer eine Rundreise oder eine Pauschalreise bucht, sollte sich idealerweise vergewissern, ob der Veranstalter **gegen eine Insolvenz versichert** ist. Spätestens bei der ersten (An-)Zahlung sollte man vom Veranstalter bzw. Reisebüro einen **Sicherungsschein** ausgehändigt bekommen.

Das Risiko einer Insolvenz ist bei namenhaften Veranstaltern eher gering, bei so genannten **Billigveranstaltern** jedoch durchaus möglich. Im Zweifelsfall erhält man (ohne Sicherungsschein) bereits bezahlte Reiseleistungen nicht zurückerstattet – beispielsweise den Rückflug ...

☒ Strandidylle der Ilha de Tavira (068al wl)

Portugiesischer Bewerberansturm in Deutschland

2012, während der großen Euro-Krise, kam es zu einer geradezu grotesken und kolumnenreifen Posse im Zusammenhang mit einer Anzeige der Bundesagentur für Arbeit in Schwäbisch-Hall. Nach einem Besuch zahlreicher europäischer Journalisten in der Stadt, auf deren Steinen man bekanntlich bauen kann, schrieb die portugiesische Journalistin *Madalena Queirós* im „Diário Económico" einen Artikel: Schwäbisch Hall rühme sich einer bemerkenswert niedrigen Arbeitslosenquote, so niedrig, dass die örtliche Bundesagentur „händeringend nach Arbeitskräften suche". Und damit ihre Landsleute ihre Bewerbungen gleich an die richtige Stelle senden konnten, lieferte Queirós die Internetadresse mit Bitte um englischsprachige Bewerbungen in ihrem Artikel gleich mit.

Die örtlichen Sachbearbeiter der Bundesagentur rieben daher verwundert die Augen, als nach Erscheinen des Artikels buchstäblich über Nacht rund 2500 Bewerbungen aus Portugal in Schwäbisch-Hall eingingen. Damit nicht genug: nachdem sie einige Tage darauf vom dem Ansturm erfahren hatte, bekräftigte Queirós, dass die Bundesagentur alles in ihren Kräften stehende tun würde, um die Menschen auch tatsächlich unterzubringen. Dies vervielfachte den Ansturm nochmals auf eine fünfstellige Bewerbungszahl, wobei es etliche nicht bei einer Initiativbewerbung beließen, sondern gar direkt aus Portugal nach Schwäbisch-Hall anreisten, teilweise sogar unter Aufkündigung ihres Jobs in der Heimat.

Leider gelang trotz der Bemühungen Schwäbisch Halls nicht, alle Bewerber zu vermitteln. Die Bundesagentur vor Ort zog aus der Angelegenheit mithin die Lehre, künftige internationale Gesuche um Arbeitskräfte deutlich mehr zu steuern ...

Ähnlich erging es einem baden-württembergischen Maschinenhersteller, als der portugiesische Sender TV-1 über den Fachkräftemangel dort berichtet hatte – rund 1500 Bewerbungen mit englischen Anschreiben, portugiesischen Zeugnissen und Projektbeschreibungen lagen der Personalabteilung bald darauf vor. „Das hat uns Monate beschäftigt", meinte ein Unternehmenssprecher.

chiado8

203al wl

6 Land und Leute

Straßenmusiker sorgen für gute Stimmung

Geografie

Portugal (Fläche: 91.500 km²) liegt im äußersten Südwesten Europas und bildet zusammen mit dem einzigen Landnachbarn Spanien die **Iberische Halbinsel.** Entlang deren südwestlicher Atlantikküste erstreckt sich auf einer Breite von 155 km und einer Tiefe von 50 km das bevorzugte portugiesische Tourismusgebiet, die Algarve. Sie umfasst eine Fläche von 4991 km², also rund 6 % der Gesamtfläche Portugals.

Im Osten des Landstrichs trennt der Rio Guadiana die Algarve von der spanischen Provinz Andalusien. Im Norden schließt sich die portugiesische Provinz Alentejo an, während der Atlantische Ozean den Westen und Süden der Algarve umspült, darunter auch den **westlichsten Festlandspunkt Europas,** das ⇗**Cabo de São Vicente.**

Landschaftsformen

Die Algarve prägen drei natürliche Landschaftsformen, die sich in ihrer Besiedelung und touristischen Erschlossenheit deutlich unterscheiden. Fast zwei Drittel der Provinz, namentlich das gesamte Hinterland einschließlich der westatlantischen Küstenseite, nimmt das aus Sandstein und Tonschiefer bestehende Hügelland der **Serra** ein. Es ist nur dünn besiedelt und erreicht seinen höchsten Punkt in der Serra de Monchique mit dem Pico da Fóia (902 m).

Südlich der Serra schließt sich der leicht hügelige, vorwiegend von Kalkböden geprägte und sehr fruchtbare Landstreifen des **Barrocal** an, der rund 20 % der Algarve-Gesamtfläche ausmacht und nahezu vollständig der landwirtschaftlichen Nutzung dient.

Von Lagos bis zur spanischen Grenze schließlich verläuft der **Litoral** genannte, aus unterschiedlichen Bodenarten gebil-

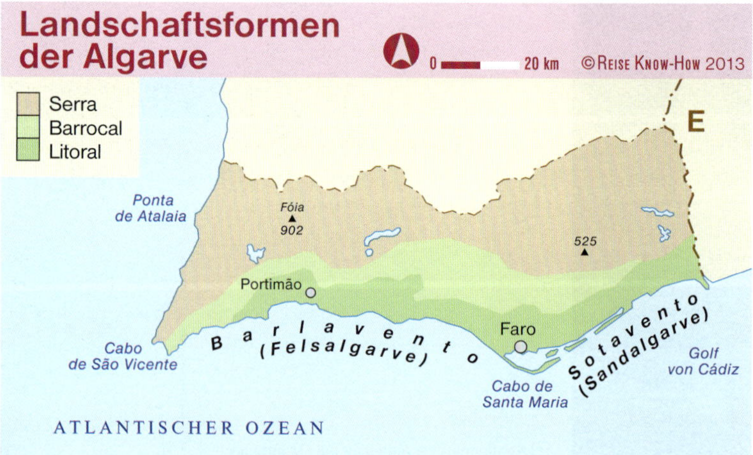

dete Küstenstreifen mit seiner fast ausschließlich auf Tourismus zugeschnittenen wirtschaftlichen Infrastruktur.

Unabhängig von der geografischen Gliederung wird die Küste der Algarve auch in drei von Wind und Böden abhängige Abschnitte eingeteilt: Die eher schroffe **Westküste** mit ihren markanten Schieferplatten-Steilküsten ist nur dünn besiedelt und in sehr geringem Maße touristisch erschlossen. Vom südwestlichsten Punkt des europäischen Festlandes, dem Cabo de São Vicente, bis etwa Faro erstreckt sich die berühmte **Felsalgarve** (auch **Barlavento,** port.: „Im Winde gelegen"), benannt nach den vor allem in der Abendsonne golden-rötlich schimmernden, von etlichen Sandstränden unterbrochenen malerischen Felsformationen aus Kalk- und Buntsandstein. Der **Sotavento** (port.: „Dem Wind abgekehrt") oder **Sandalgarve** genannte Bereich zwischen Faro und der spanischen Grenze ist überwiegend von flachen Sandstränden, Dünen und Pinienhainen geprägt.

Klima und Reisezeit

Es versteht sich von selbst, dass man nicht pauschal aus den klimatischen Bedingungen auf die ideale Reisezeit schließen kann. Sachzwänge und individuelle Vorlieben (Ferienzeiten, Hitzeempfindlichkeit o.Ä.) spielen bei der Planung des Urlaubs sicherlich die Hauptrolle. Die nachstehenden Informationen sollen denn auch mehr der Hintergrundinformation und Reisevorbereitung (z.B. mitzuführende Kleidung) dienen.

Von den Hitzespitzen im Hochsommer abgesehen, ist das Klima an der Algarve sehr ausgeglichen, so dass der Süden Portugals ein beliebtes Ganzjahres-Reiseziel darstellt. Selbst im Winter sinkt das Thermometer selten unter die 10 °C-Marke, und ein angenehmer Nordwind mildert auch die hohen Sommertemperaturen etwas.

⊠ Malerische Felsformation Algar Seco bei Carvoeiro

Der, die, das ...?

Vielen gar nicht bekannt dürfte die Tatsache sein, dass der schöne Süden Portugals streng genommen nicht „die Algarve", sondern „**der Algarve**" heißt. Und dies sowohl in der Landessprache (El Algarve) als auch beim arabischen Begriff, auf den die portugiesische Bezeichnung zurückgeht: Al-Gharb (Der Westen) nannten die Mauren den südwestlichsten Bereich Portugals und meinten damit die geografische Lage ihres Herrschaftsbereiches im Süden der Iberischen Halbinsel (↗Geschichte). Im 13. Jh. wurde Al-Gharb unter *König Afonso III.* zurückerobert und als eigenständiges (Doppel-) Königreich der Krone Portugals einverleibt – er und seine Nachfahren führten daher den Titel „König von Portugal und vom Algarve". In der deutschen Sprache, in der sehr viele Substantive mit der Endung „Konsonant + e" feminin sind, bürgerte sich allmählich entgegen grammatischer Korrektheit der Begriff „die Algarve" ein.

068al wl

Lufttemperatur, Sonnenscheindauer und Regentage entsprechen eher dem **nordafrikanischen Klima** als dem mediterranen. Dabei schützt das nördliche Bergland (Wetterscheide) die Südküste vor kalten Nordwinden, so dass eine **Jahresdurchschnittstemperatur** von immerhin **18 °C** bei einer Luftfeuchtigkeit von 50–75 % erreicht wird. Das **Wasser** dagegen ist, vor allem im Hochsommer, einige Grade kälter, als man es vom Mittelmeer gewohnt ist. Zwar kann von Mai bis November „erfrischend" gebadet werden, doch sollte man wissen, dass die Gewässer im Westen meist noch um 1–2 °C kühler sind als nahe der spa-

Mittlere tägliche Maximum- und Minimumtemperaturen in °C

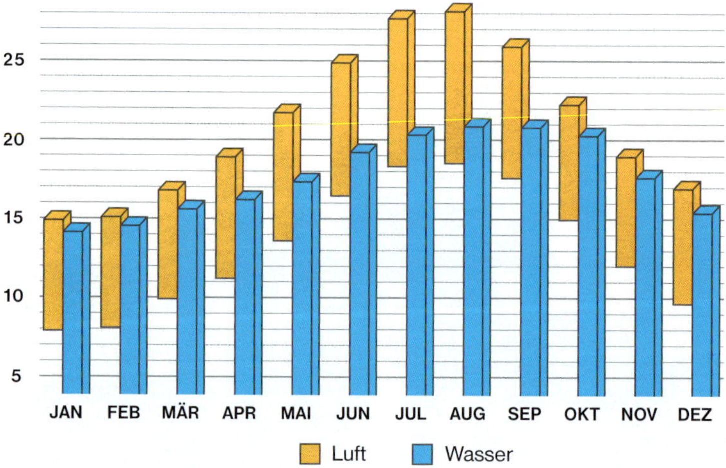

Mittlere Niederschlagsmenge pro Monat in mm

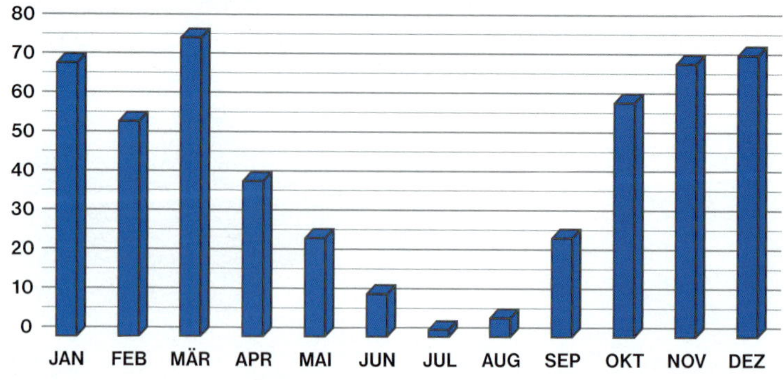

nischen Grenze, wo sich der Atlantik allmählich mit dem (wärmeren, da flacheren) Mittelmeer vermischt.

Niederschlagsmenge

Vom zu erwartenden Regen braucht man eine geplante Algarve-Reise sicher nicht abhängig zu machen, da die durchschnittliche Niederschlagsmenge nur rund ein Drittel dessen beträgt, was in den Alpenanrainerländern vom Himmel fällt. Die weltweiten Klimaverschiebungen machen jedoch auch vor der Algarve nicht halt: Rein statistisch fällt zwar der meiste Regen im Winterhalbjahr von November bis März, in den letzten Jahren bekam jedoch vorwiegend die erste Aprilhälfte (Ostern) das meiste Wasser ab, so dass Sonnenanbeter im Osterurlaub gelegentlich die Sonnenbrille mit dem Regenschirm vertauschen müssen.

Klima im Winter

Das Winterhalbjahr ist keineswegs kalt, der Niederschlag erhöht jedoch die **Luftfeuchtigkeit,** weshalb es in Unterkünften ohne Heizmöglichkeit ungemütlich werden kann. Der Regen fällt in diesen Monaten nicht permanent, sondern in starken Schauern und lässt dann wieder Raum für längere wärmere Phasen mit 17–20 °C bei sehr angenehmer Frühlingssonne.

Nebel

Die **sonnenintensivsten Monate Juni bis September** kennen fast keinen Regen, wohl aber ein anderes, manchmal unerwartetes Phänomen: den **Küstennebel.** Ohne Vorwarnung wacht man morgens in der dicksten Suppe auf, die sich erst im Laufe des Tages allmählich lichtet. Derartige Nebelbänke hängen auch nicht geschlossen über der gesamten Küste, sondern nur abschnittsweise. Besonders häufig sind diese Nebelbänke leider am Cabo de São Vicente.

Saison

Nominell wird bei vielen Veranstaltern, Unterkünften usw. zwischen Hauptsaison (1.7.–15.10.), Vorsaison (1.4.–30.6. und 16.12.–15.1.) sowie Nebensaison (16.10.–15.12. und 16.1.–31.3.) unterschieden. Die **Preise** der Vorsaison liegen durchschnittlich 20 % unter denen der Hauptsaison und in der Nebensaison nochmals um rund 20 % niedriger.

Flora und Fauna

Pflanzenwelt

Trotz der oft hohen Temperaturen und regenarmen Phasen ist im Hinterland genug Feuchtigkeit vorhanden, um ganze **Wälder** mit Eukalyptus, Korkeichen, Kastanien- und Ölbäumen, Kiefern, Fichten und Steineichen gedeihen zu lassen. Auch Johannisbrot und **Obstbäume,** der Erdbeerbaum, Mimosen, Zistrosen, Lavendel und **Blumen** (Oleander, Hibiskus, Bougainvillea) wachsen im Überfluss. In den Tälern des Hinterlandes liegen zudem **Feigen- und Oliven-**

baumhaine, Orangenplantagen, es werden **Zitrus**- und **Mandelbäume** angepflanzt. Die berühmte Mandelbaumblüte überzieht vor allem im Januar und Februar das Hinterland mit einem Blütenschleier aus Rosa und Weiß; auch die Blumenpracht des Frühlings sucht ihresgleichen.

Korkeichen

Welchen Baum oder welche Pflanze der Besucher gerade in Blüte erlebt, ist natürlich jahreszeitabhängig; einen wunderschönen Baum kann man zu jeder Zeit bewundern: die Korkeiche *(Quercus suber)*. Sie kann kinderleicht an der geschälten Rinde identifiziert werden. Die Korkeiche muss nach der Anpflanzung zunächst 20 Jahre wachsen, dann darf alle neun Jahre der Stamm zu zwei Dritteln abgeschält werden. Ein Drittel muss am Baum verbleiben, da dieser sonst absterben würde. Nach dem Schälen wird die letzte Ziffer der aktuellen Jahreszahl auf dem Stamm vermerkt. Die Rinde wird weiterverarbeitet zu **Weinflaschenkorken.** Zentren der Korkverarbeitung waren einst Monchique, São Brás de Alportel und ↗Silves; das dortige Museum (Museu da Cortica in der „Fabrica de Inglês") sowie eine Internetseite (www.portugal-live.de/silves.htm) bieten weitere Informationen zur Nutzung dieses „Nationalbaums".

024al wl

Weitere Nutzpflanzen

Mit dem Rückgang der Naturkorkgewinnung sah man sich nach alternativen Nutzpflanzen um und wurde mit dem **Eukalyptusbaum** *(Eucalyptus globulus)* fündig. Dieser wird großflächig zur Aufforstung gerodeter Flächen, vor allem aber für die (ökologisch problematische) Gewinnung von Zellulose angepflanzt. Er benötigt extrem viel Wasser, hat entsprechend tiefe Wurzeln und laugt den Boden radikal aus, was zum **Austrocknen ganzer Landstriche** führt. Die Wiederherstellung des ökologischen Gleichgewichts und die Regeneration des Bodens nimmt über 50 Jahre in Anspruch, weshalb der Eukalyptusanbau vor allem bei Naturschützern heftig in die Kritik geriet.

Der **Feigenbaum** *(Ficus carica)* stammt zwar aus dem Orient, ist aber schon Jahrtausende an der Algarve hei-

◁ Korkeiche – Wirtschaftszweig ohne Zukunft

025al wl

misch. Die süßen blauen oder grünen Früchte werden im August/September geerntet.

Der **Olivenbaum** *(Olea europaea)* dagegen kam erst mit den Mauren an die Algarve; geerntet wird, wenn sich die Frucht blauschwarz färbt. Aus der Olive wird entweder Öl gewonnen, oder man verwendet sie als pikante Speisenbeilage (konserviert oder frisch).

Rund um das Mittelmeer, aber auch in subtropischen Gefilden trifft man häufig auf den **Johannisbrotbaum** *(Ceratonia siliqua)* mit seinen großen, schotenartigen Früchten. Die im Reifezustand dunklen Schoten enthalten süßlich schmeckende Samen und finden Verwertung als Viehfutter, sie werden aber auch gelegentlich zu Brotmehl oder Bindemittel für Milchspeisen und Speiseeis verarbeitet. Das Besondere am getrockneten Samenkorn des Johannisbrotbaumes ist allerdings etwas ganz anderes, nämlich sein **spezifisches Gewicht,** welches exakt einem **Karat** (0,2 g) entspricht. Schon in vielen alten Kulturen, beispielsweise in ägyptischer und sumerischer Zeit, verwendete man den Johannisbrotbaum-Samen als geeichtes Gewicht zum Abwiegen von Gold und Edelsteinen.

Von den Nadelbäumen ist insbesondere die **Pinie** *(Pinus pinea)* weit verbreitet, deren Samen essbar sind. Wegen seines hohen Gehalts an ätherischen Ölen gilt der Baum als besonders brandgefährdet.

Der **Orangenbaum** *(Citrus sinensis)* kam im 16. Jh. durch die Kontakte Portugals zum Reich der Mitte (Macau) aus China nach Europa. Das Hinterland der Ostalgarve und der Raum Silves sind Hochburgen der Plantagenwirtschaft; geerntet wird sowohl im Juni als auch im Dezember. Zu dieser Zeit werden frische Apfelsinen häufig zu einem günstigen Preis an kleinen Straßenständen angeboten (unter 1 €/kg).

Der ebenfalls von den Entdeckern aus Amerika mitgebrachte **Feigenkaktus** *(Opuntia ficus-indica)* trägt essbare, saftige Früchte, die als ca. sieben Zentimeter lange, gelbe oder rote „Stacheleier“ an den Kaktusgliedern wachsen; vor dem Verzehr müssen sie (vorsichtig!) geschält werden.

Mit Vorsicht zu genießen – die Optunie

026al wl

Tierwelt

Säugetiere

Esel und **Mulis** kommen in den abgelegeneren landwirtschaftlich genutzten Regionen des Hinterlandes zum Einsatz. Weitere Nutztiere sind **Schafe** und **Ziegen,** die jedoch immer seltener gehalten werden, da die Bepflanzung der Ländereien mit Eukalyptus deutlich gewinnträchtiger ist. Andere, wild lebende Säugetiere wie **Hasen, Wildschweine, Füchse und Rehe** sind sehr selten geworden – böse Zungen behaupten, es gäbe in Portugal mehr Jäger als Beute! Die Jagdsaison dauert vom 15. August bis zum 27. Februar (jeweils donnerstags, sonntags und an Feiertagen).

Eine Besonderheit der einheimischen Tierwelt ist der **Portugiesische Wasserhund** *(cão de água português)*, der einem schwarzen Pudel ähnelt und dank seiner Schwimmhäute zwischen den Zehen ca. fünf Meter tief tauchen kann. Eine Zuchtstation für diese seltene Rasse befindet sich im Naturpark Ria Formosa (Informationen auf der Internet-Seite des Centro Educação Ambiental de Marim, www.portugal-live.de/centroria.htm).

Echsen und Schlangen

Gelegentlich wird man einmal eine Echse entdecken können – es handelt sich dann entweder um den nützlichen **Mauergecko** (Insektenvertilger) oder, wenn man Glück hat, um ein **Chamäleon.** Selten zeigt sich auch der nachtaktive **Europäische Skorpion,** dessen Stich sehr schmerzhaft, aber nicht tödlich ist. Auch **Schlangen** kommen ab und zu unter den Schatten spendenden Steinen und Felsbrocken hervor, meist handelt es sich um ungiftige Nattern. Die giftige **Europäische Eidechsennatter** wird bis zu zwei Meter lang, sie kommt sowohl auf Brachland, in niedrigem Unterholz als auch auf Gestein und in verlassenen Gebäuden vor. Sie gilt als für Menschen ungefährlich, da sie ihre Beutetiere zunächst schnappt und erst dann mit tief hinten im Kopf sitzenden Giftzähnen tötet; diese können menschliche Gliedmaßen nicht erreichen. Die einzig gefährliche Giftschlange, die **Stülpnasenotter,** kann man sehr leicht an ihrem charakteristischen Horn am Kopf identifizieren – wenn man dem sehr seltenen Tier denn begegnet.

Vögel

Die Algarve gilt als Dorado für Ornithologen, da etwa ab September ganze Heerscharen von Zugvögeln aus Nord- und Mitteleuropa auf ihrem Weg in wärmere Gefilde die Algarve überfliegen oder hier Zwischenstation machen. Täglich ziehen zu dieser Zeit rund 50.000 Vögel über den Süden Portugals, wobei es sich um **Singvögel** (z.B. Baumpieper, Gartenrotschwänze, Berglaubsänger), **Raubvögel** (z.B. Wespenbussard, Schlangenadler, Zwergadler) und Sumpfvögel (z.B. Schwarzstorch, Rohrweihe) handelt. In der Naturschutzzone Castro Marim sind ferner **Flamingos, Regenpfeifer** und sogar **Königsfischer** beheimatet. An den felsigen Küstenabschnitten trifft man auf unzählige **Möwen,** im Hinterland auch auf **Blauelstern** und **Heckensänger.**

Wer Kontakt zu Fachleuten vor Ort aufnehmen möchte, kann sich an die *Sociedada Portuguesa para os Estuda das Aves* (SPEA), *Mr. Simon Wates,* Tel. 282 798 044, wenden.

Fische

Von den **Süßwasserfischen** sind in Portugal Forellen, Karpfen, Hechte und Neunaugen anzutreffen, während im Meer von den Speisefischen die küstennah lebenden **Sardinenschwärme** für die Küstenfischerei die bedeutendste Rolle spielen (weitere Speisefische ⇗Essen und Trinken). Für Fische, aber auch Muscheln bieten die Sandstrände der Ostalgarve einen deutlich ungünstigeren Lebensraum als die Felsküsten im Westen. Neben **Taschenkrebsen** und diversen **Muscheln** (u.a. Venus-, Mies-, Herz-, Dreiecks- und Schwertmuscheln) leben vor den Küsten Portugals vor allem **Degenfisch, Schwertfisch, Thunfisch, Tintenfisch** und diverse **Brassenarten.**

Taucher, Schnorchler und Badegäste müssen sich nur vor einem Fisch besonders in Acht nehmen: dem **Petermännchen** (lat. *Trachinus draco,* port. *Peixe aranha).* Der kleine rötliche Fisch gräbt sich so im Sand ein, dass nur Augen und Rückenflosse zu erkennen sind. Seine vordere Rückenflosse ist sehr spitz und darüber hinaus mit Giftdrüsen versehen. Tritt man versehentlich darauf, bleibt zwar der Stachel nicht im Fuß stecken, das gefährliche Gift verursacht jedoch heftige Schmerzen. Zwischenfälle mit Petermännchen sind an der Algarve zwar sehr selten, im Falle eines Falles empfiehlt sich aber nach der unfreiwilligen Bekanntschaft unbedingt der Gang zum Arzt, da es in Einzelfällen zu Schockreaktionen wie Kreislaufkollaps kommen kann.

< Noch immer wichtiges Nutztier an der Algarve – der Esel

Portugals Tempelritter und der Ordem de Christo

Nach dem (erfolglosen) Ende der Kreuzzüge wurden die Militärorden, die ursprünglich zum Schutz der Wallfahrer ins Leben gerufen worden waren, allmählich überflüssig. Für ihren unermüdlichen, zweifelsohne tapferen Dienst für das Christentum wurden sie reich mit Ländereien und Privilegien entlohnt. Während der Deutschritterorden fortan als Bollwerk in Preußen fungierte und der Johanniterorden auf Rhodos (später Malta) einen Vorposten gegen die „Türkengefahr" bildete, konzentrierten sich die Templer auf den Ausbau der Wirtschaftskraft. Sie waren schließlich sogar die ersten Christen, die gegen Zinsen Geld verleihen durften.

Während Johanniter und Deutschherren als Funktionsträger auch weiterhin geduldet waren, wurde die Finanzkraft der Templer, möglicherweise auch ein sensationelles Geheimnis (⇗Religion), zum Ausgangspunkt eines der dunkelsten Kapitel europäischer Ordensgeschichte. *Ludwig IV.* („der Schöne") hatte Anfang des 14. Jh. Frankreich mit Hilfe eines teuren Beamtenapparates straff organisiert, was jedoch zu chronischem Geldmangel führte. Er ließ am 13. Oktober 1307 in einer streng geheimen Nacht- und Nebelaktion **alle Templer Frankreichs gleichzeitig verhaften,** durch Folterungen zahlreiche Geständnisse erpressen, und eignete sich so vermutlich große Geldmengen und Reichtümer des Ordens an. Gleichzeitig hatte er *Papst Clemens V.* in der Hand; er bewirkte dessen Befehl an die Regenten Europas, in allen Ländern ähnlich vorzugehen (alle Orden unterstanden der päpstlichen Justiz). 1312 wurde der **Templerorden** letztlich aufgelöst und **verboten** – der schwache Papst konnte sich immerhin dazu durchringen, den verbliebenen Grundbesitz den Johannitern (und nicht Frankreich) zuzusprechen.

Der portugiesische Templerorden mit Sitz in Tomar (100 km nördlich von Lissabon) wurde aufgelöst; da jedoch ein Großteil des bedeutenden höfischen Adels dem Orden angehörte, vollzog sich die Auflösung auf rein formaler Ebene ohne Folter oder Konfiszierungen – und das lediglich, um Papst und *Ludwig IV.* zufriedenzustellen. Außerdem waren die Templer ein wichtiger Aktivposten während der Reconquista.

Nachdem sich die Aufregung gelegt hatte, wurde unter *König Diniz I.* im Jahre 1319 in Castro Marim (bei Vila Real) der so genannte **Christusritterorden** gegründet – wobei alle Besitzungen und Gelder der portugiesischen Templer diesem „neuen" Orden zufielen. Auch die Ritter blieben dieselben, so dass durch diesen gewitzten Zug der portugiesische Teil der Templer unbehelligt weiter existierte; sogar die Burg Tomar wurde 1356 wieder bezogen. Als neues Symbol wurde dem alten Templerkreuz (ein achtzackiges rotes Kreuz auf weißem Grund) noch ein dünnes weißes Kreuz hinzugefügt – fertig.

Formale Zielsetzung des Christusritterordens war die **Bekämpfung des Islam** sowie die **Erweiterung des portugiesischen Machtbereiches,** was im 15. und 16. Jh. erheblich zur Kolonialisierung der Überseebesitzungen beitrug. Nicht zuletzt bedeutende Könige (z.B. *Manuel I.*) und Seefahrer (u.a. *Dom Infante Henrique, Vasco da Gama, Bartolomeu Diaz* und *Pedro Cabral*) gehörten dem Orden an.

Auch in anderen europäischen Ländern konnten die Templer bald weiter existieren, allerdings ohne die verlorenen Besitzungen; zudem waren viele Ritter in andere Orden übergetreten. Erst *Napoleon Bonaparte* rehabilitierte den Templerorden um 1810 zur Gänze.

Portugal wurde erneut zum Zentrum der Templer, als der belgische Großmeister *E.C. Vandenberg* wegen der Besetzung Belgiens durch die Nationalsozialisten (1940) alle Ordensunterlagen in das neutrale Portugal schaffen ließ. 1942 trat er aus Sicherheitsgründen zu Gunsten des Portugiesen *Dom A. Pinto de Sousa-Fontes* zurück, der dem Orden bis heute vorsteht.

Seit 1991 ist **Jerusalem wieder Sitz des Ordens,** der sich seit 1996 *Ordo Militiae Templi Hierosolymitani* (Christlicher Ritterorden vom Tempel zu Jerusalem) nennt und 5000 Mitglieder hat; das Generalsekretariat befindet sich in Köln (www.tempelritterorden.de). Prominentestes deutsches Mitglied des portugiesischen Ordem de Christo war übrigens der „kölsche Alte" *Konrad Adenauer.*

☑ Sancho I., König der Algarve

218al wl

Geschichte

Vor- und Frühgeschichte

Spuren menschlichen Daseins lassen sich in Portugal rund **20.000 Jahre** zurückverfolgen. Ritzzeichnungen in Felsen sowie Höhlenmalereien deuten auf eine frühe Besiedlung der Region hin. Mit der **Kupferzeit** (ca. 5000 v. Chr.) setzt die Urbarmachung des Bodens durch Brandrodung ein sowie die so genannte **Megalithkultur,** für die Grabstätten und Tempel aus großen, roh geschlagenen Steinblöcken charakteristisch sind.

Ab etwa 2500 v. Chr. besiedeln die **Iberer,** von Nordafrika über Gibraltar kommend, die später nach ihnen benannte Halbinsel. Es handelt sich um einen Volksstamm umstrittener Herkunft, dessen Ursprünge mal in Nordafrika, mal im Nahen Osten vermutet werden. Verwandtschaften zu einem im Altertum gleichnamigen Volksstamm im heutigen Georgien konnten bislang nicht nachgewiesen werden, sind aber auch nicht gänzlich von der Hand zu weisen. Die „iberischen" Iberer verbreiten sich jedenfalls rasch und siedeln auch im Raum der Algarve, wo sie ab etwa 1000 v. Chr. mit dem Seehandelsvolk der **Phönizier,** ab 600 v. Chr. auch mit den **Griechen** in Kontakt kommen (Zinn- und Bernsteinhandel).

Etwa gleichzeitig (ca. 1000–700 v. Chr.) wandern **keltische Stämme** von Norden her zu und vermischen sich mit den Iberern zu den Keltoiberern und **Lusitanern,** wobei letztere später den ethnischen Hauptanteil der Portugiesen ausmachen. Sie errichten erstmals befestigte Verteidigungspunkte auf Hügeln, die so genannten **Citânias.** Im fünften und vierten vorchristlichen Jahrhundert fällt die Iberische Halbinsel jedoch in den Machtbereich der nordafrikanischen Großmacht **Karthago** und gerät somit in den Blickpunkt des Interesses zweier damaliger Weltmächte: Karthago und Rom.

Römer und Goten

Der **Zweite Punische Krieg** zwischen Karthago und Rom (218–201 v. Chr.) bringt für die gesamte Iberische Halbinsel richtungsweisende Veränderungen mit sich: Nach dem Sieg der Römer über Karthago fällt um 200–180 v. Chr. auch Lusitania als Teil der Provinz *Hispania Ulterior* an Rom und erfährt starke romanische Einflüsse in Kultur und Sprache. Um 150 v. Chr. erwächst in den lusitanischen Stämmen unter der Anführerschaft des noch heute als Nationalheld verehrten *Viriatus* vermehrter **Widerstand** gegen die römische Bevormundung. Durch ein Komplott wird *Viriatus* 139 v. Chr. gemeuchelt, was die Bewegung der Aufständischen erlahmen lässt und die endgültige „Befriedung" unter *Julius Caesar* von 61–45 v. Chr. ermöglicht. Unter *Augustus* (63 v.–14 n. Chr.) wird die Provinz Hispania in die Provinzen **Baetica** (Andalusien) und **Lusitania** (etwas größer als das heutige Portugal) geteilt und somit die Eigenentwicklung Portugals begründet. Zahlreiche Straßen, Anlagen und Gebäude an der Algarve gehen auf die Römer zurück, so etwa die N-125, die römischen Bäder in Estói oder Brücken in Silves.

Für das 3. Jh. n. Chr. sind bereits christliche Zeugnisse belegt, und unter dem Migrationsdruck der **Völkerwanderung** dringen Alanen, Vandalen und Sueben um 410 n. Chr. nach *Portucale* vor, ehe die Westgoten von 418–585 ganz Lusitanien erobern, in Faro einen Bischofssitz errichten und Toledo zu ihrer Hauptstadt ernennen. Unter den Westgoten entwickelt sich das Christentum in Portugal ungehindert, bis im Jahre 711 von Süden her über die Straße von Gibraltar ein neuer Feind naht: die Mauren.

Mauren und Reconquista

Die Iberische Halbinsel wird 711 binnen kürzester Zeit fast vollständig erobert, Portugal dem **Emirat von Cordoba** zugeschlagen. Hauptstadt der Algarve wird Xelb (Silves), welches – wie das gesamte Land – unter der **Hochkultur der nordafrikanischen Mauren** erblüht: Handel, Landwirtschaft, Kunst, Medizin, Wissenschaft und Seefahrt erfahren eine revolutionäre Entwicklung, bis dato unbekannte Nutzpflanzen wie Feige, Dattel und Oliven gelangen nach Europa. Da die arabischen Mauren *(mouros)* die Fremdvölker (Juden, Christen) ungehindert ihren Glauben ausüben ließen, entwickelte sich ein wohlhabendes und friedliches Nebeneinander insbesondere in den Städten.

Ausgehend vom Königtum Kastilien-León, werden im 11. Jh. Rückeroberungsbemühungen **(Reconquista)** verstärkt, womit die „Zweite Front der Kreuzzüge" (neben dem Heiligen Land) errichtet wird. Insbesondere der Templerorden erlangt bei der Reconquista eine herausragende Bedeutung auf der gesamten Iberischen Halbinsel, was ihn während der späteren Verfolgung hier besonders schützt (⇗Exkurs).

Der mysteriöse Martin Behaim

In die Riege der großen Entdecker der Zeitenwende fanden nur wenige Deutsche Aufnahme. Eine jener großen Ausnahmen war *Martin Behaim* (1459–1507), dessen Leben und Werk eng mit den Geschicken Portugals verbunden war; seine Biografie liegt jedoch bis heute teilweise im Dunkeln.

1484 floh er wegen diverser Vergehen vor der deutschen Obrigkeit nach Portugal, wo er sich am **Königshof** als Schüler des Nürnberger Astronomen und Mathematikers *Johannes Müller* (besser bekannt als *Regiomontanus)* vorstellte. So fand er Aufnahme unter die **Hofastronomen und Wissenschaftler,** die den künftigen Entdeckern wesentliche Kenntnisse der Astronomie, Positionsbestimmung und Nautik vermitteln sollten. *Behaim* wird in diesem Zusammenhang eine entscheidende Rolle für die **Vorbereitung der See-Expeditionen** *Cãos* (Südwestafrika), *Magellans* und *Kolumbus'* nachgesagt, an ersterer soll er sogar persönlich teilgenommen haben. Für seine Verdienste soll er später zum Ritter des Christusritterordens (⇗Geschichte, Religion) erhoben worden sein.

Nach seiner Heirat mit einer Portugiesin kehrte er nach Nürnberg zurück und baute dort 1491 den **ältesten erhaltenen Globus.** 1493 siedelte *Behaim* endgültig nach Portugal über, wo er im Jahr 1507 an der Pest starb.

1139 wird das arabische Heer mit Hilfe fränkischer und germanischer Kreuzritter bei Ourique von *Afonso Henriques* geschlagen, woraufhin er sich „König von Portucale" nennt und bis 1147 Lissabon und Santarém erobert. Einem seiner Nachfolger, *Sancho I.*, gelingt 1189 mit Hilfe berühmter Kreuzritter wie *Richard Lionheart* oder *Friedrich Barbarossa* kurzzeitig die Eroberung der maurischen Hochburgen Silves und Albufeira, doch erst *Sancho II.* und *Afonso III.* können die Reconquista um 1240–1249 zu einem erfolgreichen Ende bringen und 1250 die Algarve an das Königreich Portugal anschließen, womit das Land ungefähr seine heutige territoriale Ausdehnung erreicht.

Entdeckungen und Kolonien

König João I., Großmeister der ⇗Christusritter und Begründer der Avis-Dynastie, regiert gemäß dem Ordensziel, der Verbreitung des Christentums in alle Himmelsrichtungen. Die Ausweitung des Reiches und die Eroberung überseeischer Besitzungen beginnt jedoch erst mit seinem Sohn, *Dom Infante Henrique*

Vasco da Gama (1468–1524)

Die Geschichte der Entdeckung der **Seeverbindung von Europa nach Indien** begann mit der abenteuerlichen Reise des *Pedro de Covilhão,* der – als Araber verkleidet – 1484 auf arabischen Handelsschiffen mitsegelte und so nach Indien gelangte. Auf seine Berichte stützten sich die nachfolgenden Entdecker: Auf der Suche nach dem Seeweg um Afrika herum war *Bartolomeu Diaz* 1487 bereits bis Südafrika gesegelt, wegen Meuterei war die Reise dann aber gescheitert.

Nachdem sich *Kolumbus'* Westroute nach Indien 1492 ebenfalls als „Irrweg" erwiesen hatte, wollte der portugiesische König *Manuel I.* (1495–1521) die Suche nach der Ostroute wieder aufnehmen. Er wählte als Expeditionsleiter *Vasco da Gama,* der mit vier Schiffen im Juli 1497 die Reise antrat. Das größte Hindernis nach der Umrundung des Kaps der guten Hoffnung waren die **Araber,** die bislang das Handelsmonopol im Indischen Ozean inne hatten. Nach etlichen Schwierigkeiten kaperte *da Gama* im April 1498 ein arabisches Schiff und tauschte es in Malindi (nahe des heutigen Mombasa) gegen einen arabischen Lotsen ein. Dieser führte die kleine Flotte binnen 23 Tagen nach **Calikut** (nahe Cochin): Der Seeweg nach Indien war somit von *da Gama* für Portugal „entdeckt". Dies begründete die langjährige Vormachtstellung Portugals unter den europäischen Seefahrernationen.

Da Gama wiederholte die Reise 1502, wurde für seine Verdienste mit dem Titel eines Grafen von Vidigueira ausgezeichnet und schließlich 1524 als **Vizekönig** nach Ostindien entsandt, wo rasch zahlreiche portugiesische Handelsstationen gegründet worden waren. Er starb im Dezember des gleichen Jahres in Kotschin (Indien). Sein Leben und seine Taten inspirierten den portugiesischen Dichter *Luís de Camões* (⇗Exkurs im Kapitel „Lissabon") zum Seefahrerepos „Lusiaden".

207al wl

el Navigador, bekannt unter dem Namen **Heinrich der Seefahrer** (*1394). Er ist an der ersten Kolonialeroberung in Marokko (1415) beteiligt und wird 1419 zum Gouverneur der Algarve ernannt. Sein Faible für Nautik und Seefahrt (obgleich er selbst nicht zur See fuhr) führt nicht nur zur Gründung der berühmten Seefahrerschule in ⇗Sagres, sondern ermöglicht auch zahlreiche aufwendige Expeditionen und Erkundungsfahrten. So werden 1432 die Azoren entdeckt und dem Reich einverleibt, 1434 das Kap Bojador in Südmarokko von *Gil Eanes* umschifft und 1444 mit der Entdeckung des Senegal der Gewürz- und Sklavenhandel begründet. Unter *König Manuel I.* (1495–1521) beginnt die eigentliche Expansion und Gründung von **Handelsniederlassungen** in Indien, Ostasien, Brasilien und Afrika. 1488 schafft *Bartolomeu Diaz* die Umsegelung des Kaps der guten Hoffnung und bereitet so den Weg für den wichtigsten portugiesischen Entdecker – *Vasco da Gama* (⇗Exkurs).

Zu den berühmten portugiesischen Entdeckern dieser Epoche gehört, neben *Christoféro Colombo,* der 1492 in Amerika landet, und dem Ostindienfahrer *Vasco da Gama* auch *Pedro Álvares Cabral,* der am 22. April 1500 Brasilien und somit Portugals wichtigste Goldgrube entdeckt. 1508 folgt die Entdeckung der Malediven durch *Francisco de Almeida,* womit die wichtige Zwischenstation zu

Die prägende Ära Portugals als Seefahrernation in den Azulejos (Keramikfliesenmosaiken) der Region

den Gewürzinseln (Molukken, 1512) und zur Straße von Melakka (1511) gefunden war. Den Triumph der Portugiesen vervollständigt *Fernão de Magelhão* (Magellan), der von 1519 bis 1522 die Erde umsegelt und den Beweis für die von *Galilei* postulierte Kugelform erbringt. 1557 schließlich gelingt es, das südchinesische Aomen (Macau) von China zu pachten; im Vertrag von 1887 schließlich wird der koloniale Status bestätigt, was Portugal über Jahrhunderte einen Vorsprung im Chinahandel verschafft. Lissabon, bereits im 16. Jh. zur reichsten Stadt Europas aufgestiegen, bietet nun Waren aus aller Herren Länder feil. Allerdings ist für Eroberungen und Verwaltung ein erheblicher Personalaufwand vonnöten; bei allen Vorteilen, die die Kolonialmacht Portugal genießt, führt dies doch zu einer erheblichen Belastung der Bevölkerung im Mutterland.

Spanische Fremdherrschaft

Die prächtigste Phase des portugiesischen Kolonialismus endet mit *König Sebastião,* der 1578 von Lagos aus einen „Kreuzzug" gegen die marokkanischen Berber unternimmt und während der für die Portugiesen vernichtenden Schlacht von Alcaçer Quebir fällt. Mangels Thronfolger wird vom Adel der **spanische König** – in diesem Fall *Philip II.* – nominiert, womit die so genannte „Fremdherrschaft" beginnt. Englische Piraten nutzen die Verwirrung und fallen wiederholt in Sagres, Lagos und Faro ein (1587 bis 1596).

In der Regierungszeit *Philips'* als König beider Länder beuten die Spanier ihre iberischen Nachbarn mehr oder minder aus und vermehren die eigenen Besitzungen auf Kosten der Portugiesen.

Unter der Führung des Herzogs von Bragança wird die spanische Fremdherrschaft im **Aufstand vom 1. Dezember 1640** (Nationalfeiertag) beendet; als *João I.* restauriert er die portugiesische Krone und begründet das bis 1910 bestehende Haus von Bragança. In zahllosen militärischen Expeditionen versucht Spanien, Portugal erneut zu annektieren, wird aber von den Portugiesen mit englischer Militärhilfe zurückgeschlagen. Alle derartigen Bestrebungen Spaniens werden mit dem **Friedensvertrag von 1669** endgültig beendet.

Die Bragança-Dynastie

Zwei Faktoren prägen die Regentschaft des Hauses Bragança: Zum einen **verarmt** Portugal in Folge der Fremdherrschaft mit den anschließenden Absicherungskriegen, zum zweiten gerät das Land (da Gegenleistungen für die britische Unterstützung gefordert wurden) in eine rigorose **Abhängigkeit von England,** welche die engen Beziehungen zwischen beiden Ländern bis in die Gegenwart begründet. Zwar gelingt 1699 unter *João V.* die Erschließung der lange begehrten brasilianischen Goldminen, doch ist der unvermeidliche Niedergang durch verschwenderische Hofhaltung und die „Altlasten" nicht mehr aufzuhalten. Auch der so genannte Methuen-Vertrag von 1703 trägt zur fatalen Lage bei: Dieser nach dem britischen Botschafter in Portugal, *Sir John Methuen,* benannte Vertrag gestattet es Großbritannien, als einzige ausländische Nation

Textilien auf den portugiesischen Markt zu bringen und den berühmten Portwein ohne Zahlung einer Exportsteuer zu erwerben.

Höfischer Prunk und Absolutismus erfahren in Portugal unter *José I.* (1750–1777) ihren Höhepunkt, während sein Premierminister *Marquês de Pombal* (⇗Exkurs im Kapitel „Lissabon") seine berühmten Wirtschaftsreformen durchführt, um die zunehmende Abhängigkeit von England zu beenden. Auch das verheerende Erdbeben von 1755, in dem weite Teile Lissabons und der Algarvestädte zerstört wurden, fällt in diese Ära. Zwar lässt der Marquês sowohl die Hauptstadt als auch Städte der Algarve (insbesondere Vila Real de Santo António 1774) gemäß seinen Vorstellungen wiedererrichten, doch werden seine Reformen nach dem Tode *König Josés I.* aufgehoben. Nach dem Erdbeben wird Faro zur neuen Hauptstadt der Algarve erhoben, womit die politische und wirtschaftliche Bedeutung von Silves allmählich schwindet.

Ein literarisches Vorbild

Jeder kennt den einleitenden Satz in weltbekannten Asterix-Heften: „Ganz Gallien ist von den Römern besetzt. Ganz Gallien? Nein, ein kleines Dorf ..." Tatsächlich existiert für dieses pseudoliterarische Szenario ein reales Vorbild – und zwar in Portugal.

1580 begann die Personalunion Portugals mit Spanien, als der spanische König *Philip IV.* als *Philip III.* ganz Portugal dem spanischen Reich einverleibte. Ganz Portugal? Nein, es war in der Tat ein im Vergleich zu den gigantischen weltumspannenden Besitzungen Portugals kleines „Dorf", welches sich 60 Jahre lang, bis zum Ende der spanischen Fremdherrschaft 1640, standhaft weigerte die Oberhoheit Spaniens zu akzeptieren, geschweige denn die spanische Flagge zu hissen.

Es handelte sich dabei um die erste und bis ins 19. Jh. einzige Kolonie einer europäischen Macht in China – Macau. Die Stadt konnte sich ihren Widerstand geschützt durch ihre mit Festungen bewehrte Halbinsellage durchaus leisten (Macau konnte in seiner Geschichte niemals erobert werden).

1640 mit dem Ende der Fremdherrschaft verlieh das portugiesische Mutterland der treuen Kolonie für ihren tapferen Widerstand den (bis zur Rückgabe an China 2000 gültigen) offiziellen Namen „Cidade Do Nome De Deus De Macau Não Ha Outra Mais Leal" („Stadt im Namen des Herren, Macau, es gibt keine treuere") verliehen.

Königliches Exil und Miguelistenkriege

Die Truppen *Napoleon Bonapartes* besetzen Portugal zwischen 1807 und 1811 und errichten eine erneute kurze Fremdherrschaft, während *König João VI.* nach Brasilien übersiedelt. Zwar schlagen englisch-portugiesische Truppen die Franzosen bei Coimbra entscheidend, doch wird daraufhin der britische General *W.C. Beresford* erst Oberbefehlshaber aller portugiesischen Truppen und übernimmt Portugal von 1816 bis 1820 quasi als Gouverneur zum Nutzen Britanniens. Als Folge dessen prägt der Einfluss Englands weite Teile der portugiesischen Gesellschaft und führt ab 1820 zu **Aufständen in Nord- und Zentralportugal** mit dem Ziel einer liberalen Verfassung.

Noch immer in Brasilien weilend, akzeptiert *João VI.* die **Ausrufung einer liberalen Verfassung** (u.a. mit Pressefreiheit, Wahlrecht und Verbot der Inquisition) und kehrt nach Lissabon zurück. Sein Sohn *Pedro IV.* bleibt in Brasilien und ruft dessen Unabhängigkeit aus, *Pedros* Bruder *Miguel* widerruft jedoch 1828 die neue Verfassung und löst damit die so genannten „Miguelistenkriege" zwischen den Konservativen (um *Miguel)* und Liberalen (um *Pedro)* aus. *Pedro IV.* setzt sich 1834 durch und verbannt *Miguel* nach dem Sieg am Cabo de São Vicente ins Exil.

Erste Republik und Diktatur

In der zweiten Hälfte des 19. Jh. ist Portugal bemüht, den Anschluss an die führenden Nationen herzustellen, die **Industrialisierung** schreitet jedoch zu langsam voran. Vor allem Korkproduktion und Fischerei spielen an der Algarve eine zunehmend wichtige Rolle, logistisch unterstützt durch die Errichtung einer Eisenbahnlinie von Faro nach Lissabon.

Die **zunehmende Verarmung** im Vergleich zu den führenden Nationen Europas sowie die Unfähigkeit des Königshauses zu weitreichenden ökonomischen Reformen führt 1910 schließlich zu einer von weiten Teilen der Bevölkerung und des Miltärs getragenen Erhebung, während derer *Manuel II.*, der letzte König des Hauses Bragança, nach England flieht. In Saus und Braus lebend, doch politisch völlig machtlos, muss er am 5. Oktober aus der Ferne die **Ausrufung der Republik** miterleben; diese kann sich allerdings bei 44 Regierungswechseln in den folgenden 16 Jahren nicht stabilisieren.

Am 28. Mai 1926 putscht schließlich das Militär unter *Gomes da Costa.* In der Regierungszeit seines Nachfolgers *General Carmona* wird der spätere Diktator **António de Oliveira Salazar** zum Finanz- und 1932 dann zum Premierminister ernannt. Mit Hilfe der von *Salazar* selbst aufgebauten Einheitspartei „União Nacional" ruft er die „Estado Novo", die neue Verfassung, aus und errichtet eine **faschistische Diktatur.**

Im Zweiten Weltkrieg strikt neutral, wird Portugal 1949 zum **Gründungsmitglied der NATO** und orientiert sich damit an Westeuropa.

In den 1960er Jahren sieht sich Portugal den Befreiungskriegen der ehemaligen Kolonien ausgesetzt, in denen nacheinander Angola (1961), Guinea-Bissau (1963) und Moçambique (1964) ihre Unabhängigkeit erklären.

An der Algarve nimmt ein zunächst vorsichtiger **Tourismus** seinen Anfang, gefördert durch den Bau des Flughafen von Faro (1965). Gesamtwirtschaftlich gelingt *Salazar* jedoch kein Durchbruch; 1968 erleidet er einen Gehirnschlag und wird von *M. Caetano* abgelöst.

Nelkenrevolution und Demokratie

Im Zuge der linksliberalen Bewegungen in Westeuropa mehren sich auch in Portugal die Stimmen gegen die Diktatur. Am 25. April 1974 putschen linksorientierte Offiziere durch Besetzung von Regierungsgebäuden und Sendeanstalten gegen das Regime und erklären es unter dem Jubel der Bevölkerung für abgesetzt. Der Begriff „Nelkenrevolution", der sich für dieses Geschehen eingebürgert hat, geht auf die Friedhofsblume zurück, die viele Befürworter des Putsches als Symbol für die Beendigung der Diktatur im Knopfloch trugen. Eine **sozialistische Verfassung** bei pro-westlicher Grundhaltung wird erarbeitet, Agrarreformen und Entlassung aller Kolonien (mit Ausnahme Macaus) folgen in den 1970er Jahren. Zu einem großen innenpolitischen Problem werden die rd. 750.000 Heimkehrer aus den einstigen Überseegebieten, die nicht alle rechtzeitig ihren Besitz liquidieren konnten und als mittellose Flüchtlinge in die eigene Heimat kommen. Wirtschaftspolitische Verbesserungen werden durch Verstaatlichung von Industriebetrieben, Banken und Versicherungen angestrebt.

Kurioses am Rande

Der „Alte", Nachkriegskanzler *Konrad Adenauer,* hatte als Mitglied des nur 100 Ritter umfassenden vatikanischen „Ordens vom Goldenen Sporn" in Portugal das Recht, Kirchen wortwörtlich hoch zu Ross zu betreten! Dieser Orden aus dem 16. Jahrhundert gehörte zur Goldenen Miliz des Apostolischen Stuhls. 1963 war es für *Adenauer* mit seinem außerordentlichen Privileg vorbei, da der Papst ihn in den (höherwertigen) Christusritterorden (⇗Exkurs) „beförderte". *Edmund Stoibers* Laienmitgliedschaft im angeschlagenen Deutschen Orden ist also nichts Ungewöhnliches.

Portugal im Kreis der EU

Nachdem zunächst die portugiesischen Sozialisten als Gewinner aus den Parlamentswahlen 1976 hervorgingen, wurden allmählich normale Zustände erreicht, die Landbesetzungen von 1974 revidiert und konservative Reformen umgesetzt. 1986 wurde Portugal **Vollmitglied der EU** (damals EG), angelockt sicherlich auch von den in Aussicht gestellten rund 11 Mrd. Euro Finanzhilfe. Zwar strich man 1989 schließlich den Verfassungsauftrag der klassenlosen Gesellschaft, doch blieben die Sozialisten auch in den 1990er Jahren die führende Kraft im Lande. Der liberalkonservative und ehemalige Bürgermeister von Lissabon, *Jorge Sampãio,* wurde Staatspräsident und übergab in dieser Eigenschaft am 20. Dezember 2000 die letzte Kolonie, Macau, an die Volksrepublik China zurück. Im Januar 2002 löste dann der **Euro** den Escudo ab, und als sei dies ein Zeichen für einen politischen Kurswechsel, sahen sich die Liberalkonservativen (PSD) im Zuge der Parlamentswahlen vom Februar 2002 gezwungen, unter ihrem Premier *José Manuel Durão Barroso* eine Koalition mit der christdemokratischen Volkspartei (CDS/PP) einzugehen. Trotz viel versprechender Projekte (etwa die Fußball EM 2004) wurde diese Regierung bei der vorgezogenen **Parlamentswahl** im Februar 2005 wegen wirtschaftlicher Misserfolge wieder abgewählt und mit *José Sócrates* erneut ein Sozialist mit der Regierungsbildung beauftragt. Hauptaufgaben waren in seiner ersten Legislaturperiode der Abbau des Haushaltsdefizites, die Senkung der Arbeitslosenquote sowie die Erfüllung der **Brüsseler Konvergenzkriterien.** Trotz einiger Skandale (Einkaufszentrum im Naturschutzgebiet, Freundschaftsvergaben bei Bauaufträgen) behielt *José Sócrates* im September 2009 zunächst die Regierungsmacht.

Nachdem mit dem rechtsliberalen Präsidenten *Anibal Cavaco Silva* (im Amt seit 2006, wiedergewählt 2011) zunächst ein neues Staatsoberhaupt ins Amt berufen worden war, erhielt *Sócrates* am 1. Juli 2007 als turnusmäßiger Ratspräsident der Europäischen Union zudem noch die Möglichkeit, sich in einem international gewichtigen politischen Amt zu profilieren. Innenpolitisch profilierte sich das Duo *Silva/Sócrates* tatsächlich in einer **erfolgreichen, wenngleich nicht unumstrittenen Wirtschaftspolitik**. Da diese hauptsächlich aus rigorosen Sparmaßnahmen in Anbetracht der prekären Finanzlage des Landes bestand (Stichwort „Rettungsschirm"), wurde Mitte 2011 *Sócrates* beinahe zwangsläufig abgewählt und als sein Nachfolger *Pedro Passos Coelho* (PSD) eingesetzt.

Staat und Politik

Administrative Gliederung

Portugal (offiziell „República Portuguesa") gliedert sich in **18 Provinzen** *(distritos)*; Madeira und die Azoren bilden so genannte Autonome Regionen. Landeshauptstadt ist **Lissabon** an der Westküste. Die Algarve selbst ist in 16 Landkreise *(concelhos)* mit 84 Gemeinden *(freguesias)* gegliedert; ihre Hauptstadt ist Faro.

Wappen und Symbole

Flagge

Die Staatsflagge entstand erst zu Beginn der republikanischen Ära; ihr Hintergrund ist in den Farben Rot und Grün gehalten (Verhältnis 3:2), wobei Rot das Blut der endlosen Kriege und Grün die Hoffnung auf Frieden symbolisiert. Auf die Schnittstelle beider Farben wurde das **Wappen** gesetzt, dessen Motive teils auf Legenden, teils auf den realen historischen Hintergrund der Reconquista verweisen. Außerhalb der Staatsflagge wird das Wappen noch von zwei Ölzweigen umrahmt. Der goldene, mit Schleifen gebundene Kreis symbolisiert den Erdball, das einstige portugiesische Weltreich, dessen Zentrum in Portugal selbst lag. Dieses wird symbolisiert durch einen Schild mit sieben Kastellen außen, die für die von *Afonso I.* eroberten maurischen Städte stehen. Die fünf kreuzförmig angeordneten Schilde im weißen Inneren symbolisieren die fünf Emire, die bei der Schlacht von Ourique (1139) von *Afonso I.* getötet wurden. Jeder Schild trägt fünf Punkte; diese symbolisieren angeblich die Wunden Christi. Zählt man nun senkrecht und waagerecht (den mittleren beide Male) alle Punkte zusammen, so ergibt sich die Zahl 30 – die Summe, die Judas in Dinar für den Verrat an Christus erhielt. Einige Heraldiker sehen hierin die deutliche Handschrift des Ordem de Christo bzw. der Templer (⇗Exkurs im Kapitel „Religion").

Münzen

Ähnliches gilt für die portugiesischen (Euro-)Münzen, auf denen neben dem Schriftzug „Portugal" stets sieben Kastelle und fünf Schilde sowie das Templerkreuz (1, 2, 5 Cent), eine stilisierte Weltkugel (10, 20, 50 Cent) bzw. eine stilisierte Kompassrose mit Christusritterkreuz zu sehen sind. Zur überragenden Bedeutung des Ordens für das portugiesische Spätmittelalter und die frühe Neuzeit vgl. Kapitel „Geschichte" und „Religion".

Nach der Vernichtung der Templer in Frankreich griff *Papst Julius III.* 1350 zu dem Trick, den Großmeister des Ordem de Christo stets aus dem Königshaus zu rekrutieren. Somit wurde das Christusritterkreuz (vormals Templerkreuz, ⇗Geschichte) auch zum königlichen, später zum Nationalkreuz Portugals und wurde vor allem auf Segelschiffen in die ganze Welt getragen.

Regierung und Parteienlandschaft

Mit dem Ende der Diktatur wurde Portugal zur **parlamentarischen Demokratie** mit einem im Fünfjahresturnus direkt vom Volk gewählten Präsidenten an der Spitze (bis 2016 *Aníbal Cavaco Silva*) und einer von einem Premier geführten Regierung. Als Ergebnis der Wahlen (alle 4 Jahre, nach dem Verhältniswahlrecht) zum 230 Sitze umfassenden Parlament wird das Land seit Mitte 2011 wieder von den Liberalkonservativen (PSD) unter dem Premierminister *Pedro Passos Coelho* regiert.

Weitere politische Gruppierungen in der aktuellen **portugiesischen Parteienlandschaft** sind die *Partido Socialísta* (PS, sozialdemokratisch) unter Ex-Premier *Sócrates,* die eher rechtsgerichteten Christdemokraten (CDS/PP), der Linksblock (BE), *Os Verdes* (die Grünen) sowie die kommunistische *Partido Comunista Português* (PCP).

Die liberalkonservative Regierung Coellho hat es sich zum Ziel gesetzt, die Wirtschaft unter drastischen Sparmaßnahmen aus der Eurokrise zu führen und **politische Binnenstabilität innerhalb der EU** zu schaffen. Zudem sind beispielsweise Umweltschutz oder Vollbeschäftigung postulierte Verfassungsziele seit 1976. In der Aktualisierung des Reformprogramms für die Jahre 2011 bis 2016 strebte die Regierung innenpolitisch außerdem Veränderungen in der öffentlichen Verwaltung, des Gesundheitswesens sowie in der Arbeitsgesetzgebung an.

So viel versprechend sich dies anhört, die Zielsetzung der „politischen Stabilität" war schon seit der Zeit des Monokraten *Salazars* praktisch eine ständige politische Formel aller demokratischen Regierungen in Portugal. Und das Thema „wirtschaftliche Verbesserung" spielt ohnehin stets eine Schlüsselrolle im Wahlkampf, erst recht seit der Misere, dass das Land innerhalb der EU (osteuropäische Staaten nicht berücksichtigt) mittlerweile auf einen hinteren Platz fiel. Dies führte letztlich auch zu den großen Problemen während der noch immer anhaltenden europäischen Schuldenkrise, welche von der aktuellen Regierung jedoch – von Brüssel auch anerkannt – rigoros angepackt wurde. Der Maßnahmenkatalog umfasste Kürzungen in na-

Binnenwirtschaftliche Strukturdaten

	2010	2011	2012 (*)	2013 (*)
Wachstum (BIP)	1,4 %	-1,7 %	-3,0 %	-1,0 %
Inflation	2,5 %	3,6 %	2,0 %	0,9 %
Arbeitslosenquote	7,5 %	12,9 %	15,5 %	16,4 %

(*) prognostizierte Werte, Quelle © Germany Trade & Invest 2012

hezu allen erreichbaren Bereichen wie auch Steuererhöhungen und führte mehrfach zu Großdemonstrationen gegen die Regierung.

Wirtschaft und Handel

Gemessen am Indikator der Wirtschaftsleistung, dem Bruttoinlandsprodukt (BIP), steht Portugal mit rund 18.500 € pro Kopf (das entspricht etwa 70 % des EU-Durchschnitts) nach der letzten EU-Erweiterung immer noch in der unteren Hälfte der Europäischen Union. Dabei muss selbst innerhalb des Landes zwischen strukturschwachen, ländlichen Gebieten und relativ wohlhabenden Regionen unterschieden werden. Die beiden **großen Zentren** sind **Lissabon** und **Porto,** in deren unmittelbaren Einzugsbereich rund ein Viertel der Gesamtbevölkerung lebt und einer durchaus lukrativen Tätigkeit in Industrie, Handel, Dienstleistung oder Verwaltung nachgeht. Deutschland ist nach Spanien der bedeutendste Handelspartner Portugals mit einem jeweiligen Anteil am Gesamtimport bzw. Gesamtexport von ca. 15 %.

Größtes Ärgernis waren bis dato die alljährlichen Übertretungen der **Brüsseler Konvergenzkriterien,** insbesondere der defizitäre Staatshaushalt.

Spätestens seit der „Stütze" Griechenlands seitens der EU wurde bekannt, dass es auch um die internationale **Kreditwürdigkeit** der iberischen Länder nicht mehr zum Besten steht. Und was der Staat darf, das darf auch der „kleine Mann": Zahllose Portugiesen nahmen Kredite auf, um gegenwertlose Vergnügungen wie den Urlaub zu finanzieren, frei nach dem Motto „wenn Brüssel die Griechen nicht hängen lässt, dann uns auch nicht!"

Die „Quittung" folgte 2011: Portugal flüchtete ebenfalls unter den „Euro-Rettungsschirm" und musste im Gegenzug rigorose Sparmaßnahmen geloben (siehe oben). Ob langfristig die angestrebte Entschuldung gelingt ist aufgrund struktureller Probleme und auf absehbare Zeit schrumpfendes Wachstum (siehe Tabelle) mehr als fraglich.

Das produzierende Gewerbe (Düngemittel-, Papier- und Haushaltsgeräteindustrie) ist nämlich aufgrund der Rohstoffarmut (lediglich Wolfram, Eisen, Zinn, Kupfer, Mangan, Gold und Kohle werden abgebaut) vorwiegend auf Importe angewiesen, was erheblich zum Einfuhrüberschuss beiträgt. Kleiner Lichtblick: aufgrund der geringen Lohnkosten innerhalb der EU wurde das Land für Investoren in den Bereichen Leder, Textil und Schuhe interessant. Fischkonserven, Wein, Kork, Kleinmaschinen und Holz. Ansonsten bilden die wichtigsten **Ausfuhrgüter.**

Vom Sonderfall Algarve und den Städten (Lissabon, Porto) abgesehen, lebt der überwiegende Teil der Bevölkerung in Dörfern und Kleinstädten in

Das dunkle Kapitel – Kinderarbeit

Noch in den 80er und 90er Jahren des 20. Jh. lag die **Analphabetenquote** in Portugal bei 20 %, weil die Schüler mit 14 Jahren offiziell in die Arbeitswelt eintraten. Vorher war es noch schlimmer: Bereits nach sechs Jahren endete die **Schulpflicht.** Der daraus resultierende Teufelskreis: hohe Arbeitslosigkeit, immense Wohlstandsschere, krasse Gegensätze zwischen großer Landfamilie und kleiner städtischer Familie, die **niedrigsten Mindestlöhne in Westeuropa** (seinerzeit umgerechnet 40 €/Monat) bei Schulkosten von umgerechnet 20 € im Monat – Bildung wurde zum unerschwinglichen Luxus, ungebildete Kinder zum willfährigen Kapital der Großfamilien. In Textilfabriken à la Madras, auf Baustellen oder in Steinbrüchen verdingte sich die Jugend als Billiglohnkraft. Trick der Fabrikanten: Die Jugendlichen wurden als **„Auszubildende"** eingestellt – es regnete herrliche Zuschüsse aus Brüssel, da es als vorbildlich galt, im armen Portugal eine Fabrik zu betreiben und Arbeitskräfte auszubilden! Die Schuld ausschließlich in Brüssel oder Lissabon zu suchen, wäre gewiss verfehlt. Die Ware, vornehmlich Schuhe und Bekleidung, ging an namhafte Abnehmer in Deutschland, England oder in der Schweiz und wurde dort mit hohem Profit vertrieben. Und von ein paar „Verrückten" abgesehen, die mit einem Pappschild um den Hals vor den Türen der einschlägigen Handelsketten gegen den Erwerb portugiesischer Ware demonstrierten, kauften sie alle: die Verwaltungsbeamten, Richter, Lehrer, kaufmännischen Angestellten und Arbeiter der „entwickelten" Länder Europas ...

Nun gut, die Analphabetenrate in Portugal liegt seltsamerweise heute noch immer bei knapp 6,5 % (zum Vergleich: Polen 0,3 %, Tschechien 0,0 %), dennoch ist natürlich alles ganz anders. Längere Schulpflicht, strenge Beschäftigungsgesetze, Kontrollen von Fabriken und Baustellen – Kinderarbeit ist in Portugal heute offiziell ebenso „unmöglich", wie es schwarze Parteikassen in Deutschland sind. Ob das vereinte Europa trotz moderner Gesetzgebung die Kinderarbeit im Armenhaus der EU wirksam zu unterdrücken vermag, ist wohl eine eher naive Frage ...

vergleichsweise bescheidenen Verhältnissen von Landwirtschaft und Weinbau. 50 % der Fläche Portugals werden von der nur in geringem Umfang zum Inlandsprodukt beitragenden **Landwirtschaft** genutzt. Aufgrund mangelhafter Binnennachfrage stehen in den kommenden Jahren allerdings vor allem viele Kleinwinzer vor dem Aus.

Bedingt durch kulturelle, wirtschaftliche und auch arbeitsqualitative Vormachtstellung der beiden Zentren Porto und Lissabon sieht sich Portugal seit Jahren **Problemen** wie städtischer Zuwanderung, Elendsvierteln, schlechter Infrastruktur, Analphabetentum und starken Gefällen zwischen Arm und Reich, aber auch Stadt und Land ausgesetzt. Daher war die Bereitschaft zum **EU-Beitritt** sehr hoch; der Strukturausgleich brachte die erwarteten Milliarden aus Brüssel, ohne jedoch die Unterentwicklung bislang wirksam beseitigen zu können. In Lissabon wird oft auf „geographische Nachteile Portugals" wie Hitze und Wassermangel verwiesen; ob man dieser Argumentation angesichts ähnlich gelagerter Klimata etwa auf Zypern oder Malta bei teilweise deutlich besseren Ergebnissen Glauben schenken kann, darf bezweifelt werden.

Letztlich wurde Portugal auch das riesige **Kolonialreich** zum Verhängnis, da das Mutterland für die Überseeverwaltung eine große Anzahl fähiger Leute verlor; zudem führte die im Mittelmeerraum nicht unübliche Laissez-faire-Mentalität zu einer Vernachlässigung des Strebens nach unabhängiger Versorgung innerhalb Portugals: Es war eben bequemer, Rohstoffe und Nahrungsmittel der Kolonien auszubeuten. Peinlichstes Beispiel war schon in den 1980er Jahren Macau, wo das Bruttoinlandsprodukt stets deutlich über dem des Mutterlandes lag, und die kleine Tochter der großen Mutter deutlich zeigte, wo der Barthel den Most holt.

Spätestens mit der Dominanz durch Britannien (⇗Geschichte) geriet Portugal ins ökonomische Hintertreffen, ein Makel, der dem Land noch heute, im vereinten Europa, anhängt.

Einen wirtschaftlichen Sonderweg geht die **Provinz Algarve,** bedingt durch den ungebrochenen Besucherstrom und die häufige Wohnsitznahme betuchter Mitteleuropäer. An den schönsten Küstenabschnitten des Landes verfügen die meisten der 350.000 portugiesischen Algarve-Bewohner über im Landesvergleich **überdurchschnittliche Löhne** und **Einkünfte aus dem Tourismussektor** und hinken dem europäischen Durchschnitt nicht hinterher. Allerdings darf man auch hier nicht übersehen, dass sich große Teile des Grundbesitzes in den Händen von Konsortien oder ausländischen Investoren und betuchten Privatleuten befinden. Dennoch ist der Wohlstand an der Algarveküste beachtlich und für den Besucher im Vergleich zum Hinterland augenfällig.

Umweltprobleme

Zwar sind die Umweltbelastungen durch Straßenverkehr, Industrie und Müll, von Porto und Lissabon abgesehen, sehr gering, insbesondere im Hinblick auf die Gewässer. Ein deutliches Missverhältnis der Altersstruktur in der Landwirtschaft, einhergehend mit Unkenntnis, teilweise auch Analphabetismus, bedingen jedoch oftmals den naiven **Einsatz von Düngemitteln und Pestiziden** nach dem Motto „Viel hilft viel“ – jüngste (veröffentlichte) Konsequenz war eine Rückrufaktion von erheblich belastetem Olivenöl. Um Ängsten vorzubeugen: Womöglich kann man einen Fünf-Liter-Plastikkanister mit Wein oder Öl aus den Großmarktketten nicht unbedingt ruhigen Gewissens empfehlen – es handelt sich in solchen Fällen meistens um „Industrieerzeugnisse“. Auf Märkten gekaufte oder lose Ware aus der Region sind jedoch stets unbedenklich genießbar!

Ein anderes heißes Eisen ist die Bepflanzung von zwei Dritteln der Aufforstungsfläche mit schnellwachsendem **Eukalyptus,** der für die Papierherstellung eine große Rolle spielt (⇗Flora & Fauna).

Ein weiteres Problem entwickelte sich mit den zunehmenden **Trockenperioden** der Vergangenheit. Nicht nur die Landwirtschaft, auch der Gesamtwasserhaushalt litt, was ganze Regionen wirtschaftlich ruinierte. Radikale Bauern aus den Grenzgebieten zu Spanien forderten sogar schon die Hilfe des Nachbarlandes an und brüskierten damit die „lethargischen Wasserköpfe“ in Lissa-bon. Auch für den Besucher unübersehbar sind die unmittelbaren Folgen der beinahe alljährlichen katastrophalen Waldbrände auf der iberischen Halbinsel. Notwendige Staudammprojekte werden auch weiterhin zugunsten von Autobahnen – dem Lieblingsprogramm aller Regierungen – vernachlässigt. Dabei ist es keineswegs so, dass man nichts tun könnte – „Trockenstaaten“ wie etwa Israel oder Malta beweisen durchaus, dass es auch für die Landwirtschaft in trockenen Regionen Lösungen gibt.

Tourismus

Noch in den 1960er Jahren gehörte die Algarve touristisch eher zu den „vergessenen Regionen“ Europas. Erst die Regierung *Salazar* begann mit einer vorsichtigen Entwicklung der Südküste (der Flughafen von Faro wurde 1965 eröffnet), ohne dabei allerdings jene Massenbewegungen auslösen zu wollen, die sich in Italien und Spanien abzuzeichnen begannen. Hauptsächlich die spanischen Nachbarn sowie (schon aus historischen Gründen, ⇗Geschichte) die Briten sorgten im Laufe der nächsten Jahrzehnte für eine rasante Fortentwicklung des Reiseverkehrs mit jährlich zweistelligen Zuwachsraten und trugen letztlich dazu bei, dass die Algarve seither einen festen Platz im Reiseangebot aller wichtigen europäischen Veranstalter einnimmt.

Den für den ökonomischen Bestand der Algarve entscheidenden Einfluss des Tourismus auf die Region unterstreichen am besten ein paar Fakten: 1980 besuchten 2,73 Millionen, 1990 ca. 8 Millionen und in den letzten Jahren durchschnittlich über 12,5 Millionen Touristen das Land – davon knapp die Hälfte Spanier, etwa 2,5 Millionen Briten sowie knapp eine Million aus dem deutschsprachigen Raum. Über die Hälfte aller Besucher zieht es dabei an die Algarve, 38 % bevorzugen eine Städtereise nach Lissabon oder die Atlantikinsel Madeira, und die übrigen rund 10 % schließlich verteilen sich auf die Azoren, Porto und den Rest des Landes. Diese Besucherströme bringen jährlich über 6 Milliarden Euro (gut fünf Prozent des gesamten portugiesischen Bruttosozialproduktes) ins Land,

019al wl

wobei der Löwenanteil auf die Algarve entfällt. Zudem gibt es einen nennenswerten „Binnentourismus“ an die Algarve seitens der Portugiesen selbst (auch wenn dies häufig auf Pump geschieht (⇗Wirtschaft) und durch die aktuelle Wirtschaftskrise rückläufig zu sein scheint).

Der Tourismus bringt, wie überall auf der Welt, zwei Hauptprobleme mit sich: den Unterkunftsboom und den Müll. Bereits die Regierung Salazar propagierte jedoch den **„sanften Tourismus“**, also einen möglichst geringen Eingriff in den natürlichen Bestand der Region. Es wurde und wird an der Algarve zwar permanent gebaut, immerhin aber nicht jene die Landschaft verschandelnden Betonbunker, die der tatsächlich „sanfte Tourist“ weder von innen noch von außen sehen möchte, sondern ganze Dörfer, Ortsteile und Siedlungen in einem akzeptablen Stil.

Den zwangsläufig anfallenden **Müllbergen** scheinen die Verantwortlichen mit einer gut funktionierenden Müllabfuhr – teilweise sogar mit Mülltrennung – in den Städten durchaus beizukommen, wogegen von den über 70 offiziellen Stränden der Algarve nicht alle in einwandfreiem, sprich: müllfreiem Zustand sind. Laufend veröffentlichte Strandkontrollen sowie die Einrichtung zahlreicher Naturschutzgebiete führen hier zu einer allmählichen Verbesserung.

Menschen und Gesellschaft

Bevölkerung

Von den rund 13 Millionen Portugiesen leben etwa 10,6 Millionen in Portugal selbst, weitere zwei Millionen in den ehemaligen Kolonien oder als Gastarbeiter in anglophonen Staaten, eine weitere halbe Million versucht sich als Gastarbeiter in EU-Staaten. Die meisten von ihnen sind Nachfahren der Lusitaner (⇗Geschichte) bzw. anderer Volksgruppen, die sich durch Zuwanderung (z.B. aus den Kolonien) mit diesen vermischten.

An der Algarve leben neben den ca. 385.000 Portugiesen, auch rund 55.000 Ausländer, was einer **Bevölkerungsdichte** von 72 Einwohnern pro Quadratkilometer (landesweit 116) entspricht, wobei der saisonale touristische Zustrom nicht mitgerechnet wird.

Mentalität

Allgemein gelten die Portugiesen als sehr **freundlich und höflich,** dabei als weit weniger aufdringlich, laut oder „machohaft“, als man dies vielleicht aus anderen Ländern der Region gewohnt ist. Als Besucher sollte man aber stets darauf achten, die **Privatsphäre** nicht zu verletzen; bei aller Freundlichkeit bleibt man Fremden gegenüber immer etwas reserviert. Eine Ausnahme bilden Kleinkinder – über diese kommt man meist sehr schnell in Kontakt zu den außerordentlich kinderlieben Portugiesen.

Das Wichtigste aber ist, dass der Besucher den ungebrochenen **Nationalstolz** des einstigen Seegiganten berücksichtigt und ihn nicht durch abwertende Bemerkungen über Land, Leute und deren Eigenheiten verletzt.

Alltagsleben

Auf die großen Ereignisse im Leben der Algarvios wurde im Abschnitt ⇗„Feste & Feiertage“ hingewiesen, viele charakteristische, auch für den Urlauber interessante Details lassen sich aber gerade im Alltagsleben wahrnehmen. Typisch südländisch und angesichts der im Sommer unerträglichen Hitze auch verständlich ist z.B. die lange **Mittagspause,** die teilweise von 12 bis 16 Uhr dauert. Zu dieser Zeit scheinen die Dörfer und Altstadtgassen wie ausgestorben und leer.

Der **familiäre Zusammenhalt** ist nach wie vor sehr groß; die Familie bildet den Kern der sozialen Gemeinschaft. Während bei uns Familiennamen wie Müller, Meier oder Schulze nichts mehr über die Beziehung ihrer Träger aussagen, steht in Portugal hinter Namen wie Oliveira, Pinto oder da Silva immer eine Großfamilie, die nicht nur auf gemeinsame Vorfahren zurückblickt, sondern innerhalb derer auch heute noch tatsächlich engere Bande bestehen. Die jüngere Generation versucht sich jedoch, sofern durch einen städtischen Arbeitsplatz die Möglichkeit dazu besteht, zunehmend abzunabeln und einen eigenen Weg zu

◁ Am Cabo de São Vicente genießen Touristen ihre „letzte Bratwurst vor Amerika“

Das Geheimnis des „Heiligen Gral"

In zahlreichen Kirchen der Iberischen Halbinsel, vor allem aber in jenen, die in einem direkten oder indirekten Zusammenhang mit dem Templer-/Christusritterorden (↗Geschichte) stehen, sucht man vergebens ein Christuskreuz. Vielmehr wurde oftmals eine Art **„Marienkult"** betrieben: so ist eine **Pyramide** mit einem mehr oder weniger offensichtlichen Gralsmotiv zu finden. Bemerkenswerten, wenngleich durchaus umstrittenen Christus-Forschungen zufolge (auf denen auch *Dan Browns* Welterfolg „Sakrileg" basiert) verfügten die Ordensherren über ein einzigartiges, streng geheimes Wissen, welches nicht nur den damaligen Papst, sondern auch den König von Frankreich hätte stürzen können: Der seit Jahrhunderten mit abenteuerlichen Legenden umwobene, spätestens seit *Wolfram von Eschenbachs* „Parzival" mystifizierte Heilige Gral (fränkisch *San Gral, San Greal*) wurde lediglich durch orthografischen Trennungsfehler „heilig": die Templer wurden laut dieser Theorie zu den Hütern des *Sang Real*. Es steht für eine besondere königliche Linie: *Maria Magdalena*, mutmaßliche Witwe (!) *Jesus von Nazareths*, floh nach der Kreuzigung mit den leiblichen Kindern Christi in das heutige Südfrankreich und schweizerische *Wallis* (nicht Wales, was irrtümlich zu der Artussage um den Gral führte). Diese Linie wurde durch Heirat mit dort ansässigen Westgoten, später den Merowingern königlich: Merowingerkönig *Dagobert II.* ehelichte die Westgotin *Gisela v. Razès*, die in Rênnes-le-Chateau lebte, jenem Ort, in dem sich später (ab 1885) höchst mysteriöse Ereignisse im Zusammenhang mit einem sagenumwobenen Templerschatz abspielen sollten.

Nach dem Ende der Merowingerherrschaft lebte die Linie (*Sigibert VI.* um 885) unter dem Namen *Plantard* in der Bretagne und in England fort, woraus u.a. der spätere englische König *Stephan* (um 1100, engl./frz.: *Plantagenet*, aus lat.: *Plantard gentis*, aus dem Geschlecht Plantard) und *Gottfried von Bouillon* hervorgingen – jener Gottfried, der nach dem Sieg im ersten Kreuzzug den **Ordre de Sion**, die geistigen Grundlagen des späteren Templerordens gründete. Sein Bruder *Balduin* wurde 1100 zum König von Jerusalem gewählt. Auch *Hugo de Payens*, offizieller Gründer der **Templer** (1119) war „zufällig" mit den Plantards eng verbunden, und 1156 ehelichte *Johann VI. de Plantard* Frau *Idoine* aus dem Hause Payens. Ihr Bruder *Johann* war Großmeister des Ordre de Sion (um 1188), dessen Linie sich sogar über die Lothringer und Habsburger bis in die Gegenwart fortsetzt. Der Linie Plantard de Saint-Clair sitzt der Prieuré de Sion unverändert vor, der Zweig Saint-Clair beispielsweise wurde in Schottland als San'Clair *(Sinclair)* ein Inbegriff des **Freimaurertums** (Symbol: Totenschädel und Knochen).

Merowingerkönig Dagobert II., mit dem die „königliche" Phase begann, wurde 679 ermordet; sein Schädelknochen wurde eine der bedeutendsten Reliquien der Templer. Viele Schädeldarstellungen der Algarve, etwa in *Nossa Senhora de Guadalupe* (↗Vila do Bispo), dürften auf ihn zurückgehen.

Diese Verknüpfung um die Blutslinie Christi soll ein Hauptgrund gewesen sein, warum *König Philipp von Frankreich* die Templer vernichten wollte (↗Geschichte) – er fürchtete legitime Thronansprüche der Merowinger-Abkömmlinge. Nicht unerwähnt bleiben darf, dass „Ordre de Sion" nichts anderes als „Zion" (jüdisch) bedeutet – für die katholische Kirche war (und ist) es geradezu kirchenpolitischer Selbstmord zuzugeben, dass die heutigen Nachfahren Christi als Zionisten existieren (Führungsanspruch). Daher wurden nach Auffassung der jüngeren Christusforschung nicht nur die Evangelien „zensiert", zahllose Urkunden und Schriften vernichtet bzw. bis heute im Vatikan unter Verschluss gehalten. Zur Untermauerung ihrer Theorie führen die Christusforscher auch den Fund eines 1958 auf dem Tempelberg entdeckten Briefes des *Bischof Klemens von Alexandria* an den Kleriker *Theodorus* an, in dem es wörtlich heißt: „Gegebenenfalls muss man unter Eid leugnen, dass das geheime Evangelium von Markus stammt, denn nicht alles Wahre darf den Menschen mitgeteilt werden". So wird vermutet, dass auch die Einführung des Zölibats durch die katholische Kirche dem Zweck diente, jeglicher Hypothese, *Jesus* könne ein normales Eheleben geführt haben, vehement entgegenzutreten.

Da die Templer auf der Iberischen Halbinsel besonders geschützt waren (sie wurden 1307 während der europaweiten Verhaftungswelle in Portugal nicht verhaftet, sondern mussten sich lediglich umbenennen), erklärt sich auch die offene, seltsam anmutende Vorliebe für Maria (Magdalena) und das Sang Real, das königliche Blut in templernahen Kirchen ...

⊻ Das Kreuz von Portugal in Silves mit manuelinischer Motivik

074al wl

611al wl

gehen. Ein derartiger **Generationenkonflikt** ist zwar nichts Neues, führt aber zu einem Auseinanderklaffen der sozialen Schere zwischen den Jungen in der Stadt und den Alten auf dem Land.

Zu jeder Wohnung gehört längst auch ein **Fernseher,** das In-die-Röhre-Gucken ist das wohl beliebteste Freizeitvergnügen, und ein preiswertes obendrein. Ansonsten trifft man sich zu einem **Plausch** vor der Tür, spaziert die Promenaden entlang, beobachtet die örtlichen Fußballmannschaften beim Training oder spielt eine Partie **Boccia.** Am Sonntag treffen sich die Männer nach dem Kirchgang zum Frühschoppen in einer der vielen Bars und diskutieren die jüngsten Fußballergebnisse ihrer Lieblinge aus Porto oder Lissabon.

Bildung und Soziales

Seit der „Nelkenrevolution" von 1974 wird erhöhter Wert auf die Ausbildung zum mündigen Bürger gelegt; immerhin waren selbst gegen Ende der Salazar-Diktatur noch immer knapp ein Drittel der über 16-Jährigen des Lesens und Schreibens unkundig. Noch heute wird in portugiesischen Amtsstuben in manchen Fällen die Beurkundung durch Fingerabdruck statt Unterschrift akzeptiert!

Die **Schulpflicht** beträgt neun Jahre, ab dem 10. Schuljahr beginnt die Spezialisierung in berufsvorbereitenden oder allgemeinbildenden Schwerpunktklassen; nach der 12. Klasse endet die Schullaufbahn. Weiterführende **Hochschulen** und Fachakademien gibt es u.a. in Lissabon, Porto und sogar Faro. Dennoch verzeichnet Portugal bis heute eine vergleichsweise hohe Analphabetenrate von knapp 6,5 % (Männer 5 %, Frauen 9 %).

Politik ist noch heute überwiegend Männersache, wobei auch das Militär stärker repräsentiert ist als in Mitteleuropa üblich. **Frauen** lösen sich erst ganz allmählich aus der traditionellen Rolle als Hausfrau und Mutter. Die Löhne und Gehälter sind zwischen den Geschlechtern mittlerweile annähernd gleichgestellt worden, und eine moderne Sozialgesetzgebung ermöglicht durch Erziehungsurlaub die Berufstätigkeit auch für Mütter.

Staatliche **Krankenhäuser und Gesundheitszentren** gewährleisten eine medizinische Grundversorgung aller Bevölkerungsschichten; Qualität und Leistung hängen jedoch häufig vom Arbeitseifer der bis zum Einschlagen des letzten Sargnagels bereits versorgten Beamten ab.

Religion

Die Portugiesen gehören zu 94 Prozent der **römisch-katholischen Kirche** an, die vollständig vom Staat gelöst wurde (in der Praxis bedeutet dies, dass z.B. keine Kirchensteuer über das Finanzamt eingezogen werden kann). Die restlichen sechs Prozent verteilen sich auf meist eingewanderte Anhänger des protestantischen, jüdischen oder muslimischen Glaubens. Etliche überkommene, kirchlich geprägte Wertevorstellungen bröckeln insbesondere bei den Jüngeren allmählich ab, nicht zuletzt durch den Einfluss des Tourismus. Allerdings ist es immer noch verpönt, Kirchen in Shorts zu betreten, auch wenn die Bergpredigt vermutlich keine Kleiderordnung vorsah ...

Architektur

Wer an der Algarve architektonische Prachtbauten und kulturelle Zeugnisse der bewegten Geschichte Portugals erwartet, wird recht enttäuscht sein, wofür es eine Reihe von Gründen gibt. Zum einen waren Städtegründungen hier eher die Ausnahme – das Küstengebiet wurde von der Fischerei und kleinen Dörfern geprägt. Zum Zweiten galt „die Provinz" in Portugal seit jeher als unattraktiv; Prunkschlösser und Herrensitze, aber auch aufwendige Sakralbauten wurden vorwiegend in **Lissabon** gebaut, wo ja schließlich der „Nabel der Welt" lag. Während der Kolonialzeit übernahm gerade der einfache und mittlere Adel vom Land Posten in Übersee, weshalb das portugiesische Mutterland außerhalb der Hauptstadt personell, materiell, aber auch optisch ins Hintertreffen geriet. Und schließlich darf nicht vergessen werden, dass das verheerende **Erdbeben von 1755** sein Übriges tat, um die vorhandenen Güter erheblich zu dezimieren. Wie aus der Geschichte ersichtlich, war Portugal im 18. Jh. bereits so sehr im Niedergang begriffen, dass an eine neue Blüte kaum mehr zu denken war.

Es gibt daher an der Algarve **keine kunsthistorischen Zentren,** wo auf engem Raum Artefakte aus 2000 Jahren zu bewundern wären; wer sich jedoch etwas Zeit nimmt, findet aus allen Epochen zumindest ein paar Beispiele.

So wurden in Milreu bei Estói eine **römische Therme** und Gebäudefragmente

< Glockenturm und Turmuhr

mit sehr gut erhaltenen, für die Römer typischen **Mosaiken** entdeckt. Fundstücke aus der **maurischen Epoche** sind in Silves zu bewundern – sowohl in der Burg (Kastellmauern) als auch im archäologischen Museum. Auch aus der **Gotik** des 12. und 13. Jh. sind noch Teile in Faro (Glockenturm) oder in Raposeira (Kapelle) erhalten geblieben. Ende des 15./Anfang des 16. Jh. wurde in Portugal unter König *Manuel I.* die nach ihm benannte, verspielt-ornamentale Stilrichtung der **Manuelinik** entwickelt, welche zahlreiche Prachtbauten, wie etwa das Hieronymus-Kloster in Lissabon, hervorbrachte. Während diese Entwicklung an der Algarve praktisch vollkommen vorüberging, war die Manuelinik für den Großraum Lissabon prägend (⇗Exkurs im Lissabon-Kapitel). Die europäische **Renaissance** spielt im Portugal des 16./17. Jh. praktisch keine Rolle, da man sich auf die Manuelinik konzentrierte und später aufgrund wirtschaftlicher Probleme kein Spielraum für Prachtbauten vorhanden war. Erst mit der Erschließung brasilianischer Goldvorkommen und dem Abschluss von Handelsverträgen mit Britannien wurden um die Wende vom 17. zum 18. Jh. insbesondere zur Zeit von *König João V.* **barocke Paläste und Kirchen** gebaut. Einige der bekanntesten erhaltenen Barockkirchen der Algarve sind etwa São Lourenço do Almansil oder die Igreja do Carmo in Faro. Nach dem Erdbeben von 1755 und der weitgehenden Zerstörung ganzer Orte erfolgte ein Wiederaufbau entweder im Sinne des *Marquês de Pômbal* (⇗Lissabon) mit schachbrettartigem Grundriss (z.B. Vila Real de Santo António) oder im Stile des **Rokoko,** wofür der Palácio de Estói als Paradebeispiel gilt.

Ein echtes „Abfallprodukt" des Erdbebens soll übrigens der für Portugal, aber auch einige der Kolonien typische kunstvolle, schwarz-weiße Pflasterboden sein, da die Trümmer angeblich gleich für derartige Mosaiken verwendet wurden.

Der **städtische Wohnungsbau** des 19. und 20. Jh. war von typischen dreistöckigen Wohnhäusern mit Flachdach *(açoteia)* geprägt, die noch heute in den Kleinstädten dominieren. Ob Stadt- oder Landhaus – es fallen jedem Besucher sofort die türmchenartigen **Schornsteine** *(chaminés)* auf, die in großer Zahl die Dächer zieren.

Mit der **Tourismuswelle** des späten 20. Jh. änderte sich auch das architektonische Bild der Algarve drastisch: In den touristischen Regionen wurden große Hotelbauten und Apartmentsiedlungen errichtet, Golfplätze und Freizeiteinrichtungen angelegt, Restaurants und Souvenirgeschäfte aus dem Boden gestampft. Hinzu kommen etliche Villen und Privatgrundstücke wohlhabender Europäer, die ihren Lebensmittelpunkt in wärmere Gefilde verlagern und mit ihren modernen Domizilen doch einen eher angenehmen Beitrag zur Optik der Algarveküste leisten.

Insgesamt darf man die **gegenwärtige Architektur** und deren praktische Umsetzung an der Algarve keinesfalls mit den verbauten, hässlichen Küstenregionen anderer Mittelmeeranrainer vergleichen. Gerade in mittleren und kleineren Urlauberzentren wurde sehr darauf geachtet, ein gewisses Flair zu erlangen und – auch bei größeren Anlagen – eine harmonische Integration der Bauten in die Küstenregion zumindest anzustreben.

Musik

Fado

Schon der Begriff Fado (von lat. *fatum* = Schicksal) deutet eine Grundrichtung dieser wohl typischsten portugiesischen Musikrichtung an, die etwa als „schwermütiges Chanson" charakterisiert werden kann. Die Akteure treten meist dunkel gekleidet auf und erzählen in den **Balladen** von Missständen, der Heimat, von Schicksalen oder der Liebe, das Ganze mit traurigen Begleitklängen, originär auf der spanischen Gitarre. Die Atmosphäre unter den Besuchern passt sich zwangsläufig an – es herrscht stets beinahe andächtige Stille. Auf wirklich gute, traditionelle Fado-Lokale trifft der Besucher fast nur noch in Lissabon; viele so genannte Fado-Abende, die an der Algarve angeboten werden, sind nur ein fader Abklatsch.

Wann der Fado entstand, ist nicht vollständig geklärt; gemeinhin gilt das Jahr 1840 mit dem Matrosenlied **„Fado do Marinheiro"** als der Zeitpunkt, welcher die elementaren Charakteristika des Fado unsterblich werden ließ. Zu den bekanntesten **Fadoeiros** gehören *Carlos Alberto Ascensão de Almeida* („Carlos do Carmo"), *Lucília do Carmo* (die Mutter von Carlos), *Camané, Amália Rodrigues, Maria da Fé, Fernando Farinha, Nuno da Camaro Pereira, Mísia, Mafalda Arnauth* und *Maria Ana Bobone*. Ein Fado-Abend mit einer der genannten Größen der „portugiesischen Seele" kann zu einem unvergesslichen Erlebnis werden. Der Abend wird übrigens traditionell mit folgenden Worten eröffnet: „Silêncio, que se vai cantar o fado" („Ruhe bitte, es wird Fado gesungen").

Popmusik

Außerhalb der Landesgrenzen sind portugiesische Songs nur höchst selten zu hören, und nur sehr wenigen Gruppen gelingt es, internationale Bekanntheit zu erlangen. Die Pop-Gruppe **Madredeus** erlangte internationale Bekanntheit durch den Film „Lisbon Story" von *Wim Wenders*. Die Band um Leadsängerin *Teresa Salgueiro* macht vor allem mit Liedern des Albums *„Um Amor Infinito"* (Eine unendliche Liebe) längst auch außerhalb Portugals Furore. Richtig fetzige Musik wird natürlich auch gespielt, u.a. von *Peste e Sida* (Punk), *Joker* (Hardrock) oder *GNR* (Rock). Die lokalen Rundfunksender und nationalen Charts favorisieren jedoch die Interpreten und Gruppen der Schlagermusik, wie etwa *Trovante, José Afonso, Sérgio Godinho* oder die *Delfins*, was dem ruhigen und gemächlichen Portugal wohl am ehesten entspricht. Seit der Fußball-Europameisterschaft 2004 in Portugal kennt man natürlich auch die portugiesischstämmige *Nelly Furtado* und ihren EM-Titelsong „Força".

Bildende Kunst

Malerei

Selbst in der „zweiten Garnitur" bedeutender Maler und Künstler – also jenseits von *Renoir, Picasso* oder *van Gogh* –

muss man recht lange stöbern, um auf international bekannte Namen aus Portugal zu stoßen. Als lebende Legende und Aushängeschild der portugiesischen Malerei zählt zweifelsohne *Eduardo Alarcão*, dessen naiv-grelle Impressionen von Lissabon – meist mit der gelben „Eléctrico" (Straßenbahn) als Motiv – deutlich an den Lebensstil der 1950er Jahre erinnern. Einst Bohèmien und Casanova, lebt der über 70-jährige noch immer aktive Maler heute in Lissabon.

Bildhauerei

Als der bekannteste Skulpteur ist *José Franco* (*1920) zu nennen, dem „goldene Hände" nachgesagt werden. Sein bekanntestes und werbewirksamstes Projekt schuf er 1945 in Mafra bei Lissabon unter dem Titel „Aldeia Típica do Sobreiro": eine großflächige Freiluftplastik in Form eines kompletten zeitgenössischen ländlichen Dorfes mit allen Details. Von den zeitgenössischen Bildhauern erlangte *João Cutileiro* in den 1960er bis -80er Jahren einen guten Ruf; an der Algarve können in Lagos seine Skulptur des Königs *Sebastião*, in Silves der maurische Park bewundert werden.

Literatur

Zu den bedeutendsten Dichtern des 20. Jahrhunderts und der Gegenwart zählen *Fernando Pessoa, Mário de Sá-Carneiro, José Saramago* (*1922) sowie *Lídia Jorge* (*1946). Die beiden Letzteren haben vor allem die „Nelkenrevolution" von 1974 literarisch verarbeitet. *Fernando Pessoa* dagegen erlangte weniger durch Aufsehen erregende Werke Beachtung als vielmehr durch seine in diesem Umfang selten dokumentierte Schizophrenie: Der Dichter lebte unter (mindestens) vier vollständig mit einer Biografie ausgestatteten, eigenständigen Heteronymen („Rollen").

Film

Der portugiesische Film steht deutlich im Schatten des Wirkens anderer westeuropäischer Nationen. Aus der nationalen Filmgeschichte gingen bislang kaum Filmstars, große Regisseure oder international beachtete Filme hervor, lediglich *Joana Bárcia* macht als echtes Sternchen über die Landesgrenzen hinaus von sich reden. Im deutschsprachigen Raum wurde beispielsweise der sehr sehenswerte Film „O Rio do Ouro" (1998, dt.: Der goldene Fluss) von *Paolo Rocha* ausgestrahlt. Von den älteren Schauspielern dürfte allenfalls *Raúl Solnado*, der größte Komödiant des Landes, den Filmfreunden außerhalb Portugals ein Begriff sein. Auch unter den Regisseuren gibt es bekanntere portugiesische Namen zu verzeichnen, allen voran *Manoel de Oliveira*, der gern mit *Michel Piccoli* oder *John Malkovich* drehte.

▷ Fernando Pessoa wurde mit seinem Roman „Das Buch der Unruhe des Hilfsbuchhalters Bernardo Soares" bekannt

218al wl

7 Anhang

Blick auf den Strand von Lagos

Literaturtipps

Sachbuch

■ *Bauer, Martin:* **Die Tempelritter – Mythos und Wahrheit,** München 1997

■ *Iking, B.:* **Die Auswirkungen des EG-Beitritts auf die Industriepolitik Portugals,** Frankfurt a. M. 1997

■ *Jacob, E. G.:* **Grundzüge der Geschichte Portugals und seiner Übersee-Provinzen,** Darmstadt 1969

■ *Miller, Russel:* **Die Ostindienfahrer.** Deutsche Ausgabe 1983. Historische Darstellung des Ostindienhandels auf dem Höhepunkt der portugiesischen Entdeckungen.

■ *Sperling, U.:* **Portugal von Salazar zu Soares,** Marburg 1987

■ *Weinberg, Steven:* **Fischführer Atlantik.** Bielefeld, 1997. Für Taucher unentbehrliches Nachschlagewerk zur atlantischen Unterwasserwelt.

■ *António Henrique R. de Oliveira Marques:* **Geschichte Portugals und des portugiesischen Weltreichs.** Kröner, Stuttgart 2001. Relativ neuer und umfassender Überblick über die Geschichte der einstigen Kolonialmacht von den Anfängen bis in die jüngere Gegenwart.

■ *Henry Thorau (Hg):* **Portugiesische Literatur.** Suhrkamp Verlag, Frankfurt am Main 1997. Überblick über die wichtigsten Literaten Portugals und deren Werke.

■ Wer sich intensiv mit wissenschaftlichen Erscheinungen beschäftigen möchte, dem seien besonders empfohlen: *Leutner, Harald:* **Rolle und Entwicklung der Landwirtschaft in Portugal und Spanien,** Grin-Verlag, 2010 sowie *Hemmelmair, Katharina:* **Die Lusodescendants in Portugal (Französisch-portugiesische Zweisprachigkeit und Bikulturalität),** VDM-Verlag, 2010

Belletristik

■ *Mercier, Pascal (Pseudonym):* **Nachtzug nach Lissabon,** btb, München 2008. Moderner, schöngeistiger Abenteuerroman über die Suche des deutschen Lateinlehrers Gregorius nach dem portugiesischen Dichter de Prado. Dabei steigt Gregorius allmählich in die Gedankenwelt des Arztes und Widerstandskämpfers gegen das Salazar-Regime ein. Lebenserfahrungen und unbequeme Fragen führen schließlich in die gefährlichen Grenzregionen der Persönlichkeitsspaltung. Umstrittene Belletristik des Schweizer Philosophieprofessors Peter Bieri.

■ *Tabucchi, Antonio:* **Erklärt Pereira.** C. Hanser Verlag, München – Wien 1995. Schöngeistige und anspruchsvolle Literatur zur Diktatur der 1930er Jahre. Der neutrale Kulturjournalist Pereira gerät in die Mühlen des Staates, versteckt einen Widerstandskämpfer und erwacht aus seiner individuellen Lethargie.

■ *Gifford, Thomas:* **Escudo.** Bastei Lübbe, Köln 2003. In den 1920ern spielender Abenteuerroman, in dem ein junger Portugiese mit gefälschten Papieren zunächst Kolonialbeamter in Angola und später gescheiterter Banker wird. Kurzweilig und sehr unterhaltsam.

■ *Müller, Titus:* **Die Jesuitin von Lissabon.** Aufbau Taschenbuch, Berlin 2011. Spielt in Lissabon im Jahre 1755, also exakt zur Zeit des großen Erdbebens. Ein portugiesischer Adeliger hat es sich zur Lebensaufgabe gemacht den alles dominierenden Orden der Jesuiten zu bekämpfen, wobei ihm eine deutsche Kaufmannstochter zu Hilfe kommen soll – doch diese ist ebenfalls Jesuitin.

■ *Saramago, José:* **Die portugiesische Reise.** Hoffmann & Campe, Hamburg 2012. Kongeniale Reiselektüre über einen Individualtouristen im auseinanderfallenden Kleinwagen, der von Nordportugal bis zur Algarve reist und zahllose bekannte wie unbekannte Kleinode entdeckt. Inspirierend!

Entfernungstabelle (in km)

Albufeira																		
81	Aljezur																	
26	97	Almansil																
37	49	53	Alvor															
18	66	34	25	Armação de Pera														
39	10	13	66	47	Faro													
25	56	41	12	13	54	Lagoa												
51	30	67	19	39	80	26	Lagos											
27	98	8	54	35	16	42	68	Loulé										
58	71	74	29	46	87	33	41	75	Monchique									
47	118	21	74	55	9	62	88	24	95	Olhão								
33	25	40	4	21	62	8	18	50	25	70	Portimão							
29	100	9	56	37	22	44	70	11	77	30	52	Quarteira						
83	42	99	51	71	112	58	32	100	73	120	63	102	Sagres					
21	81	32	37	29	45	36	51	33	58	53	33	35	83	São Bart. de Messines				
40	111	21	67	48	17	55	81	13	88	17	63	24	113	46	São Brás de Alportel			
33	64	43	20	21	62	8	34	50	41	70	16	52	66	17	63	Silves		
62	133	43	89	70	29	77	103	35	110	20	85	46	135	68	22	85	Tavira	
85	150	66	112	93	52	100	126	58	133	43	108	69	158	91	45	108	23	Vila Real de Santo António

www.reise-know-how.de

Reise Know-How

REISE KNOW-HOW online

Unser Kundenservice auf einen Blick:

- Vielfältige Suchoptionen, einfache Bedienung
- Alle Neuerscheinungen auf einen Blick
- Schnelle Info über Erscheinungstermine
- Zusatzinfos und Latest News nach Redaktionsschluss
- Buch-Voransichten, Blättern, Probehören
- Shop: immer die aktuellste Auflage direkt ins Haus
- Versandkostenfrei ab 10 Euro (in D), schneller Versand
- Downloads von Büchern, Landkarten und Sprach-CDs
- Newsletter abonnieren, News-Archiv

Die Informations-Plattform für aktive Reisende

Register

Q

R

Der Autor

Nach abgeschlossenem Studium (Slawistik, Sinologie und Geschichte) arbeitete Werner Lips u.a. als Offizier der Bundeswehr im Balkaneinsatz, als Manager bei Markenunternehmen und als Betriebsleiter in der Baunebenbranche. Heute unterrichtet er an Gymnasium und Hochschule die Fächer Chinesisch, Russisch, Geschichte und Sport. Nebenbei beriet der gefragte Osteuropa-und Asien-Experte wiederholt Fernsehsender (WDR, VOX) und Behörden. Als Taucher, Motorradfahrer und Trekker ist er seit etlichen Jahren intensiv über und unter Wasser in Südeuropa und Fernost auf der Suche nach interessanten Reisezielen unterwegs. Dabei fiel ihm häufig echte Pionierarbeit zu, etwa als erster Reisejournalist überhaupt auf den seinerzeit taiwanesischen Militärinseln KinMen und MaTsu, mit dem ersten Reiseführer zu ausschließlich Nordzypern oder einem der ersten deutschsprachigen Reisebücher zu Montenegro. Von ihm sind im Reise Know-How Verlag u.a. Reiseführer zu Lissabon oder Malta erschienen.

Danksagung

Mein besonderer Dank geht an einige Leser, die mir wertvolle Informationen für diese Auflage geliefert haben, u.a.: D. Heider, C. Kühne, E. Senftleben, U. Schmidt, M. & S. Kaiser, H. Waschkowski, T. Hordijk, F. Seifert, H. Hornich, A. Reher, S. Zaske, A. Grzelak, S. Aust und R. Stüben.

501al wl